也许微乎其微，
但我们正在改变世界！

资源博弈

胡跃龙 著

RESOURCE GAME

图书在版编目（CIP）数据

资源博弈：工业化与城市化经济发展资源支撑研究 / 胡跃龙著. 北京：中国发展出版社，2015. 9

ISBN 978-7-5177-0347-1

Ⅰ. ①资…　Ⅱ. ①胡…　Ⅲ. ①工业化—研究—中国 ②城市化—研究—中国　Ⅳ. ①F424 ②F299.21

中国版本图书馆CIP数据核字（2015）第133608号

书　　名：资源博弈：工业化与城市化经济发展资源支撑研究
著作责任者：胡跃龙
出版发行：中国发展出版社
（北京市西城区百万庄大街16号8层　100037）
标准书号：ISBN 978-7-5177-0347-1
经　销　者：各地新华书店
印　刷　者：北京明恒达印务有限公司
开　　本：720mm × 960mm　1/16
印　　张：27.5
字　　数：480千字
版　　次：2015 年 9 月第 1 版
印　　次：2015 年 9 月第 1 次印刷
定　　价：62.00元
联系电话：（010）68990646　68990692
购书热线：（010）68990682　68990686
网络订购：http：//zgfzcbs.tmall.com//
网购电话：（010）68990639　88333349
本社网址：http：//www.develpress.com.cn
电子邮件：cheerfulreading@sina.com

这部研究资源与经济发展问题的具有一定特色的书稿，聚焦中国跨世纪的经济崛起在资源支撑上所面临的矛盾与风险，对人类工业化与城市化经济发展资源支撑的逻辑做出深入的分析与展望。

资源支撑的中国样本

近30年来，中国工业化与城市化经济发展所经历的资源博弈，是人类现代化进程中资源支撑的一个经典样本。

其一，中国人口规模与经济规模巨大，其经济发展中各类资源需求的高速增长，牵引着资源供给的快速扩张，构成人类现代化进程的重大事件。

其二，中国经济快速增长，首先加剧了国内各利益主体之间全面的资源博弈，由此产生的巨大搅动效应，也导致全球范围激烈的资源博弈。

其三，中国以工业化与城市化为引擎的经济崛起，对国内国际资源市场的影响，从供不应求到供过于求，资源价格从10多年前的快速猛涨到近年来的断崖式剧跌。这一长达约30年的过程，已经初步形成一个值得观察的完整的运行周期。经过这样一个周期之后，支撑过去经济发展的资源替代、资源战略方式，已经开始并将持续进行深刻调整，资金资源日益成为支撑经济发展最为重要的资源。

其四，随着传统大宗矿产资源消耗越过阶段性峰值，经济增长减速压力十分沉重，在这样的时间节点上，中国仍需进行的新型工业化与新型城市化，又赶上了信息化所带来的机遇与挑战，这是人类经济发展资源支撑实践及其理论研究中首次遇到的一个重要变量。

以上几个维度，构筑了中国经济新常态下资源支撑的现实基础。今天，“信息化+”对中国经济发展资源支撑会产生什么样的影响？应该以何种方式考察信息化的这种影响呢？或者说，经济发展资源支撑在信息化条件下会出现什么样的变化？应该如何应对这种变化呢？“互联网+”已然介入资源配置之中，甚至直接成为一种资源配置的方式。特别是进入2015年后，在经济发展减速压力之下，“互联网+”导向下的创新创业声势浩大，经济发展资源支撑会出现什么样的新问题？这是资源支撑研究值得深化的一个新方向、一个全新的课题。

资源支撑进化论

经济发展资源支撑貌似是一个具体的实践问题，但资源认识论的深刻影响却根深蒂固。资源支撑领域一直存在着两种极端的观念：一是资源有限论或资源极限论；二是资源无限论。它们之间一直在相互对撞或博弈。

自觉或不自觉地持有资源有限论的，大多是科学家。他们都可丁可卯地列出具体资源的种种数据，比如理论储量、探明储量、可采储量、储采比等，看上去有着很强的说服力。但历史事实却一再证明，各种类似于以MIT（麻省理工学院）梅多斯等科学家为代表的《增长的极限》，更像是庸人自扰。

资源无限论的表现通常十分隐晦，而有意无意中持有这种观点的，基本上都是经济学家。经济学家的理论很奇怪，一方面都离不开“资源稀缺”的假设，另一方面又认为市场定价总能解决资源的稀缺性问题。于是乎，只要有了市场定价，资源似乎就不再稀缺了。

资源支撑两种认识论的对撞还表现为宏观与微观的思维差异。宏观上的总量资源，与一时一地的微观资源相比，哪个更为紧迫呢？这是一个很奇特的问题。

一方面，人类生存于小小的地球之上，经济发展面临的资源总量是有限的，有限的资源总会有用光的那一天。依据这种直观的逻辑，资源总量就好比是经济发展资源支撑的“达摩克里斯之剑”。

另一方面，当时空集于一瞬一域，在资源替代、资源战略的博弈框架之下，针对资源支撑的现实问题似乎总能权衡出一个解决方案。应对不同的现实，总有一组不同的方案，解决之道异彩纷呈，就像一个美丽的“潘多拉盒子”，似乎资源支撑之剑借此可以空悬。

然而，资源支撑问题各种解决方案的基础，都少不了一种特殊的资源，即资金或资本，正如常话所言——“有钱能使鬼推磨”。姑且不论有了资金能否就有了其他资源，由此派生而来的一个关键问题又出现了：资金量够用吗？会不会出现耗竭型或间竭型的风险？这就露出了资源支撑问题上的“阿喀琉斯之踵”。

在经济发展资源博弈的历史与现实中，总有一些“高人”善于挥舞“达摩克里斯之剑”，刺向“阿喀琉斯之踵”，从而打碎“潘多拉盒子”，释放出一个又一个魔鬼般的资源风险，冲击经济发展的进程。资源支撑问题的精彩与魅力莫过于此！

因此，无论是工业化、城市化还是信息化过程中，经济发展资源支撑的主要矛盾，与其说是解决资源有无的问题，不如说是在解决资源有无过程中的风险问题，这是一种界乎于资源有限论与资源无限论之间的更为现实的认识，是一种正确面对资源博弈风险的“资源支撑进化论”。

“互联网 +”红利与创新的边界

一个全新的变量已经并将进一步对经济发展资源支撑产生重大影响，这个变量就是信息革命与互联网的兴起。

“互联网+”导向下的创新是否存在边界？在当下大众创业、万众创新的浪潮中，议论“创新的边界”看起来是个不合时宜的话题。但是，无论从学术研究还是从现实需要来说，我们无法也不应该回避这一问题。

对包括“互联网+”在内的创新创业，不必怀疑其对改进资源支撑、促进经济发展的巨大意义。20多年来，信息科技日新月异，互联网的发展向移动互联网不断深化，形成了庞大信息产业，成为推动经济发展的重要增长点；与此同时，“信息化+”与工业化、市场化、城市化相融合，创造了经济发展的“信息化红利”，国民经济的蛋糕越做越大，所有消费者都从中有所分享。

“互联网+”创新创业在电商发展上最为抢眼。在中国，以马云为标杆的创新创业及其阿里巴巴在纽约证券交易所的成功上市，产生了巨大的示范效应。“80后”、“90后”作为互联网一代，对“互联网+”创业满怀热情与梦想。最具代表性的说法是，“互联网+”存在着无限的可能。我们不妨将其正面效应称作“互联网+”红利。主要包括“互联网+”在内的信息产业作为实体经济部门直接创造的红利、“互联网+”改造传统产业所创造的红利、“互联网+”与传统产业相融合所创造的红利、“互联网+”改进市场交易方式（新的交易平台、商业模式、规则制度等）所创造的红利，等等。

“互联网+”新近广受关注的创新创业，是电商向金融领域的攻城掠地，互联网金融风生水起。电商平台，从消费品领域起步，到建立电子支付平台（第三方支付），再到互联网金融与传统金融的竞争（即对资金展开的资源博弈），这种基于“互联网+”的产业链再造与深化的过程，完全符合产品经济到商品经济、再到市场经济的发展逻辑，是人类千百年来市场经济体系的演进在互联网空间的再现。

但是，从资源支撑的视角分析，电商从以经营消费品为主向以经营货币资金为主的跃进，会导致资源支撑方式及资源风险形态发生质的突变。一种可能的结果是，经济发展资源支撑的“达摩克里斯之剑”变得更加锋利，“阿喀琉斯之踵”变得更加脆弱，“潘多拉盒子”里的魔鬼变得更加妖娆。

具体而言，从电商平台对资源支撑的影响来看，以营销消费品为目标的传统电商，其支付平台是为商品交易服务的。商品交易的频率与规模规定了资金支付的频率与规模，消费品与资金两者之间形成一种相互依存、相互制约的关系。而以经营资金为目标的电商平台，则趋于脱离消费品的实体约束。借助于在线金融产品创新，互联网金融产生的集资效应与支付效应相结合，可能助长出游离于实体经济的资金循环，更多的货币资金成为互联网金融的直接追求，导致并不断加剧对货币资金的资源博弈。因此，创造国民财富的经济发展过程，在网络空间里可能演变为集聚并创造（或灭失）货币资金的循环过程。

不可否认，基于互联网的资金快速集聚与快速流动，一方面提供了支付便利，提高了资金配置效率，互联网金融的发展进程不可阻挡，特别是服务于实体产业发展、服务于消费者支付便利的互联网金融，理应得到进一步的鼓励和发展；另一方面，过快地调动和消耗巨额货币资金，会诱发流动性枯竭的绝对稀缺风险。日益网络化的运营平台上，类似于“程序化交易”的模式如果被普遍使用，容易导致系统性共振，即“过度创新导致相关金融衍生产品风险聚集，引发连锁反应，最终导致金融机构倒闭，全面爆发金融危机”，这可能是一种局部性风险、一种系统性风险，也可能是一场全面的金融危机。

因此，对于互联网金融“野马脱缰”风险的忧虑与防范，将会加快构筑对互联网金融创新在资金博弈上某种边界。最近，在短短的半个月里，出现了两个针对互联网金融的文件，即央行等十部门联合印发的《关于促进互联网金融健康发展的指导意见》和央行独家发布的《非银行支付机构网络支付业务管理办法（征求意见稿）》。构筑边界的行动，将是新一轮资金博弈的开始。

谁来承担风险

每一次科技革命，都会改变资源替代与资源战略的既有格局，产生出红利，派生出风险。今天，人们都在追求“互联网+”红利，但问题是，谁来承担“互联网+”的风险？

除了上述基于资金博弈可能出现的流动性枯竭的重大风险外，“互联网+”诱发的结构调整效应将逐步显现，由此而来的诸多风险需要警惕：

一是出现巨量的沉没成本问题。例如，随着电商平台对实体商店替代规模的日益扩大，小到商店商场的地产及设备设施，大到城镇商业街区与商业楼市，将会受到重大冲击，形成数量庞大的沉没成本。

二是对实体经济的过度替代问题。“互联网+”在中国当下的大发展，其现实原因是相对于实体产业的产能过剩与产品过剩、库存及交易成本过高，互联网平台具有快速大幅降低交易成本、加速去库存的特点。但是，如果导致实体产业成本过高的因素得不到解决，实体经济的发展将陷入长期低迷，这对国民经济的健康发展是不利的。

三是资源支撑的过度金融化问题。互联网金融的发展导致虚拟空间的金融化，转移并吸纳大量实体产业的资金，因此在资金支撑方面形成对实体经济的替代，这不利于实体经济向提质增效发展。

四是过度依赖网络，加大产业链脆弱性的问题。“互联网+”促进了经济结构网络化，当整个产业链日益依赖互联网时，产业链脆弱性与网络脆弱性相叠加，形成产业链紧绷状态，任何诱发产业链或网络断裂的事故都可能产生连锁反应，形成产业链崩溃的风险。

五是日益加剧的资金博弈导致利益失衡的问题。在资源博弈中，“互联网+”更加依赖资金的支持，因此资金博弈更为激烈，互联网优势人群与非优势人群之间形成资源配置的极度失衡。例如，电商大量替代实体店，对于“80后”与“90后”网络一代而言，这是一个最好的时代；但对只适应于实体商店的“60后”、“70后”而言，这却是一个最残酷的时代。同样的情况也会出现在城乡之间。因此，随着不同人群就业状况与收入差距的失衡，社会代价会大为增加。

中国已经进入中等收入阶段，在经济发展新常态下，能否破解“中等收入陷阱”，经济增长保持中高速、经济发展迈上中高端，在“互联网+”时代，最为关键的就是要处理好以资金博弈为基础的一系列资源支撑风险。

重构均衡

最后回到本书稿所得出的一般性结论。

工业化与城市化过程中经济发展的资源支撑问题，实际上就是经济社会结构剧变、经济高速增长时期资源的高消耗与高风险的问题，简单地说，就是经济发展方式与资源支撑方式之间从均衡到失衡，再到均衡的重构。

按照经济学的方法来分析，这涉及到三大均衡的重构，一是局部均衡，二是一般均衡，三是战略均衡。

局部均衡的重构，就是部分资源的供求从均衡到失衡，再到均衡的博弈过程；一般均衡的重构则是整个资源市场的供求从均衡到失衡，再到均衡的博弈过程；战略均衡的重构则是资源市场各种参与者可以接受的战略规则从均衡到失衡，再到均衡的博弈过程。

三大均衡的重构，都要通过资源替代与资源战略两种路径。均衡重构的过程，会遭遇不同程度的风险，需要付出一定的代价。当经济发展资源支撑的风险与成本保持在可控的状态，当新的均衡有效形成并趋于稳定时，经济社会将在更高的阶段真正实现可持续发展。

胡跃龙

2015年8月10日于北京莲花河胡同

第一章

资源博弈：大国崛起之惑

人类始终只提出自己能够解决的任务，因为只要仔细考察就可以发现，任务本身，只有在解决它的物质条件已经存在或者至少是在生成过程中的时候，才会产生。[①]

——卡尔·马克思

进入21世纪以来，中国以工业化、城市化为主要动力，持续10多年两位数的高速经济增长，克服了资源支撑上的重重困局。十几年过去了，世界经济发展在资源支撑上出现了哪些变化？中国未来工业化与城市化过程中的经济发展，在资源支撑上面临着什么样的问题？

第一节　2000～2014年:资源博弈之变

2014年12月31日，延续3个多月以来"雪崩式"的跌势，纽约和布伦特国际油价分别跌至每桶53.27美元和每桶57.33美元，全年跌幅分别高达46%和48%。一年之内的价格腰斩，使国际油价跌至2009年5月以来的低点。

回顾2014年，国际油价前高后低。受伊拉克局势动荡影响，2014年6月，国际油价曾创出全年最高点，纽约和布伦特油价分别达到每桶107.26美元和115.06美元。下半年油价高台跳水，不断探底却迟迟难以见底。纽约和布伦特油价较年内高点分别

① 《马克思恩格斯选集》第2卷，人民出版社1995年版，第33页。

下跌了 49.7% 和 50.2%。[①]

再回顾进入 21 世纪后世界经济发展资源支撑的整个过程，全球市场从担忧资源短缺开始，到担忧原油供大于求，继而导致石油价格突然猛跌。资源支撑从困局到变局的演进，虽然大大超出人们的预料，却反映出资源博弈的战略新态势。因此，中国乃至全球的经济发展，在资源支撑上不得不面对十大资源博弈之变。

其一，国际资源市场价格走势之变。进入 21 世纪以来，国际市场以油气资源与铁矿石资源为代表的大宗商品价格，经历了快速上涨，到持续高位运行，再到快速下跌的"过山车"行情。这种市场供求与价格的波动，是短期的现象、中期的走势还是长期的趋势？

其二，国际资源需求力量之变。十年前，新兴经济体即非 OECD（经合组织）经济体的发展中国家，开始进入经济快速增长期（2001 年出现"金砖国家"一词）。自 2001 年以来，这种增长导致"能源缺口"——非 OECD 主导着全球能源需求的增长；2008 年，非 OECD 的需求增长超过 OECD。中国成为上述需求增长的标志，其能源需求 2007 年超过欧盟，2010 年超过美国，2013 年则超过整个北美。[②] 全球能源消费重心转向亚洲，中国已成为全球能源消费第一大国，近 10 年全球能源需求增量的 55% 来自中国。2011 年，中国以 24.4 亿吨油当量的能源消费总量，首居全球首位。[③] 新兴经济体的崛起，对资源博弈格局还会进一步带来哪些变局？

其三，国际资源供给力量之变。规模最大的新供给来自非常规油气资源。在高度竞争的北美能源行业，近十年来发生了"页岩油气革命"，大量开发形成的非常规油气资源可归类为"新燃料"[④]，这是一种十年前尚不存在的燃料。各种"新燃料"总量，包括由新出台的气候变化政策推动及居高不下的化石燃料价格激励而产生的可再生能源，2013 年在全球一次能源增量中所占的比重高达 81%。其中，美国的石油产量增长十分惊人，2013 年突破 1000 万桶 / 日，为 1986 年以来的最高水平。2013 年的美国石油产量增加 110 多万桶 / 日，其供应量增长连续两年超过 100 万桶 / 日，连续二次实现"美国历史上的最大增产"。实际上，仅沙特曾超过美国 2013 年的生产增量[⑤]。美国页岩革命刺激了全球页岩油气的开发，这对国际资源市场的供给会产生多大能量、多长时间的影响？

① http://news.xinhuanet.com/energy/2015-01/04/c_127355539.htm。

②④⑤ 参见《BP世界能源统计年鉴》，2014年6月。

③ 王安建：《未来20年全球资源供需格局分析》，载《科学时报》2013年11月18日。

其四，OPEC 影响力之变。供给方新生力量的形成，对 OPEC 等国际组织的资源垄断战略已构成重大冲击，产生出强烈的“破局博弈”效应[①]。这种效应在未来会如何演绎？ OPEC 与 IEA 之间的博弈会出现什么样的变化？

其五，俄罗斯从崛起到式微之变。在油气资源价格多年维持每桶 100 美元以上的高位运行时，作为 OPEC 和 IEA 相互博弈之外最为重要的第三方力量，俄罗斯大得其利，实现了经济上的崛起。油价突然而猛烈的下降，对俄罗斯经济发展产生了沉重甚至致命的打击。俄罗斯严重依赖油气支撑的资源型经济向何处去？对国际资源市场会有何进一步影响？

其六，资源产品结构之变。“新燃料”的“供给替代”[②]作用是近十年来打破油气资源困局、导致资源支撑变局的重大因素，会进一步引起资源产品结构出现重大调整。这种资源供给替代诱发的风险，目前集中体现在对传统油气资源的搅局式冲击。而资源产品结构之变，产生的各种“资源风险”[③]有多大？会如何进一步暴露、进一步释放？

其七，资源区域结构之变。过去 10 年，资源勘察持续繁荣，主要矿产资源储量没有因为大量消耗而减少，相反多数资源探明储量显著增长。尽管全球矿产资源有保障，但区域分布格局的变化值得关注。以石油为例[④]，2012 年全球石油储量为 2358 亿吨，比 2000 年的 1747 亿吨增长了 35%。但是，1998 年以来，全球石油储量增量的 61%（481 亿吨）源自美洲的非常规石油。资源版图的巨变，对全球政治经济，尤其是对美国的全球石油战略产生重要影响。这种影响有多大？会如何演绎？

其八，可再生资源走向之变。在欧洲，以风能、太阳能为代表的可再生能源受到空前重视，得到长足发展。在非常规能源的搅局之下，再生资源发展前景因成本、能效等竞争力问题，可能面临某些挑战。绿色环保可再生的新资源，未来向什么方向发展？在各国资源战略中会扮演何种角色？

其九，资源博弈战略之变。资源供应结构与资源需求结构的变化，促使各利益相关方进行资源战略的深度调整与融合。在“供求均衡”进一步整合的过程中，资源市场价格会持续剧烈动荡，这必将加速资源“战略均衡”[⑤]的重构。更进一步分析，资源

---

① 参阅本书第五章有关“破局博弈”的分析。

② 供给替代，参阅本书第四章相互内容。

③ 资源支撑风险，参阅本书第三章的相关内容。

④ 王安建：《未来20年全球资源供需格局分析》，载《科学时报》2013年11月18日。

⑤ 资源的“战略均衡”，参阅本书第五章相关内容。

市场的重整，对资本市场和商品市场，对整个世界的经济发展方式，都会产生重大影响。这种影响会以什么方式来表现？

其十，经济发展动力之变。世界各国处于不同的发展阶段，OECD 国家完成了工业化与城市化，新型经济体仍在进行工业化与（或）城市化之中。过去十几年，从资源支撑分析，影响世界经济的重大事件有三项：中国的工业化与城市化，美国的页岩油气革命，华尔街金融危机。因此，就全球经济发展动力来说，中美两个大国主导了 21 世纪以来资源支撑从困局到变局的全过程。但是，这种格局未来会如何演进？比如，人口大国印度的工业化与城市化会怎么走？

总之，大国崛起总会遭遇资源支撑的困局，而从困局向变局的演进将伴随大国经济发展和复兴的全过程。

第二节 中国工业化城市化资源困局

进入 21 世纪后，中国经济发展进入新一轮上升周期，资源支撑方面的问题日益突出。以能源为例，钢铁、水泥、电解铝、汽车、建材等资源高耗产业的快速增长，导致电力、煤炭特别是石油的供求缺口急剧增大，能源供应出现了历史上少有的全面紧绷局面。于是，“困局”一词，曾成为人们对中国能源紧张形势的一种非正式、非官方[①]但却日渐流行的描述。能源“困局”所包含的内容涉及资源、产业、区域、环境等经济社会发展的方方面面，突出表现为电力、石油、煤炭等能源的开采、生产加工、运输配送等供给方面不能完全满足经济社会快速发展的需要，出现了难以解决的矛盾与问题。概而言之，相对于现实与未来经济持续快速发展的需要，中国能源供应上面临着“既有近虑，又有远忧”的困难局面。所谓“近虑”，就是处于高涨时期的经济运行，面临着因为能源“瓶颈”制约而引发剧烈波动的风险；所谓“远忧”，就是经济社会长期持续快速发展的趋势，因为能源资源的制约潜伏着不可持续的危局。中国经济发展的能源支撑问题，对即期宏观调控政策的制定与运用，对长期经济发展战略的设计与实施，都是重大的考验。

石油、天然气、煤炭及电力等能源，作为现代经济社会的血液，是支撑经济发展

① 所谓非正式或非官方是就两个方面而言的，一是经济学中没有“困局”这样的术语，二是官方即国家决策与研究机构基本上不采用“困局”或“危局”之类的说法。

不可或缺的重要资源，但能源“困局”只是中国经济发展资源支撑问题的一个重要侧面。除了以石油与电力为核心的能源之外，土地、淡水、矿产、环境等资源的支撑问题，也成为广受关注的热点，其严重性也足以使人们对中国经济能否保持长期持续快速发展产生忧虑与不安；资金、劳动力（人力资源）等也是支撑中国经济发展的重要因素。具体而言，以下六个方面的具体问题，在中国工业化城市化的经济发展中都不可忽视。

一、自然资源问题

资源支撑，通常意义上是指自然资源，包括能源资源、矿产资源、水资源、土地资源等。国家发展改革委对中国经济发展资源支撑问题的严重性十分重视，曾反复提及这样一组典型数据[①]:2003 年，中国 GDP 达到 1.4 万亿美元，占世界的 4%，但消耗的各类资源经折合后约为 50 亿吨，其中，钢材 2.7 亿吨，石油 2.67 亿吨，煤炭 16.67 亿吨，水泥 8.62 亿吨，分别相当于 2003 年世界消费量的 27%、7.4%、31% 和 40%。素有地大物博之美称的中国，在开始加快实现工业化与城市化时，发现其资源支撑的问题日益突出：国民经济的快速增长严重依赖资源的大量消耗，国内资源供给约束性增强，主要资源对外依存度不断提高。人均水资源拥有量仅为世界平均水平的 1/4，且时空分布不均，600 多个城市中有 400 多个缺水，110 个城市严重缺水。人均耕地拥有量不到世界平均水平的 40%。石油、天然气、铜和铝等重要矿产资源的人均储量，仅分别相当于世界人均水平的 8.3%、4.1%、25.5% 和 9.7%。由于国内资源供给约束的增强，中国主要资源对外依存度不断提高，2003 年，约有 50% 的铁矿石和氧化铝、60% 的铜资源、34% 的原油依靠进口。

总之，日趋紧张的资源短缺与经济快速增长对资源大量需求之间的矛盾，在中国现代化过程中，是短时的周期性现象还是必然出现的长期问题？这既是一个现实难题，也是理论课题。

二、空间资源与环境容量问题

经济增长在创造大量物质财富的同时，也给人们的生产、生活乃至整个地球带来了负面影响，其中最受关注的就是环境污染与生态失衡。中国生态环境十分脆弱，边

① 朱之鑫：《树立科学发展观编制好“十一五”专项发展规划》，载《宏观经济管理》2004年第5期。

保护、边破坏，边治理、边污染的问题一直很突出。2002 年，全国水土流失面积 356 万平方公里，荒漠化面积超过 260 万平方公里，90% 的可利用天然草原出现不同程度的退化，其中草原“三化”（退化、沙化、碱化）面积等达 135 万公顷。大气污染排放已大大超出环境容量。2003 年，中国经济增长了 9.1%，但污染物排放却增长了 10% 以上。尤其是 2013 年以来，出现了弥漫全国许多地区和城市的雾霾，达到令人窒息的程度。中国为经济发展已经并仍在付出巨大的环境代价。

生态环境的恶化，自然灾害的增多，不仅导致社会财富损失，影响经济可持续发展的能力，也与经济发展增进社会福利的最终目标背道而驰。生态环境的影响没有国界，它对国际经贸关系的负面作用也越来越大。中国已成为全球遭遇“绿色贸易壁垒”最多的国家，尽管人均二氧化碳排放量低于美国，但排放总量大、增长快，加之雾霾频发，引起了周边国家乃至整个国际社会的广泛关注。生态环境正从国内国际等层面上，构成中国经济发展进程的重要约束因素。

三、资源供应链问题

资源支撑问题远远不只在资源禀赋或资源储量方面。在现实经济运行中，资源支撑问题更突出地表现为资源及其配套产业的发展与整个经济发展的契合程度，即资源勘探、开采、加工的产业链与供应链能否适应国民经济发展对资源数量与质量的需求。资源供求日趋紧张的矛盾，会因为资源的勘查、开发、生产、运输、供应中某一环节的崩断，而使经济发展面临严峻形势。

例如，2008 年 1 月中旬到 2 月中旬，中国南方 10 多个省市大面积遭遇历史罕见的低温冰雪灾害，交通瘫痪、电煤运输不畅，数以百计的电力机组断煤，加上电网遭受破坏，导致一些地区大面积停电，对经济发展产生了重大影响。

再如，石油、铁矿石、有色金属、木材等资源对外依存度大幅提高，大量进口对运输、储存、加工等都提出了新的要求，对现有的供应链构成了巨大的挑战。中国进口油气资源大多来自中东、北非和里海地区，海上油路如不畅通，将构成很大的运输风险。

四、资金链问题

资金是推动现代经济发展的重要资源，也是近 30 多年来中国经济增长最重要的原动力。国务院发展研究中心的研究表明，资本积累、劳动力投入的增长以及全要素生产率的提高是中国经济增长的三大源泉。[①] 按照索洛的“增长的核算”分析方法测算的结果表明，中国经济增长最大的推动力是资本的快速积累，1978~2003 年资本年均增长为 9.9%，对经济增长的贡献达到 63.2%，推动 GDP 年均增长近 6 个百分点。

在经济发展过程中，资本是最活跃但同时风险管理难度也最大的生产要素。经济起飞前，资本积累规模不足往往成为一个国家经济增长的制约因素；经济起飞后，国家经济进入工业化与快速增长的阶段，资本是经济发展最积极的推动力量；当经济发展到较高水平，经济规模与资本规模庞大，资本积累与资本使用效率会出现一系列变化，主要表现为资本来源即储蓄率面临下降的压力、资本回报率即资本边际效率面临下降的压力、资本流动性增大会导致资本外流加大的压力，等等，这些都将对经济持续快速发展产生制约作用。更重要的是，当资金链出现问题时，经济发展或者难以为继、停滞不前，或者出现大起大落的剧烈波动，甚至导致债务危机或金融危机等巨大风险。资金资源始终是中国经济发展资源支撑研究不可回避的重要领域。

五、体制缺陷问题

制度是柄双刃剑，既可以促进经济增长，也可能制约经济发展。中国近 30 多年的经济增长，是实施改革开放与建立社会主义市场经济体制的结果，以市场化为基本取向的制度变迁，是中国经济持续发展的重要推动力量。具体地说，以市场形成价格、配置资源与产权不断明晰为主要内容的微观制度改革，充分激发了各类企业与个人的经济活力；以财政金融、产业政策与发展规划为主要内容的宏观经济制度改革，保证了经济发展的平稳快速发展；以对外开放与加入 WTO 为主要内容的制度安排，使中国充分享受了经济全球化与国际产业转移所带来的利益。在国内地区间、城乡间存在较大差距的条件下，改革与开放提供的创新性制度安排，使不平衡的矛盾不断转化为发展的势能与动力。

但是，进入 21 世纪后，中国经济发展面临的结构性问题在资源支撑上日益突出，集中反映在高投入、高消耗的粗放的经济增长方式问题一直没有得到根本解决。工业化中产能扩张导致国际资源市场价格暴涨，城市化中的土地乱用与人口政策创新的滞后，导致城乡资源消耗长期处于“两耗模式”[②]。此外，金融体制、国有企业等方面的改革滞后、各种垄断导致市场体系不完善，公共资源配置方面的问题导致地区发展失

① 参见王梦奎主编：《中国中长期发展的重要问题2006—2020》，中国发展出版社2005年版。

② “两耗模式”，参阅本书第九章相关内容。

衡、城乡发展失衡与收入分配失衡。这对中国经济持续快速发展形成一定的制约。

六、中国资源支撑的国际舆论环境问题

20 世纪 90 年代以来，国际上关于中国问题的争论一直没有停止过，并出现过多次较大争论。第一次是 1994 年，美国世界经济研究所布朗提出“谁来养活中国人”，引发了一场粮食问题的大争论；第二次是 1992 年以来，国际上掀起一股“中国威胁论”，直接影响西方大国对华政策的重新制定；第三次是 2001 年开始出现的“中国崩溃论”，无限放大中国经济社会中存在的一些问题，并草率得出唱衰中国的结论；第四次则是 2004 年前后的“中国统计水分论”，对中国经济发展成就提出怀疑；第五次是 2007 年，“中国产品有毒论”甚嚣尘上。近年来又提出中国责任论等。所有这些争论，其核心观点可以归为相互对立的两大类，即中国崩溃论与中国威胁论。它们都与中国经济快速发展及其资源支撑问题，有着直接或间接的联系。

中国经济的快速发展，为世界各国源源不断地提供了大量价廉物美的产品，但中国巨大的人口基数、快速扩张的经济总量，对矿物原料进口产生了庞大需求。“两个市场、两种资源”与“走出去”战略的实施，对国际生产、贸易及资源配置格局产生十分深远又异常复杂的影响，必然对国际经济体系的战略均衡格局形成了一种“洗牌”效应。[①]这自然会引起国际上的种种不安，导致了中国能源威胁论[②]的产生，更有国际石油大鳄炒作“中国饿虎论[③]”。中国不能忽略这些因素，必须防范、规避、化解其中所蕴含的现实的与可能的风险。

第三节　资源支撑研究：现实问题的理论求解

上述与资源直接相关的种种困惑，归根到底就是：中国经济快速发展是否存在资源支撑问题？这一问题属于何种性质？有多大？对中国工业化与城市化过程中的经济发展会产生什么样的影响？这不仅是经济政策的设计与制定的问题，也是学术研究与理论探索的重大问题。

---

① 本书通过“破局博弈”对此进行分析，参阅本书第四章、第五章相关内容。

② 马凯：《驳中国能源威胁论》，http://nyj.ndrc.gov.cn/zywx/t20061120_94218.htm。

③ 《香港明报》2014年10月25日社评：《国际石油大鳄炒作“中国饿虎论”》，http://news.xinhuanet.com/world/2004-10/25/content_2135357.htm。

从学术上看，经济学、矿产学、生态学等学科有关资源经济问题的研究，已经产生了各种各样的研究成果。这些成果各有侧重，但在一些重大问题的分析结论上却存在着相互矛盾、相互冲突的情况。这样的研究成果，在诠释、解决中国经济发展面临资源支撑的现实问题时，往往显得不好用、不够用。这就要求我们联系中国经济发展与资源配置的实际情况，进行理论创新。

从经济理论层面上提出并展开资源支撑课题的研究，有利于科学地分析和把握问题的本质，其主要任务是要以科学的分析方法与规范的研究范式，对这一问题进行证实或证伪，通过对其内在机制与规律的研究，对现实经济发展予以指导。

目前，任何负责任的研究都不能贸然证明，中国在其工业化与城市化、现代化的过程中，上述资源问题的共同作用或其中某个因素的单独作用，必然导致中国经济快速发展的停止或中断。尽管如此，对于经济发展资源支撑中的一系列现实问题，在理论研究与对策分析等层面上做出创新性探索，已经十分紧迫。这正如马克思所指出[①]："人类始终只提出自己能够解决的任务，因为只要仔细考察就可以发现，任务本身，只有在解决它的物质条件已经存在或者至少是在生成过程中的时候，才会产生。"

一、几个核心概念

为便于对资源支撑问题展开深入系统分析，需要对几个重要概念做出简要的界定。[②]

1. 经济发展或经济增长

经济发展资源支撑研究，首先是一个经济发展的问题。经济发展的内容十分广泛，因此，只能侧重于与资源问题直接关联的部分，即更多地侧重于经济增长及经济增长方式。

什么是经济增长？什么是经济发展？两者之间有着什么样的关系？这些问题虽然前些年一度成为中国经济发展研究的热点，但作为学术问题在经济理论界早已提出，并已经形成了相当一致的答案。我国研究发展经济学的著名经济学家谭崇台教授在《发展经济学》中作过这样的表述："经济增长（economic growth）和经济发展（economic development）这两个概念有无区别，西方发展经济学家各有看法。"[③] 有的

① 《马克思恩格斯选集》第2卷，人民出版社1995年版，第33页。

② 对这些概念的界定是出于研究的需要而做出的说明，并不等于对这些概念的精确定义。

③ 谭崇台：《发展经济学》，上海人民出版社1989年版，第5页。

把这两个概念并列起来，有的在似乎应当有“发展”一词的地方却使用了“增长”一词，有的则在指出它们的某些区别时，又说这两个词可以交换使用，例如雷诺兹认为，“除了已计算出来的增长和与之相联系的结构变化外，人们还可以给‘发展’一个特殊的意义：它表示在增长导向下经济和政治体制的系统变化……由于这些理由，我们把增长和发展视为可以互相替代使用的两个名词。”[①] 但是，多数西方发展经济学家还是主张应当对这两个概念的内涵加以区别。谭崇台教授对西方经济学家的观点进行归纳后认为，经济增长仅仅指一国或一地区在一定时期（一季度、一年、三年、五年、十年）包括产品和劳务在内的产出（output）的增长。经济发展则意味着随着产出的增长而出现的经济、社会和政治结构的变化，这些变化包括投入结构、产出结构、产业比重、分配状况、消费模式、社会福利、文教卫生、群众参与等在内的变化。因此，经济增长的内涵相对较狭，是一个偏重于数量的概念，而经济发展的内涵较广，则是一个既包含数量又包含质量的概念。经济增长是手段，经济发展是目的。[②]

今天，人们已普遍认识到经济增长与经济发展不是一回事。从学术上来看，两者存在着显著的区别[③]：一是在研究方法上，经济增长偏重于实证分析、定量分析，经济发展偏重于规范分析、制度分析。二是在内涵方面，经济增长侧重更多的产出，经济发展既侧重更多的产出，也包括产品生产和分配所依赖的技术、体制、产出结构的变革。三是范围不同，经济发展是相互依赖条件下整个体制的向上运动，而经济增长仅仅是经济发展整个运动中若干因果关联的条件之一。四是在过程上，经济增长可以是物质财富的单方面变化过程，经济发展则是涉及社会结构、人的态度和国家制度以及加速经济增长、减少不平等、改善营养不良、根除绝对贫困等过程。五是在表现形式上，经济增长侧重于物质现实，经济发展则既是一个物质现实，又是一种社会心理状况。

尽管如此，人们也普遍承认，经济增长与经济发展具有高度的相关性，即经济增长是经济发展的基础，经济发展则是经济增长的延伸，概括地说：发展必定有增长，但增长不一定有发展。因此，本书认为，经济增长与经济发展是两个不能分割的概念，经济学在进行经济增长或经济发展的有关研究时不可泛泛而谈，须明确所要达到的目标而有所侧重。本书在借鉴和吸收现有理论研究成果的基础上，根据中国处于经济快速增长阶段资源支撑问题的现实背景，对与资源支撑相联系的经济发展的特定内

---

① 参见雷诺兹：《经济发展的理想与现实》，1977年英文版。

② 谭崇台：《发展经济学》，上海人民出版社1989年版，第7～10页。

③ 秦富：《经济增长及其技术进步贡献探析》，载《调研世界》2000年第4期。

涵作如下界定：**经济发展是一种连续不间断的经济增长过程。**所谓连续不间断，就是在时间、空间及速率三个定义域里，经济发展都能保持在正常的路径中运行，即经济增长不出现中断或间断等情况。

本书之所以作这样的界定，主要有以下理由：

第一，经济发展资源支撑问题首先是个经济增长的问题，经济增长中资源的不断耗费需要有新的资源支撑，因此是一个与经济增长紧密联系的概念；并且经济增长如果不能带来经济发展，从经济学意义说，是一种对资源的无效消耗，从长期来看是难以持续、不能成立的。

第二，在一定的时间定义域与空间定义域里，经济增长的连续性，在一定程度上可以代表经济发展的某种趋势。

第三，经济发展涉及多维的坐标，其中许多坐标更适合于规范性研究，它们与资源支撑之间的逻辑联系十分复杂，如果将资源支撑问题定义在多维的经济发展上，研究将无法深入，更是一篇论文难以完成的；经济增长涉及的问题虽然也较广泛、较复杂，但它是资源的消耗即资源可持续的优化配置的结果，两者之间存在着更为直接的联系。因此，根据研究的需要进行这种适当的界定是必要的、可行的。

第四，经济发展的资源支撑研究，又不能完全等同于一种简单化的经济增长问题，因为一种持续不断的经济增长，必然涉及制度创新、科技创新等许多因素，这些都是经济发展的问题，也是经济发展资源支撑研究必然要涉及的。

经过上述界定后，可以将资源支撑研究直接与经济发展的以下内容联系起来：一是经济增长的规模；二是经济增长的可能性或目标；三是经济发展的时空范围，即时间定义与空间定义域；四是经济发展的路径，即经济增长方式或经济发展方式。

2. 资源与资源集

本书对“资源”的含义做出如下理论性界定：**资源是受一定时间定义域与一定空间定义域约束的经济发展不可或缺的生产要素的集合（即资源集），或者说，凡是直接影响经济发展的物质的与非物质的因素，都可以统称为资源。**

根据这一定义，资源的外延可以是有形的自然资源、人力资源，也可以是资产、资金等财政金融资源，还可以是制度安排或文化传统等非物质因素。在经济发展过程中，上述这些资源并非孤立存在，而是相互发生作用，它们构成保障经济发展的要素集或资源集。并且，任何资源在时间上与空间上都表现出一定的状态，如理论资源、可供资源等等。

尽管资源的外延很广泛，但要强调的是，受篇幅所限，除有特别说明外，本书所指的资源主要是指可以直接用于支撑经济发展的自然资源，即可供自然资源。

从资源集的角度定义资源，对资源支撑研究具有特别重要的意义。

首先，经济发展过程本身是各种生产要素动态配置的结果，这实际上包含着资源集内部结构的变迁。

第二，资源支撑总是相对于一定的经济发展目标而言的，这种目标可定义为一定的目标增长率。从理论上分析，目标增长率要以潜在增长率为依据；而潜在的经济增长率，又要以现实的或潜在的资源保障为前提。尽管有些国家可以通过少数几种甚至一种特殊的优势资源来启动其经济增长，如石油输出国通过石油出口，促进了经济发展。但是，这只能看作在一定时间里增加了国民收入，而不是真正意义上的经济发展。石油输出国，只有将其石油出口的收入转化为多种生产要素，构成一种支撑经济可持续发展的资源集，成为真正的发展能力时，才形成真正意义的经济发展。因此，经济发展的支撑必然以合理的资源集为前提。

第三，资源支撑研究，只有在资源集的基础上才能展开，并找到解决问题的答案。从科技进步或产业发展的角度，可以对某一重要资源进行专题研究。但对经济发展的支撑来说，就资源论资源，特别是就某种单一的资源来研究经济发展的问题，是找不到真正出路的。研究资源集及其结构，在分析方法上体现了系统论的思想，为探索经济发展资源支撑的各类问题，提供了理论创新的空间。

有了经济发展与资源的上述界定，就可以对经济发展与资源之间的关系作如下理论描述：

设 D 为经济发展，R 为支撑经济发展的资源，R 与 D 之间可以表述为如下数理关系：

$$D=F\{R\}$$

其中，F 是一种数理函数关系，在现实中，代表着处于一定阶段的特定经济体的经济发展与资源集之间的互动关系，也就是经济增长方式或经济发展方式。

R 是一种资源集，可定义为 $R=\{R_i\}i=1, 2\cdots n$，代表资源的种类。

有关资源集的性质、结构及其支撑状态对经济发展的影响，将在第三章做进一步分析和讨论。

3. 资源支撑：资源支持与资源约束

什么是资源支撑？所谓资源支撑，是关于资源的质量与数量对经济发展保障的程度、状态与趋势的总称。具体地说，资源支撑表现为资源支持与资源约束（或资源制约）两种状态。

资源支持：当资源的质量与数量处于基本能够保障经济正常发展的状况，可称其为资源支持。

资源约束：当资源的质量与数量对经济发展不能形成足够的保障，并导致或加大经济发展偏离既定目标与路径或出现间断甚至中断的风险时，即出现资源约束。一个国家或地区所拥有的资源，其数量与质量的有限性表现为经济学上的稀缺性，加上资源分布的地域性，共同形成资源约束，对经济发展会产生很大影响，进而限制着经济发展的各个方面。①

资源约束，常常并不是经济发展所依赖的每一种生产要素都出现了不能保障供应的问题。在资源集中，某类、某几种甚至某一种资源的供给出现了对经济发展支撑不力的风险，就可能成为经济发展的短期震荡因素或长期“瓶颈”。因此，所谓资源约束，就特定“瓶颈”资源的供求来说，是个资源的总量问题；从资源集的角度来看，则是一个资源的结构性问题，即资源配置失当的问题。

在现代商业社会特别是在经济全球化的今天，任何国家、地区或特定经济体，其经济发展所依赖的资源基本上都不可能由本国、本地区或本经济体所辖的封闭区间得到100%的支撑。这是因为，支撑经济发展的资源即资源集，总是由支持性资源（R^S_j）与约束性资源（R^L_j）两大类构成：

$$R=\{R_i\}=\{R^S_j+R^L_j\}$$

其中，j=1，2，…n，代表支持性资源或约束性资源的种类。

世界各国经济发展与现代化建设的过程表明，一国经济发展在告别自给自足的自然经济之后，既没有100%的资源支持，也没有100%的资源约束。更经常的情况是，资源支持与资源约束两者之间总处于并存、消长、转化的相对状态，由此支撑着经济发展向前运动。尽管如此，由于各国经济发展的状况及其资源禀赋各不相同，资源支撑研究的侧重点会有很大的差异。当R^L_j即约束性资源开始上升为主要矛盾时，经济发展资源支撑问题的核心就集中于此。

本书以中国工业化与城市化阶段经济发展为背景，资源支撑研究的重点是资源约束问题，其核心任务是要研究资源约束的性质、程度以及可能出现资源风险的识别和调控，以保证经济发展在时间、空间与速度三个定义域里得以持续。

① 曲福田：《资源经济学》，中国农业出版社2001年版，第26页。

4. 资源安全与资源风险

资源支撑研究的目的是提高资源对经济发展的支持能力，保障资源安全，防范经济发展可能出现的风险。

所谓资源安全，是一个国家或地区可以持续、稳定、及时、足量和经济地获取所需资源的状态。[①] 资源安全可分为战略性资源安全和非战略性资源安全，具体有水资源安全、能源资源安全（特别是石油安全）、土地资源安全（特别是耕地资源安全）、矿产资源安全（特别是战略性矿产资源安全）、生物资源安全、海洋资源安全、环境资源安全等。此外，资源安全还包含更广泛的内容，如资金安全或金融安全、产业安全、资源信息安全等等。

与资源安全相对应的另一个概念，是“资源风险”。

一个经济体，当不能持续获取或不能经济地获取所必要的资源时，将会导致其经济发展不能持续实现其战略目标或偏离其原有预期的轨道，即出现大起大落的剧烈波动甚至产生间断或中断的危机状态，我们称之为资源风险。资源风险，是经济发展资源支撑研究的核心课题之一。研究的目的是：当资源风险处于潜在状态时，要能够发现、预知和防范；当风险出现时，要能够对其控制或化解，使风险损失尽可能最小化。

5. 战略性资源与资源战略

战略性资源是一个应用得十分广泛的概念，但人们对其内涵与内容并没有一致的看法。例如，有一种观点认为，战略性资源是指关系国计民生，在资源系统中居支配地位，具有常态下市场垄断性和非常态下供给瞬时中断性特点的资源。[②]**本书认为，如果一种资源的数量与质量出现不足，会导致国家经济发展处于风险状态，就可以称这种资源为战略性资源。在资源集中，除战略性资源之外的其他资源，称为一般性资源。**

资源支撑研究的一个核心问题，是资源约束及其导致经济发展面临不可持续的风险，而研究的重点领域则是战略性资源。这就需要对战略性资源及其可能导致的经济发展风险状态做出识别与评估。这是一个十分复杂的课题。

资源战略是针对资源安全与资源风险而进行的谋划、策略与管理。提到资源战略，许多研究将其定义为国家战略，即国家资源战略。本书认为，除国家资源战略之外，实际上还存在着非国家层级的资源战略，如企业资源战略、区域或地区资源战

①② 谷树忠：《不要漠视资源安全》，载《资源科学》2002年第5期。

略、国际资源战略等等。从经济发展的意义来看，资源战略是解决资源支撑问题的一种方案或路径，其实质是一种有关资源的博弈规则，其重点则体现在战略性资源上。因此，在研究资源支撑问题时，资源战略应该是多元多重资源战略的组合。

二、资源支撑问题的理论导出

经济发展表现为经济结构演进与经济规模扩张相互推进的过程，在特定的时间与空间定义域里，资源支撑是规定经济发展的战略目标、影响经济发展路径的重要约束因素。因此，经济发展资源支撑问题可以表述为以下基本关系式：

$$D=F[R]$$

$$R=\{R_i\}=\{R^S{}_j+R^L{}_j\}，i=1，2\cdots n$$

其中 R 是经济发展 D 的资源约束条件，当约束性资源 $R^L{}_j$ 在 $\{R_i\}$ 中处于主要矛盾时，将导致经济发展出现风险状态。

经济发展资源支撑包含以下几层含义：

第一，经济发展需要资源支撑，资源是经济发展的物质基础，离开了一定质量与数量的资源，经济发展将无从谈起。

第二，经济发展本身包含着发展速度、经济结构状况及其时间与空间等变量，它们对资源支撑的状态既存在一定的需求，又有着巨大的影响。

第三，分析资源的支撑程度，就是要研究与经济发展要求相匹配的资源规模、结构及其动态支持能力。

第四，根据资源与经济发展之间是否相适应的情况，资源支撑可以分为资源支持与资源约束两种状态。

第五，资源支持经济发展时，经济发展表现为一种持续稳定的速率与趋势。

第六，当资源与经济发展之间不能相互适应即出现资源约束时，经济发展将会出现不确定性风险，其结果是不得不降低经济发展的目标，经济发展的潜在速率难以实现，甚至偏离其原有的方向或趋势。

第七，管理和防范资源约束所导致的风险，使经济发展与资源之间能够互动互适，是资源支撑问题的核心。

第八，经济发展资源支撑问题，归根到底是发展方式即经济增长方式的问题，这要求经济活动适应资源支撑的状态，并进行动态调整与创新。

从理论上研究经济发展资源支撑的状态及其演变的规律性，重点要关注某种资源出现从支持经济发展转化到约束经济发展并可能导致经济发展难以为继的趋势，尤其要重视经济发展过程中存在的或潜伏的与资源相联系的种种不确定性风险。在现实经济社会发展中，我们预知了一些资源风险（如石油枯竭），但这些风险并没有想象的那样严重，甚至从来就没有真正地出现过，而我们没有预知的情况却出现了。这正是资源支撑问题研究的难度与魅力之所在。正如英国经济学家凯恩斯的名言："不可避免的事情从未发生过，而未预料的事却经常出现。"①

① ［英］米洛·凯恩斯：《约翰·梅纳德·凯恩斯文集》，转引自《经济增长的阶段》，中国社会科学出版社2001年版，第29页。

第二章

资源支撑研究的理论架构

以为仅仅依靠可观察到的量就可以建立理论，是非常错误的。……是理论决定了我们能观察到什么。

——阿尔伯特·爱因斯坦①

国内外经济学界已经形成的大量研究成果，为经济发展资源支撑问题的研究，在分析范式与研究方法上提供了有益的借鉴。本章通过介绍、分析、归纳部分主要经济理论成果，找出其中一些具有规律性的结构，试图为研究经济发展资源支撑问题建立起可行的分析框架。

第一节　古典经济学：土地硬约束

在经济思想史中，经济增长问题是古典政治经济学的中心课题之一。古典经济学家们对经济发展与增长要素相互关系的研究，视角各异，内容丰富，形成了深刻的学术思想。斯密、李嘉图和马尔萨斯是三个最具代表性的人物，他们的观点今天仍能给我们许多有益的启示。

一、亚当·斯密

亚当·斯密（Adam Smith，1723~1790）是把经济增长问题作为经济分析总题目的

① 引自［美］查尔斯·I. 琼斯：《经济增长导论》，北京大学出版社2002年版。

第一人。直到20世纪40年代末期，没有一个西方经济学家像斯密那样，在一部经济学的巨著（指《国民财富的性质和原因的研究》即《国富论》）中始终以经济增长问题作为一条主线，做出多方面的、相当深刻的分析。[①]

斯密关于经济增长问题的基本构思是：第一，经济增长是一个宏观问题，它表现为社会财富或国民财富的增长；第二，国民财富的增长决定于两个条件，即劳动生产率和从事生产劳动的人数，而影响劳动生产率的是分工，从事生产劳动的人数多寡则和人口的增减有关，更取决于资本的丰歉，因此，人口、分工和资本积累等都是关键因素；第三，国民财富的增长，在一个封闭的社会里，要受到本国的资源和技术条件的限制，通过对外贸易则可以突破这种限制而利用外部条件促进增长。因此，研究经济增长问题必然涉及对外贸易问题；第四，经济增长既然是一个宏观问题，它与国家的决策就必然密切相关，因此研究经济增长问题就应当研究经济政策；第五，经济增长是一个长期的过程，从长期看，一国的经济增长可能有多种前景，因此，不仅要注意经济增长的现状，还应当研究其未来。

斯密在其《国民财富的性质和原因的研究》中，以经济增长为核心，对国民财富的性质、人口变动、资本积累、对外贸易、经济政策和经济增长前景等进行了全面分析。其中，关于经济增长前景的分析是十分引人注目的。斯密认为，经济增长的进程可能出现三种情况，即进步状态、退步状态和静止状态。进步状态的特征是：国民财富增长快速，从而劳动工资高。当时的北美就处于进步状态的经济。退步状态的特征是：国民财富萎缩，从而劳动工资低，而资本利润率高。当时的孟加拉则处于退步状态的经济。静止状态的特征是：国民财富停滞不增，从而劳动工资低，资本利润也低。当时的中国即处于静止状态的经济。斯密说："劳动报酬优厚，是国民财富增进的必然结果，同时又是国民财富增进的自然征候。反之，贫穷劳动者生活维持费不足，是社会停滞不进的征候，而劳动者处于饥饿状态，乃是社会急速退步的征候。"[②]

斯密认为，增长是一个不稳定的动态过程。从均衡状态开始，任何一个向上或向下的移动力量，都会引起连锁反应、循环变动。这种循环变动有没有限度呢？斯密的回答是：自然的上限是静止状态。经济增长不可能永远地持续下去，由于资本的不断积累，利润率将降到最低值，经济将步入静止状态。斯密对静止状态的表述是：一国所获的财富，已达到它的土壤、气候和相对于他国而言的位置所允许获得的限度，因

① 谭崇台：《西方经济发展思想史》，武汉大学出版社1983年版，第27～28页。

② ［英］亚当·斯密：《国民财富的性质和原因的研究》（上卷），商务印书馆1972年版，第67页。

而没有再进步的可能，于是它的劳动工资和资本利润也许都会非常低；一国人口的繁殖，已达到其领土所能维持或其资本所能雇佣的限度，于是职业上的竞争非常激烈，使劳动工资落到仅足维持现有劳动者人数、而且由于人口已非常稠密，也不可能再增加；一国的资本，如与国内种种必须经营行业所需要的资本相比，已经达到饱和程度，从而各种行业所使用的资本，已达到各行业的性质和范围所允许使用的程度。这样，各地方的竞争就大到无可再大，而普遍利润便小到无可再小。[①]

设 L 为土地，K 为资本，G 为经济增长，用现代数理分析的模式来分析，斯密有关经济增长进入静止状态的思想，从资源支撑的角度来看大体可以描述为：

（1）$G=f(L, K)$ 或 $G' =f'(L, K)$；

（2）L 数量有限，即为一个常量，因此 $L' \to 0$;这必然导致 $K' \to 0$;

因此 $G' =f'(L, K) \to 0$，$G =f(L, K)$ 静止不变。

可见，斯密的所谓静止状态，实际上是指经济发展因受到土地资源有限性的制约而达到一种停滞不前即极限的情况。

二、大卫·李嘉图

大卫·李嘉图（David Ricardo，1772~1823）认为，由于土地的数量和质量有异，农业生产的报酬是渐减的，而这将对国民经济增长起约束作用。[②]

李嘉图说，生产技术的创新和进步，可能抵消或延缓报酬递减趋势，这种情况在工业生产中表现得比较明显。“除开农产品和劳动以外，一切商品的自然价格在财富和人口发展时都有下降的趋势。因为从一方面说来，它们的实际价值虽然会由于制造它们所用的原料的自然价格上涨而增加，但机器的改良、劳动分工和分配的改进、生产者在科学和技艺两方面熟练程度的提高，却可以抵消这种趋势而有余。”[③] 但是，就农业而言，技术的进步，只能短期地、间歇地提高生产，而在长期中不能扭转报酬递减的趋势。李嘉图的这种理论思路可概括为表 2–1。

---

① ［英］亚当·斯密：《国民财富的性质和原因的研究》（上卷，商务印书馆1972年版，第87页。

② 谭崇台：《西方经济发展思想史》，武汉大学出版社1983年版，第49 ~ 50页。

③ ［英］大卫·李嘉图，《政治经济学及赋税原理》，商务印书馆1962年版，第77 ~ 78页。

表 2-1　　　　　　　　李嘉图的经济增长推理模式

公理 / 假设	结　　论
生产力↑∪资本积累↑→人口↑ 谷物需求↑→耕地地力↓	生活资料（谷物）价值↑ 货币工资↑ 利润↓ 实物地租↑ 货币地租↓ 经济增长↓
技术进步＜土地报酬递减	

资料来源：朱军：《经济增长支撑条件研究》，冶金工业出版社2001年版，第19页。

因此，生产发展的长期趋势是：工业生产的报酬渐增，农业生产的报酬渐减。那么，把工业生产和农业生产总合起来，报酬渐增趋势与报酬渐减趋势谁占上风呢？李嘉图的回答是：在所有的土地都被耕种之后，农业的报酬渐减趋势将压倒工业的报酬渐增趋势。结果，从某一个历史阶段起，经济增长将逐渐放慢，而且越来越慢。可见，在李嘉图的理论中，土地的有限性会成为经济发展的最终约束资源。

三、托马斯·罗伯特·马尔萨斯

托马斯·罗伯特·马尔萨斯（Thomas Robert Malsath，1766~1834）的经济发展思想以其最受争议的人口论而著称。其实，马尔萨斯完整的思想体系远远不只是人口问题，他为经济发展提出了三大约束：人口约束、需求约束、土地约束，其逻辑关系则体现在人口函数与报酬递减规律中。

马尔萨斯的分析框架，在说明一个国家经济增长的原因时，强调的是需求；而在分析经济增长的前景时，把重点放在供给方面，即由于土地报酬递减引起的利润率的变化；在论述一个国家贫穷的原因时，则用人口增长和生活资料增长的比例关系来说明。如果说斯密属于经济增长的乐观学派，而李嘉图和马尔萨斯则同属于经济增长的悲观学派。李嘉图从增长中看到了停滞，而在马尔萨斯的理论中，似乎只有停滞而难以看到增长。马尔萨斯还具体分析了三种可能出现的停滞：第一，人口增长与生活资料增长的失衡引起的经济停滞；第二，在经济发展的初期由于有效需求缺乏，即总供给与总需求失衡引起的经济停滞；第三，经济发展到较高阶段之后，由于土地报酬递减规律的制约，导致资本积累下降引起的经济停滞。①

① 谭崇台：《西方经济发展思想史》，武汉大学出版社1983年版，第96～97页。

四、对古典经济学的再认识

在以斯密、李嘉图、马尔萨斯为代表的古典经济学中，支撑经济增长的资源因素已经包括了劳动、资本积累、土地，以及技术进步与有效需求等，其共同的理论支点是报酬递减规律，经济增长的最终约束是土地。从资源支撑的视角来看，古典经济学的共同特点是，可用土地的质量与数量是经济发展前景的终极约束资源。

人类进入21世纪后，回顾古典经济学中经济发展与资源支撑的分析框架，其许多原理、观点与分析方法，的确仍值得我们进一步研究与重视。

其一，经济发展问题是古典经济学研究的核心之一，经济增长的源泉是分工。分工与经济发展的关系在斯密的经济增长理论里占有十分重要的地位，这一点与形形色色的古今经济发展理论均有很大的不同。从一定程度上说，古典主流经济学的核心是发展经济学。其主体是斯密定理（Smith's Law），即分工是经济增长的源泉，分工决定于市场的大小，市场大小又取决于运输的条件。[①] 劳动分工与市场深化是现代经济社会形成与演化的决定性因素，并对资源及其配置方式产生决定性影响。因此，这一思想在经济发展资源支撑的研究中，具有重大理论价值和现实意义。

其二，土地资源对经济发展的支撑与约束的问题。需要说明的是，古典经济学所指的土地，尽管包含了土壤、气候、地理位置等空间资源内容，但受其当时所处经济发展时代及其总体分析结构的局限，其主要关注的是土地与粮食（谷物）及人口的关系，而对于矿产资源和生态环境等方面，却极少涉及或没有给予足够的分析与重视。特别是，古典经济学的分析框架里，在对土地经济性质的分析上包含着一个非常重要的基本假设：土地总体上具有弱替代性、不完全替代性，并有着向完全不可替代性变化的趋势。这一分析范式，对经济发展资源支撑的研究产生了深远的影响，甚至或明或暗地成为一些人进行资源经济分析的思维定式。直到今天，这种分析方法仍自觉不自觉地被许多人沿用。如何认识和改进古典经济学的这一分析范式，是值得进一步研究的。实际上，这一分析范式的经济理论基础就是对资源稀缺性的认识。今天的主流经济学，已将资源稀缺性抽象为一种定理式的假设，甚至将其等价为市场定价，认为市场机制能够对资源稀缺性适时做出完全、均匀、持续的调节，这也是值得进一步研究的。

① 杨小凯、张永生：《新兴古典发展经济学导论》，载《经济研究》1997年第7期。

其三，经济发展过程需要资源的支撑，并且资源支撑的状况决定着经济发展的不同阶段。在古典经济学的分析框架里，土地、劳动、资本、技术等都被作为支撑经济发展的重要资源。但是，在经济发展不同的阶段，这些资源在支撑经济发展的方式与作用是不同的，其中，土地被看作是对经济发展最重要的资源支撑与资源约束的条件，或者说，土地是当时最为核心的战略性资源。

其四，导致经济发展出现资源支撑问题，即资源对经济发展构成约束的内在机理，使各类资源都受到报酬递减规律的影响。古典经济理论中的报酬递减规律，在科技进步日新月异的现代经济发展过程中，会遭到广泛的质疑，人们都认为它不具有太强的说服力；但是，我们也应看到，报酬递减作为一种比较静态的分析方法，在特定的时间、空间坐标里，为某些资源支撑问题的研究，仍提供了一种有用的观察视角。

其五，经济发展会遇到资源支撑出现问题的风险。土地资源约束将导致经济发展出现停滞，古典经济学认识到了资源支撑问题上的这一风险，其基本前提是土地等资源没有开发的余地，这实际上就是今天人们所指的资源耗竭性问题。肯定经济发展资源支撑风险的存在，是古典经济学家对资源支撑研究的重要贡献之一。但是这种风险有多大，古典经济学家的看法是不同的，其中马尔萨斯极具悲观色彩的人口论将其发挥到极致，使其理论距离科学性越来越远，这是需要警惕和避免的，因为，这种分析方法直到今天仍有广阔的市场。

第二节　现代增长理论:“资本决定论”的资源软约束

一、经济增长理论的基本范式

现代经济增长理论是目前经济发展研究中应用得最广泛的一种模式与方法。利用定量的数理方法建立经济增长模型，对经济增长的因素进行较为精确的分析，是主流的现代经济增长理论的最大特色。具体而言，现代增长理论有三个特点：将经济增长集中归纳为几个变量的关系；使用数理模型是其主要分析手段；模型以正规经济理论即新古典经济理论为基础。现代经济增长理论所包含的资源支撑的思想，就隐蔽在这种分析范式之中。

关于现代经济增长理论的分析范式，人们大多认为是从哈罗德—多马模型开始的，但也有人认为，20 世纪 30 年代拉姆齐模式应是现代增长理论的开端。①

拉姆齐（F.P.Ramsey）1928 年发表的《储蓄的数学理论》，通过数量模型研究了最优储蓄的问题。其基本假定是生产函数 $F(K, L)$ 只有两种投入要素，资本 K 和劳动 L；没有人口增长；没有技术进步；不考虑效用的时间贴现。假设人们的最大效用为 Umax，实际效用等于从消费 C 中得到的效用 $U(C)$ 减去工作 L 的痛苦 $V(L)$，所谓最优化问题是指实际效用最大化，可表示为目标函数 J（实际效用与最大效用之差的最小化）。

$$J=\min\int_0^{\infty}[U_{\max}-U(C(t))-V(L(t))]dt$$

$$\text{s.t. } \frac{dU}{dt}+C(t)=F[K(t),L(t)]$$

在拉姆齐的理论框架中，效用最大化是目标，生产函数、消费与效用之间的关系，取决于资本、劳动在达到最优目标时的支撑条件。经济增长被隐含在效用最大化过程中。后来，这种跨期动态最优方法成为处理经济增长问题的研究样板。通过对效用函数的创新，得出不同的目标函数；通过加入人口增长，可以得到最优增长轨迹；通过对技术进步的不同处理，可以得到外生经济增长和内生经济增长。虽然拉姆齐的跨期效用函数至今仍像柯布—道格拉斯生产函数一样被广泛应用，但经济理论界直至 20 世纪 60 年代才广泛认同这一方法。

二、经济发展因素分析的演进与深化

20 世纪 40 年代哈罗德—多马模型的出现，将经济增长理论的研究推向鼎盛时期，许多经济学家都参与其中，并形成三次浪潮（Solow）。第一次浪潮集中在哈罗德（Harrod）和多马（Domar）的新凯恩斯主义著作中。② 人们称其为哈罗德—多马模型。该模型强调资本积累在经济增长中的重要作用（Shaw），在这种框架下，如何提高储蓄率，加快资本积累的速度进而促进资本深化，成为发展经济学家关注的核心问题。但是，该模型使用的方法存在一个重大的缺点，即假定资本—产出比例不变以及资本和劳动之间的不可替代性，这种假定与经济现实大相径庭。

20 世纪 50 年代中期，新古典增长理论的发展推动了增长理论持续研究的新浪潮。索洛（Solow）和斯旺（Swan）是当时新古典经济增长理论的代表人物，他们的理论形成了索洛—斯旺模型，构造了作为新古典基本特征的生产函数：规模报酬不变；单个

① 朱军：《经济增长支撑条件研究》，冶金工业出版社2001年版，第26～27页。

② ［英］斯诺登等著：《与经济学大师对话：阐释现代宏观经济学》，北京大学出版社2000年第二版，第82页。

投入要素规模报酬递减；投入要素之间存在正的、平滑的替代关系。这样的生产函数与外生、不变的储蓄率和技术进步率相结合，形成了一种简化的一般均衡模型。

新古典增长理论根据其模型得出一个重要预言，就是会出现经济增长的趋同，即落后国家以更高的速度发展，从而使世界不同地区的经济发展水平趋于平均。虽然的确存在有力的经济发展事实与经验来证明，在具有相对兼容性的不同经济体中如 OECD 国家之间，美国国内的各州之间，以及欧洲和日本之间，存在着相当一致的趋同趋势，但在更全面和广泛的数据验证中，经济学家无法证明存在索洛模型预言的经济增长率和起始人均国民收入的负相关关系，而有条件的趋同才得到了数据的更有力的支持。①

表 2–2　　哈罗德、多马、索洛、阿罗、卡尔多模型比较

<table>
<tr><th>模型</th><th colspan="6">基本假设</th><th colspan="2">均衡条件</th></tr>
<tr><td rowspan="2">哈罗德模型</td><td>单一产品</td><td>两项投入要素：资本，劳动</td><td>要素产出比固定</td><td>规模收益不变</td><td>劳动力增长率固定</td><td>固定储蓄率</td><td>有保证的增长率</td><td>自然增长率</td></tr>
<tr><td>$Y=F(K,N)$</td><td>K, N</td><td>$K/Y=c_K$
$N/Y=c_L$</td><td>$G_Y/G_K+G_Y/G_N=1$</td><td>G_N</td><td>$S=s_Y$</td><td>$G_Y=s/c_K$</td><td>$G_N=s/c_K$</td></tr>
<tr><td rowspan="2">多马模型</td><td>单一产品</td><td>要素：资本，劳动</td><td>资本生产率（或投资效率）</td><td>规模收益不变</td><td>劳动力增长率固定</td><td>固定储蓄率</td><td>—</td><td>—</td></tr>
<tr><td>$Y=F(K,N)$</td><td>K, N</td><td>$e=dY/l$</td><td>$G_Y/G_K+G_Y/G_N=1$</td><td>G_N</td><td>$S=s_Y$</td><td>$G_Y=G_I=e_S$</td><td>$G_N=s/c_K$</td></tr>
<tr><td rowspan="2">索洛模型（不含技术进步）</td><td>国民收入</td><td>要素：资本，劳动</td><td>一次齐次式</td><td>规模收益不变</td><td>边际产品为正，边际产出递减</td><td>劳动力增长率固定</td><td colspan="2">充分就业稳定增长</td></tr>
<tr><td>$Y=F(K,N)$</td><td>K, N</td><td>$AY=F(aK, aN)$</td><td>$G_Y/G_K+G_Y/G_N=1$</td><td>$F'_K>0, F'_N>0$
$F''_K<0, F''_N<0$</td><td>G_N</td><td colspan="2">$SF(K/N, 1)=G_N \cdot K/N$</td></tr>
<tr><td rowspan="2">索洛模型（含技术进步）</td><td>国民收入（技术进步中性）</td><td>要素：资本，劳动</td><td>一次齐次式</td><td>规模收益不变</td><td>边际产品这正，边际产出递减</td><td>充分就业稳定增长</td><td colspan="2">充分就业稳定增长</td></tr>
<tr><td>$Y=A_tF(K,N)$</td><td>K, N</td><td>$AY=F(aK, aN)$</td><td>$G_Y/G_K+G_Y/G_N=1$</td><td>$F'_K>0, F'_N>0$
$F''_K<0, F''_N<0$</td><td>G_N</td><td colspan="2">$SF(K/N, 1)=(G_N+G_A)K/N$</td></tr>
<tr><td rowspan="2">阿罗模型</td><td>投资积累</td><td>要素：资本，劳动</td><td>完全就业（劳动力总供给=L）</td><td>资本产出率不变</td><td>资本构成（单位Ic对应N）</td><td></td><td>均衡增长（n≠1）</td><td>均衡增长（n=1）</td></tr>
<tr><td>Ic</td><td>K, N</td><td>$N=L$</td><td>$Y/K=aK$</td><td>$g(Ic)$, $g''\le 0$</td><td>$g(Ic)=b.Ic^{-n}$ $(n>0)$</td><td>$Y=aKIc[1-(1-L/kIc^{1-n})^{1/1-n}]$</td><td>$Y=aKIc(1-e^{-L/b})$</td></tr>
</table>

① [英] 斯诺登等著：《与经济学大师对话：阐释现代宏观经济学》，北京大学出版社2000年第二版，第89页。

续表

模型	基本假设						均衡条件
卡尔多模型	国民收入	储蓄两部分：工资、利润	边际储蓄倾向固定	利润率=积累率	—	—	均衡增长
	$Y=W+P$	W, P	sW, sP	$P/K=1/sP\cdot I/K$	—	—	$GN=(sP-sW)P/Y+sW/cK$

资料来源：朱军：《经济增长支撑条件研究》，冶金工业出版社2001年版，第26~27页。

增长理论研究的第三次浪潮源于20世纪80年代中期罗默（Romer）和卢卡斯（Lucas）的开创性研究，经济增长理论由此又获得了新生。新的模型能够在模型内决定经济的长期增长，因而被称为内生增长理论。新增长理论的早期工作构建于阿罗（Arrow）等人的“在干中学”理论的基础之上。他们并未能真正引入关于技术变化的理论。在他们的模型中，由于认为广义资本（包括人力资本）的投资不一定存在报酬递减，增长过程能够无限持续；知识的溢出效应和人力资本的外部性帮助阻止了在物质资本投资过程中出现的报酬递减现象。[①]可见，内生的经济增长理论，在理论上通过突破报酬递减规律的资源约束，更进一步确定了经济发展资源支撑的长期可能性。

应该说，现代经济增长理论的内容广泛而丰富，透过他们的模型（见表2–2），可以分析其所包含的经济增长及其资源支撑的思想逻辑。

三、资源无限替代下的资本决定论

现代经济增长理论的经济发展模型，在分析工具上相当复杂而精密，但基本上只考虑资本与劳动两大生产要素，从经济发展与资源支撑相互关系的视角来分析，以下内容值得我们重视：

第一，资源无限供给假设与资源完全替代假设。现代经济增长理论从经济学意义上对经济发展所需要的资源进行了高度抽象，即只有劳动与资本两种，而自然资源几乎没有涉及。这意味着，这些经济增长模型都以资源特别是自然资源的无限供给为前提，事实上，这种前提在任何国家的经济发展中都是不存在的。而之所以能有这样的前提假设，是因为现代经济增长理论的模型里还隐含着另一个基本假设，即各种资源之间具有完全平滑替代的性质，即在经济发展过程中，各种不同资源之间、不同时间的资源之间、不同区域的资源之间是可以完全替代的。在科技高度发达、经济日益全

① Robert J. Barro，Xavier Sala–i–Martin: *Economic Growth*，p.12.

球化、市场不断深化的现代经济社会，资源替代的可能性与效率的确大为增强，这样的假设具有一定的合理性。但是，由于各国放开程度的差别，不同资源的可替代性、可贸易性存在着较大的差异，再加上资源市场的组织结构与区域结构受到各国经济、政治等复杂因素的影响，资源的这种完全平滑替代的假设，今天只能存在于经济学家的理论之中，而对许多新兴经济体甚至对许多新兴的城市来说，这样的假设不仅不能成立，而且是有害而无益的。

第二，投资决定论。现代经济增长理论将经济发展的各种资源模式化为资本与劳动两大要素，也就是说，在现代经济增长理论中，资源集只由或者主要由两种资源构成，即 $R=\{K, L\}$。如果进一步分析，从哈罗德—多马模型研究储蓄率即资本的来源，到新增长论将劳动演化为人力资本，现代经济增长理论的起点与结论及其所包含的逻辑关系都表明，资源支撑的问题似乎都可以通过一种资源即资本来解释或解决，这实际上是一种资本或投资决定论。资本决定论，在经济发展分析中具有重要理论意义，但经济发展的现实情况要比这种单一资源支撑的理论复杂得多。这是任何国家在经济发展特别是工业化、城市化中都必须注意的。

第三，资源软约束。基于资源完全替代假设与投资决定论，从短期来看，对经济发展构成支撑或约束的主要是资本一种资源；从长期来看，因为资本是可再生并且可以积累的经济性资源，因此经济发展或经济增长将是一个基本上无约束或只是存在着软约束的可持续过程。而对自然资源支撑的因素，现代经济增长理论并未给予重视，似乎经济发展过程中并不存在这种资源的支撑或约束问题。因此，现代经济增长理论是一种高度乐观的无约束增长理论。

第四，理论的普遍适用性。基于资本具有积累性与高度的替代性和流动性，现代经济增长模型可以对人类世界的任何国家或地区都具有广泛的适用性。因此通过更快的经济发展，落后的国家可以追赶先进国家。

尽管如此，总体分析，现代经济增长理论对经济增长因素所做的模型化分析，对资源支撑研究在以下几个方面仍具有重大意义：一是提供了一种有用的标准化的分析框架；二是在一国经济发展进入一定发展阶段、达到一定规模时，可以对经济增长过程提供较为有效的说明；三是资本决定论为资源支撑研究提供了一种具有广泛性的分析模式，即资本是资源替代的经济基础与前提保障，它是一种基础替代。资源替代是资源配置的基本路径，而支持这种替代的基础是资本的利用。

第三节　经济增长极限论:矿物与生态资源的硬制约

如果说处于经济学主流地位的现代经济增长理论充分挖掘了经济发展的资源支持条件，那么，经济增长极限论则走向了另一个极端，只看到了经济发展的资源作为约束条件的方面。

历史上经济发展极限论的代表人物当属马尔萨斯，而现代经济增长极限论最具代表性的则是 1968 年成立的罗马俱乐部。现代经济增长极限论的特点是，将资源与经济发展方式相联系，通过建立与主流现代经济增长理论像类似的数理模型，对资源与经济发展前景之间的关系进行模拟分析，并直接导出经济发展面临资源约束的严重后果，认为经济增长存在着极限。

一、福雷斯特—梅多斯模型的分析结构

20 世纪 70 年代初，美国麻省理工学院的福雷斯特（J.Forrester）应用“系统动态学”的独特分析方法，研究当代世界人口、资本，以及粮食、资源和污染等因素的相互作用关系，并将其研究结果以“世界 2”的模型公布于《世界动态学》（1971）一书中。福雷斯特的学生梅多斯（D.Meadows）等人继承了系统动态学的方法，对“世界 2”模型进行了修正，并在《增长的极限》的报告中，提出了“世界 3”的模型。其后不久，梅多斯等人又发表了《走向全球均衡文集》（1973）、《一个有限世界中的增长动态学》（1980），对“增长极限”的研究历史、含义以及技术性报告作了详尽的说明。上述四部著作构成了一组研究报告，以《增长的极限》为核心，形成“福雷斯特—梅多斯模型”。由于采用了系统动态学的方法，因此，该模型又被看作是“系统动态”模型。

系统动态方法的“基础是认识到任何系统的结构——它的部件之间许多循环的、连锁的、有时候时间—延迟的关系——在决定系统的运行情况方面往往和它的个别部件本身同样重要①”，在对特定系统（如经济增长着的世界系统）的分析中，对系统结构的理解与把握是至关重要的。而系统结构则是通过个别部件（或称为子系统，如人口、资本等等）之间许多循环的、连锁的或时间—延迟的关系构成，系统动态学称这

① 参见［美］D.梅多斯等：《增长的极限》，商务印书馆1984年版。有关增长极限论的介绍均引自该书。

种关系为“反馈环路”。

所谓“反馈环路”，是“连接一个活动和它对周围状态所产生的效果之间的封闭线路。”“反馈环路”又分正反馈环路（又称恶性循环）与负反馈环路两种。前者使系统水平上升，后者则使系统水平下降，而系统的动态平衡则取决于这两种反馈环路的相互制约程度。任何反馈环路都包括有两种变量，即“水平”与“速率”。“水平”是系统内的积累，“速率”是引起水平变化的流量。

福雷斯特—梅多斯模型正是通过各种“水平”与“速率”所形成的各种“反馈环路”，将各子系统联系起来，形成了一种世界经济增长的系统结构（见图 2-1），并通过这种结构来预测世界经济增长的未来。

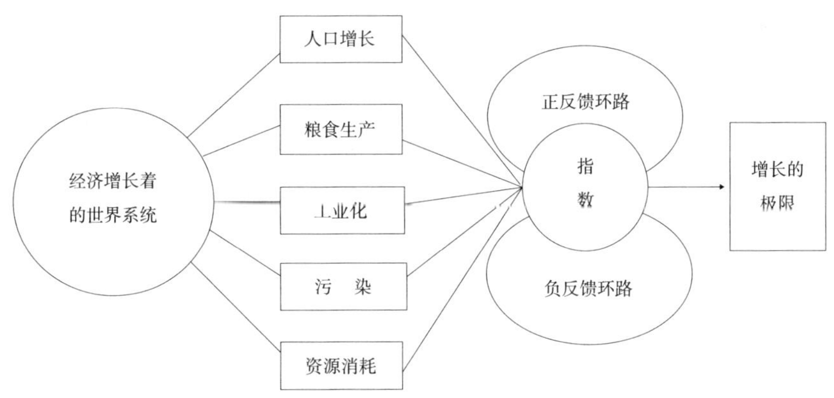

图 2-1　福雷斯特—梅多斯模型的分析框架

二、指数增长将遭遇资源极限

福雷斯特—梅多斯模型包含了五个基本因素，即人口、粮食生产、工业化、污染及资源消耗，构成了模型五个子系统，每一个子系统都有自己的反馈环路。各子系统不仅有自身的反馈环路结构，而且它们之间又相互发生作用。根据历史尤其是1900~1970 年的情况，模型认为五个子系统都在增加，并且，“它们每年增长的数量所呈现的形式，数学家称为指数增长。[①]”其中，用来维护世界经济增长和人口增长的必要成分大致可以分为主要的两类，即物质资源条件与社会发展条件，具体说来，“第一类包括维持一切生理活动和产业活动的物资必需品——粮食、原料、矿物燃料和核燃料，以及地球上那些吸收废物和回收重要基本化学物质的生态系统。这些成分原

① 指数增长是一种动态现象。用数学表示，指数增长公式为：$An=P(1+r)n$。

则上都是有形的、可数的东西，例如可耕地、淡水、金属、森林、海洋。”“增长所需要的第二类必要成分包括那些社会必需品。即使地球的物质系统有能力维持一个大得多的、经济上比较发达的人口。经济和人口的实际增长还须决定于诸如和平与社会安定、教育与就业，以及不断的技术进步这些因素。”

对于这两类因素，模型假定有尽可能好的社会条件，即增长所需的社会必需品方面不存在问题，以此为基础，估计世界上物质资源存量的支撑程度与趋势，认为“它们是这个地球上增长极限的最终决定因素”。《增长的极限》的模型中“所有的标准（人口、资本、污染等）都从1900年的值开始。从1900~1970年，大致和它们的历史上的数值相符。人口从1900年的16亿增加到1970年的35亿。虽然出生率逐渐降低，但死亡率下降得更快，特别是1940年以后，人口增长率上升。工业产量、粮食和按人口计算的服务指数地增加。1970年的资源基数仍然是1900年值的95%，但此后由于人口和工业产量继续增长而急剧下降”。模型“显示的系统的发展方式明显地是过度和衰退的方式。在这种过程中，衰退之所以发生是因为不可更新的资源耗尽”（见表2-3），

表2-3　　指数增长下不可再生资源的极限

资源	已知的世界储藏量	固定的指标（年数）	估计增长率（每年%）高、平均、低	指数的指标（年数）	指数的指标用5倍于已知的储藏量（年数）	储藏量最高的国家或地区（占世界总量%）	主要生产者（占世界总量%）	主要消费者（占世界总量%）	美国消耗量占世界总数（%）
石油	455×10^9桶	31	4.9 3.9 2.9	20	50	沙特（17） 科威特（1%）	美国（23） 苏联（16）	美国（33） 苏联（12） 日本（6）	33
煤	5×101^2吨	2300	5.3 4.1 3.0	111	150	美国（32） 苏联—中国（53）	苏联（20） 美国（13）	—	44
铁	1×10^{11}吨	240	2.3 1.8 1.3	93	173	苏联（33） 南美（18） 加拿大（14）	苏联（25） 美国（14）	美国（28） 苏联（24） 西德（7）	28
铝	1.17×10^9吨	100	7.7 6.4 5.1	31	55	澳大利亚（33） 几内亚（20） 牙买加（10）	牙买加（19） 苏里南（12）	美国（42） 苏联（12）	42
铜	308×10^6吨	36	5.8 4.6 3.4	21	48	美国（28） 智利（19）	美国（20） 苏联（15） 赞比亚（13）	美国（33） 苏联（13） 日本（11）	33
黄金	353×10^6英两（金衡）	11	4.8 4.1 3.4	9	29	南非（40）	南非（77） 加拿大（6）	—	26

资料来源：根据[美]梅多斯等：《增长的极限》，商务印书馆1984年版第38~39页数据整理。

即“系统因为资源危机而崩溃”。梅多斯认为，即使由于各种原因，对资源的数量加倍（如5倍），但对于指数的经济增长来说，模型所显示的衰退的前景仍然不可避免。“因为我们能有相当把握地说，假设在目前的制度没有重大改变的条件下，人口和工业的增长肯定最迟在下个世纪内停止。”

三、对增长极限论的评价及其启示

《世界动态学》《增长的极限》《人类处于转折点》等论著的出版，直接导致了一场20世纪七八十年代长达10年之久的经济增长的论争。参与这场论争的人物，囊括了物理学、生态学、环境学、经济学、社会学、未来学等学科领域的专家学者。争论的结果，对增长极限论的基本观点进行了彻底否定，却肯定了资源浪费、环境污染以及世界经济发展不平衡等问题的存在。经济增长仍被看成是经济发展的主要目标，但人们对增长本身采取了较为清醒的分析态度。

美国增长经济学家罗斯托指出，福雷斯特—梅多斯模型有五个严重的缺点：①各种统计都是全球的；②这一系统模型的现实基础是非常脆弱的；③它在处理技术上的和资源上的紧张状态时容易使人产生误解；④这一模型没有价值体系，不能增加对创造发明的刺激，不能限制对稀有商品的消费，也不能寻找代用品；⑤没有证据可以证明梅多斯的处方在政治上、社会上以及心理上能站得住脚。另一经济学家包莫尔评论说，技术的不断改进和生产过程中投入要素的替代性给予类似梅多斯等人的增长极限论以沉重的打击。

增长极限理论的提出至今已经近50年了。一方面，经济发展过程中人口、资源、生态、环境等问题越来越得到全球的广泛重视；但另一方面，历史事实已经证明，经济发展并没有因为一些资源的约束而停止。尽管如此，增长极限论的影响非常深远，特别在涉及不可再生资源的研究领域几乎根深蒂固，地球能养活多少人口？矿产资源还能用多少年？对于这样的一些问题，人们在理论研究与现实生活中一直争论不休，这些问题至今也仍是长久不衰的话题，并且对这些问题的探讨很容易就得出增长极限的结论。

第四节　资源禀赋论：贸易促进资源开放共享

资源禀赋理论是一种贸易理论，解释了国际贸易发生的机理及其与经济发展的关系。在经济学中，资源禀赋理论最直接地将资源条件与经济发展相联系，从某种意义上说，就是从贸易即资源空间替代的角度研究资源支撑的问题。

一、资源禀赋理论

资源禀赋理论经历了从古典贸易理论到现代贸易理论的发展过程。

古典的资源禀赋理论主要包括了斯密的绝对成本理论和李嘉图的比较成本理论。斯密认为，各国分工与贸易的基础是其自然资源有利的禀赋条件，其优势表现在气候、土壤等资源或后天的有利生产条件，各国在此基础上生产自己具有绝对优势的产品进行贸易。李嘉图所提出的比较成本理论则认为，即使一个国家生产的所有产品都优于或都不优于其他国家，通过合理分工生产各自具有比较优势的产品，通过国际分工与国际贸易，各国仍然能够从中得到好处，从而促进经济发展。

现代资源禀赋理论最有代表性的则是赫克歇尔—俄林的资源禀赋理论，又被称为H–O原理。该理论是由瑞典经济学家埃利·赫克歇尔（E.Heckscher）提出的。他认为，比较成本差异的产生必须具备两个条件，两个国家生产要素禀赋不同，不同产品在生产过程中所使用的要素比例不同，否则两国间不能产生贸易。而赫克歇尔的学生贝蒂尔·俄林（B.G.Ohlin）在其基础上创立了完整的资源禀赋理论，并因此获得了1977年度诺贝尔经济学奖。

俄林认为，生产要素禀赋的相对差异决定了区域分工与贸易，进而决定了国际分工与贸易的产生。生产要素的差异具体表现在以下几个方面：一是土地与矿产资源的差异；二是资本的差异；三是劳动力素质和数量的差异；四是技术水平的差异；五是经营管理水平的差异。根据生产过程中所包含的生产要素密集程度的不同，各国的国际贸易品可以分为四种：劳动密集型商品、资源密集型商品、资本密集型商品和技术密集型商品。因此，最终生产要素禀赋差异成为贸易产生的重要条件，而贸易的实质是国家之间充裕要素与稀缺要素的交换，各国比较利益的地位是由各国拥有的生产要素相对充裕程度决定的。

美国经济学家费农（R.Vernon）和威尔士（C.T.Wells）对资源禀赋理论技术差异

进行比较动态分析后，提出了产品生命周期理论。他们把产品生命分为四个阶段：①创新产品阶段，此时的产品是技术密集型的；②定型产品生产阶段，此时产品由技术密集型转为资本密集型；③定型产品发展阶段，产品进一步由资本密集型向劳动密集型转变，比较利益由技术力量较强国家开始转到劳动力较富裕国家，从而引起国际贸易格局的变化；④标准化产品阶段，产品开始大批量标准化生产，原来的技术创新国失去优势而变为进口国，生产成本较低的国家则占据了优势而变为出口国。这一理论为分析资源产品或资源产业生命周期，以及资源经济日益国际化、全球化下区域产业布局与资源合作等，提供了重要解释。

二、资源禀赋理论的启示

资源禀赋理论的一些观点，对经济发展资源支撑研究具有重要借鉴意义：

第一，资源禀赋理论强调经济发展需要资源支撑，并且经济发展是资源从产品、产业的不断优化配置，进而从一国走向国际乃至进一步全球优化配置的结果。而各国只要充分利用好自身的比较优势资源，经济的发展是有可能的。

第二，资源禀赋理论认为资源包括了自然资源、资本、劳动力、技术与管理等要素，这种较全面的理解比其他经济发展理论更接近经济发展的现实。

第三，资源禀赋理论不仅强调资源，更重视禀赋，即对资源禀赋要做出整体理解。所谓资源禀赋，即一国所拥有的各种资源或生产要素之间及其与其他国家之间的比例，主要不是资源的绝对数量优劣势，而是一个相对的优劣势。

第四，资源禀赋理论对资源禀赋与经济发展作了阶段性的分析，认为资源在经济发展不同阶段会起着不同的作用。由此，一个国家或城市资源禀赋在经济发展不同阶段对经济增长的支撑方式也动态变化的。因此，对资源与经济发展的关系要动态化分析，不可机械化、绝对化。

第五，也是最重要的一点，资源禀赋理论从贸易的角度研究资源与经济发展的关系，实际上对支撑经济发展的资源集做出了开放性的解释。资源集开放的结果是，不同国家或地区之间可以促进和增强资源的空间替代，从而有利于各国根据本国经济发展的需要，拓展资源集的空间、优化资源集的结构，因此能够提高经济发展资源支撑的能力。

第五节　经济增长阶段论：资源约束的时间坐标

无论是一个国家、一个地区或一个城市，其经济发展过程都会呈现出一定的阶段性特征。或者说，在不同的阶段上，经济发展对资源支撑有着不同的要求。经济学界有关经济发展阶段的研究，内容丰富，大体可从两个角度来观察：一是着重于对经济发展全过程所包含的阶段性进行一般性或普遍性的描述；二是着重于对特定发展阶段上资源支撑变迁的规律性的研究。

一、经济发展阶段论

美国著名经济学家罗斯托（W.W.Rostow）是经济发展阶段论的代表人物。他认为，经济成长即经济发展是从农业社会向工业社会转变的过程，这个过程包括一系列阶段的和深刻的变化。经济成长可划分为六个阶段[①]：一是传统社会阶段，二是为起飞创造前提阶段，三是起飞阶段，四是向成熟推进阶段，五是高额群众消费阶段，六是追求生活质量阶段。

罗斯托认为，六个阶段中，起飞阶段最重要，是经济社会发展过程中的重大突破。

罗斯托的经济发展阶段论，是基于对先行发达国家经济发展历史的抽象和概括，对发展中国家的经济发展具有一定的借鉴意义。罗斯托提出，不同发展阶段的核心动力来源于一定的经济主导部门，经济发展过程则是主导部门交替的结果。所谓主导部门，主要具有以下特点：在国民经济中占有举足轻重的重要地位，有技术创新和迅速应用新技术的能力，有能够快速增长并带动其他部门增长的能力。传统社会的主导部门是农业；起飞前阶段的主导部门是食品、饮料、烟草、水泥等工业部门；起飞阶段的主导部门是非耐用消费品的生产部门（如纺织）和铁路运输业；成熟阶段的主导部门是重化工和制造业；高额群众消费阶段的主导部门是耐用消费品工业（如汽车）；追求生活质量阶段的主导部门是服务业（如文教、卫生等）。

从资源支撑的角度来看，主导部门的演变要求有相应的资源保障，但罗斯托并没有对此做进一步的明确分析。他对起飞阶段的资本积累很重视，因为除了资本积

① 参见罗斯托：《经济增长的阶段》，中国社会科学出版社2001年版。

累是资金的主要来源之外，其他资源则体现在主导产业的分析之中。因此，从总体上看，罗斯托的经济发展阶段论带有资本决定论的特点。这在其对政府职能定位的论述上也有所反映。根据罗斯托的主张，处在不同发展阶段的政府，其经济职能也有所不同。如：在经济发展的早期阶段，政府为经济发展提供社会基础设施，如道路、运输、环境卫生，以及法律与秩序、健康与教育及用于人力资本的投资等。在此阶段，政府投资在总投资中占有较高的比重。这时政府主要倾向于配置作用，政府的这些投入对于经济社会发展处于早期阶段的国家进入"起飞"、进入发展的中期阶段来说，是必不可少的。在经济发展的中期阶段，政府投资只是对私人投资的补充。一旦经济达到成熟阶段，政府支出将从基础设施投入转向不断地增加教育、保健与福利服务的支出。而在"大众消费"阶段，政府突出再分配的作用，维持公平的政策性支出会大大超过其他支出的增长幅度，同时也会快于GNP的增长幅度。政府职能着力点的转变，有着深刻的经济原因，它与经济发展的阶段性有着密切的关系。

可以说，经济成长阶段论是对发达国家经济发展历史的一种总结，对发展中国家实现工业化、城市化与现代化具有借鉴意义。尽管有人尖锐地批评，罗斯托的经济成长阶段论无视各国经济情况，无视发达国家与发展中国家不平等关系，因此是一厢情愿的理论。但是，从传统社会向现代化转型的过程，经济发展的确呈现出阶段性的特性，在经济发展与资源支撑的分析中，这是值得各种不同经济体（国家或城市）充分重视的。

二、资源消耗生命周期理论①

1. 矿产资源消耗周期理论的产生

资源消耗生命周期理论是将不同阶段的经济发展与相应的矿产资源消耗相联系的一种理论。这种理论重点对工业化、城市化与现代化过程中经济发展矿产资源支撑进行了直接研究与具体分析。

现代化建设本质上是工业化与城市化的过程，其显著特征是对化石能源与矿物原料的大规模开发与利用。在18世纪中期~19世纪末（1750~1899年）的大约一个半世纪中，全球工业革命的主要地区集中在英国、法国、德国等西欧地区以及北美的美国

① 本部分内容主要源于张雷：《矿产资源开发与国家工业化》，商务印书馆2004年版，第34~59页。

和加拿大，当时的工业化对农业社会还有很大的依赖性，在经济发展的资源利用上，非矿物可再生资源占有相当大的比重。1901 年的西欧和美国，45% 以上的工业总产值来自轻工和纺织两大部门，矿产资源开发和加工部门的比重只占 25% 左右，农业在 GNP 中保持着 20% 左右的比重，对国家 GNP 增长的贡献仅比工业低 5 个百分点。换言之，100 年前西欧和美国 GNP 中约有 45% 来自可再生的生物资源，而来自矿产资源的约为 55%。

进入 20 世纪后，新技术革命蓬勃兴起，更为高效的石化能源得到广泛利用，更为便利的电力迅速普及，这大大推进了以现代制造业为主体的整个工业结构的快速调整与全面升级，导致整个社会的资源消费结构出现急剧变化。矿产资源消耗的迅速增长引发了社会的极大关注。为提高资源的有效保障能力，人们开始探讨经济发展与矿产资源利用的规律，进而推动了矿产资源社会消费行为的研究，20 世纪 40 年代美国成立了未来资源基金会。但是，受当时统计和分析技术手段的限制，这类研究工作进展十分缓慢。直到 20 世纪 60 年代，矿产资源消费需求生命周期的研究才出现重大突破。

1961 年，哈维（Harvey）和洛顿（Lowdon）首先发表了“自然资源禀赋与区域发展”的文章，根据美国 200 年工业化的实践，提出了资源开发与工业化发展阶段的理论。这一理论认为，资源始终是人类社会发展的物质基础，所不同的是，随着工业化的发展，社会生产的资源投入或社会消费的需求结构会发生明显变化，因而各类资源在社会经济发展不同阶段的作用也就不尽相同。以美国为例，其区域开发最初的 50 年（1790~1840 年）里，东部的纽约、波士顿、费城以及巴尔的摩一带，农业土地资源开发在整个国家经济发展中占据了主导地位。此后近 100 年中，大规模的矿产资源开发，则使美国成为世界矿产资源开发与矿产品加工的基地，其结果是：1930 年美国的煤炭、石油、钢铁及各类有色金属的产量均达到全球第一。大约从 20 世纪中叶（1940~1954 年）开始，服务业快速发展，并成为支撑美国经济发展的中心部门。

1972 年，马林堡姆（Malenbaum）开始创立矿产资源消费强度理论。通过分析世界 80 多个国家矿产资源消费需求增长的长期变化过程，马林堡姆认为，国家工业化发展的矿产资源消费强度的变化，反映了以人均收入为量度的地区国民经济发展的水平。据此，他提出了处于不同发展阶段的国家或地区，应存在有不同的矿产资源需求和消费特征。1978 年，他在《1985—2000 年世界矿产原料消费》一书中进一步指出，各类金属及能源矿种的消费需求都存在着同一性的变化规律。而马林堡姆首次提出的矿产资源消费的时间过程分析，又被称为矿产资源需求生命周期的时间效应或马氏时间过程理论。[①]1990年，克拉克（Clark）和杰奥恩（Jeon）提出了矿产资源消费的结构分类理论（简称克—杰分类理论），进一步完善了马氏的矿产资源需求生命周期的时间效应理论。他们根据世界各国矿产资源消费过程的差异特点，初步确定了现代工业化过程中矿产资源需求结构的基本类型和特征。

2. 矿产资源生命周期理论的基本内容

根据马氏的时间过程研究和克—杰的分类方法，矿产资源需求生命周期理论的框架由两个基本部分构成，即时间定义域和空间定义域。

时间定义域，是指经济发展对特定矿产资源开发利用的需求过程会表现出倒“U”形的生命周期（见图2-2）[②]这种周期由初始、增长、成熟和衰落四个阶段组成。这种阶段的划分与工业化发展过程的初始、中期和后期三个阶段大体相适应。例如，美国工业化过程对钢的消费强度的变化就呈现明显的倒“U”形特征。19世纪末，美国工业革命处在发展的初级阶段，国家经济的主体结构依然表现出明显的农业社会特征，当时人均GNP不足200美元（1900年不变价格），矿产品消费强度不足130吨/百万美元，但经济发展对矿产品的投入保持着旺盛的需求。20世纪30年代初，美国人均GNP达到1500美元，钢产品消耗强度超过180吨/百万美元。此后，随着人均GNP的增长，钢产品的消费增长开始进入成熟期。直到第二次世界大战爆发前，钢消费强度基本保持在200吨/百万美元的水平上。进入20世纪50年代，美国经济发展对钢产品的消费需求开始出现快速下降，钢产品消费生命周期进入衰落阶段。到1967年，美国单位GNP的钢产品消费已重新回落到了19世纪末的水平。

① 张雷：《矿产资源开发与国家工业化》，商务印书馆2004年版。第37页。

② 同上，第38页。

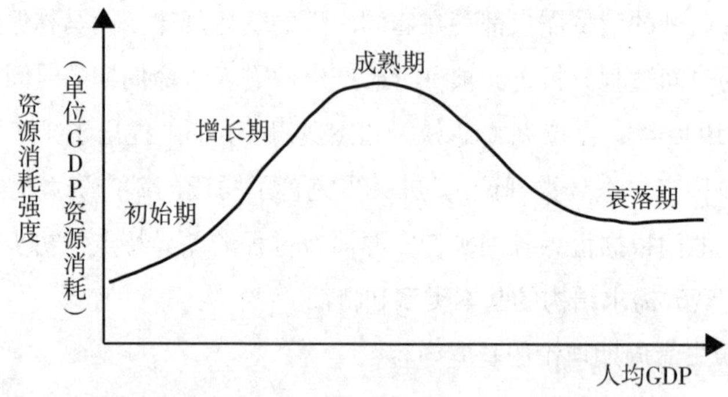

图 2–2 矿产资源消耗“倒 U 形”曲线

空间定义域，是指处于工业化不同发展阶段的国家或地区，矿产资源消耗上会呈现出空间差异，表明资源利用模式的变化。

根据世界工业化过程中矿产资源大规模开发的先后次序，发达程度不同的国家或地区在其经济发展各个阶段的矿产资源需求结构，大体上可以划分为三大基本类型（见图 2–3），而每一种类型又都有各自的主导矿种。具体类型划分及其代表性的金属与能源矿种如下[①]：

① 传统类型——主导矿种有煤、铁、铜、铅、锌、锡等矿种；

② 现代类型——主导矿种有石油及天然气、铝、铬、锰、镍、钒等矿种；

③ 新兴类型——主导矿种有铀、钴、锗、铂、稀土元素以及钛等矿种。

一般说来，传统类型矿种是工业化初级阶段所倚重的矿产资源。例如，煤炭和铁矿石在工业化初期分别占世界一次能源和金属矿产销耗的 80%。现代类型矿种则在工业化开始进入成熟及技术较为发达阶段后被广泛使用，例如铝和铬等金属。新兴类型矿种则在经济结构多样化及技术先进的发达国家得到初步应用，例如核电发展带动了铀矿开采规模的扩大。并且，从现代世界区域开发的实践来看，这三种类型的划分恰好与处在不同发展阶段的发展中国家、中等发达国家和发达国家的矿产资源消费特征相一致。

① 张雷：《矿产资源开发与国家工业化》，商务印书馆2004年版，第48～51页。

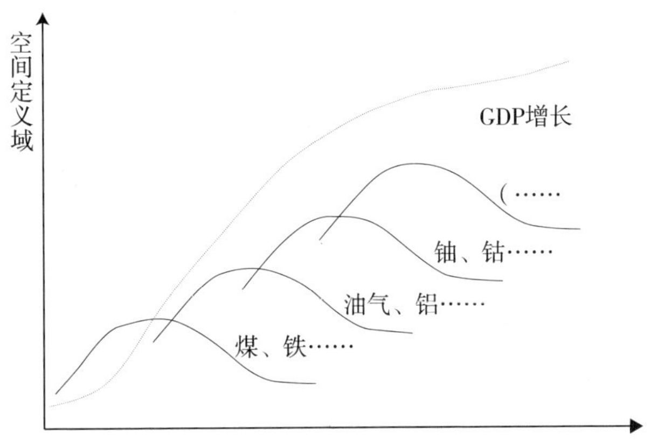

图 2–3　矿产资源消耗生命周期曲线

三、经济发展阶段论的启示

无论是一般化的经济发展阶段论，还是具体的矿产资源消耗生命周期理论，对研究经济发展资源支撑问题的研究都提供了许多重要启示。

首先，经济发展与矿产资源消耗之间存在着重要的相关关系，没有资源支撑，经济发展就缺乏物质基础，是难以进行的。

其次，特定资源的消耗与经济发展过程之间的关系不是简单的线性关系，不同经济发展阶段的资源支撑有着很大的不同，换句话说，不同的经济发展阶段有着不同的经济发展方式，因此需要不同的资源组合即资源集来支撑。在这一点上，经济发展阶段论与增长极限论之间有着本质的差别。

最后也是最重要的，经济发展阶段性的特点表明，在研究经济发展资源支撑问题时，要科学地把握经济发展与资源消耗的时间坐标与空间坐标，以此为基础研究特定经济发展阶段的资源消耗与资源支撑的规律。

但是，关于矿产资源消耗表现出的周期性特点，是属于生命周期还是经济周期，这是一个值得具体研究的问题。例如，在《经济增长的阶段》修订版中，罗斯托就认为经济发展过程中的资源问题主要是周期性的现象。他指出："政治经济学从 18 世纪产生开始，有一个观点反复出现，消失，然后再出现：可再生自然资源收益递减最终为人口膨胀和经济增长设置了上限。这一假设是食品、能源、原材料相对于制造业的价格随时间而上升的古典判断的基础。在过去整整两个世纪中，这并没有作为明确的、线性的甚至持续不规则的趋势出现；但是它在这时期中的确周期地发生，比如

1790~1813 年，1848~1873 年，1896~1920 年，1933~1951 年，1972~1981 年。在每一个阶段，总有一些富有思想的分析家提出政策问题——如果趋势以线性的方式继续下去的话，这些问题就会发生：第一个阶段是马尔萨斯和李嘉图；第三个阶段是 W.S. 杰文斯；第三个阶段是 J.M. 凯恩斯和 D.H. 罗伯逊；第四个阶段结束时是佩利委员会报告的工作者；第五个阶段是罗马俱乐部。在每一次，标志着这些阶段的相对价格的变化开始刺激对扩张供给、开发替代品和水土保持的投资。由于投资形式的改变所引起的校正过程有一个时滞——经常要求大规模的人口迁移以及相继出现的长期孕育过程，因此存在一个持续的行动过头的趋势。紧接着就是基本商品的相对价格下降或较低的阶段。一些分析家（特别是 W.A. 刘易斯和我）坚持认为相对价格和投资形成的波动，以及伴随着相关的一般价格、利息率、收入分配和实际工资一系列趋势，是长周期现象的核心。N.K. 康德拉季耶夫提出长周期现象，但他从来没有找到充分的解释。[①]”

罗斯托还评论说：“对增长极限的反复焦虑让位于有效的矫正行动的历史过程，是对能够成功渡过即将到来的人口增加和工业增长对物质环境造成最大压力的时期表示几分乐观的初步理由。但是，轻率自满很可能被证明是危险的。过去的矫正过程要求大规模的投资、人口迁移以及集中发明人才以创造替代品。这在将来仍然是正确的。增长极限危机已经能够在非洲撒哈拉南部地区被观察到，而且野蛮地、长期地破坏环境已经缩短了苏联和东欧人的平均寿命。这些警告依然是真实的，因为它们是由不明智的公共政策而不是由人类的欲望和自然的限制之间不可避免的冲突引起的。”[②]

综合经济发展阶段论与资源消耗周期两种理论，我们可以得到一个重要启示：**分析经济发展的资源支撑问题，必须放在一定的时间与空间里进行讨论。**可以说，时间定义域所体现的是特定资源开发利用从其开始到衰减的规律，而空间定义域所体现的则是，与工业化、城市化和现代化发展深度相联系，资源开发利用呈现出替代与多元化的规律。这两个定义域组合在一起，为深入研究与经济发展水平不断提高相适应的资源支撑的规律，提供了分析框架与基础。

① 罗斯托：《经济增长的阶段》，中国社会科学出版社2001年版，第13～14页。

② 同上，第14页。

第六节　制度资源化分析：外生因素内生化

制度与经济发展之间存在着重要的关系，经济学对此已形成共识。但是，两者之间到底具体有什么性质的关系，人们却有着完全不同的理解。从经济发展资源支撑的角度分析，主要集中在两个方面：第一，制度在经济发展中是内生的变量还是外生的因素；第二，制度能不能算是一种资源。

一、制度是一种稀缺资源

制度到底是内生变量，还是外生变量？建立在新古典经济学基础上的现代经济增长理论中的各种模型，显然没有将制度作为内生的因素，而是将其假定不变或不予考虑，即显然将制度作为一个外生变量。对此，美国新制度学派著名经济学家诺思（Douglass C. North）认为，“经济动力学对于经济发展领域是至关重要的。为什么自从第二次世界大战后的50年间经济发展领域没有取得进展，对此人们非常清楚。分析和制定促进经济发展的政策，新古典理论实在是一种不合适的工具。新古典的理论注重市场的运行，而不关心市场如何发展。如果人们不能理解经济是如何发展的，那么又怎么制定政策呢？新古典经济学家应用的每一种方法都已经规定了主题的内容，从而妨碍了这样一种发展。用使用具有数学精确度和精致性的原有形式，这种理论构造了一种无摩擦的和静态的世界。当应用到经济史研究和经济发展研究中时，它着重于技术的发展，以及最近强调的人力资本投资，但是却忽视了体现在制度中的激励结构，而正是激励结构决定了这些因素中社会投资的程度。在进行时间历程中经济绩效的分析时，新古典理论包含着两个错误的假设：一是制度并不重要，二是时间并不重要。”①

相反，制度经济学特别是新制度经济学则认为，制度应该是经济增长的内生因素。并且，与其他资源一样，制度也是一种稀缺性资源。一般资源的稀缺性通常与“匮乏性”相联系，而制度稀缺性则源于制度供给的有关约束条件。尽管制度是人类对自身行为关系的一种自我设计，但制度的形成与发展等变迁是有条件的，并且是成本很高的事情，这限制了人们选择的时间与空间，以致在其他资源相对丰富的条件下并不能达到有效配置，甚至成为经济发展的一种“瓶颈”。

① 诺思：“时间历程中的经济绩效”，《制度变革的经验研究》，经济科学出版社2003年版，第416页。

具体地说，除成本因素外，影响制度稀缺性的因素还有：第一，人口与资源条件会限制制度的设计与形成，进而影响到经济发展的过程，例如，中国煤炭资源相对丰富，而油气资源较贫乏，这制约了中国能源市场的形成与能源产业政策的安排，由此产生或进一步强化了不合理的能源结构，对经济发展又进一步有所制约；第二，制度是一种公共产品，其显著的外部性的特征，会导致“搭便车”的效应，影响了制度创新的密度与频率，有人将这类稀缺视为“利益制约下的制度稀缺”[①]；第三，制度的稀缺度与一国的经济发展水平、历史文化传统等有关，对经济不发达或经济快速发展的国家来说，制度供给不足的程度即制度稀缺性的问题更为突出。因此，如果说正统经济学解决的是资金、劳动力、信息等生产要素的稀缺及其配置的问题，那么新制度经济学就是要解决制度的稀缺及其创新的问题。

二、制度与经济发展的关系：从外生到内生

经济学对经济增长因素以及经济发展资源支撑的分析，经历了一个从简单到复杂的历史过程，其基本逻辑是，将外生因素内生化。这一过程可以通过图 2–4 来描述。

现代经济发展的经验及其相关的研究发现，以生产要素投入论为核心的古典经济增长理论不能很好地解释经济发展及其增长方式的转变。新古典经济增长理论的一个重要改进，在于强调技术进步在经济发展及经济增长方式转变过程中的关键性作用，这无疑值得肯定。然而，科学技术本身只是经济增长的必要条件和先决条件，要把它转变为充分条件和现实源泉，使技术进步促进经济增长的作用得到有效的发挥，还需要对相关的正式的制度安排做出适应生产力发展的相应调整，同时也需要对作为非正式制度安排的意识形态、历史文化等因素做出相应的改变。新制度经济学在这些方面作出了重要贡献。

通过将传统理论中视为外生变量的制度因素内生化，进而对制度安排及其创新在宏观经济增长及微观经济绩效的层面上进行经济学分析，把制度形成和制度变迁纳入现代经济增长理论模型之中，确立了制度内生化的经济增长理论，带动了现代经济增长理论的新发展。近年来，中国国内越来越多的学者也注意到制度安排与经济运行效率、经济增长质量之间存在密切的联系，引入制度要素才能更好地解释经

① 卢现祥：《西方新制度经济学》，中国发展出版社2003年版，第49页。

济增长。因此，强调制度创新作为重要的自变量，对经济增长方式转变具有重要的积极效应。

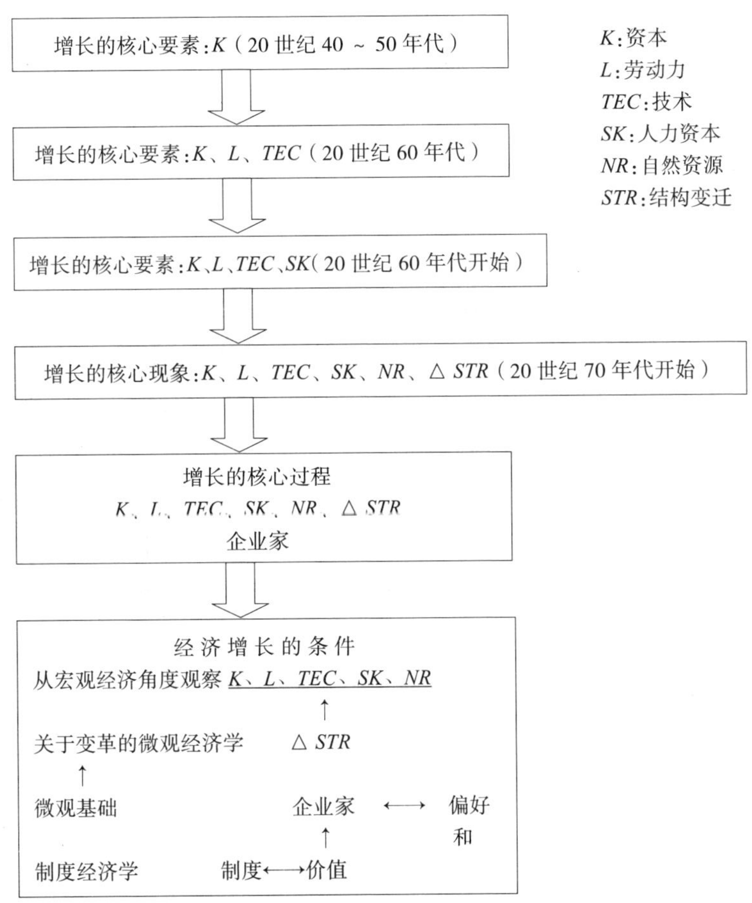

图 2-4　经济学对经济增长要素理解的逻辑嬗变

资料来源：根据［德］柯武刚、史漫飞：《制度经济学：社会秩序与公共政策》，商务印书馆2000年版内容整理制作。

三、制度、制度安排与资源战略

1. 制度的含义：对稀缺的一种约束

旧制度学派的主要代表人物凡勃伦认为，经济学研究的对象是人类经济生活借以实现的各种制度，他把社会经济的发展看作是人类经济生活中各种制度形态持续演进的历史过程，社会经济的发展根源于各种经济制度的发展。

美国经济学家康芒斯（Commons）则认为，制度的产生与“稀缺性”有关，稀缺导致了人们之间社会关系的相互冲突和相互依赖，缺乏制度限制将导致人们之间利害关系以无序的个人暴力形式来解决，而制度则创造了秩序以控制人类各种经济利益的冲突，所以“制度是调解经济利益冲突的产物”。

加尔布雷斯（Galbraith）论证说，在不同历史阶段，有些不同的生产要素成为“最难获得”“最难替代”从而是“最重要”的生产要素。谁掌握了这种生产要素谁就拥有了权力。他指出，在历史上，土地、资本等曾先后成为这样的生产要素，所以曾存在过地主掌握权力和资本家掌握权力的时代。而当今时代，科学知识和技术已成为“最重要”的生产要素，于是权力转移到“技术结构阶层”手中。①

因此，制度产生的基础是经济资源的稀缺性。一方面，资源稀缺性决定了人类经济行为具有竞争性；另一方面，稀缺资源利用与配置的秩序需要一定的制度来保障。总之，制度是人为设计形成的人类行为的约束。制度是由正式约束（规则、法律、宪法等）、非正式约束（行为规范、习俗和自我施加的行为准则等）及其实施特性所构成。它们共同定义了社会，尤其是一定社会经济的激励结构。诺思认为，制度是一种社会博弈规则，是人类创造的用以限制人们相互交往的行为的框架。在新制度经济学看来，制度及制度应用的技术决定了交易，总括起来意味着生产成本和交易成本。如果交易有成本，那么制度就不可或缺。而交易恰恰是有成本的。

青木昌彦指出：“制度是关于博弈如何进行的共有信念的一个自我维系系统。制度的本质是对均衡博弈路径显著和固定特征的一种浓缩性表征，该表征被相关领域几乎所有人所感知，认为是与他们策略相关的。这样，制度就是一种自我实施的制约着参与人的策略互动，并反过来又被他们在连续变化的环境下的实际决策不断再生产出来。”②

舒尔茨（Schultz）对制度与经济增长的关系进一步做了明确的表述，并对制度做了具体分类。他“将一种制度定义为一种行为规则，这些规则涉及社会、政治及经济行为。”“由于我仅考虑这些制度中执行经济功能的部分，因此，我将把那些执行社会功能的制度搁置一边。我的目标是要考虑特定的政治法律制度对经济增长的动态影响方式，以及后者对前者的影响。”“我们可以部分列举出如下的制度：①用于降

① 蒋雅文：《论制度变迁理论的变迁》，载《经济评论》2003年第4期。

② ［日］青木昌彦：《比较制度分析》，上海远东出版社2001年版，第28页。

低交易费用的制度（如货币，期货市场）；②用于影响生产要素的所有者之间配置风险的制度（如合约，分成制，合作社，公司，保险，公共社会安全计划）；③用于提供职能组织与个人收入流之间的联系的制度（如财产，包括遗产法资历和劳动者的其他权利）；④用于确立公共品和服务的生产与分配的框架的制度（如高速公路，飞机场，学校和农业试验站）。”①

2. 制度安排是制度的具体化

制度不等于制度安排，制度是制度安排的总和或集合。“制度安排的定义是管束特定行为模型和关系的一套行为规则。在新制度经济学看来，制度安排是支配经济单位之间可能合作与竞争的方式的一种安排。制度安排是制度的具体化。制度安排可能是正规的，也可能是非正规的，它可能是暂时性的，也可能是长期的。”“制度安排至少有两大目标，一是提供一种结构使其成员的合作获得一些在结构外不可能获得的追加收入；二是提供一种能影响法律或产权变迁的机制，以改变个人（或团体）可以合法竞争的方式。”②

3. 制度决定资源战略

实践证明，尽管经济发展方式及其转变不仅与一个国家（地区或城市）的国情和经济发展阶段有关，也表现在经济结构、技术进步等方面，这涉及指导思想、发展战略、产业政策乃至人们的文化观念等，但对其起决定性作用的、最根本的原因是体制问题。综观世界各国的经济发展，人们发现了一个共同的特征：不同的经济体制就会产生不同的经济运行机制，进而影响其经济效率和增长方式。因此，有什么样的经济体制，就必然会有与之相对应的经济增长方式。借用新制度经济学的研究结论就是：经济制度的变迁（包括经济组织形式的革新、市场制度的变化、经营管理方式的创新、产权制度的变革等），不仅是影响经济长期增长的一个重要因素，而且对资源配置效率和经济效率的提高都产生重大影响，因而对经济增长方式的转变产生决定性作用。

正是因为制度和经济发展方式之间的这种内在联系，因此，在资源对经济发展的支撑出现难以解决的矛盾和困难时，各经济主体就必须实施新的、更为有效的资源战略。中国近十年来对此已高度重视，提出“实现经济增长方式从粗放型向集约型转变，要靠经济体制改革，形成有利于节约资源、降低消耗、增加效益的企业经营机

① T.W.舒尔茨：《制度与人的经济价值的不断提高》，科斯等主编：《财产权利与制度变迁——产权学派与新制度学派译文集》，上海三联书店1994年版，第253页。

② 卢现祥：《西方新制度经济学》，中国发展出版社2003年版，第37页。

制，有利于自主创新的技术进步机制，有利于市场公平竞争和资源优化配置的经济运行机制。”“关键是实行两个具有全局意义的根本性转变，一是经济体制从传统的计划经济体制向社会主义市场经济体制转变，二是经济增长方式从粗放型向集约型转变。”①

“十五”计划期间和21世纪初期的结构调整，要从根本上解决过去那种重速度、重数量，轻质量、轻效益的非持续型经济增长方式，促进国民经济持续、稳定地增长，在从资源制度安排上最为紧迫的则是资源战略的创新与重构。

四、制度分析的启示

总体上看，将制度作为一种稀缺的资源引入到经济发展的分析之中，为经济发展资源支撑问题的研究开辟了新天地，有利于人类加深对资源问题的理解，也为解决资源支撑问题提供了一个十分重要的视角、方法与方向。

资源支撑问题，看上去是人与自然的关系，但本质上是一个经济问题与社会问题，即人与人的关系。说到底，资源问题是由人对资源认识的局限性、对处理人与资源关系的局限性而产生的资源制度局限性所造成的。人与资源关系的失调、失衡直至恶化，是通过资源与资源关系失衡、人与资源关系失衡而表现出来的人与人之间关系的失衡即制度失衡。②

资源支撑问题的现实反映是多方面的，在经济发展过程中则表现为各种不同的风险形式，如资源供求失衡、资源价格剧烈波动、贸易关系恶化、恶性通货膨胀、经济增长因资源瓶颈而受阻，等等。所有这些，对现行的有关制度会形成巨大压力，导致对新制度的需求，引发制度创新，并出现新的制度安排。因此，可以说，资源支撑方面出现问题因人而起，而解决这一问题的出路也要从规范人的行为关系的制度中去寻找。这一点，在工业化、城市化、经济增长中是必须高度重视的。因此，有必要以一定的方式将其纳入到经济发展资源支撑的分析框架之中。

---

① 《中共中央关于制定国民经济和社会发展“九五”计划和2010年远景目标的建议》（中共十四届五中全会审议通过）。

② 杨艳琳：《资源经济发展》，科学出版社2004年版，第8页。

第七节　基于三维坐标的“稀缺→替代→战略”分析框架

前文对主要经济理论关于经济发展与资源支撑相互关系研究的考察，加深了我们对资源支撑问题的理解。在此基础上，本书探索性地提出自己的研究坐标与分析框架。

一、资源是一个内容丰富的动态概念

不同的经济理论对资源的内涵有着不同的理解，由此导致资源的外延包含着不同的内容。不同的经济发展理论针对不同的资源与经济发展的关系做出了不同的解释。总体上看，资源包括了土地、劳动力、资本、矿产资源、制度资源、区位等禀赋优势。但是，对资源的界定总与经济发展特定阶段的资源支撑所面临的主要矛盾相联系，因此，资源是一个动态的发展中的概念，它在不同的国家或城市、在不同的经济发展阶段，既有同一性的规律，又有较大差异性的表现。资源概念的定位，是经济发展资源支撑研究必须解决的重要问题。

二、经济发展与资源支撑之间的互动关系

经济理论对经济发展与资源支撑的关系之所以有着不同的说明，是因为，每一种理论都有其特殊的时代背景、研究重点和分析方法。因此，每一种理论都有其独到之处，为我们的研究提供了一定的借鉴；同时又会有一定的局限性，为我们进一步研究留下了创新的空间。综合这些理论，对经济发展与资源支撑的关系可以形成以下认识。

第一，经济发展需要资源支撑，这种支撑具有高度复杂性，因此要用系统的观点来理解资源支撑问题。

按照系统论的观点，每个系统的发展由系统内各种不可或缺的要素所构成的资源集来支撑，具体地说，经济增长系统由劳动、资本、技术、土地与自然资源等要素共同推动，同时也需要一定的制度条件来保障。各要素的数量、质量及其比例关系以及资源结构、资源之间的组合机制等，与经济发展之间总处于既相互矛盾又相互适应的过程之中，其表现是，资源集对经济发展既具有支撑又具有制约的“双重效应”。

第二，用动态的观点来分析，经济发展与资源支撑之间具一定的互适性。

资源集对经济发展既支撑又制约的“双重效应”，源于两者之间存在着内在的互

动机制，这种机制主导着经济发展的整个过程。经济系统的增长过程是一种要素不断投入、商品和劳务不断产出的循环往复的过程。从大趋势来看，经济增长系统的循环运行，对支持其发展变化的资源集不断地提出新的要求，同时又连续不断地处于自我适应、调整甚至校正之中。这就是经济发展与资源集的“互适性”。忽略这种“互适性”的经济理论，都会得出悲观的结论，并最终走向经济增长极限论。这是马尔萨斯人口论、罗马俱乐部增长极限等产生的理论根源。

第三，从过程论来看，经济发展与资源支撑之间表现出“非线性”。

现代经济增长系统是一个不可逆的、具有高度非线性的智能体系，其决定因素是人的行为或由人参与的社会行为。系统的投入要素，如劳动、资本和技术，系统的组员包括产业部门、企业或利益集团，本身都是人与人之间相互作用的结果。因此，现代经济发展不是简单的机械运动，是非线性的复杂过程。例如，有关要素报酬是递增的还是递减的问题，在经济学中就一直存在着很大的争议。其实，在经济发展的动态过程中，要素报酬递增与要素报酬递减不仅都存在，而且甚至同时存在，两者之间构成了一种正负反馈机制，其结果是经济发展在波动循环中达到均衡。经济发展系统的这种非线性特性，决定了经济发展过程中存在着不能超越的阶段性，保证了经济系统在较长时间里得以稳定有序增长。

第四，经济发展系统及其资源支撑具有开放性。

经济发展系统是一个开放的系统。开放性，是指经济发展系统具有与外界进行资源即物质、能量和信息的交换机制。主要表现是，经济增长系统，通过自然资源要素与自然生态系统以及社会政治和文化系统，实现自然资源、劳动、资本、技术、信息等要素在系统内或系统外的交换。开放性是保证经济增长系统处于有序状态或者从无序转为有序的基本特质。

三、资源集及其对经济发展支撑的三维坐标

基于经济发展与资源之间的复杂性、互适性、非线性与开放性的特点，本书认为，所谓资源支撑研究，就是要对经济发展与资源支撑之间的下述基本关系式内矛盾运动的规律进行探索和分析，这种分析需要以“三维坐标”为基础，或者说，需要在“三维坐标”的基础上进行。

$$D=F[R]$$

$$R=\{R_i\}=\{R^S_j+R^L_j\},\ i,\ j=1,\ 2\cdots n$$

当约束性资源 R^L_j 在 $\{R_i\}$ 中处于主要矛盾时，将导致经济发展出现风险状态。当支持性资源 R_S 在 $\{R_i\}$ 中处于主导地位时，经济发展将表现为可持续的状态。

经济发展资源支撑的研究，不能是无边无际的泛泛而谈，必然涉及经济发展的阶段、速度、持续的时间、经济发展的辐射范围及其资源支撑的时空间范围，等等。因此，要科学地分析资源支撑总量的适应性与资源支撑的结构适应性等问题，必须在明确的速率、时间、空间的坐标上进行。

1. 速率坐标

所谓速率坐标，简单地说就是经济发展的目标与速度。从理论上讲，速率坐标的确定必须有科学依据，即不能脱离经济体的潜在经济增长率，而在现实中，常常是经济发展一定目标下的增长速度，即目标增长率。因此，资源支撑研究的任务，也就是相对于经济发展一定的速率，需要分析资源条件是否能够或者多大的程度上与其相适应。

世界各国特别是发展中国家为尽快实现现代化，都制定了赶超型的经济发展战略，其核心任务之一就是保持经济发展有较高的增长速度。中国自 20 世纪 80 年代初以来，经济发展在速率上达到了近 10%，创造了世界奇迹。到本世纪中叶要基本实现现代化，这为中国经济发展资源支撑研究在速率坐标上提供了一种参照。

速度坐标的另一层内容，就是速率的连续度与平滑度。在较长的时间里，经济发展速度不会直线上升，亦不会直线下降，总会出现一定的波动。如果资源支撑与经济发展不相适应，经济发展可能出现了剧烈波动或者出现了不连续的情况。资源支撑与经济发展的波动之间有着什么样的关系，又会产生什么的影响，这也是资源支撑中值得注意的。

2. 时间坐标

所谓时间坐标，是与速率坐标相联系的时间过程，即经济发展一定的速率总表现为一定时间范围或经济发展阶段的状态和趋势。比如，中国要实现“三步走”的现代化战略，在规定了速率坐标的同时，也就规定了时间坐标。

从理论上看，由于经济发展与其资源支撑的关系总呈现出一定的阶段性，因此，时间坐标不只是一种简单的时间向量。经济发展的不同阶段对资源支撑有着不同的要求，因此，规定研究的时间坐标，也就明确了经济发展所处的历史阶段及其资源消耗的特点。

时间坐标还有一层含义，就是要考察经济发展的可持续性，即经济增长持续时间的长短及其波动幅度的大小。

3. 空间坐标

所谓空间坐标，就是经济发展与外部世界相互联系与相互影响的范围与程度，从资源支撑研究上看，具体为国家经济的对外开放度和外部资源利用程度之间的关系。

从理论上分析，经济发展空间坐标的论据是贸易理论。各国经济发展的历史表明，即使在国土广袤、自然资源条件十分优越的条件下，国家工业化与现代化亦不可能在封闭的疆域内进行，其根源就是要素优化配置的空间范围具有不断扩大的趋势，目前已发展到国际化甚至全球化阶段。但值得注意的是，在当今世界，各国经济发展同时受到全球化与区域化两大力量的共同作用，但与此同时，世界资源市场特别是高度垄断的战略性资源却越来越偏离自由竞争的经济理想。在竞争与垄断、经济与非经济等力量并存的条件下，联系一定的速率坐标与时间坐标，确定经济发展及其资源支撑空间坐标的范围，是研究资源支撑的重要基础。

四、“稀缺→替代→战略”的分析框架

在对现有经济理论关于资源支撑研究做出上述考察的基础上，本书认为，“稀缺→替代→战略”的分析框架，可以作为研究经济发展资源支撑的一种范式。

首先，“稀缺→替代→战略”的分析框架体现了理论思维与历史进程相统一的逻辑。经济学最基本的问题就是对稀缺资源的选择或配置，经济发展是否会面临资源约束，科技进步能否改变要素生产率递减规律对经济发展的负面影响，都表现在资源替代之中，并对资源战略提出了需求。而经济发展的历史，正是一个不断地克服资源稀缺制约，通过资源替代不断提高资源支撑能力，并为此不断地创新和改进资源战略的过程。

第二，“稀缺→替代→战略”的分析框架为资源支撑研究打开了空间。经济发展资源支撑研究的一些重大理论问题与现实问题，如发展观与资源观，资源制约问题在理论上是否存在，资源的性质，资源不能有效支撑而导致的风险，解决资源支撑问题的基本路径，资源替代的机理与方式，资源战略的性质与效能，等等，不仅都可以包含在这一分析框架之中，而且还可以此为基础在理论上做出解释。

第三，“稀缺→替代→战略”的分析框架是资源经济理论基础研究范式的一种创新和探索。通过设定三维坐标，这一分析框架对现有的宏观经济理论、微观经济理论、产业经济理论、国际经济理论与资源经济学、制度经济学等，是一个有益的修正和补充，可以促进这些经济理论的融合与创新，增强对能源、金融等各种资源危机问

题，国家或地区的资源丰度与其经济发展水平不对称问题的解释力。

五、小结

资源支撑研究，就是在一定的时间、一定的空间里，研究一定速度下经济发展的资源保障程度及其一定的风险状态。当资源条件能够保障或基本能够保障时，就是资源支持;而不能保障或基本不能保障时，则为资源制约。

从资源集的性质来看，经济发展中资源支持与资源制约是共存的。换句话说，在一定速率、时间和空间的坐标里，即使在资源支持的总体状态下，经济发展也会面临着一定的资源制约；而在资源制约的总体状态下，经济发展总还有一定的资源支持因素。这种矛盾的状态，既源自资源集的性质与内部结构，也表现在资源集与一定经济发展方式之间的相互矛盾、相互适应的关系之中。

总体上看，经济发展资源支撑研究的主要任务是：

第一，探索经济发展与资源支撑相互关系的内在规律；

第二，为评估资源与经济发展之间的支撑状态探索可行的分析架构；

第三，研究经济发展所面临的资源支撑的问题，以及由此导致的资源风险的性质与类型；

第四，探索解决资源支撑问题与风险的可能路径；

第五，理论联系实际，对具体国家、地区或城市经济发展过程具体的资源问题进行分析，提出政策建议与解决方案。

对资源集及其与经济发展之间的矛盾关系的认识，对于解决上述问题，无疑具有方法论上的指导意义。

第三章

稀缺性与资源支撑风险

不可避免的事情从未发生过，而未预料的事却经常出现。①

——J.M. 凯恩斯

不同的资源，在支撑经济发展上承担不同功能、产生不同效应，对经济发展过程产生或大或小、或强或弱、或长或短、或正或负等不同的影响。各种不同特质的资源在支撑经济发展中形成集合即资源集。对资源集的分析，目的是识别何种资源在何种条件（即时空定义域）下对支撑经济发展具有何种意义，在某种资源的支撑出现问题从而对经济发展构成约束时，经济发展会面临哪些风险。本章通过对资源集的分析，讨论经济发展资源支撑问题特别是资源约束问题的根源与实质，进而探索资源支撑风险的类型与程度，为进一步研究资源支撑问题打下基础。

第一节　资源集分析

根据第一章的界定，资源是经济发展不可或缺的各种生产要素（与体制环境）的集合。那么，资源集到底包括哪些内容？资源集对经济发展的支撑具有哪些规律性呢？

①［英］米洛·凯恩斯：《约翰·梅纳德·凯恩斯文集》，剑桥大学出版社1975年版，第3页。转引自《经济增长的阶段》，中国社会科学出版社2001年版，第29页。

一、资源的一般含义

资源是一个十分常用的词汇。在日常生活中，资源都表现为一定的形态，比如，提到资源，人们大多指的是自然资源。在科学研究中，资源作为一种专门的术语，其含义千差万别，在不同的学科中有着不同的内容。因此，到目前为止，对资源这一术语，尚未真正形成具有权威性、一致性的定义；并且，在可以预见的未来，对资源的理解可能还难以达成普遍的共识。英国赫尔大学教授、国际权威的地理学与自然资源学报主编朱迪·丽丝在对资源进行界定时，开门见山地指出："资源是由人而不是由自然来界定的。"①

出于特定的目标或需要，每个人都能对资源做出自己的理解，这是资源难以有统一定义的重要原因。

在常见的字词典中，"资源"被解释为"生产和生活的天然来源"。《辞海》将资源解释为"资财的来源"。"资"就是金钱、财富，"资源"就是金钱、财富的天然来源之处。可以看出，这种解释重点强调"资料"的起源，即大自然的恩赐，可以说是对"自然资源"的一种解说。但是，随着经济社会的发展，社会分工与专业化生产日益深化，资源的内容变得日益丰富，它们对经济发展直接贡献各不相同，这使得资源的定义变得异常复杂。

自然资源，是一个非常重要的概念，是指自然界中能被人类用于生产和生活的物质和能量的总称。②我们生产和生活的一切资料都来自于自然，可以说自然资源是人类的衣食父母、生存之托。所以自然资源特别是某些重要自然资源的开发和利用问题，常常成为资源经济研究的重点。

尽管如此，到目前为止，自然资源仍是一个动态的概念。人们对自然资源的内涵与外延及其时空（时间和空间）等属性的理解，不仅存在着很大的差别，并且还在不断变化，自然资源的具体内容也处在发展之中。目前，所有关于自然资源的专门研究均来自于地学、生物学、气象气候学、生态学、化学、物理学、经济学等诸多学科，由于缺乏统一的理论指导，这些研究至今无法形成有机的整体而流于形式上的简单拼装。③因此，从科学研究的严格意义上看，甚至连"自然资源"也未形成统一而明确

① ［英］朱迪·丽丝：《自然资源：分配、经济学与政策》，商务印书馆2002年版，第21页。

② 姜文来、杨瑞珍：《资源资产论》，科学出版社2003年版，第1～3页。

③ 陈念平：《资源范式的证伪与重建》，载《资源科学》2001年第7期。

的概念。综观“自然资源”这一概念发展的历程和研究的现状，可以发现，定义者由于所处的知识背景、研究的对象与目的甚至分析方法的不同，对自然资源的“内涵”的理解就有所不同，而其“外延”也更是千差万别。

联合国环境规划署对自然资源的定义是：“所谓自然资源，是指在一定时间、地点的条件下能够产生经济价值的，以提高人类当前和将来福利的自然环境因素和条件的总称”。该定义从经济学角度理解有两层含义：第一，自然资源具有使用价值。它们可以产生经济价值，以提高人类当前和将来的福利。第二，自然资源具有价值。自然环境要素是在一定的时间、地点的条件下成为自然资源的。自然要素之所以成为资源，是人类社会发展的结果，是人们对自然环境的认识不断积累的结果。例如，过去许多排除在自然资源以外的要素，逐渐成为自然资源；过去许多无法勘探和采取的深层资源、海洋资源，现在都可以成为工业开采的对象。这些环境要素在成为自然资源的过程中都凝聚了人类的大量劳动，所以自然资源是有价资源。①

二、卡尔·马克思的资源观

卡尔·马克思（Karl Marx）从人类创造社会财富的源泉的角度，将资源分为自然资源与劳动力两大类。② 这是资源概念的完整理解，也是一种对资源内容最为经典的分类。马克思在《资本论》中引用了威廉·配第的说法：“劳动是财富之父，土地是财富之母”。恩格斯在《自然辩证法》中也明确指出：“劳动和自然界一起才是财富的源泉。自然界为劳动力提供材料，劳动把材料变成财富。”

马克思对资源的这种分类，可直观地表述为：

资源 = 自然资源 + 劳动力资源

从世界观与方法论意义上分析，马克思对资源的这种分类具有本质上的科学性：第一，它把握住了资源问题的实质，就是人对自然物质的需求，是一种人与自然界的关系。第二，它在方法论上为研究和解决资源经济问题提供了启示，即解决资源问题，不可就资源论资源，而要从人类与自然的相互关系中去寻找答案。在经济社会发展过程中，出现的人与自然之间的矛盾、经济发展与资源约束之间的矛盾，归根到底只能依靠自然资源与劳动资源的协调配置与和谐发展来解决。可以说，这一经典分类是研究资源经济问题的理论基础，对解决今天中国工业化与城市化过程中经济发展资

① 余方镇：《自然资源估价及其在国民经济发展中的作用》，载《资源开发与市场》2004年第5期。

② 中国资源信息编撰委员会：《中国资源信息》，中国环境科学出版社2000年版，第1页。

源支撑问题具有重要指导意义。

但也应该看到，对资源的分类只停留在马克思这一方法论的层面上是不够的，因为这种分类过于概括，我们不能据此对不同的具体资源问题做出细致的解释；面对现实各种复杂的资源问题，我们不可能从马克思的分析中直接找到解决问题的具体路径和有效方案，比如，为什么石油价格会出现那么剧烈的波动？油价的变化对中国经济发展会产生什么样的影响？等等。马克思并未想到这样的问题，更未提供现成的答案。因此，研究经济发展面临的各种资源支撑问题，需要对具体经济体所面临的资源集作进一步考察和细分。

三、资源集及其经济特征

经济发展资源支撑研究的一个重要课题，就是要从经济学意义上对资源及资源集展开分析。

1. 经济学意义的资源与资源集

经济学对资源的理解具有其独特的专业视角，尽管目前也是仁者见仁，智者见智。比如，英国古典经济学家威廉·配第（William Petty）的名言“劳动是财富之父，土地是财富之母”，将资源分为劳动和土地两类。英国经济学家马歇尔（Alfred Marshall）则提出了土地、劳动、资本三要素理论。而较具普遍性的解释则是，经济增长理论或经济发展理论将经济增长因素即资源，与财富的生产即经济发展相联系。例如，美国著名经济学家保罗·A. 萨缪尔森（Paul A.Samuelson）认为，经济增长是由四个轮子驱动的，他指出：“尽管所有经济快速增长的国家有着特殊的发展道路，但它们有着共同的特征。过去促使英国、日本经济增长与发展的基本过程，对今天的中国、印度这样的发展中国家同样有效。研究经济增长的经济学家们发现，不论是富国还是穷国，其经济进步的引擎必须要靠四个轮子来驱动。这四个轮子，或称为增长的要素是:人力资源（劳动力供给、教育、纪律、动力），自然资源（土地、矿产、能源、环境质量），资本构成（机器、工厂、道路），技术（科学、工程、管理、企业家）。①”

可见，经济学对资源的理解是以经济发展资源为参照系的，正如本书第一章的定义，所谓“资源”，是保障经济社会正常发展不可或缺的各种要素的集合，或者说，凡是影响经济发展的物质的与非物质的因素，都统称为资源。这里的“正常发展”，

① ［美］保罗·A.萨缪尔森、威廉·D.诺德豪斯：《经济学》，机械工业出版社1999年版，第519页。

即在一定时间、一定空间与一定速率的三维坐标里，经济发展所表现出的路径、状态与过程；所谓“保障”，即资源的品类、规模与质量对经济社会发展不可或缺，并具有较强的弱替代性；所谓要素，既包括矿物或能量、空间等硬的物质，也包括文化环境、制度安排等软的条件;所谓集合，即资源的种类、结构与分布的总体状况。

在 $D=F\{R\}$ 这一经济发展与资源之间的数理关系中，F 是一种函数关系，在现实中，代表特定经济体经济发展与资源之间的互动关系，即一种经济增长方式或经济发展方式。R 是资源集，可定义为 $R=\{R_i\}$，其中 $i=1, 2\cdots n$，代表资源的种类。

从数量上分析，在资源集 R 中，如果对其所有资源进行细分，那么支撑经济发展的资源集，就包含了多种多样的无限维资源种类，即 $R=\{R_i\}(1\leqslant i\leqslant\propto)$。这种庞大的资源集，包含有各种各样的子集和无穷多样的具体形态的资源，它们都具有线性结构、半序结构及拓扑结构：线性结构用于进行行为合成、伸缩和变向；半序结构用于对行为进行数量上的比较；拓扑结构用于刻画行为间的差距和行为的连续性，常常用距离或范数来诱导。[①]

总之，经济学中的资源不只是自然资源。与自然资源相对应，还有社会资源；与国内资源相对应，还包括国际资源。任何资源经济领域的课题，都要根据研究的目标对资源范围作出限定，而用一定的标准与方法对资源的功能特质进行识别和分类，这是资源研究的基础。例如，能源是一种资源，为什么成为普遍关注的热点？这就需要联系能源在经济发展中的功能与作用，对资源集里的能源资源及其功能结构做进一步的分析。

2. 资源集功能结构的改进与经济发展

从对经济发展支撑的功能上看，资源集 $R=\{R i\}(1\leqslant i\leqslant\propto)$ 具有如下两种构造。

第一，按照经济发展对资源需要得到满足的程度，可以将资源分为两大类，即支持性资源与约束性资源。于是：

$$R=\{R_i\}=\{R^S{}_j+R^L{}_j\},\ j=1,\ 2\cdots n$$

其中，$R^S{}_j$ 代表支持性资源，$R^L{}_j$ 代表约束性资源，$j=1, 2, \cdots n\cdots$ 则是这两大类资源的具体品种。

将资源集分为 $R^S{}_j$、$R^L{}_j$ 两类，一方面，通过对千姿百态的资源进行的抽象和简化，便于资源支撑研究的展开；另一方面，也合乎经济分析的惯例，其依据源自于李嘉图，

① 武康平编著：《高级微观经济学》，清华大学出版社2001年版，第27页。

成于 *H-O* 模型并在现代进一步发展为资源禀赋理论。

图 3–1 可以帮助我们理解资源集 *R* 对经济发展支撑的情况。Q_D 为经济发展规模曲线，*R*1、*R*2 为两个资源集，*D*1、*D*2 代表两个受一定资源约束下的经济发展规模等量曲线。在资源集 *R*1 中，由于受制于 R^L_j，其所能支撑的经济发展规模为 *D*1。但是可以通过资源集的改进，即在资源集为 *R*2 的情况下，经济发展规模达到了 *D*2。从中可以看到，资源集改进的根本路径，就是 R^S_j 与 R^L_j 两种资源之间的相互替代即资源替代，借此改变或优化了资源组合的结构，从而形成更大规模的经济发展。

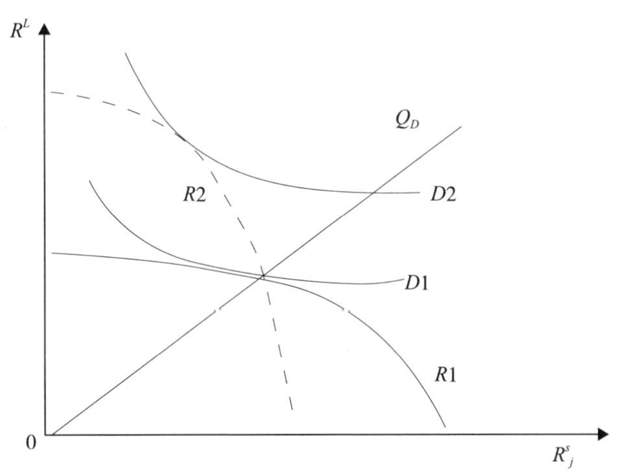

图 3–1　资源集改进与经济发展

第二，按照资源向量的合成结构来划分，资源集包含物质向量与行为向量两种。于是：

$$R=\{Ri\}=\{R^M_j+R^B_j\},\ j=1,\ 2\cdots n$$

其中，R^M_j 表示物质向量，即自然资源、资金、劳动等；R^B_j 表示行为向量，如制度资源、创新文化、管理资源等。

同样，将资源集分为 R^M_j、R^B_j 两类，不仅便于对资源支撑研究的深入，而且也合乎经济学对资源认识的深化，即将制度变量作为一种资源，内生到经济发展的过程之中。

R^M_j 与 R^B_j 两类资源在共同支撑经济发展的过程中，具有互适互补的功能，其作用是对 R^S_j、R^L_j 之间的替代给予支持和催化，具体表现为，当 R^M_j 对经济发展产生制约时，行为向量 R^B_j 即制度安排就需要有所调整，进而促进资源集 $R=\{Ri\}=\{R^M_j+R^B_j\}$ 的改进，其基本路径可以称为资源战略。

3. 资源集的特征

资源集的存在总是相对于特定经济体而言的，从某种意义上说，经济体之所以独立存在，是受到了特定资源集的约束。那么，应该如何认识资源集呢？这就需要对资源集的特征进行分析和把握。在经济发展过程中，资源集具有以下特征。

第一，资源集的相对独立性。

资源集的相对独立性，用数学的语言表述就是资源集的有界性，即对于任何经济体来说，在一定的时间里它所具有的资源集不可能无限延伸，总是有界的。资源集有界性之所以存在，主要基于以下三个因素：

首先，从自然属性上看，任何资源都存在于一定的时空之中，资源的空间分布与时间分布不可随心所欲地改变，改变资源的时空状态要具备或创造很多条件，需要付出成本，有时所要付出的代价很高甚至是无法承受的。

其次，从法理上看，任何资源都以一定的权利特别是产权为基础，是物有所属的。从一定意义上讲，资源的产权规定了资源集的一定边界，这是保障现代市场经济制度正常运行的重要条件。

最后，现代国家的概念，仍在一定程度上构筑了国家经济发展资源集的宏观边界。所谓国家经济发展的资源支撑，首先就是基于国家的资源禀赋而言的；而在全球化的今天，则基于国家对全球资源的获得能力。

当然，资源集的有界性并不意味着资源集是绝对封闭的。在一定的条件下，资源集的边界可以发生变化，因为不同的资源集之间存在着资源交换等联系，主要表现为资源的空间替代。因此，资源的独立性是相对的。总之，相对独立性是资源集固有的重要特征。

第二，具体资源的专用性与有限性。

资源集是由各种类型的资源子集与各种各样的具体资源组成，每种资源都有着特殊的物理、化学等性质，即存在着特殊的使用价值，在经济发展过程中通过一定的产业链、供应链，在经济体系的运行中发挥着独特的作用。具体资源的这种专用性，在庞大的资源集里代表着自身在经济发展中的物质功能定位。具体资源最重要的特点是，在一定的时间与空间条件下，其赋存总量是有限的。

仍以自然资源为例，它是自然界中能为人类所利用的物质和能量的总称。按物质属性，自然资源通常分为可更新资源和不可更新资源两大类。前者具有可更新、可循环、可再生的特点，如生物资源、水土资源；后者为不可再生、不可循环、不可更新资源，如石油、煤、铁、铜等矿产资源。

自然资源并不是取之不尽，用之不竭的。自然资源的这种有限性，是资源最重要的特性，说明自然资源在经济发展过程中发挥的作用将受到一定制约。自然资源的有限性主要表现在以下几个方面：一是在一定的时间和空间坐标内，具体自然资源的可用量（即人类力所能及的资源）是有限的，其中许多资源还具有从 R^S_j 向 R^L_j 变化的趋势，即 $R^S_j \to R^L_j$。例如，在一定的时空条件下，矿产资源的地质赋存量是有限的，其变化趋势是越用越少；又如我国的耕地资源 18 亿多亩，这一数量难以有大的改变，相对于经济发展的需要来说越来越稀缺；二是有些资源，如太阳能、风能、水能等，其总量虽然巨大，从理论看，在更长远的时间里，人类可以利用的部分是增加的，但放在经济发展的三维坐标下，其可用量却是有限的。三是在三维坐标里自然资源的有限性，从根本上说源自于科技水平与管理水平有限性的制约，太空资源、地球深处的资源可能是无限大的，但它们离人类经济适用的经济资源却相去甚远，因此是经济发展所望之不及的。

社会性的经济资源，如资本、劳动力、管理与制度文化等，其累积与变化也需要一个过程，表现为时间的函数，并且也是有成本的。因此，在三维的坐标里，其规模或可用量也是有限的。

第三，资源的层级性。

每种资源对经济发展的支撑，在资源集里所处的地位有所不同，表现出一定的层次性。

所谓资源位或者经济发展系统的资源位，就是在资源集里能够被一定经济系统或经济主体实际和潜在占据、利用或适应的部分。经济系统具有层次性，按照组织水平的不同，经济系统可以分为个人、家庭经济系统、企业经济系统、区域经济系统、国家经济系统和全球经济系统等。于是，可以得出资源位的层级结构：个人资源位、家庭资源位、企业资源位、区域或城市资源位、国家资源位和全球资源位等[①]。

按照组织水平的不同，可以把经济系统划分为家庭经济系统、企业经济系统、区域经济系统、城市经济系统、国家经济系统和全球经济系统等。其中，个人是最基本的经济元，全球经济系统是迄今为止最大一级的经济系统组合。从不同层级经济系统的相互关系上讲，低层级经济系统的形成、发展和演化要以高层级经济系统为依托和

① 昝延全：《资源位的层级结构及其政策启示》，载《中国工业经济》2001年第6期。

背景。换句话说，高层级经济系统对低层级经济系统总会施加一定的约束和调控作用，或者说提供了一个基本的制度、物质环境。反过来讲，高层级经济系统又以低层级经济系统为载体和支撑，高层级经济系统的许多行为要靠低层级经济系统来体现。

由于低层级资源位以高层级资源位为背景，换句话说，低层级资源位是高层级资源位的函数：

*f*个人=*F*1（*f*家庭，*f*企业，*f*城市，*f*区域，*f*国家，*f*全球）(1)

*f*家庭=*F*2（*f*企业，*f*城市，*f*区域，*f*国家，*f*全球）(2)

*f*企业=*F*3（*f*城市，*f*区域，*f*国家，*f*全球）(3)

*f*城市=*F*4（*f*区域，*f*国家，*f*全球）(4)

*f*区域=*F*5（*f*国家，*f*全球）(5)

*f*国家=*F*6（*f*全球）(6)①

上述六个公式组合在一起的意义是，在三维坐标下，经济主体的发展要突破可用资源的有限性，在空间上需遵循一定的方向或路径，表现在资源层级上由低到高、由近及远的过程。因此，个人资源位（*f*个人）的资源情况必然涉及他所在的家庭、企业（单位）、城市、地区和国家的资源情况，而在开放的条件下，国家经济发展的资源情况，必然会涉及并影响到国际资源乃至全球资源。

相对于资源对经济主体或经济系统发展的影响而言，资源位还表现出资源在产业结构中的地位。资源对经济发展的支撑状态，首先反映资源对微观经济主体即企业或居民的直接影响；并通过产业链或供应链的路径，产生连锁效应，从而对产业发生影响；最后，又通过产业结构的特点，进一步产生聚集与扩散效应，对整个国民经济产生影响。在当今全球化的世界中，一些重要资源对经济发展的影响，在资源位上有着全球意义。这些资源通常就被定义为战略性资源。

第四，资源集内资源之间的替代性与互补性。

与一定经济体的经济发展相适应，资源集趋于形成某种均衡结构，因为资源之间具有一定的替代性与互补性。替代性是指一种资源与另一种资源之间有着相同或相似的功能作用，因此这种资源可以被另一种资源代替；互补性是一种资源与另一种资源之间有着完全不同或不完全相同的功能作用，说明资源又不可完全替代。因此，资源之间必定会按照一定的比例而共存，并通过不断地优化配置推动经济向前发展。资源集里资源的这种结构特征，在经济发展过程中必然外化为 $R^S_j+R^L_j$，$R^M_j+R^B_j$ 两组资源在

① 昝延全：《资源位的层级结构及其政策启示》，载《中国工业经济》2001年第6期。

功能结构上各司其职，并达到均衡。

第五，资源集结构的动态性与开放性。

动态性与开放性是资源集的重要特征。动态性是相对于时间而言的，科技发展日新月异，资源集内的资源不断变化，并日益多样化；开放性则是相对于空间而言的，生产、贸易向全球化发展，资源集的边界不断外移和扩大，甚至变得模糊。因此，在研究经济发展资源支撑问题时，不仅要关注资源的存量情况，而且还要关注资源的流量变化；不仅要关注资源集可用资源的现状与变化，而且还要关注国际的乃至全球的资源变化情况与发展趋势。

资源集的上述五大性质，在支撑经济发展的过程中都会有所体现，其中对经济发展影响最大并最具经济学意义的，当属资源的有限性，即资源的稀缺性。

第二节　稀缺性分析

稀缺性一直是经济研究中的一个重要问题，人们对此有着不同的理解。有学者对经济学的“稀缺性”假设作过这样的评论：资源稀缺范畴在现代经济学——资源稀缺经济学——中扮演着非常重要的角色。[①] 这一判断基于下列有目共睹的事实：有些学者（例如萨缪尔森）在阐述经济规律时，将资源稀缺规律列为第一规律；经济学诸范式差不多均以此范畴为理论大厦的支柱，其表现，是将其作为理论体系推演显性或隐性的起点范畴。但是，现代经济学对其把握极为粗略。人们分析经济社会问题，尤其是分析可持续发展问题，有三个理论支点：①元素性资源非稀缺性：浪漫经济学讨论经济社会问题的支点；②元素性资源稀缺且其强度不变：资源稀缺经济学讨论经济社会问题的理论支点；③元素性资源具有枯竭前景（即资源稀缺强度可能增大）：资源枯竭经济学讨论经济社会问题的理论支点。[②]

有关资源与经济发展的研究之所以出现极度乐观与极端悲观的结论，从理论根源上分析，都是由于对资源稀缺性假设的理解存在着巨大的差异，而大家对稀缺性的具体情况又缺乏充分的分析和界定。

因此，经济发展资源支撑研究，必然离不开对资源稀缺性问题的分析与讨论。

① 孙建平：《经济学：从浪漫到科学——可持续发展议题的经济学沉思》，经济科学出版社2002年版，第67页。
② 同上，第22页。

一、资源支撑问题源于资源的稀缺性

1. 资源集与经济空间

稀缺性是经济物品的显著特征，也是各种资源的重要特征。在现代经济学里，经济物品的稀缺性，并不意味着它在物质意义上总是稀少的，而是指它不可以免费得到：要得到这种物品，必须自己生产或用其他经济物品来交换，即经济物品是有价格的。西方经济学界普遍接受了英国经济学家 L. 罗宾斯（Lionel Robbins）提出的定义：经济学是研究用具有各种用途的稀缺资源来满足人们目的的人类行为科学。因此，以稀缺性为坐标的形形色色的经济物品构成了经济空间，也为经济学规定了学科的边界。

罗宾斯的定义强调经济资源的稀缺性和人们面临的选择，之后的经济学几乎都以此为基础，不断深化和发展。如美国在 20 世纪 60 年代末出版的《国际社会科学百科全书》指出："经济学是研究稀缺资源在无限而又有竞争性的用途之间配置的问题。它是一门研究人与社会寻求满足他们的物质需求与欲望的方法的社会科学，这是因为他们所支配的东西不允许他们去满足一切愿望。"萨缪尔森在其著名的教科书《经济学》第 12 版中对经济学也作出了这样定义："经济学是研究人和社会如何进行选择，来使用可以有其他用途的稀缺的资源以便生产各种商品，并在现在或将来把商品分配给社会的各个成员或集团以供消费之用。"①

根据这样的定义，在市场经济条件下，经济物品是指具有稀缺性的一切物品，众多的经济物品构成了一个多向量的无限维空间，可以称其为经济空间。经济空间主要由资源集、商品集和过程集或行为集构成（见图 3–2）。其中，资源集是经济空间的重要部分。

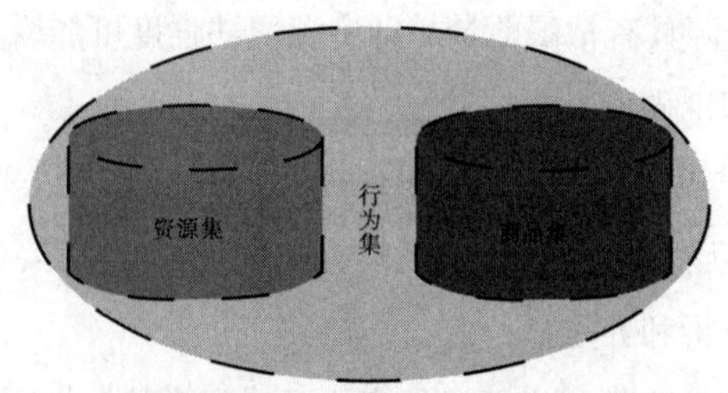

图 3–2　经济空间示意图

① 参见［美］萨缪尔森：《经济学》，商务印书馆1992年版。

经济空间三大组成部分之间相互作用，就构成了经济运行。经济运行的基本内容是，对不能直接满足人们需要的各种资源，通过开发、加工或输送等配置方式，使其成为能够满足人的物质文化需求的商品（包括服务）。在现代商业社会里，经济运行最重要的特征就是以经济增长为核心的经济发展，它表现为借助行为集的平台，使资源从资源集向商品集不断转化的过程。而资源支撑实际上是指，在特定的经济空间里，资源集对经济发展的支撑方式与状态。

2. 普遍稀缺性

稀缺性规定了经济空间存在的含义，是经济空间的普遍特征，因此它成为经济学最基本的前提或最基础性的假设。分析稀缺性，对资源支撑问题的理解具有特别重要的意义。

首先，稀缺性是经济学中的一个基本命题。经济学家认为，稀缺性的普遍存在使选择成为必然。如何选择？为了回答这一问题，经济学由此而产生。一切经济理论问题都根源于资源集、商品集与行为集所组成的经济空间普遍存在着稀缺性。正是有了这种稀缺性，才有了资源配置的问题。本书将这种经济学意义上的稀缺性称为普遍稀缺性。

普遍稀缺性定义：对于任何一个 $x_i \in E$，总有一个价格 p_i 存在，且 $p_i > 0$ 时，则 x_i 是稀缺的，即 xi 是经济空间 E 中的一个因子。

稀缺性是资源的重要特性，我们所讨论的资源都是具有稀缺性的资源。即，在资源集 $R=\{R_i\}$ 中，对于任何一个 $R_i \in R$，都存在一个相对应的 p_i，且 $p_i > 0$，因此 R_i 是稀缺的。稀缺性是资源与自然物之间的本质差别。

其次，经济学是对稀缺资源做出选择决策的科学。基于普遍稀缺性之上的现代经济学认为，一切经济问题都是对资源做出选择的问题。例如，美国大学公共事务学院经济学教授布拉德利·希勒（Bradley R. Schiller，2000）博士，在其独具特色的《当代经济学》一书中认为："经济学帮助我们做出选择决策。简言之，经济学研究人们如何使用稀缺资源。"[①] 在经济理论中，所谓选择通常是对稀缺存在物的决策，其稀缺性又以价格的存在来直接定义，这意味着用稀缺性规定的经济空间，在解决资源稀缺问题上潜藏着另一个假设：只要价格 p_i 具有足够的弹性，资源集就能提供足够的资源。应该说这种资源足够用的隐性假设对微观经济学来说基本上是适当的。因此，经济学对

① 参见布拉德利·希勒：《当代经济学》，人民邮电出版社2003年版。

稀缺性的解释更多地集中在个人与企业等微观层面上，据此演绎出许多十分有用的重要经济学概念与分析范式，如机会成本、生产可能性边界等，并形成了其独特的研究方法与分析工具。

但是，值得注意的是，当普遍稀缺性成为整个经济理论大厦的基本假设时，就必然会面临一些必须进一步研究的问题：在宏观经济里，经济空间规模巨大，众多行为向量对 *pi* 的反映及其耦合作用，会导致一种时空位差的产生，进而导致 p_i 对稀缺性的反映并不总是真正充分有效，由此产生一种共振现象，导致资源集里的资源量出现超出普遍稀缺意义的短缺。并且，由于受到特定时间与空间的约束，即使价格 *pi* 充分地由市场决定，具有足够的弹性，短缺资源仍不能通过资源集内其他资源的有效替代来填补。这种不能用 *pi* 的弹性来有效调节的问题，显然超越了现代经济学有关资源普遍稀缺性的范围。这种超越普遍稀缺性的短缺现象，可以称为“特殊稀缺性”，是需要经济学在研究经济发展资源支撑问题时，给予特别关注并做出专门解释的。

总之，现代经济学赖以存在的普遍稀缺性假设，本身就包含着一个资源悖论：即任何资源，只要存在 p_i 且保持着充分的弹性，即 $0 < p_i \leqslant \propto$，则资源的数量在经济空间里能够支撑经济的发展；或者说，在经济空间里，为支撑经济发展的需要，只要保持价格 pi 的弹性，各种资源之间就可以实现光滑、连续的替代。这一在微观经济学具有一定合理性的假设，由于现实的经济空间变得越来越庞大而可能出现不能自我调节的情况，因此将其放在研究经济发展问题的宏观经济学里就不那么合理了。

第三，经济学是在解释和解决现实经济问题的过程中不断创新和发展起来的，其创新路径呈现一种趋势：对普遍稀缺性所定义的经济空间不断突破。例如，对无须付费的空气、生态等资源，经济学界不仅开始关注和重视，而且还提出了公共产品成本内部化等解决思路，其中，公共产品理论、信息经济学、资源经济学、环境经济学等，都包含了这方面的内容。这些超乎普遍稀缺性的特殊稀缺性的经济命题，因此而纳入到经济研究之中。

第四，经济发展是一个宏观经济学的范畴，经济发展资源支撑研究自然侧重于宏观总量分析，因此，引入“特殊稀缺性”假设，在深化资源支撑问题的研究中具有创新意义。

3. 特殊稀缺性

那么，什么是特殊稀缺性呢？特殊稀缺性是与普遍稀缺性相对应的一个概念，即在经济空间中，存在着某些经济物品，它们所具有的稀缺性超出了普遍稀缺性，并对经济发展进程具有某种特殊的影响。

特殊稀缺性定义：对于任何一个 $x_i \in E$，存在价格 p_i，且对于任何一个 $|\triangle p_i| \geqslant 0$，恒有 $|\triangle D^E_{xi}| < g$，则 x_i 在经济空间 E 中具有特殊稀缺性。其中 $|\triangle D^E_{xi}|$ 为经济发展对 x_i 的宏观反映，其最具代表性的就是一定的经济增长率 g。

在经济发展的现实中，特殊稀缺性表现为存在不能通过市场价格的短期波动来消除的稀缺性缺口，即 $|\triangle x^d_i| - |\triangle x^s_i| > 0$，其中，$|\triangle x^d_i|$ 为资源 x_i 的需求增量，$|\triangle x^s_i|$ 为资源 x_i 的供给增量。这种稀缺性缺口就是我们所熟悉的“短缺”。在现实中，某些自然资源具有出现特殊稀缺性的天然属性，其原因是，资源价格作用的时空定义域与资源自然生成（或供应）的时空定义域之间，存在着严格的不对称性。而这正是需要我们重点研究的资源重要特征。

具有特殊稀缺性的资源对经济发展的影响是多种多样的，但具备两个共同的特点：其一，它们在经济发展某种状况下会出现资源缺口。这种缺口可能是全面的，也可能是地区性或者产业性的；可能是一种短期的情况，也可能是一种较长的周期性的情况。这种缺口的重要表现是，尽管资源的市场价格出现了大幅波动，但难以对资源缺口起到足够的调节作用；或者由于管理体制、资源禀赋、市场结构或者产业组织方面的原因，资源价格对资源供求不能发挥有效的调节作用。其二，资源缺口的存在，对经济发展过程产生重大的负面影响。某种资源（如石油、资金等）出现的特殊稀缺性，在一定条件下会导致资源由相对稀缺转化为绝对稀缺，并对经济发展产生严重制约作用。

资源特殊稀缺性最典型的意义是导致一定程度的绝对稀缺，主要有两大类型：耗竭型绝对稀缺与间竭型或结构型绝对稀缺。显然，在资源集中，需要重点关注的特殊稀缺性正是某些资源（如土地、淡水）特别是耗竭型自然资源（如化石能源、重要矿物原料）的重要特性，这些资源又是经济发展进入一定阶段后必不可少并大量消耗的。在一定的时间与空间定义域里，这些资源的稀缺状态对经济发展有着重大影响，其支撑状态在一些条件下可能影响正常经济运行，甚至会改变经济发展的目标与路径。因此，抓住资源在稀缺性上的差异，在经济空间中，资源支撑研究的重点应该放在具有特殊稀缺性的资源集和具有特殊稀缺性的行为集上。

经济理论是对经济规律的认识和总结，它必须在经济活动中得到检验，并且对解决现实经济问题具有指导意义。由于分工的深化、科技的进步、大规模工业体系的建立、经济日益全球化等因素共同作用，经济空间呈现出商品集与资源集不断分离、行为集日趋复杂化的趋势，资源集所具有的特殊稀缺性也就日益显现出来。

总之，除了研究普遍稀缺性这种相对稀缺的情况之外，经济研究还必须面对以特殊稀缺性为基础的绝对稀缺的问题。对绝对稀缺的情况作出探索，正是经济发展资源支撑研究的出发点和重点领域。

二、耗竭型绝对稀缺

所谓耗竭型绝对稀缺，即在一定的时空定义域里，由于可用资源总量有限，经济发展面临着资源耗竭而难以为继的风险，如果没有有效的替代资源来支撑，处于一定路径以一定速率的经济发展就会遭遇资源约束而难以为继。从物理意义上分析，所有不可再生或不可更新的自然资源在地球上的总储量有限，都是耗竭型绝对稀缺的。存量的有限性是自然资源最重要的自然物质属性，从而构成了资源特殊稀缺性的典型形态。正是基于这种属性，自然资源特别是某些重要的矿产资源，在经济发展过程中可能表现出绝对稀缺性。

在特殊稀缺性的情况下，由于价格机制不能完全实现对资源的连续均衡作出充分调节。下面，我们可以对绝对稀缺进行定义，假设资源价格具有充分的灵活性，即 $0 \leqslant |\triangle p_i| \leqslant \propto$。

耗竭型绝对稀缺定义：在一定经济发展阶段里，对于时间定义域 $T=[0, \propto]=0<t<\propto$，有 $x^t_i \rightarrow a_i$（a_i 为某一自然数），即当 $t \rightarrow \propto$ 时，$\triangle x^t_i \rightarrow 0$，则 x^t_i 为耗竭型绝对稀缺资源。需要指出的是，因为受到一定的时间与空间的限制，耗竭型资源出现绝对稀缺在时间上是不确定的。由此，我们有另一个定义：对于任何 x^t_i，由于 $x^t_i \rightarrow a_i$（a_i 为某一自然数），当 $t \rightarrow T$（T 为某一具体的时间定义域，如 0~50 年或大规模工业化阶段等）时，$\triangle x^t_i \rightarrow 0$，则 x^t_i 属于耗竭型绝对稀缺资源。

将经济学与生态学、矿物学等结合起来分析，自然资源的耗竭型绝对稀缺，源自于市场价格调节作用的时间定义域与资源自然生成的时间定义域之间存在着一定程度的不对称性。许多自然资源特别是不可再生的矿物资源，其生成时间需要千百万年。在资源大规模开采和利用的经济发展阶段中，资源的赋存量并不会因资源价格的提高或降低而有所改变。因此，在有限的时间里，可以改变的只能是人类对资源的需求，经济系统并不能随心所欲地增加这种资源的有效供给，这些资源最典型的有石油、天然气、煤炭等能源，以及铁、铝、铜等矿物资源。

许多自然资源如森林、动物等，尽管是可再生的，表面上看其存量是可变的，并不属于耗竭型资源。但是，由于市场价格发生作用的时间定义域与资源自然生成的时间定义域之间也存在不对称性，这些资源同样可能出现绝对稀缺。而当这些资源出现绝对稀缺时，在一定的时空定义域里，它们实际上就变成了非再生资源。

从经济发展资源支撑的意义上分析，耗竭型绝对稀缺产生的原因是资源存量因素：在一定的时空坐标里，自然资源的总储量都是有限的。但这只能说明，这些资源具有耗竭型绝对稀缺的天然基础，是产生耗竭型绝对稀缺的必要条件。资源耗竭型绝对稀缺的出现，还须具备一个充分条件：当某种资源面临耗竭并且不能被其他资源适时充分有效的替代，即非完全替代性。

耗竭型绝对稀缺，在现实中表现为资源的耗竭或枯竭，其后果是经济发展因失去足够资源的支撑而难以为继。解决绝对稀缺问题，唯一可行的路径是资源替代。正是资源替代机制的作用，许多具有绝对稀缺性的资源对经济发展产生的制约，尽管存在可能性，但并不具有必然性。或者这种制约作用只是短期的或局部的，其严重性并不一定十分明显。

三、间竭型（或结构型）绝对稀缺

间竭型（或结构型）绝对稀缺与耗竭型绝对稀缺产生的原因虽然有所不同，但产生的机理与结果却是相同的。所谓间竭型绝对稀缺，是指在一定的时空定义域里，尽管资源并未耗竭，但资源价格的调节作用不能有效地解决资源的供求失衡，资源短缺对经济发展过程产生巨大影响。

间竭型绝对稀缺定义：对于时间定义域（闭区间）$T=[0, \propto]=0 \leqslant t \leqslant \propto$或空间定义域$S=[s_1, s_2]= s_1 \leqslant s \leqslant s_2$，有$x^t_i \rightarrow a_i$（$a_i$为某一自然数），即当$t \rightarrow T$（$T$为某一具体的时间定义域，如0~50年或大规模工业化阶段等），对于任何一个$|\triangle p_i| \geqslant 0$，$\triangle x^t_i \rightarrow 0$；或者$s=s_1 \rightarrow s_2$，对于任何一个$|\triangle p_i| \geqslant 0$，$\triangle x^s_i \rightarrow 0$，则$x_i [T, S]$属于结构型或间竭型绝对稀缺。

间竭型绝对稀缺源于市场价格发生作用的时间定义域或空间定义域与资源供求的时间定义域或空间定义域之间存在着一定程度的不对称性。

与耗竭型绝对稀缺源于资源存量的有限性不同，间竭型绝对稀缺的产生源自于资源的流量因素。通常情况下，间竭型绝对稀缺表现为：在相对大的经济空间里，某种资源并不明显具有特殊稀缺性，但在相对较小的经济空间里，却常常出现特殊稀缺性，较典型的如石油、资金等。在特定的时空定义域里，这些资源的流量与经济发展的需要之间出现失衡，其原因，一方面，微观与宏观之间即资源集与行为集之间存在着结构性矛盾，另一方面则是资源的分布结构与产业结构方面存在着较严重的结构性问题。

在现实中，间竭型绝对稀缺通常表现为资源流量的缺乏（如流动性缺乏），即资源供应的中断（或间竭）。解决资源间竭型绝对稀缺的路径，一是资源替代；另一是要对经济结构进行必要的调整，这需要制定和调整资源战略，对资源制度进行改革，创新制度安排。

耗竭型绝对稀缺与间竭型绝对稀缺之间存在着什么样的关系呢？现实中，许多资源既可能出现耗竭型绝对稀缺，也可能出现间竭型绝对稀缺，如能源、水资源等；有些资源只能或主要存在着间竭型绝对稀缺，如资金等。理论上分析，耗竭型绝对稀缺要通过一定的结构关系表现出来，因此，两种绝对稀缺之间是一种包含关系，即间竭型绝对稀缺包含了耗竭型绝对稀缺。

从世界各国经济发展的历史经验看，人们对耗竭型绝对稀缺的理解较为容易，因此在经济发展规划特别是城市规划中，能做出较充分的可行性分析。而导致间竭型绝对稀缺的因素相对难以把握，因此人们往往重视得不够。其结果是，间竭型绝对稀缺导致的问题出现得更加频繁，其影响也更为严重。这是值得我们充分重视和进一步研究的一个课题。

四、导致间竭型绝对稀缺的若干因素

任何经济体，其发展都要以一定的经济空间及其资源集为依托，需要面对的导致间竭型绝对稀缺的因素是客观存在的。主要如下：

第一，资源在地理空间上分布的不均衡。自然资源不仅具有耗竭性，而且在空间分布上具有一定的地域性，造成各地资源禀赋极不均衡。水土资源如此，矿产资源的分布与探采更是如此（见表3–1）。资源分布的失衡，成为资源支撑与经济发展之间时空失衡的天然基础，而要校正这种失衡，使经济发展与资源支撑之间相匹配，对生产力的空间布局提出了较高的要求，同时要求完善的交通运输等基础设施相配套。否则，在一定的条件下经济发达的城市与沿海地带就可能出现间竭型资源稀缺，进而对整个国家的经济发展形成制约。

第二，产业结构失衡。一方面，经济发展如果过度依赖资源密集型的产业，特别是过度依赖少数战略性资源来支撑，不仅会加剧战略性资源的耗竭型绝对稀缺，而且会加大市场价格的调节难度，当这些资源的市场行情出现波动时，对经济发展往往会造成较大冲击。另一方面，产业结构由产业链构成，资源勘探、开采、加工等纵向产业链之间如果出现失衡，也会导致一定时间、一定地域出现资源间竭型绝对稀缺。

第三，市场组织结构扭曲。重要资源过度垄断或过度分散的组织结构，不仅会降低资源配置的效率，而且会降低资源有序开发和利用的能力，对经济发展造成不利影响。

第四，供应链失调与断裂。即使是资源丰富的经济体，如果重要资源的运输、配送出现问题，也会造成一定时间、一定地域的资源供求缺口，甚至导致资源供应中断，进而对整个国民经济的发展构成威胁。

第五，信息不对称问题。资源信息不对称的情况是普遍存在的现象，这常常会导致相关经济主体不当的战略决策，例如石油等战略资源的储量、市场供求量变化的信息误导，会造成不当的预期，导致资源市场价格的过度反应，对经济发展过程产生冲击。

表 3–1　　　　1999 年世界主要矿产的地理分布

矿种	3个国家的储量在总储量中所占比例（%）	5个国家的储量在总储量中所占比例（%）	1999年储量的区域分布（%）（主要生产国及其储量在总储量中所占比例）
铁	46	65.1	乌克兰16.2，俄罗斯14.9，澳大利亚14.9，中国10.5，美国8.6
锰	80.9	90.9	南非54.4，乌克兰19.9，加蓬6.6，中国5.9，澳大利亚4.1
铬	96	97.8	南非81.1，哈萨克斯坦11.1，津巴布韦3.8，芬兰1.1，印度0.7
镍	43.6	64.2	俄罗斯16.5，古巴13.8，加拿大3.3，新喀里多尼亚11.3，澳大利亚9.3
钴	79.1	91.37	刚果46.5，古巴23.3，澳大利亚9.3，赞比亚6.97，新喀里多尼亚5.3
钨	69	78.9	中国43.5，加拿大13，俄罗斯12.5，美国7，韩国2.9
钼	78.2	90.8	美国49.1，智利20，中国9.1，加拿大8.2，俄罗斯4.4
钒	99.5	100	俄罗斯50，南非30，中国20，美国0.5
铜	45	56.5	25.9，美国13.2，波兰5.9，俄罗斯5.9，印度尼西亚5.6
锌	49.5	60.6	澳大利亚18.9，中国17.4，美国13.2，加拿大7.4，秘鲁3.7
铝土矿	58	72	几内亚29.6，巴西15.6，澳大利亚12.8，牙买加8，印度6
菱镁矿	74	78.4	中国30，俄罗斯26，朝鲜18，土耳其2.6，巴西1.8
钛铁矿	56.3	75	澳大利亚24.8，南非19.3，挪威12.2，加拿大9.5，中国9.2

续表

矿种	3个国家的储量在总储量中所占比例（%）	5个国家的储量在总储量中所占比例（%）	1999年储量的区域分布（%）（主要生产国及其储量在总储量中所占比例）
金红石	74.1	92.5	澳大利亚39.5，南非19.3，印度15.3，斯里兰卡11.2，塞拉利昂7.2
锡	58.5	80.4	锡 58.5 80.4 中国27.3，巴西15.6，马来西亚15.6，泰国12.2，印度尼西亚9.7
锑	74.4	91.5	中国42.9，俄罗斯16.7，玻利维亚14.8，南非11.4，吉尔吉斯斯坦5.7
汞	71.3	71.3	西班牙63.3，吉尔吉斯斯坦6.3，阿尔及利亚1.7，美国—，意大利—
铋	44.6	62.8	中国18.2，澳大利亚16.4，秘鲁10，玻利维亚9.1，墨西哥9.1
金	62.4	73.5	南非41.1，美国12.4，澳大利亚8.9，俄罗斯6.7，乌兹别克斯坦4.4
银	38.2	57.5	加拿大13.2，墨西哥13.2，美国11.8，澳大利亚10.4，秘鲁8.9
铂族	98.4	98.8	南非88.7，俄罗斯8.7，美国1.0，加拿大0.4
锂	97.9	99.7	智利88.2，加拿大5.3，澳大利亚4.4，美国1.1，津巴布韦0.7
铌	98.8	100	巴西94.3，加拿大4.0，尼日利亚1.8，刚果0.9，澳大利亚0.3
钽	84.2	98.4	澳大利亚57.9，尼日利亚16.8，加拿大9.5，刚果9.5，巴西4.7
锆石	76.1	94.9	南非39.7，澳大利亚25.3，乌克兰11.1，美国9.4，印度9.4
稀土	75	81.3	中国43，独联体19，美国13，澳大利亚5.2，印度1.1
硫	30.7	47.1	加拿大11.4，美国10，伊拉克9.3，波兰9.3，中国7.1
磷	71.7	82	摩洛哥和西撒哈拉49.2，南非12.5，美国10，约旦7.5，巴西2.8
钾	88.1	100.5	加拿大52.4，俄罗斯26.2，白俄罗斯9.5，德国8.6，中国3.8
硼	64.6	88.7	美国23.5，俄罗斯23.5，土耳其17.6，中国15.9，哈萨克斯坦8.2
天然碱	98.3	99.2	美国95.8，博茨瓦纳1.7，墨西哥0.8，土耳其0.8，乌干达0.1
石墨	58.5	65.3	中国33.1，墨西哥19.4。马达加斯加6，印度3.9，巴西2.9
萤石	38.6	45.8	墨西哥14.5，南非13.6，中国10.5，法国4.5，西班牙2.7
重晶石	60	74	中国23.3，印度18.7，美国18，加拿大7.3，摩洛哥6.7
石油	44.8	62.5	沙特阿拉伯24.8，伊拉克10.7，阿联酋9.3，科威特9.2，伊朗8.5
天然气	54.4	62.5	俄罗斯32.9，伊朗15.7，卡塔尔5.8，阿联酋4.1，沙特阿拉伯4.0
煤	52.6	67	美国25.1，俄罗斯15.9，中国11.6，印度7.6，德国6.8
铀	53	70.3	澳大利亚25.0，哈萨克斯坦17.3，加拿大10.7，乌兹别克斯坦8.9，俄罗斯8.47

资料来源：国土资源部信息中心：《“走出去”开发利用国外矿产资源》，中国大地出版社2001年版，第57～59页。

第三节　稀缺度分析

绝对稀缺与相对稀缺，都是资源稀缺的一种状态。那么资源的这种稀缺性是否可以评估和度量呢？经济学家为此不断地进行研究，试图提出某种研究方法和衡量指标，主要有物理度量和经济度量两个方面。① 实际上，无论是普遍稀缺性还是特殊稀缺性，既是一个相对的概念，又是一个动态的概念，前者是指资源稀缺的状况，后者则是指稀缺状况的变化趋势。因此，稀缺度分析自然应该包括这两个方面的内容，其核心是，用什么标准、通过什么方法，对稀缺程度及其变动趋势做出评价。

一、有关资源稀缺性度量指标的研究

一些经济学家对资源稀缺性的度量问题进行了研究和探索，提出了若干反映资源稀缺程度的指标与方法。但这个领域的研究成果仍存在着较大的争议，至今仍未达成一致。这些度量指标或方法，归纳起来主要有以下几种。

1. 储量

人们常常根据现在探明和未来可能探明的资源总水平，来推算某种资源可供使用的年限，以此度量该资源的稀缺程度。资源储量（reserves）是表示资源稀缺性最直观的指标，是对资源有限性的一种直接物理度量（physical measure）。

通过储量来说明资源的稀缺性，在非再生资源特别是矿物资源中使用得最为普遍。可再生资源尤其是生物资源，由于比非再生资源的情况更为复杂，它不仅取决于已发现的资源储量和开发利用的经济技术可行性，还取决于资源自身的再生条件。因此，对再生资源直接使用储量指标，难以真实反映出其稀缺性的程度。

2. 储采比

尽管储量指标本身可直接衡量某些资源的稀缺程度，但这种指标缺乏动态性，不能很好地反映出资源储量与资源使用量之间相互关系的变动过程。因此，许多人采用资源储量与资源年开采量（或年利用量）之间的比率即储采比，来表示资源的稀缺程度。储采比的公式是：

$$S_0/R_0=Y\text{（年）}$$

① 曲福田：《资源经济学》，中国农业出版社2001年版，第26页。

其中，S_0 是当前的资源储量，R_0 是当前一年的资源开采量或利用量，因而储量与采用量之比，就是资源储量以当前的利用速率而预期的可用年限。

但是，每年资源利用量不一定是一个常数，在一定经济发展阶段上可能表现出递增甚至快速递增的趋势。在这种情况下，储量耗竭的年限计算相对复杂一些，因此其评估效果也会大打折扣。

3. 价格趋势

物以稀为贵。在市场经济条件下，某种资源的价格如果呈现出不断上升的趋势，就意味着这种资源比其他资源更加稀缺。

资源稀缺性，本质上是相对于人类经济发展的需要而言的。再大的储量，相对于经济发展规模的巨大需求，可能是十分稀缺的；相反，再小的储量，相对于较低水平的经济发展而言，可能仍然构成足够的支撑。从经济学意义上说，价格趋势指标比储量指标更为科学。但问题是，价格趋势作为资源稀缺性的度量，存在很多限制条件，如充分竞争的市场、充分有效的信息等等。

从经济概念上讲，自然资源稀缺性的度量，除价格外，还可选择诸如单位成本、租金、替代弹性等稀缺性指标（e.g. Brown and Field，1979; Fisher，1979; Hall and Hall，1984; Cairns, 1990; Cleveland and Stern, 1993），但哪一个指标更优呢？对此，20 世纪下半期争论一直不断。①

4. 单位成本

单位成本是巴尼特和莫尔斯（Barnett & Morse）在《稀缺与增长：自然资源可供性经济学》一书中提出的，通过对 1870~1957 年美国主要资源产业（农业、森林、渔业和采矿业）和一些资源产品的单位成本变化情况进行计算，他们发现单位成本几乎普遍下降，这种情况与古典学派“报酬递减铁律”是相矛盾的。但也有唯一的例外：林业部门单位产出的劳动成本普遍上升。因此，除了森林资源外，所有自然资源稀缺性增大的趋势并不明显。主要原因是：第一，从资源开发利用的历史过程看，尽管高品位资源不断耗竭，但仍存在大量的低品位资源可供利用；第二，随着一些资源稀缺性的出现，资源用户转向非耗竭性资源，即出现了资源替代；第三，资源价格的上升刺激了对新资源的勘查，因此发现了大量的新资源；第四，技术进步降低了采掘成本，扩大了资源利用的来源。

① Cutler J. Cleveland and David I. Stern: *Indicators of Natural Resource Scarcity: Review, Synthesis, and Application to U.S. Agriculture.*

用单位成本指标反映资源稀缺性，被称为稀缺性的古典模式。因为它所依据的实际上是李嘉图等人的古典经济理论，即认为稀缺性的适当度量是生产单位商品所必需的劳动。稀缺性的提高意味着需要更多的劳动。将李嘉图模型与新古典的生产函数组合在一起，巴尼特和莫尔斯得出了一个考虑到资本投入的对稀缺性的更复杂的度量。其结果是，单位成本与包括劳动和资本等多要素生产率成反比。

5. 价格和租金

稀缺性的新古典观点开始于霍特林（Hotelling）的合理消耗理论。该理论假设资源的所有者在资源的开采与销售中追求贴现利润的最大化。该模型提出了稀缺性的两种可能的指标：价格和租金，从而认为市场价格相对于资源储量来说是资源商品稀缺性的适当指数。

6. 采掘成本

1979 年，巴尼特（Harold barnet,《稀缺与增长：自然资源可供性经济学》的作者之一）用全球资源的数据重新进行计算后发现：几乎所有国家所有资源单位采掘的边际成本都随着时间而不断下降，但 20 个案例的研究表明，矿业的采掘成本比制造业的成本下降得缓慢一些。

1981 年，费希尔（Fisher）对采掘成本中的勘探成本进行了研究，通过对美国 1950~1971 年油气的平均勘探成本进行分析发现：原油实际价格并没有增长，因而不存在资源稀缺的问题；勘探成本变化不定，但总体趋势明显上升；勘探成本和相对价格可以反映资源稀缺性。

7. 能源成本

1991 年，克利夫兰（Cleveland）针对巴尼特和莫尔斯的研究结论，认为他们在计算采掘成本时没有考虑能源成本，而能源成本是特别重要的因素。考虑到能源成本后，对于许多资源而言，大量使用化石燃料是导致资金和劳动力成本明显下降的原因。因此克利夫兰（Cleveland）得出结论：资源稀缺性取决于能源的稀缺，而不仅仅取决于劳动力和资金的可供性与成本。因此，在进行资源稀缺性分析中，能源因素应突出出来。

二、资源稀缺性度量的价值取向

经济学家们所讨论的上述度量资源稀缺性的不同指标，在反映资源稀缺性上都具有一定的合理性，但也存在一些局限，因此都不理想。其根本原因是，由于它们在参照物的选择上缺乏或者回避了目标取向，这种追求科学上纯粹中立性与普遍适用性的实证分析，却使得这些指标失去了针对性与方向感，从而从另一方向滑入了科学性的缺失。

以物理指标为例，用储量等来直接表示稀缺度并不恰当。其一，任何资源的物理存量都是有限的，用有限性表示稀缺，这种分析本身就是重复定义或逻辑上的自我重复；其二，目的性不够明确，其结果是无法据此对资源的真实稀缺性做出可靠的科学判断，例如，对经济发展的影响相对较小的资源，尽管其储量上的稀缺度相同甚至更加稀缺，但并不比储量较大但对人类经济发展影响较大的资源更加稀缺，反之亦然；其三，储量上稀缺性基本相同的资源，在资源集乃至整个经济系统的运行中，其表现出来的资源支撑状态可能相差很大，例如储量较小相对容易被替代的资源，并不比储量大的资源更加稀缺。

同样，价格与成本等指标也有着相类似的缺陷。其一，价格与成本都是综合性的指标，尽管都与资源的稀缺有着直接而紧密的联系，但由于受到垄断、市场失灵、非经济因素等方面的影响，这些指标对资源的真实稀缺度难以直接作出有效反应。因此，价格与成本对稀缺性的反映，有时具有放大效应，有时反映得又不够充分。其二，价格与成本受短期的市场供求影响较大，很难表示资源稀缺度长期的真实变动趋势。

因此，为了使资源稀缺性的度量指标更科学地反应出资源的稀缺状况，必须从经济空间与资源集的内部联系，从资源对经济发展支撑的时序等方面作出分析。另外，指标选择上还必须考虑到技术上的可行性、对目标影响反应的有效性，并使可行性与有效结合起来。

总之，从经济发展资源支撑研究的需要及其技术可行性上看，度量资源稀缺性较为理想的指标至少应具有以下三个特征①：

第一，具有预见性。理想的指标应该可以对资源稀缺性作出预测，而不仅仅是等到稀缺性发生后将它记录下来。因此，这些指标应该将未来的需求方式、资源可供选择的来源，以及开采成本等因素结合起来。

第二，具有可比性。理想的指标应该可以反映出最严重的问题并对各种资源进行直接的比较。这种比较不仅仅是对稀缺性本身的评价，而应该是对其严重性的程度进行评价。因此，理想指标应该包含资源的重要性和替代品的可得性这两个方面。

第三，可测性。理想的指标应该是通过可靠的、公开的信息能够进行计算的，它

① Tom Tietenberg: *Environmental and Natural Resource Economics* (fifth edition), 2000. p315.

所依赖的信息应该是可以收集的。

我们研究资源稀缺性并对其进行度量，其目的是为了提高经济发展的资源支撑能力。因此，对资源稀缺性的度量，要反映出资源的稀缺程度会有多大及其具有何种变化趋势，更要反映某些达到一定稀缺度的资源可能对经济发展造成何种及多大的现实问题和潜在影响。因此，目标影响即目的性在确定资源稀缺性的度量上十分重要。其一，它规定了资源稀缺性的矛盾对立面即直接参照物；其二，它规定了资源稀缺性的真实强度；其三，它规定了资源稀缺性的影响力度；最后，它规定了资源稀缺性的发展与变化过程。

三、经济发展资源稀缺状态的四大度量指标

本书认为，以资源对经济发展的影响为参照系，资源的稀缺性可以从以下四个指标得到综合反映。

1. 储量信息指标

储量信息，包括资源的储量、储采比等，是资源有限性的直接数量反映，因此是资源稀缺性的一种重要度量。

第一，储量反映了在一定科学技术条件下人类可以利用资源的物质数量。如果科学技术没有发生大的突破，资源储量就基本上相对稳定，这对经济发展的需求构成一种约束。

第二，储量信息对资源市场具有重大影响，会导致重要资源特别是一些战略性资源的价格波动，而战略性资源价格变化对经济发展又有着重要的影响。

第三，资源的储量信息经常对人们的心理预期发挥作用，进而影响到资源市场和经济发展。

第四，从技术层面上看，一定时空条件下资源储量具有可以度量的特征，较为直接、客观。因此，人们分析自然资源特别是不可再生的矿产资源的稀缺性时，使用得最多的就是资源储量方面的信息指标。

在研究资源支撑时，储量信息对可再生自然资源稀缺度的分析同样有效，如水资源、土地资源、森林资源、生态资源等。因为在一定的时间定义域里，这些资源的储量客观上是有限的。

在度量稀缺性时，储量信息还可以适用到资金、人才（劳动力）等非自然的经济资源之中，因为在时间定义域与空间定义域一定的条件下，这些资源的存量同样是有

限的。

2. 价格信息指标

价格信息指标，包括资源的各种价格形式，比如资源定价、资源性产品价格、甚至包括勘探与开采成本等，可以作为资源稀缺性的一种经济度量。

第一，价格对资源的稀缺性具有一定的调节作用，价格变动对资源短期相对稀缺度可以作出较为直接的反映。

第二，重要资源或资源性商品的价格如果变化过于剧烈，会动摇整个价格体系的基础，对经济运行产生直接的冲击，甚至会导致经济发展的大起大落，是引发经济发展的风险因素。

第三，当重要战略性资源（如石油、电力等）的价格上升超过有关经济体的资金承受力时，还会派生出资金资源的绝对稀缺性，导致资金中断的风险，这反过来又导致该战略性资源出现中断或间竭等绝对稀缺，会威胁到经济社会的正常发展。

3. 依赖度信息指标

依赖度信息指标，包括单位产出的资源消耗量、对国外资源的依存度等，反映了经济发展对某种或某些资源的敏感程度或依赖程度，是度量某些资源对经济发展影响强度的重要指标。依赖度信息之所以重要，因为它在一定程度上是对一些重要战略资源潜在特殊稀缺性的一种度量。一方面，无论是储量信息还是价格信息，其作用于经济发展的整体效应，都要从国民经济资源依赖度的相互作用中得到反映。另一方面，因为依赖度的信息较容易收集和评估，资源依赖度在技术上是可以度量的。

可以从不同角度对资源依赖度进行界定，从分析资源集对经济发展支撑状况上看，有两种资源依赖度较为重要，一是外部资源依存度，另一是资源的技术偏好依存度。

外部资源依存度：即一个经济空间对超越其可控资源集之外的外部资源集的依赖程度。通常意义上是指对外依存度，即外部资源依存度。

对外依存量，实际上是一种缺口分析，表示某个经济空间对自身资源集以外的其他资源集的依赖关系。可以用绝对数表示，也可以用相对数来表示。

尽管经济日益走向全球化，但国家仍是经济活动最重要的空间形式，在很大程度上决定了一定经济体资源集的空间边界。因此，资源对外依存度对国家经济发展有着重要意义。资源对外依存度越高，一方面说明，一国经济与国外联系越广泛，越有利于在更大的空间里配置资源，提高资源利用的效率；另一方面说明，对外依赖性的增强，经济发展受外部影响的程度也越大，特别是当出现外部负面冲击的时候，国家经济发展的资源基础发生动摇的可能性也越大。产业链、供应链、运输线、价格谈判、经济纠纷等经济的因素，自然灾害、战争、国际政治与外交等非经济的因素，都会因为对外依存度过高而导致资源支撑出现特殊稀缺性，引发资源绝对稀缺的风险。

技术偏好依赖度：即经济发展受一定的科技水平与经济结构的制约，对某种资源存在着特殊的偏好，从而对某些资源形成较高的依赖，可称之为资源的技术偏好依赖度。

经济发展历史证明，不同的发展阶段会有着不同的经济结构，特别是不同的产业结构对不同的资源有着特殊的偏好与依赖。因此，在特定的发展阶段，一些资源对经济发展是至关重要的，另一些资源的影响程度则相对次要一些。例如，在工业化和城市化的发展阶段，煤炭、石油、天然气等能源资源及钢铁、铝等矿物原料资源对经济社会的发展十分重要，而传统的薪材、木材的作用则相对下降。因此，资源的技术偏好依赖度，实际上是由一定经济结构决定的经济发展对某种资源的依赖程度。

4. 产能、产业链与供应链信息指标

产能是国家利用资源满足经济发展需要的能力，产业链是由资源—产能—储藏—输配等组成的产业互补关系，供应链则是支持产业经济协调运行的资源物流关系及其支持体系。一个国家或一个城市，即使其资源储量丰富，如果没有能力对这些资源进行勘探、开发和利用，经济发展仍然会受到约束；同样，一个国家或一个城市，即使其资源丰富、产能很强，如果在运输、配送等环节上发展滞后，或者管理不善，或者技术水平落后，同样也会导致经济发展所需的资源不能适时、足量地供应，从而成为经济发展的“瓶颈”。这是间竭型绝对稀缺产生的重要因素。

产能、产业链与供应链信息指标，对于能源特别是电力等消耗量巨大且不便大规模储藏与替代的流动性资源来说，是观察和度量其稀缺性的十分重要的信息指标。

需要强调的是，上述四种指标在度量资源稀缺性上各有特点，不同的资源在选择度量指标上可以有所侧重，但单独使用其中的一种则难以准确把握，因此应该将四者综合起来分析。

另外，资源稀缺性的存在、发生和发展的过程，通常表现出相当大的不确定性，反映在资源对经济发展的支撑及其风险上，也会表现出一定的不确定性。任何一种单一的度量稀缺性的指标，都具有一定程度的不确定性。可以说，不能简单地将这些指标本身直接作为“尺子”。因此，应对这四种指标所包含的信息进行综合分析和研判。在这种意义上，四种指标的信息价值大于指标本身的直接测量价值。四种指标信息所折射的是资源开发利用、资源市场结构、资源对经济运行支撑的内存机理，只有对这些信息做出充分、全面的分析，才能科学地评估某些资源支撑经济发展的现实状态、发展趋势以及潜在的影响。因此，本书将四大指标都冠以“信息”指标。

第四节 资源支撑风险分析

一、资源支撑风险的含义与类型

基于上述对资源稀缺性的分析和认识，所谓资源对经济发展支撑问题，从理论上分析，源于资源普遍稀缺性与特殊稀缺性，特别是导致绝对稀缺的问题，具体包含耗竭型与间竭型两种形态；并且，资源稀缺性的程度及其存在与变化本身又具有较大的不确定性。其结果是，它们在一定条件下会对经济发展过程生产不同程度的负面作用，甚至导致经济发展处于不确定性的风险之中。因此，我们将这种资源支撑不确定性问题所引发的经济发展的不确定性状况，称为资源支撑风险。可以说，资源支撑风险就是资源对经济发展产生制约作用的一种特殊状态，是经济发展资源支撑研究中要重点关注的核心问题之一。

具体分析，资源支撑方面的风险主要有三大基本类型：耗竭型风险、中断型风险、衍生型风险。

二、资源耗竭型风险

所谓耗竭型风险，即当资源出现枯竭而又难以被其他资源有效替代时，经济运行因此不能正常持续，从而对经济发展过程形成直接制约，导致经济发展出现损失的风险状态。

在人类社会发展的历史上，耗竭型风险更多地与异乎寻常的灾变相联系，如“玛雅文明”的消失至今仍是未解之谜，其中一种解释可能与资源支撑问题有关。进入现代社会后，经济发展面临资源耗竭型风险的可能性依然存在。

案例之一

资源耗竭的灾难

人类对资源的不当开发自古以来都在进行，而到了现代更有加速的趋势。资源耗竭型风险的释放，对经济的可持续发展曾造成灾难性的后果（见表3-2）。《世界资源报告2000—2001》对人类利用和滥用资源的历史作了如下描述：“当今所面对的诸如砍伐森林、土壤侵蚀、荒漠化、盐碱化和生物多样性丧失等许多挑战，甚至在远古时代就已经是存在的问题了。与现今不同的是现代文明对地球生态系统挑战的规模、速度和长期性。在工业革命前，环境退化在千百年中以非常缓慢的方式进行着，在相对局部的范围内发生。然而快速增长的工业化社会的累积行动引发了更加复杂的问题。酸雨、温室气体排放、臭氧层耗竭、有毒废物和大规模工业事故都是具有全球性或区域性后果的此类问题的例证。”①

表 3-2　　人类对自然资源滥用的历史教训

时间	地区及主要问题	形成原因
公元前2500年～公元900年	玛雅帝国 中美洲的水土流失、农业生态系统活力的丧失和水体淤积	玛雅人生活在现今墨西哥、危地马拉、伯利兹和洪都拉斯一带，他们使用独创而集约的农业技术——对山坡上的丛林进行采伐，构筑梯田防止水土流失，挖掘沟渠排干沼泽，使用沟渠中挖出的泥土垫高田地。最终由于从这种系统中索取太多，水土流失导致粮食减产，河道淤积毁坏了垫高的田地，粮食生产的下降和对剩余资源的竞争可能导致了这一文明的消亡。
公元前200年至今	中国 丝绸之路沿途的荒漠化	汉朝时长城要塞的构筑引发了中国西部与北部农田的集约耕作，被称为“丝绸之路”的主要的交通贸易开始发展。人口增长的需求和逐渐的气候变化，导致荒漠化开始不可逆转地在该地区扩张。
公元前50年～公元450年	罗马帝国 北非的荒漠化和农业生态系统活力的丧失	罗马帝国对粮食的需求迫使人们开垦受侵蚀的边缘贫瘠土地，一度是多产粮仓的北非省份渐渐地退化。灌木类植被蔓延，一些集约耕作地区开始荒漠化。罗马人使用的灌溉系统所依靠的流域，由于森林遭到砍伐，目前生产的径流很小，减少了恢复生产力的机会。
1800～1900年	德国和日本 工业化学品对淡水系统的毒害	工业革命对水体产生了深远的影响，德国的化学工业严重地毒害了莱茵河，以至于1765年产量还丰富的鲑鱼到了1914年变得十分稀少。1800年代日本最重要的铜矿将矿渣倒入渡良赖川，熔炉中的硫酸污染了河水，导致数千公顷的森林和植被死亡，鱼类和鸟类死亡，当地居民生病，1890年代足尾镇附近的人口出生率降到死亡率以下。
1928年至今	全世界 工业化学品损耗了世界具有保持性作用的臭氧层	氟氯化碳（CFC）是发明于1928年的一种易挥发的化合物。当时被认为是世界上首例无毒、不可燃烧的制冷剂，其用途快速增长，它们还被用作工业溶剂、发泡剂和气雾推进剂。CFC的生产在1974年达到了顶峰，同年，科研人员注意到CFC的排放可能会破坏人类健康和臭氧层。1985年南极上空“臭氧洞”的发现与国际逐步淘汰CFC和其他消耗臭氧物质生产的首次协调一致的国际努力相符合。定于2010年逐步淘汰全世界的CFC生产。

资料来源：联合国开发计划署、联合国环境规划署、世界银行、世界资源研究所：《世界资源报告2000—2001》，中国环境科学出版社2002年版。

① 联合国开发计划署、联合国环境规划署、世界银行、世界资源研究所：《世界资源报告2000—2001》，中国环境科学出版社2002年版。

案例之二

巴库与波力瓦尔的困境①

不少资源枯竭城市（或区域），曾经甚至仍然面临经济发展资源耗竭的共同难题。

苏联巴库市，随着石油的开采而迅速发展起来。巴库油田的开发始于19世纪下半叶，其累计原始探明储量15亿吨。20世纪初，巴库成为高加索最为重要的经济中心和前苏联的石油基地。1904年，巴库油田产油量达到了顶峰，占全苏总产量的71.5%。但是由于巴库地区在鼎盛时期只建立了石油加工工业，没有发展多元化产业，20世纪50年代以后，随着石油储量的枯竭，巴库地区石油产量迅速下降，依赖石油资源的石油加工业开始萎缩，城市的发展速度大大减缓。后来的伏尔加—乌拉尔油田的发现使得巴库的资源危机变得更加严重，作为高加索工业中心的地位逐渐被第比利斯所取代。只是由于过去积累形成的包括炼油基础和百万人口的都市区在内的庞大的经济基础，方便的水路运输和身为阿塞拜疆共和国的首府地位，才保持住了占苏联10%左右的原油加工能力和仅次于乌法和古比雪夫的全苏联第三大炼油厂地位。虽然如此，巴库经济发展仍艰难地处于维持缓慢增长的停滞状态。

委内瑞拉的波力瓦尔油田，坐落在马拉开波湖东岸，发现于1917年，由拉克尼立、巴查克罗、蒂亚湖阿纳、卡尔马斯等若干大油田组成。1976年顶峰时，石油产量高达14925万吨，此后产量急剧下降，1986年跌至6082万吨。玻利瓦尔油田除了开采石油外，没有形成其他产业。油田区基本上没有发育为城市，只是形成了一些为矿区服务的地方商业中心，最大的一个市镇是卡尔马斯。这种完全依赖于石油采掘业的城镇，其经济发展随着石油业的衰退而萎缩。

三、资源间竭型（中断型）风险

与耗竭型风险不同，现代商业社会的经济发展更经常地面临着资源间竭型或中断型的风险。这种风险是资源流量的非连续性造成的资源缺乏。资源间竭型风险普遍出现在能源（石油与电力）、金融等领域，其典型形态是频繁发生的能源危机与金融危机。

① 孙雅静：《矿业城市转型模式的国际比较》，载《开放导报》2004年第1期。

案例之三　电力危机：国际典型案例

国内外有关能源问题的研究成果很多，内容广泛、错综复杂，但从供给角度看，大体上集中于两大前沿问题：一是能源可得性问题，特别专注于矿物能源到底有多少，能用多长时间；二是能源供应的稳定性问题，常常与石油、电力等大宗主力能源的市场供求与价格波动有关。在这两个方面，人们的观点差异一直很大，甚至相互对立，很难形成基本一致的意见。在现代能源中，电力是具有间竭型风险的典型。一天中昼夜电量需求各不相同，一年中冬夏电量需求差异巨大；而在电力的供给方面，水电、风电、太阳能发电等，受季节与气候等因素影响巨大，很难与需求完美对接。因此，调峰与错峰就成了应对电力资源间竭性风险的常规措施。但是，当电力供求错位缺口严重超过调峰与错峰的最大限度时，电力的间竭型风险就会产生，有时甚至会出现电力危机。

另外，现代电力产业具有大规模生产、大规模网络配送等规模化系统化特点，自然灾害、技术故障或人为破坏等局部突发事件的发生，都会导致电力系统大规模的电力中断，进而出现电力危机，这是典型的资源间竭型风险。以下国际能源危机的案例，或许能给我们一些启示。

（1）加州电力危机

2001 年，美国加利福尼亚州陷入了电力危机之中。加州电力管理委员会（ISO）当年 1 月 17 日上午对该州北部硅谷等地的 20 万用户实施停电，下午停电范围扩大到 50 万户，18 日又扩大到 100 万户，并且还向南延伸到洛杉矶市部分地区。

加州电力危机引起广泛的争论，以英国电力改革“Pool 制”模式为蓝本的美国加州为什么会出现这种电力危机呢？有人说是因为电力改革的失败，有人说是电力改革的不配套。但可以肯定的是：第一，这是由于改革与发展之间出现了极度的不协调；第二，这对加州乃至美国西部的经济发展与人民生活产生了巨大影响；第三，这引起了布什政府对美国能源政策的重新定位，由此产生了新的美国能源战略。

（2）美加大停电

2003 年 8 月 14 日，北美出现了历史上最为严重的大面积停电事故。停电的地区为美国的纽约、新泽西、俄亥俄、密歇根、佛蒙特、马萨诸塞、康涅狄格等州及加拿大东部与南部安大略省的大部分。美国纽约、底特律、托莱多、克利夫兰等重要城市电力供应全部中断，停电时间长达29小时，损失负荷6180万千瓦，受到影响的人口多达5000多万。停电导致工厂停产、交通瘫痪，居民生活受到巨大影响，社会经济损失十分严重。

这次大停电由局部输电线路跳闸引起，导致了电网电压崩溃和系统振荡，并致使更多的发电机组和输电线路的相继跳闸。事实上，类似的大面积停电不仅在美国不时出现，而且在经济发达的欧洲也时有发生。

案例之四

金融危机

资金是支撑现代经济发展的重要资源。资金不是耗竭性自然资源，具有积累性，但同时又具有脆弱性或不稳定性。连续、足量的流动性，是资金支撑经济发展的重要基础。而流动性过高或流动性过低都不利于经济的正常发展，而资金流动性过度缺乏会导致资金极度不足，进而导致支付困难并引发金融危机。因此，资金是具有间竭型风险的重要经济资源。

从国际上历次金融危机发生的情况来看，金融危机具有货币危机、银行危机、资本市场危机和混合型危机四大类型。近40年来，世界范围内先后发生了1982 ~ 1983年的拉美债务危机、1994 ~ 1995年墨西哥金融危机以及1997年亚洲金融危机。进入21世纪后，在经济高度发达和极度繁荣的美国，2007年中期开始出现的次贷危机，至2008年8月愈演愈烈，著名投资银行雷曼兄弟公司的破产引发了华尔街金融海啸，造成了全球金融市场剧烈动荡，给整个世界经济的发展以沉重打击，从而形成本世纪最大的金融危机。这场金融危机已经历时五年多，但全球经济至今仍不能走出L型的低迷复苏。

十年前暴发的亚洲金融危机是一个典型的例证。1997年7月2日，泰国宣布放弃固定汇率制，实行浮动汇率制，引发了一场遍及东南亚的金融风暴。受到冲击的国家和地区，有菲律宾、印尼、新加坡、香港、韩国、日本，甚至涉及俄罗斯。以泰国为例，1997年以前，泰国是与马来西亚和印尼齐名的“亚洲三小虎”之一。1990 ~ 1996年，泰国经济年均增长率约达8%。1995年，泰国人均国民收入超过了2500美元，被世界银行列为中等收入国家。然而，亚洲金融危机的突然来袭，犹如一场剧烈的台风，横扫了这个从经济到旅游都曾一度炙手可热的国家。泰国1997和1998年的经济增长激剧下降为-1.4%与-10.5%，经济发展进程遭到重大打击。

四、衍生型风险

所谓衍生型风险，是指一种资源风险引发了其他资源风险或其他类型的资源风险。资源风险的衍生主要有风险派生、风险转移、风险转换、风险扩散等方式。例如，石油等现代能源从理论上看具有耗竭型风险，尽管在局部区域或城市的确出现过这种风险，但从全球经济发展的大资源集来看，至今仍未真正出现石油、天然气等能源资源耗竭。但是，石油、天然气等资源的耗竭型风险常常衍生出石油供应中断等间竭型风险，威胁着国家经济的可持续发展。

案例之五 石油危机

一提到国际油价，人们自然而然地联想到过去近半个世纪多次发生过的油价飙升导致全球性经济衰退的严重情况，人们称之为“石油危机”。

（1）第一次石油危机:发生于1973年

1973年10月第四次中东战争爆发，为打击以色列及其支持者，OPEC的阿拉伯成员国宣布收回原油定价权，并将其基准原油价格从每桶3.011美元提高到10.651美元，从而触发了第二次世界大战之后最严重的全球经济危机。持续3年的能源危机，使美国的工业生产下降了14%，日本的工业生产下降了20%以上，所有工业化国家的经济增长都明显放慢。

这次危机的影响极为深远，一是产生了以《增长的极限》为代表的反对经济增长的悲观思潮；二是产生了以美国为首的由发达国家组成的与OPEC抗衡的国际能源机构（IEA），形成了OPEC与IEA两大势力为主轴的国际能源市场；三是发达国家普遍强化其国家能源战略，尤其是建立了石油战略储备，以应对可能出现的石油危机。

（2）第二次石油危机:发生于1978年

1978年底，第二大石油出口国伊朗的政局发生剧烈变化，亲美的温和派国王巴列维下台，引发第二次石油危机。此时两伊战争爆发，石油产量受到影响，打破了当时全球原油供求的脆弱平衡。随着产量从每天580万桶骤降到100万桶以下，全球石油市场出现每天560万桶的绝对稀缺缺口。1979年油价从每桶13美元猛增至1980年的34美元，这种状态持续了半年多，成为20世纪70年代末西方经济全面衰退的一个主要诱因。

（3）第三次石油危机：发生于1990年

1990年8月，伊拉克攻占科威特之后遭受国际经济制裁，使得伊拉克向国际市场的原油供应中断，油价因而急升至每桶42美元的高点。美国经济在1990年第三季度加速陷入衰退，拖累全球GDP增长率在1991年跌破2%。由于IEA启动了紧急计划，每天向市场投放储备原油高达250万桶，使油价在一天之内就暴跌10多美元；加上以沙特阿拉伯为首的OPEC成员也迅速增加产量，很快稳定了世界石油价格。

上述石油危机的共同特征是，油价大幅攀升都是因为OPEC供给骤减，促使市场陷入供需失衡之中。尽管第一次石油危机后，人们对地球上石油资源的保障能力提出了种种怀疑，但30年后的今天，仍未真正出现石油耗竭所导致的“世界末日”。IEA《2004年世界能源展望》指出，“不论是到2030年还是更长的时间，地球上蕴藏的能源资源都将足以满足能源需求。比较不确定的是开采和运输成本。当然，化石燃料资源是有限的，但还远未陷入枯竭。世界上的石油还没有用光。根据多数估算结果，探明石油储量足以满足未来30年的全球累计需求。”从更长远来看，总有石油用尽的那一天，根据目前人们的预测，这一天的出现，或许在30年之后，或许在50年之后，更乐观的看法是或许在100年之后。因此，今天乃至可以预见的未来，真正经常更要防范的石油危机，是短期的政治、军事或国际石油市场博弈等因素引发的油价剧烈波动。

因此，在经济全球化条件下，各经济大国都十分重视石油安全。国际能源市场上石油价格的剧烈波动导致的能源危机，更现实的难题，是由石油资源耗竭型风险为基础的间竭型风险，这是一种风险派生或风险转换。当这种间竭型风险较严重的情况下，还会进一步转移到其他资源领域，如石油价格剧涨后，为进口石油资源，会占用大量的外汇等资金资源，在一些外汇不足的国家就会衍生出资金供给不足的间竭型风险（见图3-3）。这种情况下，石油资源支撑风险通过转移为资金支撑风险，并进一步扩散到整个经济系统，进而对国家经济发展产生不利影响。

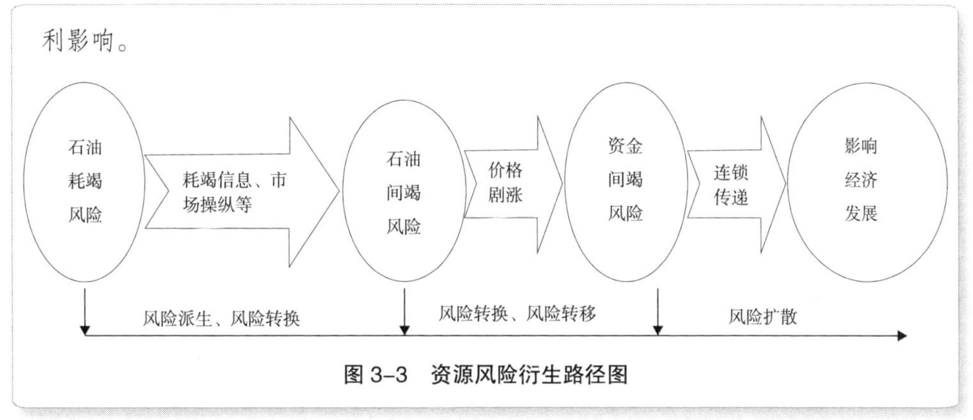

图 3–3　资源风险衍生路径图

五、资源风险叠加

风险叠加，即由一种资源风险引发，进而出现多种资源、多种类型的风险同时并存的风险状态。当风险叠加到一定程度时，就会出现多风险并发的总危机状态，从而对经济发展形成重大打击。资源风险叠加最典型的例子是：能源危机、金融危机、制度失控并存，其结果是资源开发和利用失调、资源供应中断、经济大起大落，经济社会发展偏离原有发展路径，社会矛盾激化，最终是经济的发展进程被打乱，甚至进入长期低迷的停滞状态。其典型的例子，就是以拉美国家为代表的“中等收入陷阱”。

六、风险状态的变化

分析资源支撑风险的目的，是为了对风险进行管理和防范，这需要对风险状态进行评估。风险研究的理论与技术十分复杂，不是本书的重点。下面对经济发展资源支撑的三大风险类型作概略性的分析。

风险状态即风险发生的概率及其变化趋势。从资源与经济发展的关系来分析，资源风险的状态需重点研究两个方面的内容：一是资源风险发生概率的高低；二是资源风险发生后对经济发展影响的大小。那么，三大基本类型的资源风险状态的变化会有什么样规律性呢？

资源耗竭型风险的状态，总体上呈现出由低到高，达到一定临界点后则趋于下降。当耗竭型资源刚刚发现并投入使用时，资源利用的强度较低，其风险概率亦较低；随着经济发展对资源利用强度的不断增大，耗竭型风险发生的概率也随之增大。但是，随着经济的进一步发展，科技不断进步，产业结构不断调整和升级，对资源消耗的强度会趋于稳定和下降。与此同时，新的替代资源会出现，又可以分散和降低耗竭型风险。

资源间竭型风险的状态，总体上会呈现出由高到低，达到一定临界点后又趋于上升。当间竭型资源刚刚发现并投入使用时，其技术并不成熟，产业化程度不高，供应链的稳定性较低，对经济发展支撑出现间竭性约束的可能性即风险概率较大；随着经济进一步发展，资源开发利用的技术日益成熟，资源利用产业化程度提高，供应链稳定性不断提高，间竭型风险发生的概率随之下降。但是，间竭型风险不可能被消除，随着资源利用组织化与技术化的日益复杂，间竭型风险发生的概率虽然趋于下降，但一旦发生，对经济发展的冲击力却更大，因此管理和控制这种风险的成本会随之增加。

资源衍生型风险的状态，总体上呈现出由低到高，再由高到低，又由低到高的波浪上升的趋势。其主要原因是：第一，耗竭型与间竭型两种风险抵押叠加与共振；第二，经济规模日益扩大；第三，经济组织的结构日益复杂；第四，历史经验也证明了这种状态。

除耗竭型风险、间竭型风险外，还存在另一形态的资源风险即突发型风险或自然灾害型风险，自然灾害等突发性事件会对资源的开发利用造成破坏，从而对经济发展的资源支撑产生干扰。突发型风险发生的可能性总是存在的，尽管变化莫测，但总体上看会保持在一定概率水平。

图 3-4 大体反映了经济发展资源支撑主要风险的状态与趋势。对这些风险进行评估和管理，可借助于资源稀缺度四大信息指标，具体情况具体分析，进行适时防范和监管。

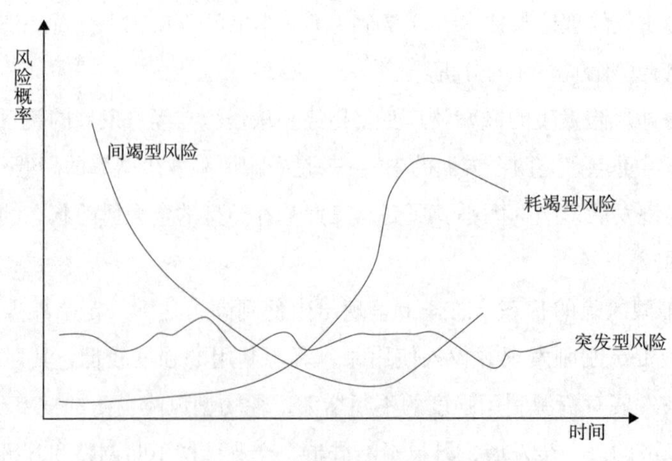

图 3-4　资源风险分布与趋势

第五节　资源安全与战略性资源的界定

随着经济发展水平、对外开放程度的不断提高，资源供求矛盾与资源支撑风险造成的危害日益突出。保证经济发展的资源安全，化解战略性资源可能出现的风险，成为经济发展资源支撑的重要目标。

一、资源安全

经济发展资源支撑安全可以简称为资源安全。一般意义上讲，资源安全是指自然资源特别是矿产资源的安全。资源安全概念是在人类经济社会快速发展对资源承载能力产生巨大压力的背景下提出的。[①]

资源安全包含三层内容：其一，资源安全是资源对经济发展支撑的一种状态，即资源供求之间的相互均衡。[②]资源安全的重点是保障资源稳定供给，足量地满足资源需求，它是资源供给与需求相互作用的结果。其二，资源安全是资源对经济发展支撑的一种动态过程，是指要保证一个国家或地区无论是当代还是后几代人都可以稳定、及时和经济地获取自然资源，同时又使人类发展赖以依存的自然资源基础和生态环境处于良好或不遭受毁灭与破坏的状态。[③]其三，资源安全还包括资源对经济发展是否能够支撑的内在机制。这一机制的建立，必须清楚导致资源不安全的因素是什么，这些非安全因素来自哪里，其驱动力何在等等。

本书认为，资源安全问题之所以提出并引起越来越广泛的关注，是经济空间内部矛盾运动的必然结果。由于人类经济规模的扩大、生产与消费中资源消耗的快速增长，经济组织日益复杂，经济空间内部矛盾运动所包含的资源风险因素不断显现，从而打破了资源支撑的安全状态与历史趋势，进而对国民经济的正常发展构成重大威胁，由此就出现了资源支撑方面的不安全问题。

二、战略性资源的界定

资源集里资源众多，尽管可以分为支持性资源与约束性资源两大类，但每种具体资源都有着不同的稀缺性和稀缺度，因此包含了不同状态的资源风险。由于不同的资

① 姚予龙、谷树忠：《资源安全机理及其经济学解释》，载《资源科学》2002年第5期。

② 沈镭，成升魁：《论国家资源安全及其保障战略》，载《自然资源学报》2002年第4期。

③ 姚予龙、谷树忠：《资源安全机理及其经济学解释》，载《资源科学》2002年第5期。

源在资源集乃至整个经济空间中处于不同的层级，对经济发展支撑的作用、其风险状态对经济发展的影响程度都会有所差异。在这些资源中，对经济发展具有战略意义的资源，即成为战略性资源。

1. 战略性资源的含义

什么是战略性资源？人们对其有着不同的理解。多半是指战略性自然资源特别是战略性矿产资源。李晓西认为战略性资源，概括地说主要指硬体资源而不是软体资源。①

关于战略性矿产资源的概念，张新安通过对国外矿产资源储备历史及现状的研究，归纳为：战略矿产系指国家安全所必需的，国内供应无法满足需求并且国外供应十分脆弱，达到了急缺危险点的矿产。②

陈毓川认为，战略性矿产资源是指对国家经济、社会发展、国防安全必不可少，而国内不能保障的矿产资源及可影响国际市场的矿产资源。各国根据矿产资源情况和所处的政治、经济、军事地位，确定各自的战略矿产资源。确定战略性矿产资源的原则及矿种目前阶段应该是：国内短缺的、为国民经济建设与发展所需的、进口超过国内30%以上的矿产；涉及国防安全的矿产资源；可影响国际市场、国内处于优势的矿产。③

齐亚彬认为，战略矿产的基本特征是：国防和经济建设必需；战争期间依赖进口；国内丰富或短缺。④

王晓东等认为，我国战略矿产资源定义可考虑：战略矿产系指国防和经济建设必需的、国内供应无法满足需求并且国外供应脆弱、达到了急缺危险点的矿产：或者是国防和经济建设必需的、国内丰富、资源的控制权由我国掌握的矿产。⑤

李晓西较为全面地说明了战略性资源的含义，他认为，战略资源应具备三个特点或者存在三种矛盾：需求的基础性或刚性（比如人们吃穿用行安全等需求）与供给难以永续性的矛盾，需求额的扩张性（即巨大且不断增大）与供给的稀缺性的矛盾，产品价格的低预期值（因其使用者的普遍化）与保护或开发的边际成本递增的矛盾。如何认识战略性资源？中国古人曾从哲学高度概括出五类资源，即“金、木、水、火、土”。金者，矿产资源；木者，植物资源引申到生物资源；水者，就是水资源；火者，引申为能源资源，特别值得关注的是石油资源；土者，土地资源。以上五种资源也是现

① 李晓西：《新世纪我国战略性资源的状况和对策》，载《中国石油》2001年第4期。

② 张新安：《国外矿产资源储备历史及现状》，载《国土资源情报》2002年第1期。

③ 陈毓川：《建立我国战略性矿产资源储备制度和体系》，载《国土资源》2002年第1期.。

④ 齐亚彬：《中国矿产资源储备问题研究》，载《资源·产业》2002年第6期。

⑤ 王晓东、刘亚铮、樊相如：《刍议战略矿产资源的界定方法》，载《中南大学学报》（社科版）2005年第6期。

代人公认为的最具战略性意义的资源。[①]

可以说，上述对战略性资源的界定，只是描述了战略性资源的目标属性，缺乏价值定位的意义。价值目标的设定直接左右着战略性资源的不同评价。例如，所谓国民经济所必需、资源的丰裕度、国防安全等标准，含义都较为模糊，难以定量分析，因此不能直接作为衡量的尺度；更重要的是，这些界定大多只说明了战略性资源的必要条件，并没有进行充分性方面的科学论证，因此对成为战略性资源的充分条件缺少客观的尺度。

资源的经济安全是一切安全的本质与核心，保障对经济发展的有效支撑是决定一种资源是否是战略性资源的必要条件；而最终决定某种资源是否作为战略性资源的充分条件，则是特定经济空间里资源集内各重要资源稀缺性的风险类型及其对经济发展的影响力（见表 3–3）。因此，某种资源对经济发展的支撑既存在潜在风险同时又面临现实风险时，才是真正意义上的战略性资源。由于各个国家在资源条件、经济发展规模与水平等方面存在巨大差异，各国确定的战略性资源的目标取向与战略定位会有较大的不同。例如，OPEC 各国的战略性资源是石油，美国、日本等经济大国的战略性资源也有石油。但对前者来说，石油 = 经济，因此将石油确定为战略性资源既必要又充分；对后者来说，石油对于经济与国防虽然都很重要，但并非是经济与国防的全部，因此其战略意义与前者大为不同，甚至在一定条件下未必是真正的战略性资源。另一方面看，在一定的时空定义域里，由于石油资源所具备的弱替代性导致耗竭型风险与间竭型风险并存，因此，对经济大国特别是对外依存度较高的国家或城市来说，石油也就真正具备了成为战略性资源的充分条件。正是基于充分条件与必要条件上的差异，对于同属于战略性资源的石油，各国所采取的资源战略会有着很大的不同。

表 3–3　　　　　　　　关键和战略矿产的选择原则

原则	说明
矿产资源供应存在严重脆弱性	供应短缺，进口依赖程度在20%以上并有可能逐年提高
进口来源相对单一	主要进口国的政治/外交立场，运输距离
对国家安全和经济安全的战略性	在军事、工业关键领域用途广泛
缺乏已知的代用品	基础原料
国内产量无法满足需求	国内新发现的前景不明，回收再利用的前景不乐观

资料来源：国土资源部信息中心：《“走出去”开发利用国外矿产资源》，中国大地出版社2001年版，第63页。

① 李晓西：《新世纪我国战略性资源的状况和对策》，载《中国石油》2001年第4期。

2. 战略性资源遴选的动态替代机制

每一经济空间的资源集在支撑其经济发展的过程中，存在有一种对其战略资源进行选择的内在遴选机制。大多数资源，不管它们对经济发展具有多大的贡献，也不管它们的数量是多还是少，只要它们能经济可行地被其他资源替代，它们就不会是真正的战略性资源。因此，在一定的时空定义域里，资源被替代的可能性，在一定意义上就成为决定其是否作为战略性资源的一种尺度。更重要的是，资源替代过程包含了替代可能性、替代成本、经济发展资源支撑风险等重要因素的互动关系，它们构成一种机制，产生资源替代效应，如图 3–5 所示。当资源替代可能曲线处于较高位置时，资源对经济发展实际形成较有效的支撑，此时替代成本较低，资源的风险水平也较低。由于经济进一步发展需要源源不断地资源补充，资源替代机制不断发挥作用的结果是：在资源集内资源的质与量一定的条件下，替代成本较低、替代可能性较大的资源最先得到充分利用；随着经济发展对资源消耗的进一步增加，一些资源的特殊稀缺性开始发生作用，其中部分资源的替代可能性下降，替代成本逐步上升，资源风险也随之而来。最终经济发展将面临资源支撑方面的难题，都与那些具有弱替代性、替代成本较高，并且相应的资源风险也较高的资源有关。这种资源就是战略性资源。在这些资源中，风险度较高的对国家经济发展形成的制约也较大，如图 3–5 所示，一些资源如 A，其资源风险水平不仅高于资源 B，而且其资源代替的成本也较高。此种资源则是最核心的战略性资源。

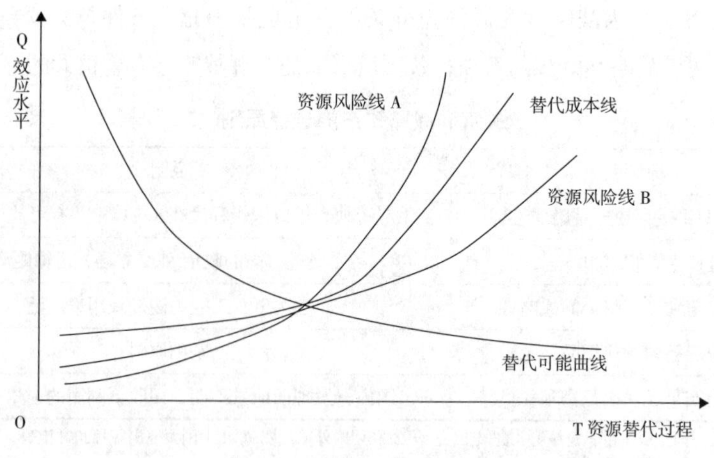

图 3–5　资源替代遴选机制

总体上看，资源替代效应最基本的特征是加强资源集对经济发展的支撑能力，因此资源替代是解决资源支撑问题的正规路径。资源集里具有弱替代性的那些资源，受一定时空定义域的限制，其稀缺性日益严重的问题很难由资源替代机制自身较好地解决，如果所导致的资源支撑风险较大，就需要引入特别的补充解决机制，即资源战略。

三、中国现阶段战略性资源的遴选

关于战略性资源具体品种的确定，各国的情况各有不同：在少数资源品类上虽有较高的集中度，但在许多资源种类上又存在着较大的差异度。

《国际战略资源调查》[①]一书认为，战略资源包括矿产资源（能源资源、金属资源、非金属资源）和粮食资源等。世界95%的能源、80%的工业原材料和70%的农业生产资料来自矿产资源。全球已知矿产多达3000余种，其中非金属矿产达300多种，能源是最重要的矿产资源。该书做了具体分析的资源有：能源资源包括煤炭、石油、天然气；黑色金属包括铁、锰、铬；有色金属及贵金属包括铜、铝、镍、铅、锌、钴、金;非金属包括硫、磷、钾盐、金刚石;除这些矿产资源外，还分析了粮食。

对于中国战略性资源具体品种的确定，有关研究形成的看法较多。

程绪平等对我国战略性矿产资源对外依存趋势的分析中，将近年来一直在大量进口的国民经济支柱性矿产品锁定为战略性矿产，主要有石油、铁矿石、铜、氧化铝、锰、铬矿和钾肥。[②]

也有研究认为，以保障资源安全为目的，与国民经济发展紧密相关、供需矛盾紧张以及对于社会经济发展具有“瓶颈”影响的基础性、稀缺性的自然资源，在我国，以石油、天然气为主的能源资源、土地资源、水资源、战略性矿产资源（铁、铜、铬、钾等）以及生态环境系统等都属于重点。[③]

本书认为，从资源稀缺性、资源风险及其对经济发展的影响来分析，中国工业化与城市化阶段对经济发展起着关键支撑作用的战略性资源，可以概括为五大类八个核心品种（见表3–4），即基础类战略性资源，包括水资源与土地资源；瓶颈类战略性资源，包括石油、电力;综合类战略性资源，主要是资金;周期类战略性资源，包括铁矿石、铝;行为类战略性资源，即制度安排尤其是资源战略。

① 参见中国现代国际关系研究院世界经济研究所：《国际战略资源调查》，时事出版社2005年版。

② 程绪平、余振国：《我国若干战略性矿产对外依存趋势及对应策略》，载《中国软科学》2001年第7期。

③ 姚予龙、谷树忠：《资源安全机理及其经济学解释》，载《资源科学》2002年第5期。

表 3–4　　中国现阶段战略性资源的基本界定

战略性资源类别	资源品种	稀缺性类型与风险类型
基础类	淡水、土地	耗竭型绝对稀缺（局部），风险叠加，长期压力
瓶颈类	石油、电力	耗竭型与间竭型绝对稀缺并存，间竭（中断）风险
综合类	资金	间竭型绝对稀缺，间竭（中断）风险，风险叠加
周期类	铁矿、铝矿	耗竭型绝对稀缺（潜在），阶段性压力
行为类	资源制度	间竭型稀缺，风险叠加

第四章

资源替代：机理与路径

无名，天地之始；有名，万物之母。

——老子：《道德经》

纵观人类社会发展的历史，人类文明的每一次重大进步都伴随着能源的改进和更替。[①]

——胡锦涛

资源稀缺性分析表明，资源集改进是提高经济发展资源支撑能力的根本路径，即实现资源 $R^{S}{}_{j}$ 对资源 $R^{L}{}_{j}$ 的替代。实际上，替代活动多半并不等到资源枯竭时才开始。研究资源替代不能只看到煤炭替代薪柴等某一重大资源替代个案，更要研究隐蔽在事件背后主导资源替代过程不断进行的内在机制与规律。正是机制与规律的作用，资源替代不仅成为一种实现资源优化配置的创新性的经济活动，更是缓解资源稀缺、化解各类资源风险最重要的方式。

第一节　替代的产生与含义

什么是资源替代呢？从微观上看，替代是以分工为基础、以市场为平台的资源配置的基本方式；从宏观上看，替代是人类解决资源稀缺、缓解经济发展资源支撑风险、

① 引自胡锦涛2005年11月17日在韩国釜山亚太经合组织工商领导人峰会的讲话。

提高资源支撑能力、冲破资源约束的基本方式。

一、替代产生的经济逻辑

尽管经济学家对于经济增长有着不同的解释，但有一点是确实无疑的，即导致经济发展的基本原因是劳动（或要素）生产率的提高。与传统的农业社会相比，现代社会劳动生产率之所以有了如此大幅提高，其中一个根本原因就是社会分工的产生与不断深化。[①] 早在200多年前，英国古典经济学家亚当·斯密研究认为："劳动生产力上最大的增进，以及运用劳动时所表现的更大的熟练、技巧和判断力，似乎都是分工的结果。"[②]《国富论》指出："有了分工，同数劳动者就能完成比过去多得多的工作量，其原因有三：第一，劳动者的技巧因业专而日进；第二，由一种工作转到另一种工作，通常须损失不少时间，有了分工，就可以免除这种损失；第三，许多简化劳动和缩减劳动的机械的发明，使一个人能够做许多人的工作。"斯密进一步指出："由于我们所需要的相互帮忙，大部分是通过契约、交换和买卖取得的，所以当初产生分工的也正是人类要求互相交换这个倾向。""分工起因于交换能力，分工的程度，因此总要受交换能力大小的限制，换言之，要受市场广狭的限制。市场要是过小，那就不能鼓励人们终生专务一业。因为在这种状态下，他们不能用自己消费不了的自己劳动生产物的剩余部分，随意换得自己需要的别人劳动生产物的剩余部分。""分工一经完全确立，一个人自己劳动的生产物，便只能满足自己欲望的极小部分。他的大部分欲望，须用自己消费不了的剩余劳动生产物，交换自己所需要的别人劳动生产物的剩余部分来满足。于是，一切人都要依赖交换而生活，或者说，在一定程度上，一切人都成为商人，而社会本身，严格地说，也成为商业社会。"可见，分工不仅导致了经济增长，而且造就了现代商业社会。分工产生的基础是交换这种倾向的存在，而交换的发展又进一步深化了分工。这里需要特别关注的是，所谓交换，其实质是一种生产劳动与另一种生产劳动之间的相互替代。这正是斯密劳动价值论及其所建立的古典经济学的基础。

以分工为基础，导致劳动交换，按照这种理论与历史相统一的逻辑，我们可以得出现代经济发展的路径图（见图4-1）。

---

① 关于贸易结构和现代商业社会形成中，专业化分工、生产技术差异、资源禀赋三者谁决定谁或哪一因素更起决定性作用的问题，经济学界一直存在着不同的看法。

② 参见亚当·斯密：《国民财富的性质与原因研究》（《国富论》），商务印书馆1972年版。

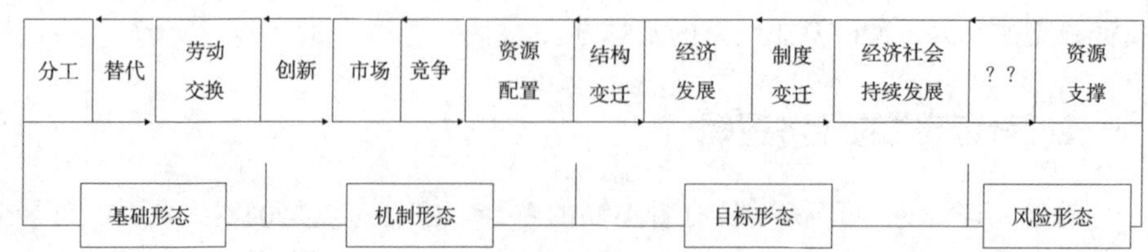

图 4–1 替代在经济发展路径中的地位与作用

在这一路径图中，以分工为基础的劳动与劳动之间的交换（见图 4–2），是一种最为基础的替代活动，由此导致了系列化的替代过程。

图 4–2 市场经济的基础替代结构

从理论上讲，图 4–2 基础替代结构在经济社会发展路线图中处于基础地位，对研究现代市场体系与经济制度的产生、形成及其进一步演化与发展，都有着特殊重要的意义；对理解和解决经济发展中的资源制约问题，也是重要的分析基础。因此，可以称其为基础形态。而其他以产品、技术、管理等创新为手段的竞争，在市场经济体系中成为经济发展的核心形态，它们是基础形态的延伸。这种以劳动交换为基础，以市场为机制的生产方式，加速了经济发展与社会的变迁，导致了以大规模工业化生产为基础的经济总量的快速扩张。与此相适应，经济结构与社会结构发生巨大变化，直接导致了经济空间里资源集的支撑问题，并衍生出以耗竭型与间竭型为代表的一系列资源支撑的风险。

二、市场是资源替代赖以实现的有效路径

分工导致的替代过程的参与者，在现代经济学里被分为两个层次，一是现代经济组织即企业，通过不断地选择和调整其资源的配置与替代的方式，成为重要的资源组合器；二是各类经济人或经济组织，它们之间不断进行的交换活动，其得以实现的有效通道就是市场。

对于市场这个最基本的经济学概念，人们实际上一直有着不同的理解，比较典型的界定有三种，一曰市场是一种交换关系的总和；二曰市场是资源配置的一种机制；三曰市场是人们实现交易的一种场所。经济学家吉恩・泰勒尔（Jean Tirole）认为，市场不是一个简单的概念，对它的定义不应该太窄，也不能太宽，市场的“正确”定义与

如何使用这个概念有关。[1]

为了探讨替代在经济发展资源支撑中的作用与方式，本书从结构与功能的角度，对市场促进资源替代的作用进行探讨。

市场一旦产生，就会不断地拓展与深化。今天的全球经济已经紧密相连，在这种全球化的经济体系中，市场的结构与功能异常复杂。但是，其本质仍深藏在图 4–2 所表现的基础替代结构之中，理论研究的逻辑起点应该从分工、劳动交换的产生并得以进一步发展的这一基础结构开始。

假设 A、B 为两个经济主体，它们所赖以生存的资源（或产品）组合即资源集，分别为 a_n 和 b_n，即：

$$a_n=\{a_1,\ a_2,\ a_3\cdots a_n\}$$

$$b_n=\{b_1,\ b_2,\ b_3\cdots b_n\}$$

其中，1、2、3…n 分别代表不同类型的资源（或产品），可以是食品、衣物、住房等产品，也可以是土地、淡水、石油、矿石等资源。

在分工出现之前，A、B 都处于自给自足的状况，他们必不可少的任何需求都靠各自劳动的产品来满足，此时没有交换，也就没有市场交易。A 的资源集 a_n 与 B 的资源集 b_n 基本上都是封闭的，这决定了其结构功能是必须基本满足 A 与 B 各自的全部基本需要，因此，a_n 或 b_n 这两个资源集内各资源的功能及结构都倾向于一种互补的关系。

分工产生后，A、B 各自生产自己具有相对优势的产品，A 与 B 各自的劳动产品或资源结构 a_n 和 b_n 随之发生如下变化：

$$a^*_n=\{a_1,\ a_3,\ a_5,\ \cdots\}$$

$$b^*_n=\{b_2,\ b_4,\ b_6,\ \cdots\}$$

此时，A 与 B 之间通过交换产生并共享一种以分工与替代为基础的资源结构（M），即：

$$M=\{a_1,\ b_2,\ a_3,\ b_4,\ a_5,\ b_6,\ \cdots\}$$

显然，M 是一种通过市场而形成的复合的经济结构，它是一种改进了的全新的资源集，所包括的资源或产品形态仍然主要倾向于一种互补的关系，但 A 与 B 的劳动形态却出现了相对优势对相对劣势的替代，这种替代产生了资源优化配置的效应，即 $M>a_n+b_n$。正是由于效率的提高，M 这种以（劳动）替代为基础的互补结构，在 A 与

① 泰勒尔：《产业组织理论》，中国人民大学出版社1997年版，第12～13页。

B 的二人世界里构建了一种稳定的均衡。①

现在，假设 C 加入到与 A、B 的分工和交换之中，它提供的产品或资源组合为 c_n：

$$c_n=\{c_1, c_2, c_3, c_4, c_5, c_6, \cdots c_n\}$$

C 加入后的结果是，M 的稳定均衡被打破，C 与 A、B 进行博弈，市场内的资源结构变化为 M^*。即：

$$M^*=\{a_1, b_2, c_3, b_4, a_5, c_6, \cdots c_n\}$$

此时，M^* 是一种进一步改进了的新的资源集，成为规模扩大了的更加复杂的复合资源结构。第一，A、B、C 在劳动形态上进一步深化了相对优势对相对劣势的替代；第二，通过竞争博弈，实现了资源（或产品）c_3 与 c_6 对 a_3 与 b_6 等的替代;第三，完成劳动与资源（或产品）的替代后，M^* 形成为以（劳动）替代为基础、在竞争中实现资源替代的互补结构，其内在资源配置效应必然是 $M^*>M+c_n>a_n+b_n+c_n$，M^* 在 A、B、C 的三人世界里又形成了一种新的稳定的均衡。②

通过以上分析，我们可以将二人世界到三人世界的情况，拓展到众多人群（n 个经济主体）的现代世界的经济发展之中，并从替代功能与资源结构改进的视角对市场作以下界定。

市场是一种动态的资源集，这种资源集具有如下特点：

第一，从动态结构上看，由于新的参与者的不断加入，市场 M 包含的全部资源所构成的资源集，由互补品 M_C 与替代品 M_S 共同构成，即 $M=\{M_C, M_S\}$。

第二，从功能上看，市场是实现资源（劳动、产品等）替代的方法与路径。劳动之间的替代导致社会分工不断细化，可以提高劳动生产率；以此为基础，资源替代得以在竞争中实现，从而提高了资源配置效率。因此，市场是一种竞争性的资源替代路径，其功能与结构特点是：任何新的参与者进入一个市场时，就会对市场的在位者产生替代效应。但资源替代成功与否，则取决于替代品对被替代品的竞争力。这一点对于研究资源替代是十分重要的。

第三，从稳定性即均衡上看，当市场内的资源结构越倾向于互补时，M 越趋于稳定与均衡。③ 由此可以延伸，新的参与者进入一个稳定与均衡的市场时，面临着竞争

① 这种均衡是一种纳什均衡，即A与B之所以能实现交换，是因为交换更有利于实现两者的战略利益，从而实现了战略均衡。

② 这种均衡的基础仍是一种纳什均衡。

③ 同上。

性的替代博弈过程；但新参与者在重新建立的相对稳定与均衡的市场中的最终角色与地位，取决于其提供的资源与在位者的资源之间能否构成更倾向于互补的关系。互补的程度越高，资源集越趋于稳定。

三、替代是以市场为路径的博弈过程

通过以上分析，我们可以对替代的含义做出如下界定：在市场经济条件下，替代是参与人即各类经济主体为释放或补充其生存与发展所需要的资源，在给定市场上进行的博弈活动。

这里所说的参与者即经济主体，既可以是自然人亦可是经济人，可以是一个家庭、一个企业，也可以是一个城市、一个国家或国际组织。所谓给定市场，是指替代活动出现之前的一种相对均衡的资源集状态；所谓博弈，说明替代必然是战略竞争性的。对于任何给定的均衡市场，替代是新的进入者与市场在位者的竞争过程，这对原已存在的供求相对均衡的市场状态必然产生冲击。博弈的结果是，导致新的均衡市场态势的产生与形成。

随着市场的规模扩张与替代功能的深化，资源替代博弈日益复杂，表现为多元多层次的博弈，具体可分为供求博弈、供方博弈、需方博弈，以及破局博弈四种。

1. 供求博弈

替代博弈首先是供求互动的活动，资源供给方与资源需求方之间的博弈，在参与者数量足够多并且信息足够充分的条件下，形成一种完全竞争市场，这是一种理想的市场均衡；而在垄断市场中，通过“讨价还价”模型，能够最终达成纳什均衡。总之，由于供求之间属于一种互补的结构，通过价格机制“讨价还价”式的调节，博弈者之间较容易构成纳什均衡。

2. 供方博弈

在给定市场里，当经济主体即博弈参与者均以资源提供者的身份进入特定市场时，会导致供方博弈。由于各参与者的资源结构具有相互替代的性质，供方博弈主要表现为替代品供应者之间的竞争。

3. 需方博弈

当经济主体即博弈参与者均以资源吸纳者的身份进入给定市场时，会导致需方博弈。从资源形态上看，在市场需求弹性＜供给弹性的条件下，需方博弈在讨价还价中会形成“水涨船高”的局面，这种博弈因此表现为需求者之间对有限资源的

“抢购”式竞争。需求博弈，对研究稀缺性资源市场有着特别重要的意义。

4. 破局博弈

当新的经济主体即新的参与者加入到给定资源市场的博弈之中，其规模与影响足以对原先的博弈格局产生“破局”效应时，将导致一种“破局博弈”。“破局博弈”会表现为一种“战略竞争→战略互动→战略合作”的过程，并最终形成一种新的纳什均衡。破局博弈，对分析大的经济体通过空间替代来解决经济发展资源支撑问题，是一个十分有用的模型。[①]

第二节　替代机理与替代效应

前文对替代的定义，主要是就资源配置中各相关经济主体之间的行为关系与功能作用而言的，是一种对资源替代的功能与行为的定义。那么，资源替代博弈的行为，在什么样的情况下才有可能产生、在什么样的条件下才能够完成？资源替代的过程对经济发展及其资源支撑状态产生什么的影响呢？

一、机理Ⅰ：稀缺性压力是资源替代产生的必要条件

在现代经济社会生活中，资源替代体现在资源配置过程之中，实际上时时刻刻都在进行。资源替代之所以能够如此，从经济学上分析，是“替代机理”发生作用的结果。所谓替代机理，即导致资源替代产生与发展的激励性因素与约束性因素之间存在着的相互作用的内在关系。而促进替代产生和发展的环境，可以统称为替代条件。

从宏观上看，资源集对经济发展的支撑总处于支持与制约的内部矛盾运动之中，因此对资源替代有着内在的需求。这不仅使资源替代成为必要，而且进一步成为推动替代活动持续进行的内在动力。

经济发展过程总处在一定时间（一定阶段）、一定空间与一定发展速率的三维坐标之中，依照各种资源的稀缺性的特点，及其影响经济发展程度的不同，资源集内支撑经济发展的资源总是分为两大类，即支持性资源与约束性资源：

$$R=\{R_i\}=\{R^S_j+R^L_j\},\ j=1,\ 2\cdots n$$

① 有关“破局博弈”，在第五章进一步讨论。

其中，R^S_j 代表支持性资源，R^L_j 代表约束性资源，j=1，2…n…则是这两大类资源的具体子集、亚子集或者具体品种。即使在支持性资源或约束性资源中，其子集、亚子集乃至具体资源品种，也会表现出不同的稀缺性特征。稀缺度高、对经济发展影响较大的资源，承受着更大的稀缺性压力，在资源集中处于主要矛盾，而解决这一矛盾的基本途径即是用稀缺度低的资源替代稀缺度高的资源。因此资源替代的发生，只能并总是在 R^S_j 与 R^L_j 两种资源之间进行，即：

$$R^L_j \rightleftarrows R^S_j$$

这种相互作用与转换便构成资源集改进的根本方式。

例如，经过改革开放 30 多年持续快速的经济增长，在现阶段支撑中国经济发展的资源集里，资金主要属于支持性资源，能源则主要属于约束性资源；但能源又可分为石油、天然气、煤炭、电力以及新能源（风能、太阳能、生物能等）等子集，其中，石油、天然气主要属于约束性资源，而煤炭特别是新能源则是支持性资源。在石油、天然气等不能完全满足经济发展的需求从而对经济发展产生约束时，经济发展就会转向对煤炭、新能源等提出需求。这种转移性需求的产生所导致的资源替代，是稀缺性压力的结果。

总之，经济发展过程中，资源集内各种资源的稀缺性压力是不同的，并总处于不断的变化过程中，而稀缺度高的资源会承受较大的压力，使得资源之间的替代成为必要。此乃资源替代的必要条件。

二、机理Ⅱ：成本—效益均衡是资源替代的充分条件

之所以说资源稀缺性压力是资源替代的必要条件，因为，稀缺性压力只是使资源替代成为一种需要或可能，但并不能使资源替代成为实现，即稀缺性压力不能保证资源替代一定出现，即使出现了也不能保证替代过程一定如期完成。而保证资源替代一定出现并成为现实的，还必须满足替代行为主体的某些要求，它们构成资源替代的充分条件。

从微观看，资源替代本身也会消耗某种形式的资源，因此是有成本的。要使资源替代成为现实，必须突破一定成本效益结构对资源替代的制约。

在现代市场经济条件下，“替代机理”所包含的成本效益条件主要有两类，一是替代的内生性因素，即市场条件；另一类是外生性因素，即制度条件。这两种因素共

同作用，形成一定的成本—效益结构，对替代进程产生影响，最终决定着替代的成功与失败。

具体分析，满足资源替代的成本结构，主要包括直接成本、交易成本、风险成本，以及对替代过程中上述三大成本产生重大影响的沉淀成本等等。

1. 直接成本

直接成本是会计学意义上经济主体的经营成本，在资源替代活动中则是替代资源的研发、生产、运输与销售全过程形成（可简称为 RD&C）的总费用。

资源替代的直接成本是替代活动最终能否完成的决定性因素。新的替代资源从开发到商业化应用，需要大量的投入，其成本往往是很高昂的。例如，在发展和推广新能源技术中，最头痛的就是新能源、清洁能源因投资成本较高所形成的价格，与传统能源相比较高，导致许多新的能源技术在商业应用中难以普遍推广。

因此，直接成本的高低与资源替代成功概率之间存在着直接的负相关的关系。

替代资源需要克服的远远不只是直接成本约束，此外，还有与直接成本密切关联的交易成本、风险成本，而与替代资源相关的沉淀成本，也通过某种方式，成为非常重要的影响因素。

2. 交易成本

交易成本是影响资源替代过程的重要因素。新资源的开发与商业化过程，除了要付出经营费用外，还不可避免地存在着交易费用或交易成本。

交易成本理论是由诺贝尔经济学得奖主科斯（Coase）1937 年提出的，以此对企业的本质做出全新的解释。为什么经济体系中企业与市场价格机制需要同时存在呢？科斯认为，这是因为使用市场价格机能的成本相对偏高，从而迫使人类在追求经济效率中建立企业，以降低过高的交易成本。具体说来，交易成本泛指所有为促成交易而形成的成本，不同的交易涉及不同种类的交易成本。著名经济学家威廉姆森（Williamson）1975 年将交易成本区分为以下几项：

搜寻成本:商品信息与交易对象信息的搜集。

信息成本:取得交易对象信息以及与交易对象进行信息交换所需的成本。

议价成本:针对契约、价格、品质讨价还价的成本。

决策成本:进行相关决策与签订契约所需的内部成本。

监督交易进行的成本：监督交易对象是否依照契约内容进行交易的成本，例如追踪产品、监督、验货等。

违约成本：违约时所需付出的事后成本。

1985年，威廉姆森又进一步将交易成本分为事前与事后两大类：事前的交易成本，即签约、谈判、保障契约等成本；事后的交易成本，即执行和调整契约的成本。讨价还价的成本是指两方调整适应不良的谈判成本、为解决双方的纠纷与争执而必须设置的相关成本等等。

达尔曼（Dahlman）1979年对交易活动的内容加以类别化处理，认为交易成本包含：搜寻信息的成本、协商与决策成本、契约成本、监督成本、执行成本与转换成本。

总之，交易成本是指交易行为过程中，随同信息搜寻、条件谈判与交易实施等而发生的各项成本。这种成本，部分源于制度安排，部分源于结构性（包括产业结构、市场结构等）因素。更重要的是，这些成本在资源替代中是不可避免地必须付出的。

交易成本的大小与资源替代成功概率的高低之间，也存在着直接的负相关的关系。

3. 风险成本

资源替代过程面临着重重风险，一些看上去并不重要的不确定性因素，可能会导致资源替代过程的停滞或中断。这种情况在新资源的研发与推广过程中屡见不鲜。所有导致资源替代出现损失的不确定性因素，都成为资源替代风险成本产生的原因，如资源市场供求关系与价格的不确定性，资源替代科技发展方向的不确定性，政策变化甚至某些自然灾害对资源开发过程的影响等等。

在上述因素中，对于灾害等风险损失，可以在测算灾害风险概率分布的基础上，通过保险等商业机制来防范和分散。但是政策变化、科技进步等方面的不确定性则难以预知；而在资源替代的博弈中，非合作性博弈战略也是替代资源必须面对的不确定性要素。

风险成本的大小与资源替代成功概率的高低之间，同样存在着直接的负相关的关系。

4. 沉淀成本

由于资源替代是一种市场博弈，因此任何一项资源替代都面临着“沉淀成本”的问题。

经济学中的“沉淀成本”（sunken cost）或“沉没成本”是指已经投入且无法收回的成本，或者说，沉淀成本是指投资成本中无法通过生产产品和自身残值得到补偿的那部分成本，是经济主体的一种净损失。[①] 资源替代致使一些经济主体付出一定的

① 宋冬林、汤吉军：《资源型城市制度弹性、沉淀成本与制度变迁》，载《厦门大学学报》（哲社版）2006年第1期。

沉淀成本，是指新的替代资源的产生，必然会导致被替代资源及其相关领域的长期投资所累积的成本可能无法收回。例如中国经济发展中，出现了许多以开发当地某种优势资源为主要经济发展战略的单一资源型的城市或地区。根据中国矿业协会统计，中国有 390 多座以采矿为主的资源型城市，其中，20% 处于成长期，68% 处于成熟期，12% 处于衰落期。全国约有 400 多座矿山已经或者将要闭坑，约有 50 多座矿山资源处于衰减状态，面临着严重资源枯竭的威胁。而寻找新的替代产业，就意味着要全部或部分放弃现有的产业投入，从而付出巨大的沉淀成本。

沉淀成本过高，会对资源替代构成重要障碍。这主要有两种情形。一种情形是，如果替代资源与被替代资源同属一个经济主体，该经济主体因顾及到资源替代的沉淀成本过高而减缓甚至放弃替代资源的研发、生产与商业化进程；另一种情形是，如果替代资源与被替代资源属于不同的两个经济主体，新资源导致的沉淀成本如果过高，会引发被替代资源经济主体采取非合作博弈战略，对替代资源的研发、生产和商业化过程设置障碍，从而提高替代资源的直接成本、交易成本与风险成本。

因此，沉淀成本的大小与资源替代成功概率的高低之间，同样存在着负相关的关系。但与直接成本、交易成本和沉淀成本相比，这种负相关关系更复杂一些，有些影响可能较为直接，有些影响则可能是间接的。

综合分析上述各项替代成本，可以得到一个资源替代总成本函数：

$$C_{总成本}=f[C_{直接成本}+C_{交易成本}+C_{风险成本}，C_{沉淀成本}]$$

与此同时，可以预期的是，资源替代必然并必须为其主体带来一定收益。资源替代的收益通常表现为一种预期收益（R），包括替代品开发销售所形成的收益，主要表现为投资的时间价值和预期收益率。此外，由于资源替代可能得到社会组织尤其是政府的一定支持，形成激励性补贴收入（F 政府补贴）（如税收减免、政府的项目投资、低息或贴息贷款、融资支持等），由此也可以得到一个总收益函数：

$$R_{总收益}=f[R+F_{政府补贴}]$$

由此，我们可以得出资源替代的充分条件：在一定的投资周期里，资源替代的总收益不低于其总成本：

$$R_{总收益}\geqslant C_{总成本}$$

只有满足了这一充分条件，资源替代才会从必要变成必然、从可能变为可行、从梦想变为现实。

三、资源替代效应

将微观与宏观综合起来分析，资源替代对提高经济发展资源支撑具有三大效应：资源集减压效应、资源集拓展与资源多样化效应、资源利用高效化效应。

1. 资源集减压效应

资源集减压效应，即稀缺度不同的资源之间的替代，可以直接减轻一些约束性资源的稀缺压力，这种减压效应直接提升了资源集对经济发展的支撑能力。正是持续不断的资源替代过程，持续不断地促进和保障资源支撑与经济发展相互适应，使可持续的发展过程得以实现。

2. 资源集拓展效应与资源多样化效应

拓展效应与多样化效应，即新的替代资源的出现，并不是对被替代资源的消灭，而是增加了可供选择的资源品种，拓展了资源集的内容，促进了资源集内资源品种的多样化。

3. 资源利用高效化效应

资源利用高效化效应，即由于替代过程是在市场竞争的博弈中实现的，这使得成本效益处于优势的资源即具有市场竞争力的资源优先得到开发和利用，而竞争力相对弱势的资源则只能成为潜在的备用的资源。资源替代所具有的资源利用高效化效应，是市场优化配置资源的重要组成方式。

第三节　替代的方式与路径选择

一、替代的方式与分类

资源替代的内在机理表明，替代虽然表现为十分复杂的经济、技术与社会的过程，但其本质上是一种以市场机制为基础的经济活动。根据不同的角度来分析，替代方式可以分成以下几种类型。

1. 效率诱致型替代、稀缺强制型替代与综合效应型替代

从替代发生的机理分析，资源替代可分为效率诱致型替代、稀缺强制型替代与综合效应型替代三种。

效率诱致型替代：一种资源如 B 的出现，由于效能、成本、价格等方面的优势，实现了对另一种资源如 A 的替代，此种替代为效率诱致型替代。其结果是提高资源利

用效率，实现资源优化配置，从而促进经济发展。人类迄今开发利用能源的历史（见图 4–3），从晒太阳等自然太阳能，到薪材燃烧等初步生物能，到煤炭开发等矿物能，再到目前油气为主导的能源，这一大的主线形成一种典型的效率诱致型替代的趋势。

稀缺强制型替代:尽管资源 A 在效能上具有优势，价格上也具有充分变动的弹性，但仍不能完全满足经济发展的需求，因此不得不使用或增加使用其替代资源 B 时，此 B 对 A 的替代为稀缺强制型替代。在企业不能改进其生产函数、经济发展不能改进其增长方式的条件下，稀缺强制型替代是缓解经济发展资源制约的一种不得已的选择，其结果是不利于资源配置效率的提高甚至会降低效率与竞争力，从而对经济发展进程会产生一定的负面影响，但其积极意义是可以保持经济发展的连续性。

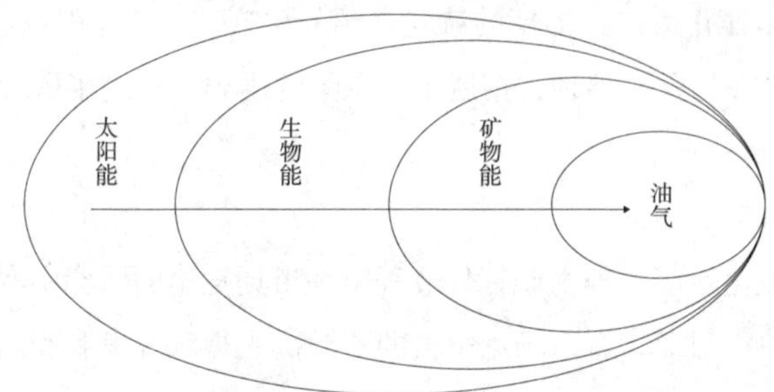

图 4–3 太阳能→生物能→矿物能→油气→:能源替代的效率诱致型趋势

人类对自然资源开发利用的历史，虽然在大趋势上表现为以效率诱致型替代为主导的过程，但稀缺强制型替代的情况也不乏其例，用淡化的海水替代天然淡水就是一个典型的例子。中国进入 21 世纪后能源供求形势十分严峻，在其一次能源生产结构中，煤炭的比例有所提高，而优质的油气与水电资源所占的比重却有所下降，这是稀缺强制型替代的又一个例子（见表 4–1）。

表 4–1 世纪之交中国能源结构的变迁（电热当量计算法） 单位:%

年份	原煤		原油		天然气	
	生产量	消费量	生产量	消费量	生产量	消费量
1995	78.69	78.69	17.35	17.35	1.93	1.93
2000	70.49	69.23	23.03	25.80	3.58	2.61
2001	72.63	68.84	20.55	25.50	3.54	2.84
2002	75.46	69.24	18.26	25.26	3.33	2.76
2003	78.33	70.94	15.94	23.81	3.06	2.76

数据来源：《中国能源统计年鉴2004》，中国统计出版社2004年版。

古典经济学认为土地的开发利用呈现为从优到劣的过程，就是对稀缺强制型替代的经典解释。而克服稀缺强制型替代问题的路径，一是用新的替代方式来改变资源集，二是通过发现新的资源，即用新的效率诱致型替代克服资源边际效率递减。

综合效应型替代：资源 B 对资源 A 的替代，兼有效率诱致型与稀缺强制型的双重特点，产生了既提升效率又缓解稀缺的两重效应时，即为综合效应型替代。为解决资源支撑方面出现的问题，有些资源替代由稀缺强制而起，一般从替代性较强、效率损失较小的领域开始，通过效率的改进进一步扩散到其他可替代的领域。实际上，许多新资源在替代老资源的初期，因为规模效益很低，在一定程度上存在着稀缺强制型替代的特点；随着新资源开发利用的技术日益成熟、市场日益扩大、生产日益规模化和产业化，其成本效率效应由此产生并逐步提高，这时又呈现了效率诱致型替代的特点。

因此，从较长的时间来看，成功的资源替代一般都表现出“稀缺强制型替代→效率诱致型替代→综合效应型替代”的演化过程，最终具有综合效应型替代的效果。

2. 完全替代与局部替代

从替代的广度或深度来看，资源替代可以分为完全替代与局部替代（或部分替代）两种。

完全替代：当资源 B 的出现，导致资源 A 完全退出正在使用的领域或既有的特定市场时，即 B 实现了对 A 的完全替代。完全替代的数量定义是：替代率为 100%。

局部替代：当资源 B 的出现，导致资源 A 部分退出正在使用的领域或某一特定的市场时，即资源 B 实现了对资源 A 的局部替代。局部替代的数量定义是：0 ＜替代率＜ 100%。

完全替代的情况，例如，在城市里，由于电力照明的充分供应，导致从前日常使用的油灯几乎完全从市民的生活中退出了，因此电灯完全替代了油灯。需要说明的是，这里的完全替代，是指作为照明方式的电灯对（煤）油灯的代替，而不是指电力对煤油的替代，其连锁效应是电力对煤油的部分替代（因为煤油在人们的生活中还在发挥别的作用，如航空用）。

由此可见，任何替代都有其特定的时间、空间与功能定义域，因此，任何资源替代的深度与广度，是由资源在特定时空中对经济发展所发挥的支撑功能所决定的。

3. 直接替代与间接替代

直接替代：新资源 B 的发现与商业化利用，因其功能作用相同而直接减少了对原资源 A 的需求，即 B 直接替代了 A。其典型例子是，石油从原先作为照明原料变为交通运输、发电等动力燃料，实现了对煤炭等传统能源的直接替代，并成为现代社会的主要能源资源。

间接替代：尽管没有发现新的资源，但利用资源的产品、技术、管理方法甚至消费方式出现创新，从而降低了原有资源的消耗，实现了对原有资源的节约利用或提高了既有资源的利用效率，这是对资源的间接替代。在人类经济发展过程中，间接替代在提高资源支撑能力上发挥着重大作用。在能源资源方面，间接替代的典型是循环经济、需求侧管理及节能科技与节能理念的建立等等。

直接替代与间接替代的共同特点是，两者都可以提高经济发展资源支撑的能力；两者之间的根本区别是，直接替代具有拓展资源集的效应，而间接替代则不具有这种效应。尽管间接替代不具有扩大资源集的效应，却具有资源集减压效应和资源利用高效化效应。

4. 基础替代、供给替代、需求替代、空间替代

从替代的路径分析，资源替代可分为基础替代、供给替代、需求替代、空间替代四种。这四种替代方式，在经济发展资源支撑过程中各自发挥着重要的功能作用，它们之间相互作用，在解决资源支撑问题中可以组合成各不相同的可供选择的路径，并形成提高资源支撑能力的方案。因此，这四种替代路径十分重要，有必要一一讨论。

二、基础替代：资金支撑是其他资源替代的基础

在现代市场经济条件下，金融资源与其他资源之间的替代关系是一切资源替代的基础，本书称其为基础替代。

任何资源及其产品，其开发与贸易都是有成本的，表现为生产成本与交易成本及风险成本之和。因此，资源替代过程中必然会消耗一定金融资源，需要足够资金的支撑，这实际上是金融资源对其他资源的一种替代。例如，在自然资源的探采、开发和利用中，需要投入人力、水土、技术、管理等各种各样的资源，都需要通过投资来形成；在资源产品贸易中也需要资金的推动，而在国际资源贸易中则需要具有外汇资金的支付能力。在科学技术日益发达的今天，新能源、新材料的研究和开发，在科学研究、技术创新、新产品的中试与推广等各个阶段，都离不开资金的投入。在现代市场经济条件下，各类资源的资产化在日益加深，以此为基础的经济全球化大大提高了资源支撑经济发展的能力，对于一个国家来说，其资源的可得性、资源性产品的总量供给、资源产业的结构调整与可持续发展，从根本上来说都取决于基础替代即金融资源的支撑能力。今天的经济发展，如果没有资金投入的支撑，其他任何形式的资源替代都无从谈起。

基础替代表明，经济发展虽然会消耗一定的自然资源，但良性的经济发展通常又能形成资金积累，并通过基础替代的方式，进一步提高资源集支撑经济发展的能力。因此，基础替代提醒我们，资源对经济发展的制约因经济发展而生，而解决资源支撑“困局”又要以经济发展所形成和积累的资金为保障。对中国来说，要利用目前资金充裕的有利时机，增大并用好战略性资源特别是沿海水土、能源等的开源节流及其基础设施建设的投资，增进资金投入的效率，从而提高经济可持续发展的资源支撑能力。

三、供给替代

资源表现为土地、水、矿产、能源等种类，每个类型的资源又具有不种的资源形态，如能源就包括了煤、油、气、水电、核电、各种新能源等，它们又可开发出成千上万的资源性产品，由此就形成了资源开发、加工、储存、运输等资源品的供应链。

供给替代是同类资源中效能相同或相似的不同形态的资源及其产品之间的相互替代，其主要特征是直接从供给上改变资源产品供给链的组合。例如，能源的供给替代就是不同能源产品之间的相互替代（见图4 3），其基本规律是经济高效的新的能源产品代替没有竞争力的传统能源产品。人类历史上经济发展的重大进展都与能源供给替代相联系，其中最具革命性的能源供给替代是煤炭替代薪柴、石油又替代煤炭等。因此，供给替代是资源产品升级最常见的发展方式。

供给替代的方式多种多样，主要有直接替代与间接替代两种。

突破现有资源的制约，寻找满足特定功能要求的可行的新资源，即为直接替代。这是资源开发利用的基本方式。例如，材料替代是工业化过程中的一个核心现象[①]，工业化之所以呈现出不同阶段与不同时期，就是因为找到一种关键的材料替代物。纺织时期的关键材料替代是机械纺棉取代了传统的手工纺棉；蒸汽时期是煤和焦炭取代薪材与木炭；重型机械化时期则是用钢取代了铁；大规模生产与大规模消费时期出现了石油和天然气取代煤炭，以及合成纤维、橡胶和化肥取代天然材料。实践证明，这些替代达到了三个主要目的：第一，它能够克服资源的限制，使资源产品多样化；第二，可以引入具有新性能的材料，并应用在完全不同的地方（如铸铁的使用和后来钢作为结构材料在桥梁和建筑上的应用等）；第三，有时新材料提供的功能特性与原材料虽然相同，但具有更好的物理性能（如只需较少的材料输入）或经济性能（如价格上更便

① 格鲁贝勒（Arnulf Grubler）：《技术与全球性变化》，清华大学出版社2003年版，第261页。

宜），或者二者兼有。例如，在电的传输中用铝缆取代铜缆，用光纤取代电话线等等。

在没有找到新的资源之前，通过资源利用技术的创新、深化产品开发、调整产业结构、促进循环利用等方式提高既有资源利用效率，则是供给替代中的间接替代。间接替代的特点是，虽然没有改变资源投入要素，但却改进了这些资源要素的组合，即优化了生产函数，从而提高了资源的生产效率。

四、需求替代

在市场经济体制下，需求是经济发展的决定性力量，它对供给起着强烈的导向与支撑作用。需求方面的任何变化会引起资源供给的相应变化。例如，汽车的出现使石油成为战略性能源，人类因此由煤炭时代进入石油时代。

需求替代也可分为直接替代与间接替代两种：由于新产品替代旧产品从而减少甚至取消了对某种资源的需求，即为直接替代。在能源需求侧管理方面，提倡用低能耗产品替代高能耗产品，可以从需求方面实现对能源的直接替代，如用公共交通替代小汽车、用电风扇替代空调等等。

同样，通过制度创新、政策调整与消费理念更新的作用，可以促使人们更加节约资源或者提高资源的消费效率，则也可以减轻资源需求的压力，从需要侧实现间接替代。例如，夏天将室内空调温度由 22 度提高到不低于 26 度，或者更多地使用低能耗空调器，就可以减少对电力等能源的需求。需求间接替代的特点是，虽然没有改变满足需求的资源要素，但却减缓了对这些要素的需求压力，即改进了消费函数，从而可以降低资源的需求量或提高资源的消费效率。

为缓解能源短缺的巨大压力，一些国家实施了能源的需求侧管理，这实际上属于一种能源需求替代的综合方案。

五、空间替代与资源国际化

空间替代是解决资源问题的一种重要途径。例如，美国尽管有较丰富的石油储量，却优先开发利用国外的石油，这是以国外石油资源替代其国内石油资源。空间替代是以一定空间范围为边界（如国家、城市或特定经济区域等）的资源集之间发生的资源交换和资源相互利用，是市场经济条件下经济空间扩张导致资源配置空间范围适应拓展的必然结果。从地域上看，尽管空间替代分为国际替代与国内区域间替代两种，由于国内市场一体化程度都普遍较高，国内区域间的资源空间替代相对较容易。

因此解决资源支撑问题，研究国际的资源空间替代具有更现实的战略意义。

空间替代实质上是资源集的某种开放，这必然会导致资源的国际化与全球化，其结果是不同资源集之间相互依存的程度不断提高，国家、城市、地区之间的经济联系变得更为紧密。

国家与国家之间的资源替代即国际资源替代，对以传统国家为边界的经济体产生了一系列影响，导致各国对国外资源依存度的增强，是国际经济发展的重要基础。由于资源替代是一种资源博弈，国际资源替代实际上是国际之间的资源博弈，其中最令人关注的是，随着国家重要战略资源如石油等对外依存度的提高，全球资源市场的博弈十分激烈而复杂，国家资源安全面临着种种风险。这是各经济大国发展到一定阶段后资源支撑上都会面临的一个重大问题。

例如，我国国内能源1992年开始产生了缺口；1993年以来石油净进口不仅成为常态，而且规模越来越大，1996年开始则出现了能源的净进口。这是能源空间替代即用国外能源替代国内能源以支撑我国经济发展的表现。欧美及日本等发达国家，在经济发展过程中都经历了能源国际化即利用国外能源资源的过程。我国石油对外依存度的快速提高，是经济发展和对外开放过程中利用国际资源的必然结果，尽管存在一定的风险，但总体上看对开辟资源渠道、调整能源结构、促进经济发展、提升综合国力都具有十分积极的意义。

六、资源替代路径的选择

所谓替代路径，即为缓解资源对经济发展的制约、提高资源配置效率而设计和选择的资源替代方案的组合，这种组合由一种或多种替代方式构成。而对于事关全局、影响长远的重要资源替代方式的组合，可以称为战略组合。在战略性资源的替代中，资源替代路径的设计是资源战略的核心内容。

实际中，资源替代常常不是按事先设计的单一替代方式进行，真正有效的则是多种替代方式组合的结果。例如，发展循环经济就是一种资源替代路径的战略组合，对中国经济发展有着重大的意义。发展循环经济是缓解资源约束矛盾的根本出路①：加快全面建设小康社会进程，保持经济持续快速增长，资源消费的增加是难以避免的。但如果继续沿袭传统的发展模式，以资源的大量消耗实现工业化和现代化，是难以为继的。为

① 马凯：《发展循环经济是缓解资源约束矛盾的根本出路》，国家发展和改革委员会网站http://hzs.ndrc.gov.cn/newfzxhjj/t20050914_42397.htm。

了减轻经济增长对资源供给的压力，必须大力发展循环经济，促进资源的高效利用和循环利用。研究表明，如果采取强化节能的措施，大幅度提高能源利用效率，到2020年使万元GDP能耗由2002年的2.68吨标准煤降低到1.54吨标准煤，那么能源消费总量就能控制在30亿吨标准煤，否则，就要消耗40多亿吨标准煤。再比如，预计到2015年我国木材供需缺口达1.4亿~1.5亿立方米，如果木材综合利用率提高10个百分点，就可弥补供需缺口的30%。到2020年我国再生铝比重如果能从目前的21%左右提高到60%，就可替代3640万吨的铝矿石需求，节电1365亿千瓦时，节水9100万立方米。由此可见，发展循环经济是缓解资源约束矛盾、实现可持续发展的必然选择。

第四节　替代的周期性、阶段性与资源多样化

经济发展的历史表明，资源替代具有一定规律性，表现出周期性与阶段性的特征。可持续的良性的经济发展对资源的影响，表现出资源消耗与资源积累相并存，由此导致了资源多样化的趋势。

一、资源替代的周期性

资源替代具有周期性的特点，可以分为大周期与小周期两种。

1. 资源替代的大周期标志着人类文明的演进

人类文明进步与经济发展的历史，实际就是资源开发利用的历史。史学家据此将资源利用的变化作为历史进程的标记，如石器时代、青铜时代、铁器时代等。因此，资源替代的周期性，首先表现在人类历史的长河之中。按照社会生产发展形态，人类经历了原始社会、农业社会、工业社会，如今正进入信息社会（见表4-2）。从漫长的以石器时代、青铜器时代和铁器时代为特征的农业社会，至近代以钢铁、水泥及煤炭、石油为特征的工业社会，人类开发利用矿产资源的种类和数量不断增加，利用效率不断提高，但持续利用的周期却在缩短，特别是进入工业社会以后，矿产资源的利用无论是数量上还是种类上都发生了质的变化。先行工业化与现代化国家的经济发展史表明，以大量消费矿产资源为特征的工业文明，是人类社会演化很难逾越的阶段。①

① 参见王安建、王高尚等：《矿产资源与国家经济发展》，地震出版社2002年版。

表 4-2 人类社会发展—矿产资源开发历史简表

阶段	时间跨度	持续时间	矿产资源消费与社会文明		
			矿产资源开发	先行国家	落伍国家
原始社会	250万年前～6000年前	250万年	石器	原始文化	—
农业社会	6000年前～1763年	5800年	石器、青铜器、铁器	农业文明	原始文化
工业社会	1763年～1970年	210年	200余种矿产	工业文明	农业文明、原始文化
信息社会	1971年至今		更广泛、更深入	知识文明	工业文明、农业文明、原始文明

资料来源：王安建、王高尚等：《矿产资源与国家经济发展》，地震出版社2002年版。

表 4-3 人类发展与文明的变迁

时代		生物文明		化学文明	
内容		采猎时代	农业时代	工业时代	新工业时代
主要特点		采集果实、捕鱼、狩猎	种植庄稼、养殖牲畜	采掘矿藏、制造机械	微制造、循环生产、太空开发
生产方式	劳动对象	野果、野兽、水生物	土地	自然矿藏	循环利用的原子小分子材料
	劳动方式	采集、渔猎	种植、养殖、手工制作	采掘、冶炼、制造	微制造、深层循环生产
	劳动产品	果实、猎物	粮食、牲畜、手工器具	天然化学材料和能源及加工制造产品	人工化学材料及加工制造产品、太空开发
生产技术	生产工具	石器、骨器	金属工具	机械	智能化机械
	能源	人力、畜力	生物质燃料	化石能源	物理能源

资料来源：韩民青：《中国新工业化材料发展战略》，载《山东社会科学》2004年第5期。

有人认为，人类在生命物质层次上建立过两种文明形态，即采猎文明和农业文明，在化学物质层次上人类已经建立了工业文明，工业化生产本质上是“采掘和利用天然化学物质”。工业文明之后，人类还将建立文明的新形态，即新工业文明[①]，其物质生产本质上是“人工创造和利用化学物质”。

虽然工业文明和新工业文明都属于化学文明，但二者触及的物质层次还是有差别的，新工业化生产是在比工业化生产更深的物质层次上展开的。在工业生产中，天然化学物质（各类矿物质）是劳动对象，工业生产就是把各类矿物质作为生产的

① 韩民青：《中国新工业化材料发展战略》，载《山东社会科学》2004年第5期。

前提和起点，经过采掘、冶炼、加工、制造等环节，最后生产出各种工业品。工业生产中出现的资源匮乏，实际上就是作为生产前提和开端的天然化学物质（包括化学能源和原材料）发生短缺。人类历史上的采猎生产，之所以转变为农业生产，根本原因就在于作为采猎对象的野生动植物资源因环境的变化和人类生产能力的提高而发生短缺，人类才把生产的链条向前推进了一步，从而发明了农业生产。按照这个规律，在工业生产资源发生匮乏时，人类的生产链条也必将向前推进。新工业化生产由工业化生产链条向前推进而成，表现在劳动对象上就是物质利用层次的深化。作为劳动前提和开端的不再是天然化学物质，而是人工化学物质了。在能源上，则表现为从化学能源向物理能源的深化，主要是太阳能、热核聚变能的开发。在原材料上，则表现为从矿物质向元素物质的深化，主要是小分子原子乃至亚原子层次的物质。

2. 资源替代的小周期主导着一定经济发展阶段产业发展的演进

在人类经济社会发展的一定阶段中，经济发展又因不同种类资源的替代表现为若干小的周期，在工业社会的经济发展中，矿产资源的发现与替代表现得就十分突出。

工业化后全球矿产资源大规模开发利用的结构，大体上可以划分为三大基本类型，而每一种类型又都有各自的主导矿种。具体类型划分及代表金属与能源矿种如下[①]：

第一，传统类型——主导矿种有煤、铁、铜、铅、锌、锡等矿种；

第二，现代类型——主导矿种有石油及天然气、铝、铬、锰、镍、钒等矿种；

第三，新兴类型——主导矿种有铀、钴、锗、铂、稀土元素以及钛等矿种。

上述每种类型的资源组合，代表了工业化的不同阶段。一般地说，传统类型的矿种是工业化初级阶段所倚重的矿产资源。例如，煤炭和铁矿石在工业化初期分别占世界一次能源总消耗和金属矿产销耗的80%。现代类型的矿种则在工业化开始进入成熟及技术较为发达阶段后被广泛使用，例如铝和铬等金属。新兴类型矿种则在经济结构多样化及技术先进的发达国家得到初步应用，例如核电发展带动了铀矿开采。从世界经济发展到目前为止的区域分布来看，上述三种类型与处在不同发展阶段的发展中国家、中等发达国家和发达国家的矿产资源消费特征相一致。

由此可见，与经济发展不同阶段相适应，资源替代的过程呈现出一定的周期。这种周期，是人类经济发展大周期中的小周期。

① 张雷：《矿产资源开发与国家工业化》，商务印书馆2004年版，第48～50页。

二、替代的阶段性

资源替代的阶段性，是指在一定的资源替代周期里，每种资源的产生与发展在过程上表现出明鲜的阶段性。按照马林堡姆的矿产资源消费生命周期理论[①]，这一过程可以用倒“U”形曲线来描述（见图 2–2），其变化过程由初始、增长、成熟和衰落四个阶段组成。

图 2–2 中的纵坐标代表着以单位 GDP 产出所需的矿产资源产品投入为度量的消费强度，横坐标代表人均 GDP 的增长水平。曲线表明，消费强度的增长最初高于人均收入的提高（弹性系数大于 1），经过一段平衡发展后（弹性系数约等于 1），消费强度的增长逐步减弱（弹性系数小于 1），导致曲线走向的不断下滑，最终形成倒“U”形的生命过程。[②] 在矿产资源消费生命周期的时间效应理论方面，美国的例子也许最具代表性。由于美国在不到 100 年的时间就走完了从工业化初期到工业化后期发展的全过程，所以钢的消费强度变化趋势具有明显的倒“U”形特征。

以工业化过程中钢的消耗为例，多数发展中国家的大规模工业化始于 20 世纪 50 年代。从此，世界发展中国家的钢消费强度始终保持稳定上升的趋势。与此形成对比的是，此时发达国家完成了第二次世界大战后的工业化恢复，并始进入工业化中期阶段。20 世纪 60 年代以来，发达国家钢的消费强度开始逐步减弱。

可见，工业化发展的不同阶段决定了发展中国家和发达国家社会生产的矿产资源投入密度，因此不同阶段的经济发展对资源支撑有着不同的要求。尤其是在工业化、城市化的过程中，特定经济体所处的不同发展阶段在一定程度上决定了其经济发展与资源支撑的时间定义域，在这一定义域里，资源支撑问题是必须面对的重大课题，而解决这一问题的路径选择，则是通过资源的空间替代来改进资源集的空间结构，这必然导致资源国际贸易和资源国际投资的发展。资源的国际化，进一步促进了经济全球化。

三、科技创新是资源替代周期性与阶段性的主导力量

现代经济增长是产业革命的结果，产业革命导致了资源替代品的出现并形成连锁的集合效应：技术创新与市场扩张交互作用，引发了技术群与新兴产业的涌现，同时还引发了企业组织、产业组织、社会制度等领域巨大而深刻的变迁。

1. 技术与替代

格鲁贝勒（Arnulf Grubler）（1998）将技术归为以下四类：扩增资源的技术、使产品与

① 张雷：《矿产资源开发与国家工业化》，商务印书馆2004年版，第48～50页。

② 矿产资源消费强度公式为：$IU_t=D_t/Y_t$。这里IU_t为消费强度；D_t为单位GDP的矿产资源消费；Y_t为人均GDP。

生产多样化的技术、扩大市场的技术和提高生产率的技术。[①]可以说这四类技术，要么引起资源的直接替代，要么导致资源的间接替代。其中又以扩增资源的技术最为明显。

在历史上，工业生产的迅猛扩张消耗了巨量的以原材料和燃料为形式的自然资源。因此，扩增资源集的技术变化是必不可少的。这些技术包括：促进发现新资源矿藏的技术；改进现有资源的可得性和可开采性的技术；完全代表新资源输入的技术；替代现有材料和燃料输入的技术。提高效率（即能够用更少的投入生产出更多的产出）的技术也可视为扩增资源的技术。实际上，重大技术的出现，在资源的开发利用上会表现出资源增量与消耗减量的组合效应。

技术变化还带来了崭新的可用资源。从古代开始，铜矿和铁矿就被开采了，但只有在铝发现后，铝土矿才成为金属供应的一种主要资源。同样，核技术使得铀成为一种新的能源。

因此，熊彼特认为，技术变化的本质是“新组合”，尤其是那些代表突变点的新组合，其本质是“技术和生产组织的变化”，即技术硬件和软件的变化。[②]

2. 技术生命周期

技术发展本身具有一定的生命周期，可表示为技术生命周期模型（见图 4–4）。[③]

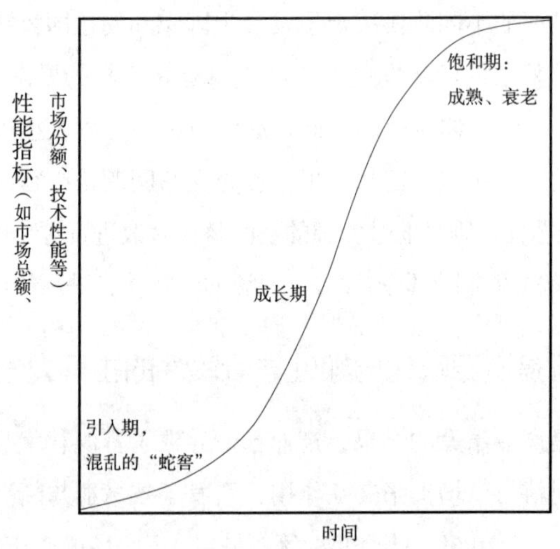

图 4–4　程式化的技术生命周期模型

① 格鲁贝勒（Arnulf Grubler）：《技术与全球性变化》，清华大学出版社2003年版，第44页。

② 同上，第38页。

③ 同上，第51页。

技术生命周期模型的本质是：生长是非线性的，而且并不是无限的。技术的典型生长轨迹宛如一条S形：在起始阶段缓慢生长，然后加速生长，最后又缓慢下来趋近饱和。然而，S形生命周期模型不是一个解释性的模型，它没有解释事情为什么会这样发展。

技术生命周期模型将技术的发展分成三个阶段：孩童期、青春期和成熟期。随后，可能是衰落或衰老期（和最终死亡）。这些分别对应技术的引入、成长、饱和和最终衰落。一个技术的生命周期通常可以用输出量、市场份额、产品特性（性能）、技术变化来源和产业结构等指标来描述。

技术促进经济增长是技术生命周期的主要特性，用增加的产量或增加的市场份额来衡量。对这样的增长不能把分析狭隘地集中于某一人工制品或产品本身，必须通过观察一项技术如何与它的环境（包括其他技术）相互影响来理解。这种相互影响的本质是，通过技术传播促进了资源及其产品的替代。

3. 工业化过程中的“技术群”效应

工业化过程中的技术群效应，可以为资源替代的周期性与阶段性提供解释。

工业化始于18世纪，一系列创新（引人注目的是多轴纺织机、飞速织布梭和动力织布机）改变了英国棉线的生产，并创造了一种新的生产模式：工厂制度。许多工业革命时期的创新：机器替代人的体力和技能，几乎使人的体能推向了无限大的空间；化石燃料（煤）替代生物能源，使空前的能源消费强度和几乎无限的能源供应成为可能；制造业中使用新的、更加丰富的原材料，使产品创新层出不穷。所有这些创新交相辉映、彼此增强，推动了工业革命，奠定了英国在世界上领先的工业水平和经济实力，并一直保持到19世纪后期。

不同创新之间互相强化，导致并进一步深植于意义深远的社会结构和组织结构的变革之中。蒸汽机、煤炭工业、铁路和新的钢铁生产工艺等，互相依赖，互相提高，并通过许多“向前和向后的连接”对经济发展做出贡献。

与工业革命相联系的重要社会变化与组织变化相继发生在许多领域中。科学发现和技术发明生产了新的知识；新技术的应用刺激了创新的生产和技术的传播，进一步推动了创新;新的生产方式、企业和市场的组织方式随之出现。

可见，促进资源替代周期性与阶段性的内在创新机制，存在于以科技革命为基础的“技术群”的变化之中。

格鲁贝勒在《技术与全球性变化》一书中指出：“一个技术群，是一套相互影响的技术创新和组织创新，这些创新被普遍采用后，推动了特定时期的经济增长、生产率增长、工业化、贸易及相应的结构变化。”1750 年以来的工业发展和经济发展可以归为四个技术群。并包括推测性的第五个技术群（见表 4–4），现在可能正在起兴（见表 4–5）。每一个技术群延续了大约 50 年，而且与之先前或随后的技术群交迭的时间大约为 20 年。

表 4–4　　工业化后的五个重要的技术群（1750 ~ 2000 年）

	1750 ~ 1820年	1800 ~ 1870年	1850 ~ 1940年	1920 ~ 2000年	1980年至今
占优势的技术群					
能源	水力、风力、畜力、木材	木材、畜力、煤	煤	石油、电力	天然气、电力
运输与通信	收通行税的公路	运河	铁路、汽船、电报	公路、电话、无线电和电视	公路、空中交通、多媒体通信
材料	铁	铁、搅炼钢	钢	石化产品、塑料、钢、铝	合金、特种材料
工业	铸造	固定式蒸汽、机械化	重型机械、化学品、结构材料	加工厂、数字控制机器	环保技术、可分解与可循环
消费品	纺织品（毛纺品、棉布）、陶器	纺织品、瓷器	产品多样化（进口）	耐用产品、食品工业、旅游	休闲与度假、定做产品
新兴的技术群					
能源	煤、焦炭	城市煤气	油、电力	天然气、核能	水能
运输与通信	运河	活动蒸汽、电报	公路和汽车、电话、无线	空中运输、无线电通信、计算机	高超音速航行器、高速铁路
材料	搅炼钢	大规模生产的钢	人工合成材料、铝	“定制”材料、复合材料	可循环材料、可降解材料
工业	固定式蒸汽、机械、设备	煤的化工产品、染料、结构材料	精细化工产品、药物、耐用产品	电子产品、信息技术	服务（软件）、生物技术
消费品	瓷器	照明器材	耐用消费品、制冷装置	休闲与娱乐产品、艺术品	集成“包”（产品与服务

资料来源：格鲁贝勒：《技术与全球性变化》，清华大学出版社2003年版，第128页。

技术群并非按照严格的时间顺序相继发生。不同的技术群可共存于任一给定的时期，尽管各自的相对重要性在不断变化。旧技术与过时的基础设施和占优势的技术群可以共存。在某些情况下，甚至更现代的技术已经在国际经济的其他部分很好建立后，旧的技术群仍被政府的政策维持。起初，一个新兴技术群的要素开始于某些应用或某些特定小市场。经过长期实验和累积改进之后，它们最终形成一个新的占优势的技术模式。

对于任何给定的时期，经济增长主要由占优势的技术群驱动，这个技术群常常是当时最明显的工艺制品或基础设施系统。这为经济史学家提供了使用主导部门假设来研究的案例，例如关于"铁路时代"或"钢铁与电力时代"的研究。

表 4–5　工业化以来技术群及其组织方式概述（1750 ~ 2000 年）

	1750 ~ 1820年	1800 ~ 1870年	1850 ~ 1940年	1920 ~ 2000年	1980年至今
技术群					
农业	农业创新	商业化农业	工业化农业		
工业	纺织品	蒸汽	重型机械制造业	大规模生产	全面质量
服务业				大规模消费	
组织"方式"					
工厂/公司	企业家、局部资本、小规模制造	小公司、股份公司	"巨型企业"、卡特尔、托拉斯、普遍的标准化	福特制/泰勒式、跨国公司、垂直结合	即时生产、全面质量管理、水平结合
经济与社会	封建经济与中世纪经济结构的崩溃	"自由主义"、曼斯特式自由贸易主义	帝国主义、殖民主义、垄断主义、调整、联合	社会福利国家、凯恩斯主义、开放社会	减少经济干预、环保法规、行动者网络
创新布局"核心"	英国	英国、比利时	英国、荷比卢经济同盟、法国、德国、美国	美国、加拿大、JANZ、欧共体—6、英国	经济合作与发展组织
"边缘"	比利时、法国	法国、德国、美国	中欧、意大利、斯堪的纳维亚半岛、加拿大、JANZ、俄罗斯	前苏联、中欧和东欧、南欧	亚洲四小龙、俄罗斯、中东

资料来源：格鲁贝勒：《技术与全球性变化》，清华大学出版社2003年版，第129页。

注：其中JANZ指的是日本、澳大利亚和新西兰；欧共体—6指法、德、意、何、比和卢等6国。

四、资源的多样化趋势与再利用趋势

经济发展资源支撑的历史表明，资源替代的周期性与阶段性，并不是对被替代资源的消灭，而是主导资源的不断变化。其结果是，由于替代技术的进步，资源的来源与品种都扩大了，经济空间扩大了，资源集呈现出资源多样化的趋势。这无论在原材料还是在燃料上，都是如此。

从时间定义域上看，资源替代的阶段性，即特定资源的开发利用表现出从产生、发展到衰减的规律，其结果是该资源在经济空间日益扩大的资源集里所占的比重，由不断提高变为逐步下降，对经济发展的支撑作用因此有所下降。

而从空间定义域上看，随着经济的发展，矿产资源开发利用不断发生，新的替代资源不断出现，从而丰富和扩大了资源集的内容；新的替代资源与被替代的传统资源相并存、相竞争，从而改进了资源集的结构，提升了资源集对经济发展的支撑能力。

总之，将时间定义域与空间定义域叠加组合在一起，就可以得出与经济发展水平不断提高相适应的资源支撑过程的规律性（见图 4–5）：

第一，在一定经济发展时期和经济发展水平上，在竞争与效率的支配下，主导资源不断地出现替代，其变化具有周期性和阶段性。

第二，新的主导资源的出现，并不意味被替代资源的完全消失，而只是随着利用范围与所占比重的下降，被替代资源对经济发展的支撑作用也随之下降，因此，新资源与被替代资源在替代过程中，总以一定的方式交叉并存，从而实现了资源支撑的可持续性。

第三，被替代资源在经济发展中支撑作用的下降，实际上使得这些资源逐步成为一种储备性资源。在主导资源对经济发展支撑不力，而新的更高效的替代资源没有出现时，在稀缺强制替代的作用下，会出现建立在新技术基础上的对过去被替代资源的再利用。

第四，总体上分析，受资源替代内在机制的作用，经济发展过程越来越表现为一个资源多样化和资源再利用的过程。

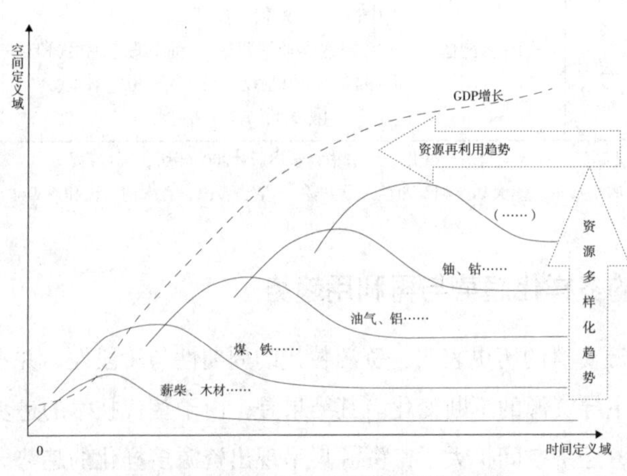

图 4–5　资源开发与资源多样化示意图

第五节　资源替代的风险

资源替代的另一个重要特点是充满着不确定性。这会导致意想不到的损失，甚至影响到经济发展资源支撑的状态。因此，必须对资源替代包含的各种各样的风险进行分析。这些不确定性，概括起来主要表现在以下几个方面。

一、资源信息的不确定性与不对称性

资源信息，包括资源的数量与品质，开采、加工和使用的技术知识与利用条件，资源的经济性、资源的环境影响，等等。这些信息对资源的替代决策都有着重大的影响，其中资源赋存数量与质量的不确定性，是资源替代风险的主要因素，从而构成资源替代的基本风险。

第一，现有资源的存量到底有多少？对于各经济主体来说，这种信息的获取是一个十分困难的问题。以煤、石油、天然气等常规能源为例，尽管人们都认同它们是不可再生或不可更新的资源，其数量是有限的，会越用越少，总会有耗竭的那一天。但这些本质上不可更新的能源资源，在地球上的储量数据一直以来都是一种估算值，并一直都处于不断更新和变化之中。这种不确定性，对替代能源（如太阳能、风能、生物质能等）的开发意味着巨大的风险，因此对替代活动具有抑制作用。以我国石油资源的储量为例，不同的评估数据之间存在巨大的差异（见图 4–6），这使得新的替代能源的开发利用的必要性与可行性都让人难以把握。

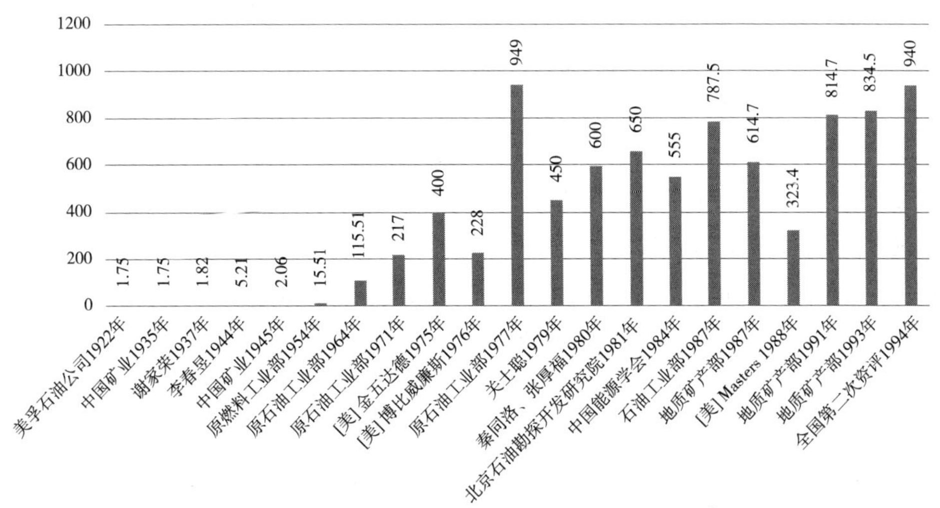

图 4–6　中国石油资源量估算值变化示意图（单位：10^8 吨）

数据来源：张抗、周总瑛、周庆凡：《中国石油天然气发展战略》，地质出版社、石油工业出版社、中国石化出版社2002年版。

第二，替代资源的存量到底会有多少？与既有资源的储量一样，新的替代资源的储存量如何评估，其市场前景到底多大，其数据同样具有不确定性。

第三，资源信息的不对称性问题。一些资源国（如俄罗斯）出于自身利益的考虑，并不想将自己所拥有的石油等战略资源储量的情况计算得很清楚，或者即使有了较准确的勘查数据，也不想全盘向外披露。这种资源信息不对称性，对国际油气能源开发与利用、国际能源市场供求与价格变化，以及全球新能源的发展，都时刻产生着十分复杂的影响。

第四，资源概念的使用一直存在着巨大差异，导致看上去完全相同的统计指标，其数据质量存在着天壤之别。例如，在相当长的时间内，在石油天然气等资源探查中，我国采用的资源量与国际上同用一个词 resources，但两者所包含的内容差别较大。把这两个有重大差异的概念当成同一个东西加以简单并列和对比，一方面会得出许多似是而非的结论，如按图 4–7 中的资源量数据，以前中国是个贫油大国，现在又就会认为中国是世界头等油气资源富国，这些显然与事实极不相符；另一方面，中国公布的资源量数字使外国人“丈二和尚摸不着头脑”，只能认为数值太高，甚至将其与中国统计数字的“浮夸”“水分”联系起来。[①]

二、替代过程的非连续性与非平滑性

替代过程的非连续性与非平滑性，主要表现为替代过程中替代方式可能出现中断、夭折、倒退或反复，这对资源替代活动构成巨大的风险。替代过程的非连续性与非平滑性，源自于技术发展的不确定性、市场形成的不确定性与产业发展的不确定性。

科学技术是不断进步的，但具体的技术路线、产品定位以及对资源的影响却是不确定的。技术不确定性[②]，首先来源于这样的事实：在执行某项任务时，总存在许多解决方法。根据技术标准、经济标准和社会标准考虑，哪一种是“最好的”呢？这是很难确定的。可以说，技术发展从最初的设计选择、市场的成败到最终的环境影响与副作用，整个阶段都充满了不确定性。技术发展的这种不确定性，使得资源替代成为变化莫测的事情，导致资源替代过程的非连续性与非平滑性。

技术发展的成果需要商业化或产业化，替代效应对于产业结构的变化起着决定性

① 参见张抗、周总瑛、周庆凡：《中国石油天然气发展战略》，地质出版社、石油工业出版社、中国石化出版社2002年版。

② 参见格鲁贝勒（Arnulf Grubler）：《技术与全球性变化》，清华大学出版社2003年版。

作用。由于受到技术与市场的双重影响，在产业链的形成与对接的层面上，资源替代过程也会出现一些问题。新技术从发明到被市场采纳的过程中，始终存在着导致过程中止的许多因素。经常的情况是，创新的失败很少单纯是技术原因造成的，与发明或创新过程本身的技术前景往往也完全无关。最常见的阻碍来自市场：当新的技术还未进入商业化阶段之前，竞争品价格的降低使得替代品的预期收益率降低，对替代品会造成致命的一击。这也是导致资源替代不连续性与非平滑性的重要原因之一。

三、替代方向与路径的不确定性

替代方向的不确定性，首先体现在对未来资源的理解、开发利用的发展方向上。就长远考虑，未来人口的数量、兴趣和偏好以及由此形成的各种需求与当代人可能有很大的不同。因此未来经济发展对资源的需求存在着一定的不确定性；未来需求模式的变化将使资源的稀缺格局产生不确定性的变化，进而影响未来资源的供求态势。技术的不确定性反映到经济上，可以从供给和需求两方面影响资源不确定性。[①]资源替代方向的不确定性，加大了选择新资源的风险。因为，对一种资源用途的选择就意味着对另一种资源使用机会的放弃或丧失，这种选择不仅要承担直接成本，而且还要承担难以估量的机会成本，即要承受选错资源用途可能产生的所有风险与损失。

发展替代能源就是一个很好的例证。众所周知，如何发展替代能源，实现对煤、油、气等不可再生资源的替代，一直是经济发展资源支撑或资源保障研究的焦点。可供选择的替代方式多种多样，却存在着巨大而普遍的争议。在供给替代上，具体可供选择的替代资源目前存在多种可能性，有太阳能、风能、生物质能等可再生能源，有核聚变能，还有氢能等。但要真正实现有效的资源替代，不仅取决于替代是否必要，更重要的是取决于是否可行，即这种替代能否同时满足资源替代充分必要条件。

事实上，开发替代能源是否真的如同人们所想象的那样急迫和必要呢？对此，人们对世界石油和天然气资源的可耗竭性目前仍存在很大争议。[②]业界的观点认为，石油开采技术的进步将增加世界石油储量。一些分析家认为，历史上钻探技术的进步使开采量降低的趋势已经得到缓解，但另一些分析家则对这个乐观的看法提出了质疑，认为开采技术的革新只是推迟了这些资源耗竭的进度。

总之，随着人类经济社会的进一步发展，除非发展替代能源技术，否则化石燃

① 秦德先、刘春学等：《矿产资源经济学》，科学出版社2002年版，第7～8页。

② 参见［美］爱德华·卡塞迪（Edward S. Cassedy）：《可持续能源前景》，清华大学出版社2002年版。

料的需求还将继续增长。替代能源技术的发展将有助于减轻欠发达国家的能源需求压力；但这些技术又不可能产生于欠发达国家。技术创新往往源于工业化国家所建立的研发（R&D）体系，因此人们对于替代技术发展前景的评价主要集中于经济发达的国家和地区，如美国、欧洲和日本。其实际结果是，那些拥有资源或者能够负担进口费用的国家将增大对原油的需求；其他国家则只好发展其他化石能源，如煤和天然气；而那些得不到能源的欠发达国家，由于受到石油、天然气等能源资源的制约，可能不得不放弃进行工业化的努力。

替代技术还会受到技术、资金和制度的制约，这使得近期内大规模发展非化石能源存在很大的不确定性。自从 19 世纪石油出现以来，各国关心的都是化石燃料，特别是石油的供应，而关心的程度则随着世界石油价格涨落而起伏。当石油价格上升时，替代技术开始兴起；当石油价格下降时，技术革新就被放弃。这种情况在美国历史上屡次出现，并不是什么新情况。市场失灵、政策失灵或者替代能源技术革新上的反反复复，是开发替代能源不确定性的重要原因。即使 20 世纪 70 年代出现了能源危机，这种情况并未根本改变。

四、替代博弈的非合作性与不确定性

资源替代作为一种以市场为基础的竞争性的技术创新与资源配置的经济活动，始终面临着众多参与者不同方式的博弈。在经济全球化的条件下，市场组织结构与企业组织结构的复杂性，决定了替代博弈的结果变化多端。在战略性资源领域，政府与国际组织的介入，更使得全球性的资源空间替代呈现出“破局博弈”的模式，充满了非合作的性质。

例如，俄罗斯输油管道建设，围绕安大线和安纳线以及折中方案等路线的选择，由于以得天独厚的能源资源为筹码，俄罗斯在东方到底把输油管道铺进中国还是铺向日本，这不单纯是经济合作问题，其实质上涉及中日俄三国长远的战略利益，因此中日俄就此进行的战略博弈长期陷入僵局。

事实上，这样的不确定性风险对任何博弈一方来说都是一种系统性风险。因为对于承担具体业务的公司来说，这种风险是其自身不可抗拒的，也是难以通过常规的市场手段规避的，遭受风险损失的程度更是难以承受的。因此，如果国家没有建立相应的支持机制，有关资源空间替代的活动不可能得到企业的响应。

除此以外，资源替代博弈还包含有各种各样的市场风险，主要有价格风险、汇率风险、利率风险、不可预见的灾害等。对于这些风险，中国作为工业化、城市化加速阶段的新兴的资源进口大国，在理论、政策、技术等方面都有大量问题亟待解决，例如，近几年来，接连出现的中航油事件、期铜事件等，对中国利用国际资源提出了警示。

五、替代的路径依赖风险

路径依赖通常主要表现为“搭便车”，这对于经济规模较小的国家来说，是资源替代中规避上述各种风险的有效方式。但是，对于资源消耗量巨大的经济大国来说，资源替代的过程如果出现了过分的路径依赖，则隐藏着失去发展先机的巨大风险。

以能源替代为例，美国之所以超越英国，建立了自己的世界经济霸权，主要得益于它创新性地发明了性能优良的能源新载体——被称为二次能源的电力；与此同时，还发现了可以大规模开采、加工和利用的石油。以这两大能源为基础，美国创新性地重建了具有巨大资源优势和竞争力较强的工业体系，塑造了美国以资源高消耗为基础的生活方式。相反，如果在能源替代上依赖着当时以煤炭为主的路径，美国经济难以超越英国，更不可能达到今天这样的高水平。

美国在能源替代上的经验，值得中国、印度等发展中国家重视和借鉴。一方面要千方百计保障眼前与近期经济发展能源、原材料等资源的支撑能力；另一方面，又要着眼于未来，树立长期竞争优势，提升经济长期可持续发展的资源支撑能力。因此，面对种种不确定性风险，寻找具有竞争优势的替代资源，是发展中国家完成工业化、城市化，最终实现现代化过程中不得不努力做好的必修课。这既是挑战，同时也是实现大国崛起和繁荣复兴的重大机遇。

总之，上述资源替代的风险分析，证明了国家可以得到的资源存量实际上是资源发现的不确定性函数。而回避这种不确定性风险，需要国家通过制定和实施科学的资源战略，消除或减轻资源替代过程的不确定性，其中最为重要的措施是通过建立资源替代的风险补偿机制，对资源替代的相关创新活动进行激励。

第六节　资源替代的前景与路径比较

一、战略性资源替代前景：以矿产资源为例

在可以预见的时间里，受制于资源替代的周期性与阶段性的约束，在矿产资源领域具有重大影响的战略性能源与原材料，其替代方向与前景如何？

在人类开发利用矿产资源的历程中，矿产资源替代从未停止过，矿产品替代涉及几乎所有矿产资源种类。20 世纪矿产资源替代有两大事实：一是铝迅速演变为全球第二大金属，没有铝的世界是难以想象的。而这种态势的出现实际就是金属铝替代木材、钢材等结构材料的结果。二是化石能源替代主要表现为高效能源替代低效能源，因此，通过替代煤炭，石油和天然气消费量不断增长。①

无论是能源资源还是材料资源，在出现新的周期性与阶段性的突破之前，将处于多种替代方式并用，多种资源共用的格局（见表 4–6、表 4–7）。以经济因素为基础的资源替代机制为所有资源替代都提供了可能和动力。

表 4–6　　　　化石能源替代一览表

<table>
<tr><th>矿产</th><th>替代品</th><th>替代领域</th><th>发展趋势</th></tr>
<tr><td rowspan="4">石油</td><td>水煤浆</td><td rowspan="4">交通运输工具的燃料是所有试图替代石油努力的首选</td><td rowspan="4">水煤浆代油的技术已经成熟，将大力推广。生物质液化技术是重要发展方向
酒精代油在巴西已经获得了普遍使用，南非的煤炭液化代油占燃料油消费的40%</td></tr>
<tr><td>煤合成液体燃料</td></tr>
<tr><td>生物质液化</td></tr>
<tr><td>天然气、电、酒精</td></tr>
<tr><td>天然气</td><td colspan="3">天然气属于21世纪的高效、洁净能源和基础化工原料，将用于替代其他矿物能源。</td></tr>
<tr><td rowspan="2">煤炭</td><td>铀、可再生能源</td><td>发电</td><td rowspan="2">环保压力迫使煤的市场份额不断下降，长远看煤的地位将得到巩固</td></tr>
<tr><td>石油、天然气</td><td>发电、化工基础原料、一次能源</td></tr>
</table>

资料来源：王安建、王高尚等：《矿产资源与国家经济发展》，地震出版社2002年版，第124页。

具体而言，有专家将矿产资源的替代过程与前景做了如下描述。②

1. 稀缺矿产资源的替代

建筑业窗户材料的更替是矿产资源替代的经典例子。因其容易采伐加工，木材在金属大规模利用前曾是极其重要的结构材料，钢出现后由于优良的性质迅速取代了木

① 参见王安建、王高尚等：《矿产资源与国家经济发展》，地震出版社2002年版。

② 同上。

材的基础结构材料的地位，但是替代门窗的主要原因是木材价格的不断攀升，铝替代钢的重要原因是美观和经济的快速发展，塑料的低成本和易加工是其取代铝金属的原因。

化学工业基本原料的替代。第二次世界大战前化肥工业、石油化学工业全部以煤炭做原料。20 世纪 50 年代开始逐渐转向石油和天然气。到 1969 年生产合成氨的原料中煤仅占 2%，天然气占 59%，其余为石油。目前石化工业的原料中天然气占绝对优势。

表 4–7　　重要金属矿产资源替代一览表

<table>
<tr><th>矿产</th><th>替代品</th><th>替代领域</th><th>发展趋势</th></tr>
<tr><td rowspan="5">铝</td><td>塑料、钢</td><td>机械制造、日用品</td><td rowspan="5">钢的比重大，镁、钛成本高成为替代铝的制约因素；随着镁成本的降低，在某些领域可以替代铝。由于全球铝资源相当丰富而且成本低廉，以及优良的性能和节能效应，未来铝的需求将不断扩大</td></tr>
<tr><td>玻璃、纸</td><td>包装、容器</td></tr>
<tr><td>镁、钛金属及合金</td><td>交通运输、建筑</td></tr>
<tr><td>铜</td><td>广泛</td></tr>
<tr><td>木材</td><td>建筑业</td></tr>
<tr><td rowspan="7">铬</td><td>金属：镍、钼、硼、钒</td><td>铬合金钢、铸铁</td><td rowspan="7">总体看，虽然已经作了许多小规模的各种替代尝试，但目前还没有在经济上或技术上完全可以替代铬铁矿的用于生产不锈钢、铬铁合金及其他铬制品的物质</td></tr>
<tr><td>金属：锌、镉、镍</td><td>电镀业</td></tr>
<tr><td>金属：钛</td><td>化学加工设备</td></tr>
<tr><td>菱镁矿、锆石、白云石</td><td>耐火材料</td></tr>
<tr><td>镉黄</td><td>颜料、镀膜保护</td></tr>
<tr><td>镍锌矿石</td><td>镀膜</td></tr>
<tr><td>贱金属合金</td><td>不锈钢</td></tr>
<tr><td rowspan="4">铜</td><td>金属：铝</td><td>电器、电子、散热器、黄铜</td><td rowspan="4">价格、性能、比重是铜的替代品的优势，但是铜在许多领域仍具有不可替代性；零件小型化</td></tr>
<tr><td>光纤</td><td>通讯设备</td></tr>
<tr><td>塑料、钢</td><td>管件（直接替代）</td></tr>
<tr><td>铝、塑料</td><td>黄铜（间接替代）</td></tr>
<tr><td>铁</td><td>生铁是唯一来源。铁的替代取决于钢的被替代的程度</td><td>没有替代品，炼钢业中回收利用的数量不断增加</td><td>塑料、铝、某些非金属材料替代钢的比重不断增加导致铁矿石消费下降</td></tr>
<tr><td>锰</td><td>锰在主要应用领域具有不可替代性</td><td>多数领域无法替代；由于经济因素在化学和电池业等次要领域被有限替代</td><td>成本和技术是决定锰在主要应用领域能否被替代的主要因素；锰具有成本优势；炼钢技术进步不断提高锰的利用效率</td></tr>
</table>

续表

矿产	替代品	替代领域	发展趋势
镍	金属：钼、铌、锰	合金钢	替代品的使用成本趋向增加或牺牲某些物理或化学性质；镍在多数应用领域都可被替代
	金属：铂、钴、铜	反应媒	
	钛、铝、镀膜钢、塑料	抗腐蚀市场	
	钴	电镀业	
铂族金属	多种金属	合金	铂族元素易于被替代，特别是合金；替代触媒的性能不及铂族，综合成本高；铼在石油裂解业替代份额较大。至今只有铂—铑合金可作生产玻璃纤维的坩埚漏板材料
	钨、镍、银、金、炭化硅	电子、电器	
	镍、钼、钨、铬、钴、矾、银、稀土	反应媒	
	不锈钢、陶瓷	抗腐蚀	
稀土	较多	所有领域	替代品的使用以牺牲性能为代价；稀土的主要功能用途没有理想的替代品
钨	钛、钽、炭化铌	耐磨性产品	灯丝领域和切削工具被替代的量十分有限
	钼工具钢	工具钢	
	陶瓷合金	切削工具（刀具）	
锌	铝、镁、塑料	压延业	部分领域的替代有限，未来被大量替代的可能性较大
	陶瓷、塑料、镉、铝、特钢	电镀业	
	铝、镁、钛	化学制品和颜料	
	锆	陶瓷、搪瓷业	
	铝合金、不锈钢、塑料	黄铜（管件）	

资料来源：王安建、王高尚等：《矿产资源与国家经济发展》，地震出版社2002年版，第124～125页。

2. 节约能源，减少温室气体排放的替代

不断降低能源消耗、提高能源利用效率是矿产资源替代的原动力之一。汽车工业最近 40 多年的发展始终贯穿着降低能源、减轻自重的主旋律。围绕降低能耗开展了大量新材料的研发。以塑代钢可以节约总能耗 80% 以上，单台车平均用钢量逐步减少，而单车铝的用量 40 年增长达 1.5 倍。因此，汽车制造业的钢消费量显著下属。汽车中每千克铝替代钢可以减少 20 千克温室气体排放。

化石能源储量结构与消费结构的差异迫使人类利用储量大的化石能源。再生能源替代矿物能源的份额虽然有限，却是未来能源可持续利用的重要方向。

除化石能源之间的替代外，还有电能、核能、太阳能的替代，如太阳能发电、电动汽车等替代化石能源。

3. 化石能源相互替代

作为能源和化工原料，能源高级品种替代低级品种的趋势不断加速。在相当长时间内化石能源的替代将在煤炭、石油和天然气之间展开，再生能源还不具备替代化石能源的实力。2001 年天然气的消费量超过煤炭，未来将是天然气时代。调整能源结构，开发低效能源也将是重要的方向。研发以煤代油技术，将充分发挥煤炭储量丰富的优势。

4. 成本—效益最大化替代

新材料的不断创造将出现大量可以替代金属的替代品；非金属、金属与非金属复合材料替代金属矿产是矿产资源替代的发展方向。

以矿物能源矿产为原料的塑料的大量使用，虽然在一定程度上缓解了对钢、铜、铝金属的需求压力，但是却增加了矿物能源资源的消费量，从长远看，对人类社会的发展没有益处。

二、资源再利用放大资源多样化效应

用地球上相对丰富的资源替代相对紧缺的资源，既是经济发展资源替代机制作用的必然结果，也是人类社会在资源开发利用上的理智选择。有研究指出，未来矿产资源替代品开发主要有两个趋势①：

一是可再生资源替代不可再生资源的发展趋势。用可再生能源替代传统不可再生能源，是未来人类长期努力的方向。例如，“酒精代油”“煤炭代油”等。加强煤炭资源开发利用，在未来的某个时候煤炭化工和煤炭制品将会成为石油天然气化工制品的有力竞争者。

二是新材料的广泛出现成为未来矿产资源替代的趋势。新材料的研发是矿产资源替代的重要内容，其基本原则是复合化，打破金属矿产资源与非金属矿产资源的界限和传统观念，将两者有机结合，开发出性能优良的可替代金属矿产的新材料。

总之，基于矿产资源可持续供应的矿产资源替代，是用自然界相对丰富的、可以低成本获得的矿产资源替代相对匮乏的矿产资源，或者是通过矿产资源替代间接实现矿产资源的节约。资源再利用与循环利用技术与方法的进步，大大拓展了资源多样化的空间

---

① 参见王安建、王高尚等：《矿产资源与国家经济发展》，地震出版社2002年版。

与前景，通过不断完善资源替代机制，可以促进资源可持续利用和人类社会可持续发展。

三、中国战略性资源的替代路径比较

资源替代是缓解经济发展资源支撑问题的重要路径。在给定的三维坐标的里，由于不同资源在稀缺度与风险类型上各不相同，资源替代方式的选择上也应各有侧重，由此形成经济有效的资源替代路径。例如，在未来二三十年的时间里，如果有关能源、原材料的科学技术未出现具有规模化、产业化和商业化意义的革命性突破，经济发展方式也难以根本跳出传统工业化模式，人类的生产方式和生活方式也难以发生根本性的变革。在这种情况下，面对世界经济发展对战略性资源的刚性需求，为了提高资源支撑能力，有效控制和规避资源替代风险，中国经济发展在战略性资源的替代路径上，不得不改变对单一替代方式的依赖，通过选择多种替代方式的组合，实现资源的多元综合替代（见表 4–8）。

水土资源：新增淡水与土地的资源空间十分有限，通过开发来供给更多的土地已十分困难，而淡水在供给替代（如海水淡化）上成本高昂，不具有普遍意义。但是，水土资源的节约与高效利用潜力巨大，应该成为重要方向。淡水资源在空间替代上通过工程化的办法进行流域性调水，也是较重要的方法。

表 4–8　　　　中国现阶段战略性资源替代的路径选择

资源品种	①基础替代	②供给替代	③需求替代	④空间替代	较佳路径组合
淡水	★	☆	★	★	①+③+④
土地	★	☆	★	☆	①+③
石油	★	☆	★	★	①+③+④
电力	★	★	★	★	①+②+③+④
资金	☆	★	★	★	②+③+④
铁矿	★	★	★	★	①+②+③+④
铝矿	★	★	★	★	①+②+③+④
制度安排	★	★	☆	★	①+②+③

注：★为重点选择的替代方式，☆为有限选择的替代方式。

能源资源：石油、天然气与煤炭仍是三大主力能源，从需求上看，经济发展对石油与电力的依赖会进一步加深，以节能为主的需求替代已成为普遍的资源替代的方式，同时还具有减排废物废气、改善环境的效应。相比较而言，在电力的供给替代方面，通过多种方式的电源建设，减少煤电压力的潜力较大；而石油的供给替代受国内资源禀赋的限制，不得不选择加大从国外进口的空间替代方式。

矿物原料：以铁、铝为主的矿物原料，勘探开发、循环利用、国际贸易等方面都将进一步深化。

金融资源：在资金的来源上，将高储蓄率转化为高资本形成率，即以供给替代的方式增加资金供给，仍是经济发展最主要的资源支撑；而利用国外资金，除具有直接的资金资源支撑作用外，还具有扩大对外开放、引进先进技术与管理的效能，仍是不能忽视的重要资源。对于中国来说，减少经济发展对投资的过度依赖，提高资金使用效率，也是提高资金资源支撑能力的必然选择。

制度资源：在资源支撑压力持续作用下，制度资源对经济发展的支撑作用日益显现，主要表现是，不断进行制度创新，通过新的制度供给，使资源供求矛盾得以缓解。在这一过程中，可以引进或借鉴国外的成功做法，对国内经济发展资源支撑方面的法律政策，以及传统的思维与习惯进行改革，实现经济高效的制度供给。

总之，在当前乃至未来可以预见的时间里，资源替代路径在多元综合替代趋势的作用下，中国以工业化与城市化为阶段性特征的经济发展，将需要进行大量的有效投资，因此，更加依赖于资金资源的支持，经济发展资源支撑对基础替代的依赖更加明显。

四、资源战略在资源替代中具有重要作用

资源替代，一方面是资源科技不断进步的结果，另一方面是经济社会机制作用的结果。工业化、城市化过程中资源规模化利用的方式，加大了资源稀缺性压力，加剧了资源替代的紧迫性，多元多层的资源替代日益成为一种十分复杂的博弈活动。因此，各博弈主体的资源战略，对其资源支撑的状况有着重大影响。为提升国家经济发展的资源支撑能力，中国在资源替代方面需要长短兼顾。中短期以防范资源稀缺性风险为主要目标，长期则以克服路径依赖风险为主要内容。所有这些，都需要重构更加有效的国家层级的资源战略。

第五章

资源战略：条件与模式

完全的贸易自由恐怕是一种永远不能实现的幻想。[①]

——马尔萨斯

按照“稀缺→替代→战略”的分析框架，本章通过对资源战略特别是国家资源战略进行系统分析，对不同类型国家的资源战略进行比较研究，探索资源战略在解决资源稀缺性、促进资源替代、管理和防止资源风险上的作用。以此为基础，研究中国资源战略的现状与改进方向。

第一节　资源战略的由来

一、资源战略生产的背景

“战略”本为军事术语，意指对战争全局的筹划与决策。有观点认为，战略一词与资源、经济、社会联系在一起，是第二次世界大战以后的事情。[②] 第二次世界大战之后，世界政治与经济的格局发生了巨大而深刻的变化，以苏联为首的社会主义和以美国为核心的资本主义两大阵营相对峙，成为国际社会各项事务的主轴；而亚、非、拉第三世界国家相继摆脱了殖民主义的统治，走上独立发展的道路，对战后世界政治与经济格局也产生了重大影响。这种国际经济的新格局对世界资源的配置产生了重大影响。一方面，世界各国都面临着经济发展道路的重新选择；另一方面，为了实现自

① 马尔萨斯：《政治经济学原理》，商务印书馆1962年版，第425页。

② 郎一环、王礼茂、李岱：《全球资源态势与中国对策》，湖北科学技术出版社2000年版。

主经济发展等战略目标，各国都希望谋求对其优势资源在开发利用与重新配置上的相应话语权，由此导致了围绕自然资源特别是石油、重要矿产等战略性资源的博弈：先行的发达国家已不可能像以前那样，可以直接掠夺殖民地资源来支撑其经济发展，这无疑是对过去发展模式的极大挑战；社会主义各国希望通过发挥制度上的优越性，通过经济的快速“起飞”，实现“赶英超美”的跨越式发展；新独立的发展中国家急于摆脱贫困与落后，希望依托优势资源的支撑，走上国家现代化的道路。所有这些，实际上都突显出资源战略对资源支撑的重要性。

其实，关于石油、钢铁等重要资源对支撑国家发展的战略意义，早在二战之前就已引起人们的注意，有关认识在一些国家或在一些领域开始演绎为战略性的实践行动。例如，第一次世界大战前，时任海军大臣的丘吉尔极力推动将英国的“海军优势建立在石油之上”[①]，并对海军战舰的燃料与动力系统进行了升级，这对后来整个战争的进程产生了决定性的影响。二战以后，有关战略性资源的配置问题，在国际政治、经济、军事乃至外交的博弈中，更充当着重要的角色，有时甚至成为各种力量相互角逐的主要目标。

面对复杂的国际形势和日前激烈的市场竞争，为了实现各自政治、经济上的根本利益，如何合理有效地获取和利用战略性资源，成为全球普遍关心的问题，世界各大国都加强了对资源领域带全局与长远的重大发展问题的谋划与布局。现代发展战略的理论研究与实践探索由此应运而生。

二、发展战略学的产生与兴起

据有关研究，“发展战略”一词首次使用于1958年美国经济学家赫希曼（Hirschman）发表的《经济发展战略》一书之中，另一位美国学者拉尼斯（Gustav Ranis）随后使用了“计划战略”的术语。到了60年代，“进口替代战略”“出口替代战略”等名词开始较广泛出现，并成为一些国家重要的经济发展战略。

联合国等国际机构对发展战略的研究十分重视，先后制定了60年代、70年代、80年代三个10年的“国际发展战略”，使得“发展战略”一词广为人知，促进了世界范围发展战略研究热潮的兴起。

1977年，美国有关机构，对20世纪末最后20年全球人口、自然资源和环境可能发

① 参见［美］丹尼尔·耶金，《石油风云》，上海译文出版社1992年版。

生的变化作了系统研究，并向当时的美国总统卡特提交了题为《全球2000年研究向总统提出的报告——进入21世纪》的研究报告，美国这篇为制定其长期发展战略而提出的报告，对影响世界经济发展的人口、粮食、能源、非燃料矿物、森林、水等进行了全面的分析和预测，并指出了可能出现的各种严重问题以及解决这些问题的途径和措施。

三、资源战略的产生

资源战略是发展战略中的子战略，既是发展战略的重要组成部分，又是整个国家发展战略的基础。

自然资源特别是矿物资源，是工业化阶段的重要物质基础，因此成为制定现代经济发展战略的主要依据之一，这一点历来受到各国特别是大国的普遍重视。

对重要矿产地的控制，是美国政治、外交的一个重要方面。早在1962年，美国总统原料政策委员会就公布了“资源用于自由”的报告，该报告的主要观点是呼吁美国资本积极加紧对外扩张，以保证对国外廉价原料产地的控制。该委员会成立的目的，就是要制定以最低的费用满足原料远景需求的资源战略计划，即研究美国原料短缺的品种和规模，为弥补缺口而需要进口的数量和供应地的地理分布等。该委员会的主要成果之一，就是为总统制定了向国外采购原料和建立战略储备的专门计划。到了70年代初，由于能源危机的发生，美国更是把矿物原料的保障问题，看作是其对内和对外政策中的一个主要问题。

经济发展资源支撑问题对全球经济与政治版图的巨大影响，一方面导致了区域经济一体化，另一方面又加速了经济全球化，世界资源市场出现了由超级国际机构与巨型跨国公司为主导的超级垄断组织，形成了重要战略资源的开发利用多层垄断博弈的格局。例如，基于经济发展对资源配置的需求，1951年4月18日，德、法、荷、比、卢等国签订了《欧洲煤钢共同体条约》，标志着“欧洲煤钢联营”的产生，后来演变为“欧洲经济共同体”，经过近半个世纪的发展，形成了今天的“欧盟”。而OPEC与IEA等国际组织的产生与演变，更使世界石油市场不仅远远地离开了古典经济学家“自由竞争”的经济理想，而且成了国家之间角力的博弈场；在铁、铜、铝等矿产资源领域，巨型跨国公司作为主角，推进了资源配置全球化的步伐。

总之，从其产生与发展的历史过程来看，基于提高经济发展资源支撑能力的需要，在国际经济联系日益密切和日益复杂的博弈中，资源战略成为公司、利益集团、城市、国家乃至国际组织的行为模式。

第二节　资源战略的含义

什么是“国家战略”或“国家资源战略”？尽管人们经常使用这些看上去很规范的术语，但实际上并没有人对其含义进行严格的科学界定。

《新华词典》从词义上对“战略”做了如下解释：“①对战争全局的筹划和指导。它依据敌对双方军事、政治、经济、地理等因素，照顾战争全局的各方面、各阶段的关系，规定军事力量的准备和运用。②泛指对全局性、高层次的重大问题的筹划和指导。例如，经济发展战略。”[①] 据此可以这样理解，国家战略是国家对某一全局性、高层次的重大问题所进行的筹划和指导；国家资源战略则是国家对事关全局性的、高层次的资源问题或某些甚至某种资源问题所进行的筹划和指导。

在通常情况下，上述对“战略”“国家战略”和“国家资源战略”的定义，大体上是可以接受的。但是，从基础科学研究所要求的理论规范性、专题科学研究所要求的技术性以及解决现实重大资源问题研究所要求的对策性分析来看，对“资源战略”“国家战略”及“国家资源战略”的上述界定就显得不够了。比如，“筹划”的词义是“计划安排”，“指导”则是“指示教导，指点引导”，都带有国家或政府行政管理的意味。这样的内容尽管是国家战略中必不可少的重要部分，但只能是其中的一个方面，而远远不是问题的全部。而“全局性”“高层次”则包含着模糊与不确定性的含义。因此，有必要用经济学的方法对“资源战略”与“国家资源战略”的含义做出进一步界定。

一、资源战略是经济主体提升资源支撑能力的博弈规则

本书认为，资源战略是一定经济主体面对资源供求的态势，为解决资源支撑问题而做出的对策安排。在市场经济条件下，资源战略是资源替代博弈的重要行为方式和行动规则，在经济全球化条件下的资源配置中，国家资源战略直接代表着国家以经济发展为核心利益而参与资源全球性空间替代的博弈方式。[②] 对于资源战略的这种理解，可以用博弈论的方法与范式来解释。

在博弈论中，战略（strategies）是一个十分重要的概念，其基本含义是参与人在

① 《新华词典》，商务印书馆2001年修订第3版，第1236页。

② 资源战略的综合含义实际上远远超出了纯经济的意义，但经济发展对各国家都是最根本的国家利益。对资源战略所涉及的政治、军事、外交以及环境等方面的内容，不是本书研究重点。

给定信息集的行动规则，它规定了参与人在什么时候选择什么样的行动。因为信息集包含了一个参与人有关其他参与人之前的行动知识，战略意味着参与人如何对其他参与人的行动做出反应，因而战略是指参与人的“相机行动方案”。[①]

本书第四章论述了资源替代博弈包括供求博弈、供给方博弈、需求方博弈、破局博弈等四种类型。那么，一个完整的资源战略也相应有四种情况，即供求博弈战略（$S_{S\to D}$）、供给方博弈战略（$S_{S\to S}$）、需求方博弈战略（$S_{D\to D}$）、破局博弈战略（$S_{S/D\to S+D}$）。由此，我们可以得到以下资源战略（S_R）的完整定义。

资源战略，是由各种类型的资源博弈模式所构成的战略组合或战略集，可以表述为如下的数理关系：

$$S_R=\{S_{S\to D},\ S_{S\to S},\ S_{D\to D},\ S_{S/D\to S+D}\}$$

供求博弈战略（$S_{S\to D}$）代表一种战略互补的关系，只在（买，不买）与（卖，不卖）之间做出选择，基本上是一种纯战略，较容易达成交易，从而形成局部均衡。因此，主要受市场价格机制调节，供求博弈战略趋于使资源市场达到一般均衡[②]。

供给方博弈战略（$S_{S\to S}$）与需求方博弈战略（$S_{D\to D}$）所体现的是对资源的直接争夺，其基本关系是直接的战略替代，都属于混合战略。因此，这些战略除受市场价格机制的调节之外，还要受博弈参与者复杂的战略安排的巨大影响，除经济利益因素之外，非直接的经济因素有时甚至起着决定性的作用。其最终结果则取决于能否形成精炼的纳什均衡。

而破局博弈战略（$S_{S/D\to S+D}$），则是由供求博弈战略（$S_{S\to D}$）、供给方博弈战略（$S_{S\to S}$）、需求方博弈战略（$S_{D\to D}$）所构成的一种战略互动，其特点是新的参与者打破初始的均衡状态，改变原先参与者们共同形成的利益格局，通过激烈而复杂的博弈过程，最终与新的参与者一起建立起新的利益格局，达成一种新的纳什均衡[③]。

值得注意的是，供给方博弈战略（$S_{S\to S}$）、需求方博弈战略（$S_{D\to D}$）与破局博弈战略（$S_{S/D\to S+D}$）中，都包含了战略竞争的博弈，本质上包含着非合作因素。特别是一旦出现破局博弈的情形，要建立新的战略均衡不可能一蹴而就，常常面临着许多困难，甚至会出现一定时间、一定空间的危机状态。尽管如此，战略参与者之间的战略竞争与战略互补这两种关系，在一定条件下可以相互转换，即通过一定的创新性战略安

① 张维迎：《博弈论与信息经济学》，上海三联书店、上海人民出版社1996年版，第50页。

② 一般均衡：是指商品总供给与需求之间的均衡，是一种数量的均衡。

③ 纳什均衡：是指市场博弈各参与方形成了一种都愿意接受的战略格局，是一种博弈规则的均衡。

排，各利益攸关方可能形成联盟，导致战略竞争的关系转化为战略互补的关系，最终趋向均衡。例如，OPEC 与 IEA 的出现，就使机构内部各成员国之间由原先对石油的相互竞争（OPEC 为石油供给方竞争，IEA 为石油需求方竞争）转化相互合作，由于结成为利益集团，国家之间的博弈战略转化为超国家集团之间的博弈战略，从而出现一种更为复杂的博弈模式。

由此可见，资源战略不只是一种政府的孤立行为，而是由众多不同层次经济主体的行为构成的动态结构。在经济全球化的条件下，众多的参与人即供给方与需求方在世界资源市场上的全面战略互动，涉及利益调整，并导致长期形成的资源交易规则的变化。而这里的资源博弈参与人，不仅仅是个人、公司、跨国公司，还包括国际机构与国家。正因如此，今天战略一词在经济活动的各个层面上都得到了广泛应用，如企业发展战略、地区战略、城市发展战略、国家战略、国际战略等。从理论上讲，资源战略包括个人、公司、行业或区域等利益集团的资源战略，这些战略共同构成的战略结构，决定着国家资源战略目标效应是否能够顺利实现。因此，需要强调的是，资源战略研究通常侧重研究国家资源战略，但并不意味着资源战略仅仅是国家资源战略。

二、国家资源战略是国家有关资源博弈的制度安排

为了实现资源对经济发展有效支撑的目标，国家以某种方式参与到资源博弈规则之中。尤其是，当资源战略上升到国家层级的高度，由国家组织制定并采取相应的行动，试图对相关各级政府、区域、城市、行业组织、企业甚至个人的资源博弈战略行为进行引导，就形成了国家资源战略。

那么，什么是国家资源战略呢？借助于博弈论的方法，可以对国家资源战略的含义界定如下：国家资源战略是国家层级的对资源博弈规则的制度安排，它本质上是一种资源领域的国家行为模式。根据制度经济学的分析，国家行为或政府行为表现为国家制定的行为规则和政府行动，它们共同形成一种行为规范，即制度安排。因此，资源战略是国家有关资源博弈的系统的制度安排。

中国人习惯将国家及其政府部门制定的规则通称为“政策”，而“政策”即是“国家或政党为实现一定目标而制定的具体的行为准则”。[①]

在当今经济社会，国家资源战略具有多层多面的结构关系，并共同组合成一种复

① 《新华词典》，商务印书馆2001年修订第3版，第1258页。

杂的结构体系。根据国家在资源战略中的行为方式和参与深度，国家资源战略在理论上可以分为以下五种模式：

①自由放任式的资源制度安排：国家完全不参与资源领域的博弈，任其由市场调节。这种资源制度安排在国家没有出现之前是可能存在的，而在现代市场经济条件下，各国经济发展均以国家这一政治实体为资源集的基础边界，这种资源制度实际上并不存在。因此，这只是一种理论上的抽象。

②国家参与式的资源博弈规则：当今社会，即使在成熟的市场经济国家，资源配置的制度安排仍在一定程度上体现着国家的意识。因此，几乎所有的资源博弈规则，都会有国家的参与。国家参与形成的资源博弈规则，在全球战略性资源如能源、重要矿产等市场上，可以说是无处不在。这正如马尔萨斯在《政治经济学原理》所言："完全的贸易自由恐怕是一种永远不能实现的幻想。"[①] 国家参与形成资源博弈规则，最基本的方式有两种：一是有关资源所有权归属的规定；另一是对资源市场的监管。

③国家组织式的资源博弈规则：在市场经济条件下，资源制度以市场机制为基础，因此在重要资源的制度设计中，国家资源战略首先表现为制定种种资源法令，并以此为基础进行具体的政策安排。这是当今世界各国很普遍的资源制度安排模式。

④国家主导式的资源博弈规则：尽管资源的开发、贸易、利用以市场机制为基础，但国家直接主导着资源制度的形成与演变，尤其是对经济发展和国家安全有重大影响的战略性资源，国家一方面制定体现国家利益的资源战略，另一方面还通过各种方式直接或间接介入资源市场，对资源的供求与价格进行调节。这种情况在当今石油等战略性资源领域表现得十分突出。

⑤国家垄断式的资源博弈规则：这种资源制度安排，意味着在产权层面上一切资源特别是重要资源归国家所有，在资源配置方式上由国家说了算。最典型的情况是，在高度集权的计划经济体制下，不仅资源的法令由国家制定，而且一切资源归国家所有，资源勘探、开发、生产、贸易与利用都由国家调配与控制。

根据对国家经济社会发展影响的深度与广度，资源战略表现出不同的层级。以中国的制度安排层级为例，根据其重要程度的不同，国家"政策"呈现出如下层级（见图 5-1）：国家战略→国策→经济战略→具体政策。据此，资源战略所形成的制度安排，可分为国家战略级、国策级、经济战略级与一般政策级四种。

① 马尔萨斯：《政治经济学原理》，商务印书馆1962年版，第425页。

“国家战略级”的制度安排所体现的是以国家根本利益为基础的长远的全局的大政方针。例如，中国过去 30 多年到未来 20~50 年的“国家战略”是：保证经济社会可持续发展，通过“三步走”战略，实现国家的现代化。其中未来 10 年的国家战略就是全面建设小康社会。

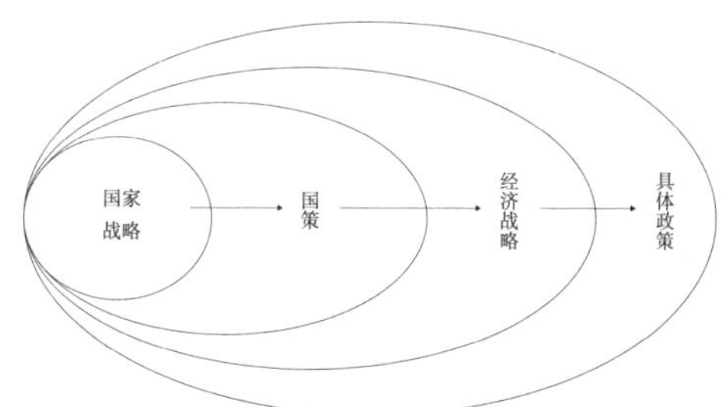

图 5–1　中国制度安排的层级结构

“国策级”的制度安排，体现着一定时期国家的基本政策。中国现行国策级的“政策”有改革开放方针、计划生育政策等等。

“经济战略级”的制度安排，所体现的是对经济发展具有重要意义的某种问题的谋划与指导，属于这样的制度安排较多，诸如“科教兴国战略”“人才强国战略”“西部大开发战略”“可持续发展战略”创新驱动发展战略等。通常情况下，国家资源战略处于这个层级之中。

而“具体政策级”的制度安排，则是依据国家战略、国策、经济战略所做出的各种较为具体的政策规定。大量的资源政策属于此类。

各层级制度之间的关系是，高层级的制度安排是低层级制度安排的依据，但要以低层级的制度安排为载体，即国家战略要借助于具体的政策来贯彻落实。因此，真正成功的国家战略应该是由各层级制度安排复合而成、各层级战略参与者战略行为能相向而行的政策体系。

三、国家资源战略产生的机理与条件

在市场经济体制与经济全球化的条件下，国家资源战略要对个人、企业、地区、城市、集团乃至国际机构等各个层级的资源战略做出调整与引导，而国家资源战略的效果如何，则取决于各层级资源行为模式的战略互动方式。那么，在这种复杂的战略互动中，国家资源战略为什么能够产生又能够存在下去呢？这就需要研究资源战略产生、发展与演变的条件与规律。

1. 国家资源战略产生的必要条件

国家资源战略是不同层级资源战略重组形成的复合的战略结构体系，其目标是更加有利于实现国家经济社会发展整体利益与长远利益的最大化。由此，我们得到国家资源战略（S_{NR}）存在的必要条件。

国家资源战略存在的必要条件Ⅰ：设经济发展（G）是资源战略（S_R）的一个函数，即 $G=F[S_R]$，另有国家资源战略（S_{NR}），由此导出一个新的经济发展函数，$G^*=F[S_R, S_{NR}]$。当 $G^* > G$ 成立时，有必要出现 S_{NR}。

在资源风险日益增大、资源安全问题日益突出的情况下，以风险管理为目标，还可以导出国家资源战略存在条件的另一表达形式，即必要条件Ⅱ。

国家资源战略存在的必要条件Ⅱ：设经济发展（G）是资源战略（S_R）的一个函数，$G=F[S_R]$，并包含一种资源风险状态 $P=p$，即 $G=F[S_R, p]$，其中 $1>p>0$，另有国家资源战略（S_{NR}），由此导出一个新的经济发展函数，$G^*=F[S_R, S_{NR}, P]$。当 $G^* \geqslant G$ 且 $P < p$ 成立时，有必要出现 S_{NR}。

必要条件Ⅰ的实际意义是，国家资源战略能够提高资源支撑能力，从而更有效地促进经济发展；必要条件Ⅱ的实际意义则是，国家资源战略在保障经济发展的同时，能降低资源支撑风险，从而促进经济更好地发展。

2. 国家资源战略存在的充分条件：一种复合的“纳什均衡”

尽管国家资源战略满足了必要性的要求，但并不能保证资源战略一定能够产生或能够达到预期的效果。

任何国家资源战略要达到所期望的战略目标，都必须满足一系列不可缺少的条件。作为资源博弈的重要制度安排，国家资源战略的效能，从根本上看取决于资源战略组合所形成的制度安排，能否保证所有的战略参与者按照国家资源战略的目标形成良性互动，即达到一种“纳什均衡”。而能否成功地实现“纳什均衡”，又取决于资源博弈战略规则的内在结构。由此可以得到国家资源战略（S_{NR}）存在的充分条件。

国家资源战略存在的充分条件[①]：在资源的博弈中，有 n 个参与人的资源战略表述式为 $S=\{S_1, \cdots S_n; g_1, \cdots g_n\}$，其中 $S_1, \cdots S_n$ 是各参与人的博弈规则，$g_1, \cdots g_n$ 是参与人相对应的发展目标期望值。战略组合 $s^*=(s^*_1, \cdots s^*_i, \cdots s^*_n)$ 是一个纳什均衡，如果对于每一个 i，s^*_i 是给定其他参与人选择 $s^*_{i}=(s^*_1, \cdots s^*_{i-1}, s^*_{i+1}, \cdots s^*_n)$ 的情况下第

① 张维迎：《博弈论与信息经济学》，上海三联书店、上海人民出版社1996年版，第68～69页。

i 个参与人的最优战略：

$g_i(s^*_i, s^*_{i+1}) \geqslant g_i(s_i, s^*_{i+1}), \forall s_i \in s_i, \forall i$

或者用另一种表述方式，s^*_i 是下述最大化问题的解：

$s^*_i \in \mathrm{argmax}gi(s^*_1, \cdots s^*_{i-1}, s^*_{i+1}, \cdots s^*_n), i=1, 2, \cdots n$

构成纳什均衡的这种资源战略，一定是重复剔除严格劣战略过程中不能再被剔除的战略，即没有任何一个战略严格优于纳什均衡战略。

对于资源战略存在的充分条件，可以做如下理解：假定在一个资源博弈中，每一个参与人选择一个特定的资源战略，n 个参与人在博弈之前协商达到一个协议，这个协议可表述为：$s^*=(s^*_1, \cdots s^*_i, \cdots s^*_n)$，其中 s^*_i 是协议规定的第 i 个参与人的资源战略。在没有外在强制力的推动之下，当遵守既定协议所带来的效用大于不遵守协议时的效用。在这种情况下，每一个参与人才会遵守这个协议。

从国家资源战略的意义上说，国家资源战略产生与存在的必要而充分的条件表明，由国家作为一个特殊参与人所形成的新的博弈规则或模式，可以提升经济发展的资源支撑能力、规避和防控资源支撑的风险，但仅仅这些还不够，只有所有人都具有遵守这个协议的积极性时，或者说只有不存在任何参与人不遵守这个协议的积极性时，这个协议才能真正自行有效。此时，国家资源战略介入下的资源战略组合就构成一个纳什均衡；否则，就不是一个纳什均衡。

通俗地说，体现纳什均衡的国家资源战略应该包含这样的基本理念，即保证资源博弈的众多参与人能实现"互利共赢"。这一点已成为中国对外开放战略的核心。①

需要指出的是，一个成功的国家资源战略，"互利共赢"不应该只体现在国际经济交往上。在国家之间的资源配置中，需要"互利共赢"；在国内的资源配置中，更要体现"互利共赢"，因为后者是前者的战略基础。因此，在战略性资源的开发利用与有效配置中，只有尽可能调动国内国际资源开发、资源生产、资源供应乃至资源消费等各个环节所有参与者的积极性，才能真正全面实现国家资源战略的预期目标。否则，国家资源战略的效果就会打折扣。

四、国家资源战略的主要内容

作为一种资源博弈系统性的制度安排，国家资源战略的内容包括战略目标的设

---

① 中国"十一五"规划明确提出要"实施互利共赢的开放战略"。

定、战略层级设定与战略措施的安排等具体内容。

1. 战略目标

战略目标的设定是资源战略的基础。资源战略的目标是通过提高经济发展资源支撑能力，从而服从于、服务于国家利益的最大化。资源战略的具体目标有两个方面：一是目标资源的设定，二是资源支撑目标状态的设定。

目标资源的设定，即在成千上万的资源中，选择出对经济发展具有全局性影响的战略性资源。例如，在当今世界里，普遍被选为战略性资源的有石油、大宗矿物原料，以及资金、人才等。由于资源禀赋的不同、经济发展阶段上的差异，有些国家在战略性资源的设定上还包括淡水、土地等等。

尽管各国所选择的目标资源存在着差异，但理论依据都是相同的，即目标资源的特殊稀缺度及其对经济社会发展的特殊影响度。一种资源，如果在经济发展中的稀缺度与影响度都趋于提高，导致并加剧需求方资源战略的博弈时，这种资源就可能成为国家资源战略的目标资源，对国家来说这种资源就是战略性资源。一种资源，如果对一国经济发展的影响度很高，但稀缺度不高时，在资源市场就会出现供给方博弈战略，这种资源也有可能成为国家资源战略的目标资源。通常意义上，资源安全所涉及的资源多指与国民经济发展紧密相关、供需矛盾紧张特别是对于社会经济发展具有“瓶颈”影响的基础性、稀缺性的资源。在中国，以石油、天然气为主的能源资源，以及日趋稀缺的土地资源、水资源、战略性矿产资源等，都属于重点研究对象。

目标资源目标状态的设定，即国家资源战略对目标资源支撑所期望的具体态势，如资源的可得性、经济性，资源供给的稳定性及资源风险的可控性等等。

2. 战略层级

战略层级所体现的是，资源战略在经济社会发展以及在国家各种制度安排中的地位与作用。战略层级的设定，取决于资源对经济发展支撑的状态及其变动趋势，因此与国家的资源禀赋、经济发展阶段等都有着直接的联系。

战略层级的设定，主要表现在战略高度、战略深度、战略广度与战略长度等方面。[①]

所谓战略高度，即国家资源战略在国家方针政策中处于怎样的层级定位。比如，在制定资源战略、做出资源制度安排时，首先要明确是作为一种基本国策还是只作为一般性的资源政策。

① 胡跃龙：《理论学习与战略思考》，中央文献出版社2007年版，第23～25页。

所谓战略深度，即国家资源战略调整对象的定位。它所表现的是，资源战略所包含的方针政策，对社会方方面面尤其是对各类经济组织和民众的影响力。国家资源战略的影响力越大，越能得到大众的响应和支持，特别是如果能够成为人们的自觉行动时，其战略目标越易于实现。

所谓战略广度，即国家资源战略的空间定位。在经济全球化条件下，资源战略的目标设计与政策措施，不仅要立足国内的资源开发利用，而且还要放眼全球，最大限度地开发利用好国外资源，以提升国家经济发展资源支撑能力。

所谓战略长度，即国家资源战略的时间定位。资源战略及其政策措施，是一时一地的权宜之计？还是长远的战略安排？成功的国家资源战略的主要标志是能够促进经济持续快速健康发展，因此需要做好近期目标与长远目标的协调和衔接，从政策的时间效应上看，既要确保现实，又要照顾长远。

3. 战略措施

战略目标与战略层级确定之后，需要通过具体的战略措施来落实。为了保证重要资源战略的支撑能力与状态达到促进经济发展的目标，国家可采取的战略措施是全方位的，主要有法律手段、行政手段、经济手段，有时甚至包括外交与军事手段等。最基本的类型有以下几种：

一是法律制度保障。通过制定和实施法律制度来落实国家资源战略，是国家资源战略区别于其他任何经济主体资源战略的重要特点，并对后者产生约束力。国家法律与政府的制度安排由于具有较强的稳定性与可预期性，是其他经济主体进行资源博弈的制度基础。因此，一个科学的立法与制度，是保障国家资源战略得以实现而普遍采取相向行动的重要支撑。

二是资源可得性保障。通过国内资源的勘查、重要资源产权与开采权的设计、替代资源目标选择与激励、重要资源的国际合作等，确保战略性资源的来源能够适时、足量、经济地满足经济社会发展的需要。

三是资源产业链与供应链保障。重要资源的供求均涉及庞大的产业链与供应链，是资源支撑能力的重要物质与技术基础。要保障能源、矿产等战略资源对经济社会发展的支撑，就需要借助于，并通过规划与投资政策、产业政策等，改善对这些资源及其相关产业的布局，加强交通运输能力的建设。

四是稳定性与风险控制保障。国家资源战略，一方面应包含资源开发利用的风险防范与控制措施，如通过降低交易成本、风险成本转移、沉淀成本处理，甚至直接对经营成本补贴等，控制资源替代风险；另一方面应包含风险的管理与紧急状态的应对，如通过加强战略资源储备来实现重要战略资源在时间与空间上均衡优化配置，控制市场供求与价格的剧烈波动，防范出现供应中断的间竭性风险。

五是组织机构保障。再好的战略，如果没有人去落实，那只是纸上谈兵，因此强有力的组织机构是资源战略达到其战略目标的重要基础。通过设立专门的政府机构等，明确其职能、责任与手段，对资源战略的实施情况进行组织、协调、监督和控制，对资源经济的相关机构、企业单位，以及对资源的使用者和消费者进行管理与引导，保证资源战略顺利地落到实处。

五、国家资源战略的核心：建立新的均衡观

1. 制定国家资源战略要有新的均衡观

以上分析告诉我们，国家资源战略要达到提高经济发展资源支撑能力的目标，具体体现为促进和确保资源市场供求的连续稳定均衡。而资源市场（包括国际资源市场）的连续稳定均衡状态，实际上由两种均衡构成，一是市场均衡即供求均衡，另一是战略均衡即纳什均衡。

资源市场的供求均衡是一种数量均衡，即 $S=q(p)=D=q(p)$；而资源市场的战略均衡即纳什均衡，则是一种行为规则的均衡。资源市场博弈所包含的战略有供求博弈战略（$S_{S\to D}$）、供给方博弈战略（$S_{S\to S}$）、需求方博弈战略（$S_{D\to D}$）等，可表述为 $S_R=\{S_{S\to D}, S_{S\to S}, S_{D\to D}\}$。

由此，我们得出资源市场均衡的组合方程式 E_R 如下：

$$E_R\begin{cases} S=q(p)=D=q(p) \\ S_R=\{S_{S\to D}, S_{S\to S}, S_{D\to D}\} \end{cases}$$

因此，制定国家资源战略一般都着眼于资源的供求均衡，但又必须超越这种资源市场供求的一般均衡，树立更加全面的均衡观，只有这样，才能保证资源战略的落实。科学有效的国家资源战略在促进市场供求均衡与博弈相关者战略均衡的过程中，也就促使了资源配置趋向于帕累托改进，从而可以促进经济又快又好发展。

2. 处理好政府与市场之间的关系是实现二重均衡的核心

在市场经济条件下，资源战略所依托的重要平台是市场机制。因此，国家资源战略的核心问题，是要处理好政府与市场之间的关系。国家资源战略所起的作用，不

是替代更不是取代市场所能发挥的作用，而是为市场交易目标与交易行为建立新的博弈基础，避免博弈冲突，减缓博弈风险，从而达成一种新的均衡。正如制度经济学家约翰·R. 康芒斯所认为的，把交易作为分析的基本单位，建立经济组织，绝不单纯是为了解决各种技术上的问题（如规模经济、范围经济以及其他物理的或技术方面的问题），而往往是为了协调交易双方的矛盾，以避免实际的或可能发生的各种冲突。

第三节　国家资源战略的国别比较

一、发达国家的资源战略

从全球资源市场的资源流向分析，发达国家可以分为资源富国、资源丰富但不能满足自身需求的国家、资源贫国三种类型，而澳大利亚、美国、日本是这三种国家的典型代表。下面以美国为重点，对这三个国家所实施的国家资源战略的情况进行简要介绍和比较分析。

1. 美国：全球配置资源模式

（1）资源概况①

表 5-1　　美国矿产品进口量占国内消费的比重　　单位：%

矿种＼年代	1970	1980	1982	1984
铌	100	100	100	100
云母	100	100	100	100
锶	100	100	100	100
锰	95	98	99	99
铝钒土	88	94	96	96
钴	98	93	92	95
钽	96	90	92	94
铂族金属	78	88	90	91
铬	89	91	85	82
锡	81	79	73	79

① 参见郎一环、王礼茂、李岱：《全球资源态势与中国对策》，湖北科学技术出版社2000年版。

续表

矿种＼年代	1970	1980	1982	1984
石棉	83	78	74	75
镍	71	71	76	74
钾	42	65	65	74
钛	24	32	24	—
钨	50	53	42	71
锌	54	60	58	67
钡	45	44	55	64
银	26	7	55	61
锑	40	48	30	54
水银	41	26	31	60

资料来源：储玉坤、孙宪钧，《美国经济》，人民出版社1990年版。

美国是当今世界第一经济大国和第一贸易大国，它既是世界重要的资源大国，同时又是能源、矿产资源的头号消耗大国。充分有效的资源支撑，对美国经济发展与社会生活都具有至关重要的作用。

美国地大物博，国土面积世界第四，水土与矿产等资源禀赋都很高，区位优势明显。国土的可利率很高；矿产资源丰富，煤、石油、天然气、铁、铜、铅锌、硫黄、磷矿、钾盐等矿产储量均居世界前列，钼、钨、金、银、钒等储量也较丰富，但锰、镍、铬、钴、锡、锑、金刚石、水晶、铂族、稀有金属等矿产储量较少，甚至短缺。资源的有力支撑，使得美国能够成为世界上主要矿物原料生产大国和最大的矿物原料消费国，而且还是世界最主要的农业强国，其农产品在国际市场和对外贸易中占有十分重要的地位。所有这些，为美国工业大国、科技大国乃至经济大国提供了坚实的物质基础。

（2）通过开放式的全球资源配置，实现资源全球化的空间替代

从其国内资源集对经济发展的支撑状态上看，美国经济崛起的过程，经历了从资源支持到资源约束的演化，并且大约持续了 20~50 年的时间。这一变化的时间拐点，大约是第二次世界大战之后的 1948 年。

美国是世界上第一个大规模开采和利用石油的国家。1859 年 8 月底，美国人埃德温·德雷克在宾夕法尼亚州西北部的小山村泰特斯维尔打出了地球上第一口油井，拉

开了人类“石油时代”的帷幕。此后的近90年里，美国一直是世界石油的主要生产国与供应国。1948年，这一情况出现了根本性的转变，即美国成了世界石油的净进口国，全球经济发展与能源地区分布之间的失衡由此加剧。[①]而美国的资源战略由此而生，其所要解决的，正是经济发展资源支撑上存在的总量不足与结构性失衡的问题，其基本措施则是开放全球资源市场，促进国际的资源空间替代，实现资源支撑上的国际化。

为了从全球获得资源以支撑其经济发展，美国充分发挥资源开发利用的比较优势，即以国家利益（不只是经济利益）为目标，以市场配置为基础，实行全面开放式的全球资源战略：若自身的资源开发具有优势就开发本国资源，若开采本国的矿产资源因资源数量、质量及开采条件限制不如从国际市场进口时，就利用其经济技术实力雄厚、资金充足的有利条件，把技术、资金等投入到最有利可图的地方。[②]美国实行的全球开放式资源开发战略，体现了通过获取国外资源，实现对其国内资源的替代。

美国上述资源战略经历了一个形成与转换的过程，基本方向是从优先开发利用国内资源到优先利用国外资源的长期演化。20世纪20年代是美国资源战略转变的重要起点。20世纪30年代以前，美国主要靠自身的资源支撑其发展经济，1900~1929年美国生产的矿产品占其消费量的96%。而1964年美国进口原料的数量开始超过出口。[③]随着经济发展对资源品种、数量需求的扩大，美国对国际市场的依赖程度越来越高（见表5-1），到1977年，美国经济发展必需的非动力原料中，进口比重超过50%的达18种，而1950年时，只有铝、锰、镍、锡4种矿产。美国之所以从一个全球原料供应国，逐渐变为愈来愈依赖世界市场初级产品的消费国，可以说，既是世界经济发展中相互依赖程度提高的体现，也是美国资源战略调整变化的结果。[④]

美国资源战略，还包含了从进口绝对短缺资源，到全面利用国外资源的转变，这是一种典型的资源空间替代战略。原先主要进口国内短缺的资源，后来随着对资源安全问题的关注，进口的矿产品不仅是国内储量小、质量差的，对一些重要的战略资源，即使国内有一定储量，也主要从国外进口。美国认为，减少或限制矿产品进口，会加速国内矿产资源的枯竭。

美国矿物委员会强调指出：对于没有足够数量的矿产品，明智的国家政策应赞成

① ［美］丹尼尔·耶金：《石油风云》，上海译文出版社1997年版，第497～498页。

②④ 参见郎一环、王礼茂、李岱：《全球资源态势与中国对策》，湖北科学技术出版社2000年版。

③ 参见成升魁、谷树忠等：《2002中国资源报告》，商务印书馆2003年版。

自由地利用外国资源，以保护我们自己的资源，如果不顾资源的多寡，一味强调利用本国资源，有些矿产品不久就要枯竭，从而使得美国可能面临在战争时期依赖他国的危险。①

美国经济发展从主要依靠自身资源到主要依靠进口的资源战略转型，主要有三个原因。

第一，美国自然资源的品种和数量已不能满足经济发展的需要。20 世纪 30 年代以前，当时工业生产所需的矿物原料主要是煤、铁、铜、铅、锌、磷、硫等传统矿产资源，美国储量很丰富，能够保证以工业化为主要目标的经济发展的需要。

第二，资源替代经济规律作用的必然结果。由于科技发展与工业化的深化，现代工业对石油、锰、铬、钨、镍、石棉等资源产生了新的需求，而这些资源，美国不仅储量不够丰富，而且质量也不太高。此时，美国已经成为世界上综合国力最强的国家，资金与科技的力量足以保证其利用外国资源，实现资源在全球范围的综合替代。

第三，美国的国家资源战略对这种转变起了积极的推动作用。美国实施资源保护战略所体现的战略意图，就是要用其技术力量雄厚、资金充足的优势，或者从国际市场进口，或者到原料产地建立自己的矿产品供应地。

从组织实施层面上看，美国矿产全球战略具有以下主要特点：在国家层次上考虑全球矿产战略问题并将其作为国家全球战略的一个有机组成部分；依托美国的超级大国地位，实施大国战略，利用其突出的经济实力、军事实力和科学技术优势，在政治、经济和技术上开展全方位的“资源外交”；利用经济援助和技术合作，为美国跨国公司的矿业跨国经营打开通道，打开市场，为跨国公司的投资创造良好的市场环境和政策环境，并为跨国公司的投资和经营决策提供充分的信息服务；通过跨国矿业公司在世界范围内对矿业权市场的角逐，对主要资源国的矿产资源进行强有力的资本控制和技术控制。②

（3）国家安全成为美国国家资源战略的核心

从资源战略层级定位上看，美国资源战略远高于一般意义上的经济发展战略。其着眼点是，防范经济发展资源支撑可能出现的风险，充分保障国家资源安全。这是美国资源战略最显著的特点。因此，在资源战略的措施方面，直接将石油、核原料等战略性资源与国家利益相连接，不惜运用经济、政治、外交、军事等一切可能的手段予

① 参见成升魁、谷树忠等：《2002中国资源报告》，商务印书馆2003年版。

② 参见国土资源部信息中心：《“走出去”开发利用国外矿产资源》，中国大地出版社2001年版。

以保障。在保障国家资源安全上，美国采取了以下对策：

第一，建立资源储备。

美国虽然是世界最大矿产资源国之一，但仍十分注重对矿产资源的保护性开发和建立矿产资源战略储备。为了应对紧急事态的发生，美国对高度依赖进口的战略性矿产品实行储备政策。美国战略性矿产品储备工作始于 1939 年，其储备的依据是 1946 年制定的“重要战略物资储备法”以及 1975 年制定的“能源政策与保护法”。①

美国矿产资源储备大约已有近百年的历史，最初完全出于军事目的，即确保国防必需物资得到充分供应，确保作为国民经济基础的必要物资得到有效供应，保证战时美国经济也能正常运行。美国对石油储备非常重视，特别是军事用油的供应，早在 20 世纪 20 年代就出现“海军石油储备”。②1912 年至 20 世纪 20 年代中期，国会陆续通过法律将国内 4 块可能有丰富油气储藏和 3 块有大量页岩矿藏的广大地区划为“海军用油保护区”，规定只允许海军在战时急需时经国会批准后才可以动用。至今这些矿藏仍在国家的严格控制之下。③

经过长期的演变，目前美国矿产储备的种类达 63 类 80 种。并且资源战略储备还兼有生产销费性储备的作用，即稳定市场，平抑价格。其战略性矿产品储备的品种和数量也根据形势的变化不断地进行调整。

第二，资源来源多元化。

美国保障国家资源安全的另一措施是促进资源来源多元化，这在石油供应上表现得最为突出。美国将进口石油来源地的多样化，作为减少资源风险的重要手段。尽管美国在中东的影响力很大，仍把中东作为政治、军事不稳定地区，为减少对中东地区资源的依赖程度，将油气供应地分散到世界各地，以分散风险，保证资源的安全供应（见表 5-2）。美国在里海和中亚积极开展一系列工作，也是寻求中东以外石油供应地的重要体现。1997 年 7 月，美国参议院外交委员会通过决议，宣布中亚和外高加索是美国的“重要利益地区”。为确保美国 21 世纪能源战略的实现，稳定中东，挺进里海，控制中亚就成为美国的主要资源战略目标。

---

① 参见成升魁、谷树忠等：《2002中国资源报告》，商务印书馆2003年版。

② 参见［美］丹尼尔·耶金：《石油风云》，上海译文出版社1997年版。

③ 王礼茂：《论中国石油储备体系》，载《资源科学》2003年第1期。

表 5-2　　美国石油进口来源及所占比例　　单位：%

年份	北美	拉丁美洲	中东	非洲
1970	23.5	58.8	5.9	—
1980	5.9	29.4	17.8	20.6
1990	12.5	38.6	25.0	20.0
1995	15.9	32.5	18.2	16.6
1998	15.2	39.1	20.2	16.7

资料来源：成升魁、谷树忠等：《2002中国资源报告》，商务印书馆2003年版，第201页。

（4）能源资源是美国资源战略的基础，石油资源则是重中之重

石油是美国的经济命脉，石油安全是美国国家资源战略的核心。因此，能源战略是美国最基础性的国家战略之一。为了保证能源安全，除经济的、贸易的措施之外，美国还采用了政治、外交、军事等一切可能的手段。

1977 年，美国成立了能源部，其工作重点随着国内国际形势的变化而不断调整。20 世纪 70 年代末，着重于能源开发和制定相关法律法规；到 80 年代，重点为核武器的研发和生产；冷战结束后，重点是核武器的管理、防止核扩散、核设施环境的清理、能源效率与节能、能源可靠供应与运输等方面。

进入 21 世纪后的 2003 年，美国能源部出台了《能源部战略计划（The Department of Energy Strategic Plan）》，确定了其未来 25 年能源战略的核心任务和战略目标："促进美国的国家、经济、能源安全，推进为实现上述任务所需的科技创新，对国家核武器设施及试验场进行环境清理。"① 具体有四大战略目标：①国防战略目标，利用先进科技，尤其是核技术来维护国家安全；②能源战略目标，通过促进可靠、经济、环境友好的能源供应多样化来维护国家和经济安全；③科学战略目标，通过世界一流的科研能力和科学知识的不断发展来维护国家和经济安全；④环境战略目标，解决冷战时期发展核武器所遗留的环境问题，对高辐射性核废料进行永久性处理。

（5）新世纪美国"页岩油气革命"与能源战略的变化

值得关注的是，近 10 多年来，美国资源战略出现了创新性的调整，人们称其为"页岩油气革命"。

进入新世纪，美国页岩气产量剧增，气价下降又促进了页岩油的发展；2008 年后，美国页岩油气产量双双快速增长，致使其油气总产量的增长大大快于各国，从而成为

① 中国驻美国使馆：《美国能源部未来25年战略计划》，载中国外交部网站。

世界产量增长的主要因素（见图 5-2）。美国石油、特别是天然气价格也降至较低水平。美国天然气消费量及其所占比例增长，导致煤炭消费量及其所占比例下降。这种变化与同期欧洲能源构成气降煤升的变化相对比，说明化石能源仍有强大的生命力。新能源在缺乏市场竞争力时过分依靠补贴和优惠政策发展有困难，页岩油气的发展可为新能源的发展创造更宽松的环境和条件。[①]

“页岩油气革命”对美国和全球油气的市场供求与价格波动产生了重大影响。一是页岩油气开发，减轻了美国对国际石油市场的依赖，美国能源的独立性大大提高；二是改写了世界石油供应严重依赖 OPEC 和俄罗斯资源的局面，美国对世界石油价格形成有了更大的话语权；三是美国页岩油气产量的增长，终止了近 10 年来石油价格高位运行的态势，是导致 2014 年底国际油价大幅下跌的重要因素；四是油气价格的下降，有可能削弱新能源的竞争力，进而冲击欧洲乃至全球新能源的发展；五是刺激了整个世界油气市场背后油气生产大国、油气消费大国之间的战略竞争，对部分 OPEC 国家及俄罗斯等资源型经济体的经济发展形成重大的冲击。

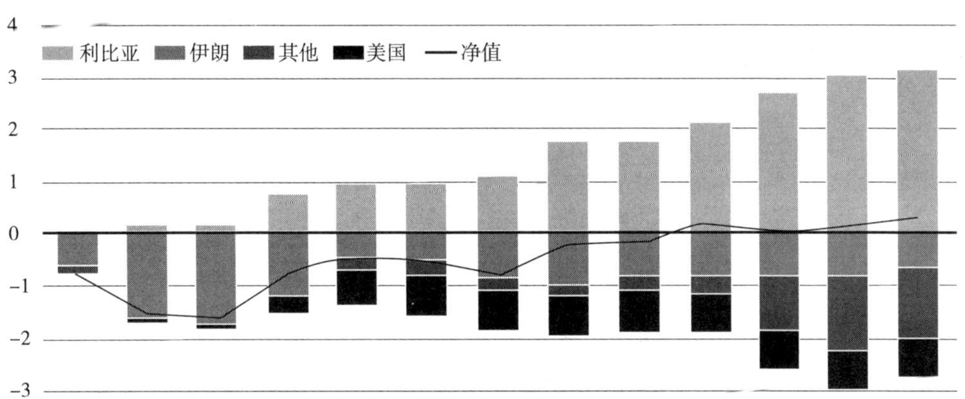

图 5-2　2011 ~ 2014 年 1 季度石油供应减产与美国产量增长对比

资料来源：《BP世界能源统计年鉴》2014年6月。

2. 日本：贸易立国战略模式

日本的资源禀赋可以概括为：人口众多、国土狭小、资源贫乏。二战后，日本经济迅速发展，成为世界第二经济强国，其重要因素之一就是日本成功实行了较为正确

① 张抗、张葵叶：《美国页岩油气产量增长态势及其启示》，载《石油科技论坛》2013 年第5期。

的经济发展战略，其中通过实施资源战略充分利用国外的矿产资源，对提升其经济发展资源支撑能力发挥了重要作用。

（1）日本资源战略的形成与演变

日本资源战略最集中的特点就是“贸易立国”，即大量进口国外资源（见表5-3），加工成各种制成品后，再销往国际市场。①

战后日本虽然丧失了在中国、朝鲜等资源来源地，但与此同时，原先世界列强所属的广大殖民地纷纷独立后大力开发和输出本国的资源，给日本提供了更多的资源渠道，日本与许多新独立的国家开展贸易或合作生产，获得了稳定的原料供应。从区位上看，日本拥有漫长的海岸线，十分有利于海运业和外贸的发展。有利的海运条件、专业化的远洋巨轮，使进口原料直接到达临海而建的工厂，大大降低了运输费用，使得日本“贸易立国”的资源战略得以成功实施。

表 5-3　日本重要矿产资源进口情况　单位：%

矿种	进口依赖度	主要进口来源地占比
石油	99.7	中东82.4：阿联酋26.4，沙特阿拉伯22.1，伊朗9.8，卡特尔7.0，印尼和科威特各5.9，阿曼5.1；中国4.7
天然气	92	印尼39，马来西亚20，澳大利亚16，文莱10，阿联酋10
煤	92.7	焦煤：澳大利亚50.6，加拿大24.4，美国7.7，中国4.8，印尼4.3； 动力煤：澳大利亚61，印尼12.5，中国11，南非4.7，美国4.3，加拿大3.4，俄罗斯3.1
铬铁矿	100	南非67，印度17，伊朗5，马达加斯加和菲律宾各4
钴	100	刚果（民）22，加拿大20，赞比亚16，挪威13，比利时10，荷兰7，俄罗斯、美国、德国各2
铜	99.93	智利36，印尼20，澳大利亚14，加拿大12，巴布亚新几内亚4，秘鲁和菲律宾各3
铅	97.71	澳大利亚45，秘鲁27，美国19
锌	88.13	澳大利亚46，美国12，秘鲁11，加拿大9，中国7，智利和墨西哥各4
铁矿石	100	澳大利亚51，巴西23，印度13，南非4，智利2
猛	100	高品位矿石：南非46，澳大利亚41，巴西6 低品位矿石：南非48，印度45 高品位氧化物矿石：澳大利亚79，加蓬6
铝	100	智利42，美国25，加拿大21，中国5
镍	100	新喀里多尼亚50，印尼27，菲律宾23

资料来源：郎一环、王礼茂、李岱：《全球资源态势与中国对策》，湖北科学技术出版社2000年版。

① 参见郎一环、王礼茂、李岱：《全球资源态势与中国对策》，湖北科学技术出版社2000年版。

但与此同时，采用进口资源发展制造业的战略，导致日本过分依赖国际市场，经济发展资源支撑面临着巨大风险。这在石油供应上表现得尤其突出。日本所需的石油几乎全部依赖进口，1973 年第一次世界石油危机的冲击，给日本经济沉重打击。为此，日本政府制订了新的资源对策，着手发展核电、地热等新能源，同时大力开展节能降耗和产业结构的调整，20 世纪 80 年代初日本为了减轻资源供应不稳定对经济发展的影响，大力推进“科学技术立国”的战略。[①] 通过发展能源原材料消耗小、技术密集、附加值高的高技术产业，逐步减少传统原料的进口。

20 世纪 80 年代中期，由于日元升值，日本经济发展一度受挫。巨额的贸易顺差，导致日本与欧美贸易摩擦不断升级。巨额外贸盈余与国内高额储蓄结合在一起，还加剧了日本国内的资金流动性过剩。据此，20 世纪 80 年代后期日本开始调整经济发展战略，实施“海外投资立国”战略。[②] 通过资本输出，将过剩的生产能力转移到国外，建立生产基地，就地利用当地资源，就地销售，并在欧美大肆兼并，收购当地企业、金融机构和不动产业。日本的这种战略，既减少了对国外资源的依赖程度，又缓和了国内过剩的生产能力与相对狭小的国内市场的矛盾，同时还可避免与欧美之间的贸易摩擦。

（2）确保能源尤其是石油的安全

表 5-4　日本能源安全情况（1973 ~ 2010 财政年度）　单位：%

年份	1973	1983	1994	1995	2000	2010
依赖进口能源	89.4	83.3	83.2	81.9	81.0	80.0
依靠原油	77.4	61.5	57.4	55.7	53.0	50.0
依靠中东石油进口	78.1	68.2	77.3	78.6	82.0	90.0
石油占总进口的比重	18.1	37.6	11.9	10.6	14.0	18.0

资料来源：Joshi，Sanjana：《日本寻求核能》（1998）。

日本是世界石油消费大国，但自己几乎没有石油资源。日本一次能源的进口依存度一直高达 80% 以上，其中石油又占能源总需求的 55% 左右（见表 5-4），其次为煤炭、核能、天然气和水电等。1999 年，日本每天消费 500 多万桶原油，大部分原油来自政局不稳定的波斯湾地区（见表 5-5）。虽然日本千方百计地逐步减少进口能源，但对中东石油的依赖难以改变。这表明，日本的能源供应具有极大的脆弱性，不仅导致

① 参见国土资源部信息中心：《“走出去”开发利用国外矿产资源》，中国大地出版社2001年版。

② 参见郎一环、王礼茂、李岱：《全球资源态势与中国对策》，湖北科学技术出版社2000年版。

日本许多能源决策者的不安，也是日本全民资源忧患意识极强的根源。[①]

表 5–5 主要发达国家石油依存度、石油进口依存度、中东石油依存度（1999 年）单位：%

国家	日本	美国	英国	德国	法国	意大利
石油依存度	52%	40%	35%	40%	38%	56%
石油进口依存度	100%	56%	55%	97%	98%	94%
中东石油依存度	85%	25%	4%	7%	41%	36%

资料来源：IEA等的统计数据。

针对这种情况，日本能源政策长期坚持的基本目标是确保稳定的石油供应。为此，采取了以下措施[②]：

第一，财政支持。为援助石油公司在海外的能源勘探活动，1967 年日本建立了日本国家石油公司（JNOC），为石油天然气勘查项目提供援助。其目标是提高日本公司的石油生产率，建立政府的原油储备。日本国家石油公司具有 78 天的石油消费储备量，加上私人石油公司的储备，可以承受连续六个月的石油供应中断。日本石油公司等组织的经费主要靠各种能源税的收入，这导致日本的能源价格在经合组织（OECD）成员国中是最高的。另一方面，日本国家石油公司对石油勘探的补贴政策使得企业缺乏寻求高收益回报的激励机制，其投资项目和贷款担保积累了大量的坏账。日本国家石油公司的子公司——日本阿拉伯石油公司，2000 年 2 月在沙特阿拉伯的石油勘探失败了。这对日本在海外寻求石油的政策构成重大打击，不得不重新考虑未来的石油政策。由于财政支持逐步减少，日本国家石油公司对私人石油公司的支持趋于谨慎。

第二，能源外交。为了确保长期稳定地获得石油供应，日本政府积极强化与产油国的关系。具体做法是，日本企业积极参与产油国、产气国的重大石油、天然气开发项目，同时迎合主要产油国希望摆脱单纯依靠石油收入而进行经济结构调整的需要，施行扶持和合作的政策，促进其合作国实现经济活动多样化。除石油、天然气领域之外，与产油国在其他更广阔的领域共同研究开发，进行人员交流，促进直接投资等。

第三，能源战略储备。石油储备是日本确保能源安全的重要支柱。日本的石油储备制度分为国家储备和民间储备两部分。其中，国家储备由石油公司独立完成，1978 年开始实施，到 1998 年 2 月完成了储备 5000 万 KL 的目标。民间储备在行政干预下

① 孙君、白雪华：日本政府的石油政策及新能源政策，载《国土资源经济参考》2003年第8期。

② 贺冰清：《日本的能源安全战略及调整》，载《国土资源经济参考》2003年第2期。

于1971~1974年实施。根据《石油储备法》，具有民间储备义务的包括石油精制业、石油买卖业以及石油进口业的从业者。1981年，民间石油储备达到了90天，这一储备量一直延续到1988年。1989年民间储备任务开始减轻，1993年以来储备任务改为70天。

同样，日本的天然气储备也包括民间储备和国家储备两部分。1981年《石油储备法》修正之后，规定天然气进口从业者每年有50天的储备义务。国家储备任务是，到2010年达到150万吨。

（3）通过能源多样化促进能源安全

1973年石油危机的发生，迫使日本实施能源多元化战略，其战略目标由特定的石油供应改为保持稳定的一般能源供应。概括起来，日本的能源安全政策包括以下基本内容：

第一，促进海外石油勘查开发，同时更好地开发利用本国潜在的能源资源。

表5-6　石油危机时日本自主开发原油进口量　单位：万桶／日

		第1次石油危机			第2次石油危机		
年度		1973	1974	增减（%）	1977	1978	增减（%）
原油总进口量	全体	497.3	475.5	-21.9	478.1	465.4	-12.7
	非自主开发原油进口量	454.9	428	-26.9	437.3	414.3	-23
	自主开发原油进口量	42.2	47.4	5	40.8	51.1	10.3

资料来源：孙君、白雪华：《日本政府的石油政策及新能源政策》，载《国土资源经济参考》2003年第8期。

为保证石油的稳定供给，日本在可能的情况下积极推动石油、天然气的自主开发。所谓自主开发，即日本企业通过在产油国取得长期的采掘权，开展石油、天然气的探矿、开发和生产活动，企业承担风险和成本并按一定比例获得生产出来的石油、天然气。在两次石油危机时期，自主开发原油在保证日本石油稳定供应上起了一定作用（见表5-6）。2000年，日本的自主开发原油进口量相当于每日58万桶，占总原油进口量的13%。但这一比例与主要发达国家相比仍然较低。因此，日本认为，随着近年来世界主要矿区（俄罗斯、中亚各国、中南美）纷纷对外开放，日本在海外获得自主开发原油具有前所未有的机遇。

第二，发展非石油能源替代品，尤其是核能和液化天然气（LNG）。日本的能源需求，除两次石油危机时期外，一直呈不断增长的趋势，特别是20世纪90年代以来，生活和运输部门的能源需求量大幅度上升。在能源供给方面，石油危机后日本经济发展对石油的依存度大幅度下降，而对原子能、天然气的依存度不断上升。目前日本核能机构的生产能力位列美、法之后，居世界第三。根据日本有关机构 1998 年所作的长期预测，2010 财政年度核能占一次能源供应的总份额将增加到 17.4%（1998 年为 13.7%）。因此，10 年间有 16~20 个核反应堆必须投入运行。

此外，日本能源多样化的措施还包括：石油供应渠道多元化；鼓励能源储备和新能源等技术的商业化推广与应用；建立能源应急管理程序，尤其是应付可能的石油供应中断；加大区域能源合作等等。

（4）节能与全民能源忧患意识

为了应对能源需求不断上升的压力，日本政府制定针对需求侧的新的能源政策，突出了节能的重要地位，强化办公大楼、大商场、医院等大型建筑物，必须节约使用能源，例如，政府办公楼夏季最低室温控制在不低于 28 度等等。①

日本国民具有很强的资源忧患意识，在石油上表现得最为突出。这得益于政府对民众的引导与教育。早在 1973 年第一次石油危机时，日本就出现了小说体的文学作品《油断》。该书假定日本石油进口量只有平时的 30%，200 天内就会导致可怕的结果：300 万人死亡，全部 GDP 将损失 70%，这跟历时 3 年 9 个月的太平洋战争所造成的损失一样大，并且，贸易、物价、失业人数、流动人口等，都呈现出悲惨、可怕的结局：半年之内，物价猛涨 8~10 倍；失业人数就达 3250 万；76% 的企业，由于最大限度地缩短工时，实质上已经陷入倒闭状态。②《油断》的出版发行对日本社会产生了巨大的震动，但同时对国民资源忧患意识的养成产生了重要影响。

总之，适应资源极度贫乏但经济高达发达的国情，日本的资源战略最显著的特点是，利用资金与科技优势，把握开发和利用国际资源的主动权，以资源国际空间替代为核心，实现资源多层综合替代，提高了经济发展的资源支撑能力。而这些都以日本国民具有高度的资源风险忧患意识为基础，从而实现从政府到企业再到全体国民，在国家资源战略指导下的全面良性战略互动。

3. 澳大利亚：优势资源强国模式③

从资源支撑及经济增长方式的阶段特征来看，澳大利亚的经济发展具有发达国家

① 孙君、白雪华：《日本政府的石油政策及新能源政策》，载《国土资源经济参考》2003年第8期。

② 参见［日］界屋太一：《油断》，人民文学出版社1976年版。

③ 参见郎一环、王礼茂、李岱：《全球资源态势与中国对策》，湖北科学技术出版社2000年版。

和欠发达国家的双重特点。就经济发展水平来说，澳大利亚已跨入发达国家行列，然而与发达国家相比，澳大利亚的经济结构又明显呈现出发展中国家特点，最为突出的是农业和矿产业在经济结构中的比例大大高于其他发达国家，农产品和矿产品成为经济发展的支柱和外汇的主要来源。

“骑在羊背上”和“坐在矿车里”，是对澳大利亚资源战略的形象描述。澳大利亚幅员辽阔，虽然大部分国土为干旱、半干旱区，但仍有 65% 的土地可供农牧之用，其中 91.5% 的半干旱天然放牧区，为澳大利亚的畜牧业特别是养羊业的发展提供了十分优越的资源条件，使得养羊业成为主要经济部门。

澳大利亚矿产资源战略的形成与实施大体可分为两个时期。第一时期是 20 世纪 60 年代末至 70 年代初。随着许多矿藏的发现，澳大利亚抓住此时世界市场对金属矿物原料需求增长的有利时期，大量引进外国资本和技术，开采本国的铁矿和铝土矿，一跃成为世界上铁矿、铝矾土和氧化铝重要的生产国和出口国之一。1964 年的铁矿石产量为 695 万吨，3 年后增加到 2000 万吨，到 1984~1985 年，铁矿石产量已达 8772.6 万吨，出口量为 8548.4 万吨。铝土矿产量也随着世界市场需求而成倍增长，1964 年约 40 万吨，1979~1980 年达 2804 万吨，约占世界总产量的 23%，出口 699 万吨。第二阶段是 20 世纪 70 年代末至 80 年代初。针对西方国家在能源危机中开始重视煤炭和纷纷减少或转移高耗能工业的情况，澳大利亚大力开发能源并大力发展高耗能的铝工业。煤是澳大利亚最早开发的最为丰富的能源，石油危机之前，世界石油市场供应充足，油价低廉，加上澳大利亚远离世界消费市场，其丰富的煤炭在很长时期内未能得到开发。20 世纪 70 年代石油危机以后，澳大利亚的煤炭资源逐步受到重视，以能源开发和铝土矿的开采、冶炼为重点的矿业战略，成为其“第二次矿业景气”的主要内容。澳大利亚的能源储量较为丰富（见表 5–7），在煤（黑煤、褐煤）、石油、天然气和铀 4 种主要大宗能源中，石油、天然气和褐煤主要供国内消费，铀则完全供应国际市场。黑煤的开发成为能源开发的重点，虽然澳大利亚黑煤的蕴藏量和生产量占世界的比重不大，但产量的绝大部分出口到世界市场，并占世界煤出口总量近两成。充足廉价的能源和丰富铝土矿的结合，为铝冶炼业的发展提供了十分有利的条件，使得澳大利亚精炼铝的产量不断增长。1981~1982 年为 38 万吨，1982~1983 年为 40.3 万吨，1983~1984 年则增加到 61.7 万吨。

表 5-7　　澳大利亚的能源（1983 ~ 1984 年）

名称	储量	生产量	储采比
黑煤（百万吨）	830000	120	6916.7
褐煤（百万吨）	151000	31	4871.0
原油（万立方米）	29.5	2.8	10.5
天然气（亿立方米）	908	11	82.5
铀（万吨）	73.0	0.4	182.5

资料来源：沈仲棻等：《澳大利亚经济》，华东师范大学出版社1991版。

二、转型大国的资源战略

经济转型国家存在有各种各样的类型，如从计划经济向市场经济转型、从农业社会向工业社会转型、从封闭社会向开放经济转型，等等。但是，转型国家的一个共同特征是，由传统经济快速向现代经济转变。这种转变对资源支撑提出了全新的要求。而大国的转型对全球资源的重新配置必然产生巨大冲击。因此，这些国家的资源战略对世界资源市场的供求格局，具有“破局博弈”的效应。

中国是经济快速发展的大国，又是多种转型同时加速进行的国家，资源支撑问题与经济起飞、经济体制转型同期而至。因此，了解转型大国的资源战略，是中国制定和实施经济发展战略的必修课。俄罗斯和印度是两个典型的转型大国，他们的资源战略对了解和把握全球资源配置的现状及其未来趋势具有重要意义。

1. 俄罗斯：资源大国的强国梦

俄罗斯的资源禀赋与经济发展呈现出“四高”的结构性特点。所谓“四高”，即高储量、高消耗、高自给、高出口。

（1）俄罗斯是世界第一资源储量大国

俄罗斯是世界上疆土最大、矿产资源最丰富的国家。其人口仅占世界的 2.5%，矿产资源储量却占 15%~17%。俄罗斯曾评估其矿产资源的价值为 28 万亿美元，大大超过美国的 8 万亿美元和中国的 6 万亿美元。俄罗斯还是世界上资源种类最齐全的国家，石油、天然气、煤炭、镍、钾盐、铁、金刚石、铂族在世界占有重要地位。2000 年底，在全世界已探明可采储量中，俄罗斯的天然气占 45%，煤占 23%，铀占 14%，石油占 13%。

（2）俄罗斯是资源生产大国

资源开采在俄罗斯经济中占有举足轻重的地位。2002 年，在俄罗斯 GDP 中，石油综合体产值占 14.1%，天然气占 6.9%，电力占 3.7%，煤炭占 0.7%，整个燃料动力占经济总量的 25.5%，其出口额更占整个出口的 54.4%。在世界资源产量中，俄罗斯的资源开采量所占的比重，石油为 10%，天然气为 30%，煤炭为 10%，铁矿石为 14%，有色金属和稀有金属为 10%~15%。①

（3）资源高自给率

俄罗斯、哈萨克斯坦、乌兹别克斯坦、吉尔吉斯斯坦等独联体国家的经济发展，至今仍沿用以原料为导向的模式，在相当程度上还在延续苏联的矿业战略，即不惜代价、最大限度地达到自给自足。②

俄罗斯资源战略之所以与众不同，是与其资源禀赋特点和国际环境分不开的。苏联国土辽阔，水土资源丰富，是世界上资源种类最多、最丰富的国家，除极少数的矿产品外，几乎所有的矿物基本都能自给自足。

从经济体制上看，社会主义计划经济体制下自然资源的无偿使用和不注重经济效益，为苏联自给自足资源战略的实施提供了制度保证；苏联是最早建立的社会主义国家，在很长一段时期内，始终遭到资本主义国家的资源、贸易封锁，外部环境也迫使其不得不走自给自足的道路；另外，过分强调战时矿物原料的供应，也是促使苏联走封闭式发展道路的重要原因之一。

（4）资源出口大国

进入新世纪后，俄罗斯经济出现了较快增长，油气资源的开发与出口走出低谷并稳步增长，是其经济走出低谷并持续发展的主要支撑力量（见图 5–3）。1998~2004 年，俄罗斯 GDP 增长了近 40%，制造业的发展超过能源产业，政府连续几年保持预算盈余。但俄罗斯经济发展面临不少问题：经济缺乏多样性，严重依赖能源产业，原油和天然气产业占俄出口总量的 75%。

---

① 参见郑羽、庞昌伟：《俄罗斯能源外交与中俄油气合作》，世界知识出版社2003年版。

② 参见郎一环、王礼茂、李岱：《全球资源态势与中国对策》，湖北科学技术出版社2000年版。

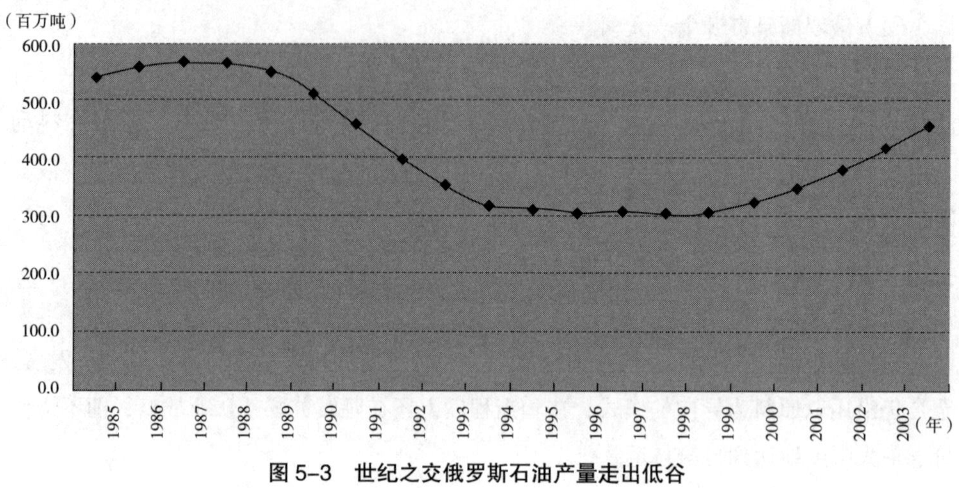

图 5-3 世纪之交俄罗斯石油产量走出低谷

资料来源：根据BP Statistical Review of World Energy2005数据制图。

从 2001 年起，俄罗斯就有人主张，对因国际石油价格攀升而获得的巨额出口利润征收超额利润税，并在此基础上建立稳定基金。这可以缓解人们对控制石油资源的金融寡头的不满，也有助于政府应付随时可能出现的不利的国际经济环境。建立稳定基金的想法得到了普京的支持。2004 年，稳定基金正式建立。其基本思路是，把国际石油的基础价格确定为 20 美元 / 桶，当国际油价高于该水平时，将出口石油的超额利润通过立法征收上来，作为稳定基金的来源，并在中央银行设立专门的基金账户。截至 2005 年 4 月 1 日，稳定基金已突破 7000 亿卢布，比上年的目标多出了 2000 多亿卢布。

（5）超前发展油气资源，刺激经济发展

2000 年 2 月，俄罗斯国内最具影响力的外交与国家安全咨询机构“外交与国防政策委员会”发表了题为《俄罗斯战略 IV：总统议程，2000 年》的报告。该报告强调，在 10~15 年内俄罗斯能源综合体的迫切任务是：扩大以有支付能力需求为保障的油气产量，至少在节能成本还未低于生产成本之前，即节能与生产相比缺乏竞争能力之前，扩大能源生产的趋势不能停止。这一时期内，还要由油气综合体来转动经济增长的“飞轮”，利用对综合体投资所产生的“倍增效应”刺激和带动经济增长。种种事实表明，基于对世界油气市场和俄经济增长加快的乐观估计，俄政府确定了油气领域超前发展的战略。①

① 参见郑羽、庞昌伟：《俄罗斯能源外交与中俄油气合作》，世界知识出版社2003年版。

（6）俄罗斯能源战略的发展方向

俄罗斯的现行能源政策是从1992年开始制定的，经过10多年的发展演化，逐步形成了日趋成熟的能源发展战略和能源安全战略的基本框架。

2000年11月23日，俄罗斯政府批准并颁布了《2020年俄罗斯能源战略的基本原则》，其中对能源安全保障提出了以下八大重要原则：第一，被消耗资源的可替代性原则，燃料资源的消费速度不应超过开发可替代性能源的速度；第二，燃料和能源品种多样化原则，经济发展不应过度依赖某一种能源载体，不允许出现燃料—能源平衡中的垄断结构；第三，环保可接受原则，发展能源业不应扩大其对周围环境的消极影响；第四，合理消费有机燃料能源的原则，在能源业使用有机能源不应导致其在非能源方面的短缺，如油气可作为化工原料；第五，国内消费能源资源优先于出口及出口结构合理化的原则，要从大多出口初级能源资源向更多出口加工产品转变；第六，在所有的工艺过程和方案中，尽最大可能使用国产设备的原则，这将使燃料能源综合体各企业成为机械制造、化学、国防和其他工业领域的主要订货商之一；第七，国家支持对能源领域进行投资的原则，吸引外部资金进入国内并创造新的就业岗位；第八，以管道和其他方式为俄罗斯能源向近邻国家和其他邻国的稳定出口提供保障。①

2002年10月11日俄罗斯能源战略研究所完成了《2020年前俄罗斯能源战略的基本原则》的修订，经能源部认可后于10月18日提交国家杜马讨论，其中部分内容又根据“9·11”事件后国际能源的新形势，对俄罗斯能源外交提出了一系列原则。

综上所述，自前苏联解体后，俄罗斯在加速向市场经济转型的过程中，抓紧利用世界资源市场特别是油气市场行情向好的难得机遇，试图调整经济发展与资源支撑的关系。但是，从2003~2013年油气生产与经济发展的情况来看，俄罗斯依赖丰富自然资源的格局并未改变，油气产量持续增长（见图5–4），2013年其石油产量占全球总产量的比例高达12.9%。一方面，国际石油价格的高位运行使俄罗斯赚取了高达4000亿美元的外汇储备，另一方面也为俄罗斯经济积累了大量风险。

① 参见郑羽、庞昌伟：《俄罗斯能源外交与中俄油气合作》，世界知识出版社2003年版。

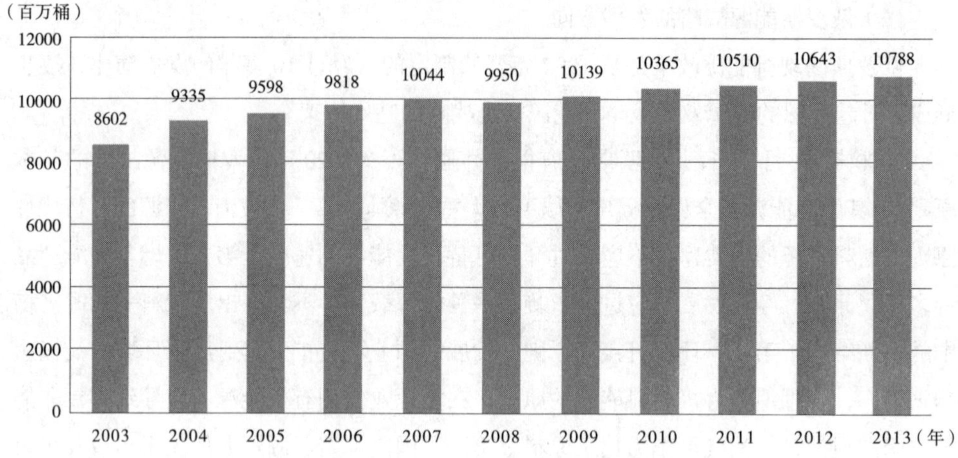

图 5-4　俄罗斯近 10 来石油生产持续增长

资料来源：根据BP Statistical Review of World Energy2014数据制图。

2. 印度：经济起飞面临资源困局

从资源支撑与经济发展关系来看，印度人口众多，资源相对贫乏。进入 21 世纪后，印度经济呈现出加速发展的趋势，以软件开发业为支柱的知识经济的发展，促进了印度传统经济向现代经济的转型。

印度的矿产资源中已开采的有 84 种，其中燃料矿 4 种，金属矿 11 种，非金属矿 49 种，其他小量矿藏 20 种。重要矿藏有煤、铁、锰、铬、铝土、石灰石、重晶石、镁、花岗岩和云母等。其中，锰、云母和铁砂是印度的重要出口矿产。

总体上看，印度的大宗支柱性矿产资源极度匮乏，人均储量不及世界平均水平的一半，其中，石油、天然气、铜、锌、铬几乎不到世界人均的 1/10。

近 20 多年来，与其经济起飞阶段经济发展水平相适应，印度能源消费量正在缓慢增长。2000 年，印度人均能源消费水平不到世界人均水平的 20%，相当于亚洲平均水平的 38%，也只相当于中国的一半。主要矿产的人均消费水平与世界平均水平的比例，煤炭 43.1%、石油 18.2%、钢 20%、铜 11.3%、铝 14.7%、锌 17.7%，而其人均矿产量占世界人均的比例相应为：石油 5.5%、煤炭 42.6%、钢 20%、铜 6.7%、铝 15.4%、锌 12.3%。因此，印度大宗支柱性矿产除少数品种外，不能满足国内日益增长的需求，经济发展面临着资源制约。

尽管人均资源消费量很低，但由于印度人口规模庞大，其经济发展必然要走上工业化的道路。大规模的基础设施建设，必将导致资源的巨大需求。为了解决经济发展资源约束的“困局”，寻求全球资源的重新配置是印度经济发展战略的必然选择。

在未来全球资源市场的博弈中，和中国一样，印度的资源战略将面临“破局博弈”的挑战，其资源战略首先具有需求方博弈即 SD → D 的特点，其直接博弈对象很可能就是中国。因此，在资源领域，必然与中国形成战略竞争关系。如何将这种战略竞争关系转化为战略合作关系，对中印两国的经济发展都将生产重大影响。

三、国家资源战略的共同特点与一般趋势

从上述几种具有典型意义的国家资源战略，可以看出，世界各国因其资源禀赋的不同，在经济发展资源支撑方式上表现出资源支持型与资源约束型两种情况，并且由于所处的经济发展阶段的不同，各国的资源支撑方式处于动态变化之中。尽管各国资源战略的形成与演化以及具体内容存在很大的差异，但仍有一些普遍性、趋势性的特点，从中可以看出国家资源战略的产生、发展的规律性。

1. 促进国家经济发展、保证国家资源安全是资源战略的共同目标

无论资源战略的定位、内容与措施如何变化，提升经济发展的资源支撑能力，是资源战略特别是国家资源战略的核心目标。经济发展与商品贸易空间的扩大需要资源支撑空间相应拓展，从而增加了各国对国际资源的依赖程度，资源的产业链与供应链不断得以延长，重要战略资源稀缺性影响也日益明显。因此，保证国家资源安全，成为提高经济发展资源支撑能力的重要派生目标。

2. 资源国际化与全球化导致资源战略升级

从动态过程看，各国资源战略中一个最重要的共同点是：为了保证资源对国内经济社会发展的有效支撑，根据全球资源配置的发展趋势，适时进行资源战略的转型。具体表现是，发达国家主要采取全球化资源战略，而发展中国家则采取资源国际化的战略取向。

资源全球化反映了经济全球化的必然要求，发达国家经济发达，资金雄厚，科技水平高，拥有健全的市场体系。这些决定了发达国家在全球范围获取资源具有较大的优势，实施全球化的资源战略总体上能够实现发达国家的利益。最有代表性的是美国，通过经济、政治、外交甚至军事等手段，在资源的品种、来源地等的选择上，基本通过全球获取资源，达到其资源战略的目标。

发展中国家难以像发达国家那样，自如地进行资源战略的全球性定位，但国际化的趋势也十分明显。相对落后的小国，要通过国际市场将优势资源转换为财富，而快速发

展的大国则需要通过国际市场来获取资源，以满足国内经济发展对资源的巨大需求。

战略性资源的全球化与国际化产生的结果是相同的，即国家经济发展资源支撑的对外依存度大幅提高。为了规避对国外资源过度依赖的风险，保障国家经济安全，各国在资源战略转型方面出现了另一个共同特点：资源战略的不断升级，国家主导、直接参与战略性资源战略的形成、运作与实施过程，国家资源战略被置于其他经济战略之上，成为国家最重要的基础性战略。

3. 资源战略重点的趋同

受一定时空坐标下资源稀缺性与资源支撑风险的影响，经济发展资源支撑领域出现了一些全球普遍性的难题，导致国家资源战略重点的趋同。突出表现是，能源特别是油气资源成为经济大国资源战略的重中之重。此外，资金安全问题也得到各国普遍的关注，成为2008年华尔街金融危机后主要经济体宏观政策的重中之重。

4. 资源战略措施上呈现出“三多”的趋势

受重要战略性资源替代规律的影响，同时基于资源支撑风险管理的需要，各国在资源战略措施上尽管手段不一，但呈现出“三多”的趋势。

一是资源来源的多地化。各国都试图避免对单一地区资源进口的过度依赖，例如美国除了从中东进口石油外，还增加从非洲和南美的进口。

二是资源品种的多样化。加大对重要战略性资源的替代力度，通过资源多样化来提升资源支撑能力，从而降低经济发展对某种资源的过度依赖。最突出的是，新能源的开发利用逐步得到各国政府的认可和支持，这在一定程度上降低了对油气煤等资源的压力。

三是资源战略主体的多层化。在国家资源战略中，国家政府尽管仍是战略制定与实施的核心主体，但资源国际组织、重要资源企业以及资源需求方的战略影响力都不可小视。资源战略主体的互动过程，事实上是通过资源战略主体多层化来实现的。

第四节　世界资源市场的结构与博弈模式

在经济全球化条件下，国际的资源空间替代成为各国提升经济发展资源支撑能力的重要途径。这一方面，促进了资源国际开发与国际贸易的发展，使资源市场成为全球市场体系的重要组成部分，提高了全球经济发展资源支撑能力；另一方面，国家资源战略介入程度的加深，对世界资源市场的组织形态与交易方式产生了重大影响，使国际资源市场博弈模式趋于复杂。

一、世界资源市场：发达国家主导下的多层多元博弈结构

世界资源市场是资源国际贸易的总称，即企业与企业之间乃至国家与国家之间进行资源空间替代博弈、实现资源流动与优化配置的集合。

1. 发达国家在世界资源市场中仍占主导地位

20 世纪中期，西方殖民地体系土崩瓦解，以武力征服为基础的资源直接掠夺由此终结，世界资源市场的格局也由此发生了重大变迁，发展中国家采取了战略性资源国有化等一系列的资源战略，争取资源开发利用上的话语权。与此同时，世界资源市场化配置程度也大大提高。

尽管如此，发达国家对资源市场的主导地位仍是基本的事实。到 2000 年，占世界人口不到 1/4 的发达国家，消耗了超过全球 3/4 以上的矿产资源。例如，占全球石油储量不到 3% 的美国，在世界石油总消费量中却占到 28%；日本没有资源，但在铜、铅、锌、铝和镍等主要金属的消费上却分别占全球的 12.7%、7.9%、12%、13.1% 和 19.8%。发达国家大多数矿产品的人均消费量，是发展中国家的几倍到十几倍乃至更大。发达国家的经济发展，正是靠世界丰富、廉价的矿产资源供应来维系的。离开发展中国家丰富、廉价的矿产资源供应，西方大国的经济发展就有可能出现瓶颈。从这个意义上说，正如前殖民地国家是其宗主国的资源基地一样，目前发展中国家仍是发达国家的资源供应基地。但是，西方大国在实现这一目标的方式方法方面，与以前相比却有了较大的变化。以前殖民宗主国靠的是武力征服，而今天则是在矿业全球化的旗帜下靠跨国矿业公司的全球经营来实现的。①

2. 世界资源市场的多元化与多层化

世界资源市场发展变化的另一个特点，是多元化与多层化。

世界资源市场的多元化是经济全球化发展的结果。二战后，许多发展中国家宣布独立，选择了利用自身优势资源加速经济发展的道路，成为世界资源市场资源博弈的参与者；而 20 世纪晚期冷战的结束，东欧各国进入世界市场经济体系，特别是苏联解体并被纳入世界市场经济之后，其十分丰富的矿产资源对过去世界资源市场的格局产生了重大影响，例如在油气等战略性资源领域，出现了独立于 OPEC 和 IEA 的非

① 参见国土资源部信息中心：《“走出去”开发利用国外矿产资源》，中国大地出版社2001年版。

OPEC 国家，成为影响国际油气市场的第三力量；进入 21 世纪后，随着工业化与现代化步伐的加快，中国、印度等发展中大国进入高速发展时期，又成为世界资源市场的积极参与者。

世界资源市场的多层化，则是多元化的参与者之间相互博弈、利益整合的结果。主要表现在三个方面：一是国家通过资源战略，成为世界资源市场的重要影响层次；二是在一些战略性资源市场上，国际组织的作用日益突出，形成影响世界资源市场的超国家层次；三是跨国公司特别是西方跨国矿业公司对全球矿产资源的控制程度正在提高，成为国际资源市场博弈的直接决定力量。

3. 国际资源开发利用呈现出复杂化的市场博弈结构

当今全球资源市场，特别是石油、天然气等贸易性较强的战略性资源的国际市场，有着复杂而特殊的组织结构：一方面，跨国公司已经成为全球资源市场博弈的主角；另一方面，主权国家直接介入到重要战略性资源的博弈之中。此外，经过长期的发展，还逐步形成了层级各异、形式多样的超级国际资源组织，最典型的当属能源领域的 OPEC、IEA 等。这种由国家参与形成的国际资源组织，是为解决某些资源问题而结成的利益共同体，他们不仅是资源博弈的直接参与者，而且还是全球资源市场博弈规则（即资源战略）的制定者与执行者。

当今世界矿产勘查开发投资的总格局是，以资本丰富、具有矿业传统的国家为基地的矿业公司是全球化的主体，资金有一少半（约 40%）投向工业化国家本身，另有一多半（约 60%）投向发展中的资源国。而发展中国家越来越多地被世界跨国矿业公司所占据。①

总之，在经济全球化背景下，世界资源市场已经形成十分复杂的垄断或垄断竞争的组织结构，企业特别是大型跨国公司的经营利益与国家利益的联系日益密切，而国家资源战略则渗透到企业特别是跨国集团和国际资源组织的资源战略之中。

中国经济发展在改革开放中不断走向全球化，必然要求在资源支撑上也相应地全球化，如何参与全球垄断市场的资源博弈，虽然涉及十分复杂的战术与技术问题，但更为重要的则是如何面对并妥善处理好已经十分复杂的资源战略博弈问题。

二、国际资源组织：以 OPEC 与 IEA 为例

国际性的资源组织是世界资源市场的重要博弈方式。说其重要，主要表现在两个

① 参见国土资源部信息中心：《“走出去”开发利用国外矿产资源》，中国大地出版社2001年版。

方面：其一，在资源供求双方的博弈中，国际资源组织及其成员是重要的参与者，它们是有关资源开发权、资源交易的垄断者，因此在资源供求与市场价格形成上有着较大的发言权；其二，更重要的是，它们还是有关资源博弈规则形成的决定或主导力量。石油供给与需求的国际组织就是一个典型的例子。

1. 欧佩克（OPEC）：石油输出国组织

OPEC 是由 13 个石油资源丰富的成员国自愿结成的政府间组织，是典型的石油供应方国际性垄断机构。该组织的总部设在奥地利首都维也纳。

OPEC 的产生，最先是为了对付西方石油公司降低石油标价。1960 年 9 月，伊拉克政府邀请沙特阿拉伯、伊朗、科威特和委内瑞拉四国的代表在巴格达举行会议，决定成立石油输出国组织。1962 年 11 月 6 日，OPEC 在联合国秘书处备案，成为正式的国际组织。卡塔尔（1960 年）、印度尼西亚（1962 年）、利比亚（1962 年）、阿尔及利亚（1969 年）、尼日利亚（1971 年）、厄瓜多尔（1973 年）、加蓬（1973 年）、阿拉伯联合酋长国（1974 年）等先后加入。

OPEC 的宗旨是，协调成员国的石油政策，采取集体行动与外国石油公司进行谈判，维护成员国各自和共同的石油权益。OPEC 希望通过消除有害的、不必要的价格波动，确保国际市场上石油价格的稳定，保证各成员国在任何情况下都能获得稳定的石油收入，并为石油消费国提供足够、经济、长期的石油供应。

OPEC 是个典型的石油资源性组织。OPEC 一诞生，就是国际石油资源供给方面的利益攸关方特别是石油资源大国，与石油生产大国、国家消费大国进行博弈的产物。OPEC 的 13 个成员国已探明的石油储量共计 600 多亿吨，约占世界石油总储量的 69%；原油产量约占世界总产量的 50%；出口量占世界市场的 85%。显然，OPEC 是一个石油供应方的超级垄断组织。20 世纪 70 年代以前，这些国家的石油开采、提炼、运输和销售业务长期操纵在外国石油公司手里。该组织成立以来，同外国石油公司不断地斗争，夺回了石油的标价权，提高了征收的石油税率，从 20 世纪 70 年代起，产油国逐渐地夺回了石油资源的控制权，部分或全部地收回了油田租让地，有的国家进行了国有化，积极地发展了自己的石油工业，石油收入大幅提高，经济实力大为增强，石油输出国组织已成为世界经济中一股重要力量，在确定世界石油价格中起着举足轻重的作用。

石油是一种不可再生资源，终有耗尽的一天。按照目前的生产速度，OPEC 的石油储量至少可供开采 80 年，其他国家的石油储量只可供开采 20 多年。

2. 国际能源机构（IEA）：石油消费国组织

IEA 成立于 1973~1974 年石油危机时期，是由 OECD 国家建立的执行国际能源计划的实施机构。

1973 年第一次世界石油危机发生后，为了应对未来可能出现的能源危机，在美国倡议下，1974 年 2 月 13 个国家在华盛顿召开了石油消费国会议，决定成立能源协调小组以指导和协调与会国的能源工作；同年 11 月 15 日，IEA 各国在巴黎通过了建立国际能源机构的决定；11 月 18 日，16 国举行首次工作会议，签署了《国际能源机构协议》，并开始临时工作。1976 年 1 月 19 日该协议正式生效。总部设在法国巴黎。目前成员国主要有美国、爱尔兰、澳大利亚、奥地利、比利时、丹麦、荷兰、加拿大、卢森堡、挪威、葡萄牙、日本、瑞典、瑞士、土耳其、西班牙、希腊、新西兰、意大利、英国、德国等。

IEA 通过能源政策的协调，以保证其 26 个成员国获得可靠、经济和清洁的能源。其宗旨是，协调成员国的能源政策，发展石油供应方面的自给能力，共同采取节约石油的措施，加强长期合作以减少对石油进口的依赖，提供石油市场情报，在石油消费方面实行全面合作计划，在石油供应方面，制定共同标准，可以应急自给，在紧急时刻可共同分配现有石油，促进石油生产国与消费国的关系。

IEA 国际能源机构的重要战略措施是，成员国承诺均储备相当于 60~90 天消费量的原油以备不测。

作为石油消费国政府间的经济联合组织，IEA 的直接博弈对象是 OPEC。在美国的操纵下，IEA 对 OPEC 构成了巨大的挑战和威胁。

3. 第三力量：非 OPEC 产油国

非 OPEC 产油国是世界原油供应第二大主要来源地。非 OPEC 产油国所包含的主要国家有西非、中亚、俄罗斯等国家。

OPEC 与 IEA 是分别代表着石油生产供应国阵营与石油消费国阵营的两大国际石油组织，尽管非 OPEC 产油国不完全具有 OPEC 那么大的影响，并且非 OPEC 产油国的资源开发难度较大，投资成本较高，有些储量和开采量还未探明，开发的风险相对较大。但是随着中国、印度等发展中国家经济的崛起，国际石油需求压力加大。因此，作为第三力量的非 OPEC 产油国，在世界石油博弈中的地位正与日俱增。

三、跨国公司：以铁矿为例

跨国公司在国际资源开发和世界资源市场上充当着十分重要的角色。

当今最重要的矿产资源类的跨国公司，大多属于美英等发达国家。西方跨国矿业公司对全球矿产资源的控制程度正在提高：以固体矿产为例，世纪之交全球 25 家最大的跨国矿业公司，美国、加拿大各占 6 家，澳大利亚、英国各占 3 家，共占 18 家。1997 年排在世界前 10 位的跨国矿业公司，控制全球非铁金属矿山产值的 1/3 左右。1996 年，223 家跨国矿业公司的固体矿产勘查支出，占全球总勘查支出的 76%，其中前 10 家公司占全球固体矿产勘查支出的 24%。[①]

就具体矿种而言，跨国矿业公司的控制程度不一，但大体上，前 3~5 家矿业公司基本可控制每一种矿产西方国家产量的 2/3 左右。西方国家 74% 的锰矿石生产由四家跨国公司所控制，它们是 Samancor 公司，Eramet 公司，CVRD 公司及 Assmang 公司。1999 年，西方国家铅、锌总产量的 58% 和 51%，由 10 家跨国矿业公司控制；铝土矿、铜和铬铁矿的生产，基本上 70% 的产量均由 10 家公司控制；西方国家镍产量的 60% 由 10 家公司控制；在各种金属中，黄金生产的市场集中化程度是最低的，但前 10 家公司仍控制总产量的 48%。这种格局，是几十年乃至几百年间逐步形成的，矿产资源勘查开发领域新的参与者，很难在其中占有一席之地。

再以石油为例，20 世纪六七十年代石油资源国国有化运动后，尽管美国和欧洲的跨国石油公司对全球一些地区石油储量的控制有所下降，但 90 年代又有所提高，控制了除前苏联地区以外全世界石油产量的 40%。为了进一步加强对全球石油资源的控制，在西方国家政府的默许下，跨国石油公司之间的购并活动在加速。较为大宗的购并活动包括英国石油公司（BP）与阿莫科公司的兼并（1998 年 8 月，成为英国石油—阿莫科公司），埃克森石油公司购并美孚公司（1998 年 12 月），英国石油—阿莫科公司购并阿科公司（1999 年 4 月），法国道达尔石油公司与比时菲纳石化公司的兼并（1999 年 6 月），等等。1998 年，10 大跨国石油公司，包括埃克森—美孚公司、壳牌公司、雪佛龙公司、英国石油—阿莫科公司、法国道达尔—菲纳公司、意大利埃尼集团、德士古等公司，跨国经营产量占全球原油总产量的 20% 左右。

国际资源市场上，跨国公司的垄断地位在铁矿石领域表现得最为典型。长期以

① 参见国土资源部信息中心：《“走出去”开发利用国外矿产资源》，中国大地出版社2001年版。

来，三大跨国公司主宰世界铁矿石市场，形成了所谓世界铁矿石“三巨头”。①2000年，西方国家80%的铁矿石产量由这三大跨国矿业公司所控制，它们是英国的力拓公司、澳大利亚的必和必拓公司和巴西淡水河谷公司。

淡水河谷公司是世界第一大铁矿石生产和出口公司，被誉为巴西“皇冠上的宝石”和“亚马逊地区的引擎”。公司成立于1942年6月1日，隶属于巴西联邦政府矿业动力部，铁矿石产量占巴西全国总产量的80%。其铁矿资源集中在“铁四角”地区和巴西北部的巴拉州，拥有挺博佩贝铁矿、卡潘尼马铁矿、卡拉加斯铁矿等，保有铁矿储量约40亿吨，其铁矿石年生产能力为2亿吨。主要矿产可维持开采近400年。

必和必拓公司是世界上最大的采矿公司，成立于1885年，总部设在澳大利亚墨尔本。该公司煤、铁矿石、铜、钢等多项产品产量均居世界采矿业前列。2001年与英国比利顿公司合并，组成必和必拓矿业集团。合并后，该集团资产总额达580亿澳元，成为全球第二大矿业集团。该公司的矿山仅次于澳大利亚西部皮尔巴拉地区，分别是纽曼、扬迪和戈德沃斯。这三大矿区的总探明储量为29亿吨，铁矿石年产量为1亿吨。在亚里南部，还保有储量约45亿吨。

力拓集团总部设在英国，澳洲总部在墨尔本。该公司控股的哈默斯利（Hamersley）铁矿有限公司是澳大利亚第二大铁矿石生产公司，在西澳皮尔巴拉地区有五座矿山，探明储量约21亿吨，公司铁矿石年生产能力为9300万吨。

四、世界资源市场的博弈模式：战略竞争与战略合作相交织

世界资源市场日益复杂的多元化与多层化结构，使资源供求与价格的形成不仅远离了自由竞争的市场模式，而且与垄断竞争市场博弈模式也有着很大的不同。最根本的特征是，国家战略力量的介入和超国家的国际资源组织的产生，促进了战略竞争与战略合作之间的相互交织与转化。这种情况与国内更倾向于鼓励竞争性的市场结构，是完全不同的。

在四种博弈战略中，供求博弈战略（$S_{S\to D}$）在市场机制的作用中是最易于通过战略均衡形成供求均衡的；而供给方博弈战略（$S_{S\to S}$）与需求方博弈战略（$S_{D\to D}$）均具有战略竞争的性质，其战略合作通常会形成或加剧垄断，从而会遭遇反垄断的法律制约；而供给方博弈战略（$S_{S\to S}$）与需求方博弈战略（$S_{D\to D}$）从战略竞争转为战略合作，对国际性的战略资源常常会产生战略破局的效应，从而导致战略竞争与战略合作的相

① 参见中国现代国际关系研究院世界经济研究所：《国际战略资源调查》，时事出版社2005年版。

互转化与互动。

OPEC与IEA为世界石油市场的破局博弈提供了一个典型诠释。OPEC的产生是由于石油生产国实施了新的资源战略，这使得石油供给方博弈性质从战略竞争转化为战略合作，从而对从前的世界石油市场博弈战略产生了巨大的冲击，导致了如下结果：一是战略破局的出现，即过去的战略均衡被打破；二是由此导致了IEA的产生。而IEA则是石油消费国实施新的资源战略的产物，这使得石油的需求方博弈性质从战略竞争也转化为战略合作；三是OPEC与IEA产生后，通过一系列的战略博弈，促进了资源利益的重新分配与整合，石油资源市场上新的战略均衡逐步形成。这种新的战略均衡，又为石油资源的供给与需求之间建立起一种新的均衡打下了基础。

第五节　"破局博弈"：一个资源战略演进的模型

世界资源市场在整个20世纪的变迁中，经历了一系列重大事件，对全球经济发展产生了重大影响。它们都是战略性资源国际之间空间替代博弈的结果，并十分显著地表现出"破局博弈"的特征，从中可以总结出"破局博弈"的模型。

一、"破局博弈"模型的逻辑结构

1. 双均衡分析

将微观经济学的供求均衡论与博弈论结合起来分析，可以得出，一个完整的市场进入稳定的均衡状态，实际上由两种均衡构成，一种是市场均衡即供求均衡，另一是战略均衡即纳什均衡。在这里，我们所分析的市场为资源市场。

资源市场的供求均衡是一种数量均衡，即在一定的价格水平上资源总供给与资源总需求的数量趋于相等的一种状态。按照微观经济学的原理，在市场机制的作用下，通过供求双方之间的讨价还价交易，供求量在一定的价格水平上达到S=D，即：

$$S=q(p)=D=q(p)$$

而资源市场的战略均衡则是一种行为规则的均衡，它是所有的市场参与者特别是重要的市场参与者战略组合的体现。一个完整的资源战略至少有供求博弈战略（$S_{S\to D}$）、供给方博弈战略（$S_{S\to S}$）、需求方博弈战略（$S_{D\to D}$）。可表示为$S_R=\{S_{S\to D}$，$S_{S\to S}$，$S_{D\to D}\}$。

从逻辑关系上分析，供求均衡与战略均衡相互依存相互影响，供求均衡的状态会影响到战略行为，从而战略均衡又会影响供求均衡的走向与结果。

由此，得出资源市场均衡的组合式 E_R 如下：

$$E_R \begin{cases} S=q(p)=D=q(p) \\ S_R=\{S_{S\to D},\ S_{S\to S},\ S_{D\to D}\} \end{cases}$$

2. “破局博弈”

破局博弈，顾名思义即原有战略格局或战略组合因某种重大变故而被打破。

在给定市场的资源战略博弈中，对于有 n 个参与者构成的资源战略结构，它们的表述式为 $S=\{S_1,\cdots S_n;g_1,\cdots g_n\}$，其中，$\{S_1,\cdots S_n\}$ 为 n 个参与者的战略组合，$\{g_1,\cdots g_n\}$ 为 n 个参与者力求达到的战略目标效应。设战略组合 $s^*=(s^*_1,\cdots s^*_i,\cdots s^*_n)$ 是 $\{S_1,\cdots S_n\}$ 一个纳什均衡，因为它对于每一个 i，s_i* 是给定其他参与人选择 $s^*\text{-}i=(s^*_1,\ \cdots s^*_{i-1},\ s^*_{i+1},\ \cdots s^*_n)$ 下第 i 个参与人的最优战略，即 s_i* 是下述最大化的解：

$$s^*_i \in \underset{s_i \in S_i}{\operatorname{argmax}}\ g_i(s^*_1,\ \cdots s^*_{i-1},\ s^*_{I+1},\ \cdots s^*_n),\ i=1,\ 2,\ \cdots n。$$

现有 j 个新的参与者，或者有 j 个原参与者改变原有战略，其战略组合为 $s^{**}=(s^*_1,\ \cdots s^*_j\cdots s^*_n)$，导致给定市场资源博弈的一个原有的纳什均衡 s^*_i 失效，则出现破局博弈（$S_{S/D\to S+D}$）。

3. 两种均衡的互动与“破局博弈”模型

破局博弈（$S_{S/D\to S+D}$）是指战略均衡的一个状态，即供给或需求出现新的战略 $S_{S/D}$，对原有的市场战略格局 $S+D$ 进行新的博弈，使整个资源市场产生重新洗牌的效应，这对供求均衡产生重大影响，即导致供求失衡的出现。

供求失衡对战略均衡进一步产生冲击，必然产生战略均衡的进一步调整，这一过程如图 5–3。一个稳定均衡的资源市场格局 E_a，其初始状态为二重均衡：

$$E_a \begin{cases} S_a=D_a \\ S_{Ra}=\{S_{S\to D},\ S_{S\to S},\ S_{D\to D}\} \end{cases}$$

由于受到 $S_{S/D\to S+D}$ 的影响，市场格局 E_a 出现供求失衡从而打破了 $S_a=D_a$（即 $S_a \neq D_a$），由此导致了博弈战略均衡格局的调整过程 E_i，其中 $i=1，2\cdots n\cdots$ 即：

$$E_i \begin{cases} S_i=D_i \\ S_{Ri}=\{S_{S\to D},\ S_{S\to S},\ S_{D\to D},\ S_{S/D\to S+D}\} \end{cases}$$

直到 $S_b = D_b$ 时，同时实现了战略均衡 E_b，最终形成了新的二重均衡的市场格局 E_b。即：

$$E_b \begin{cases} S_b=D_b \\ S_{Rb}=\{S_{S\to D},\ S_{S\to S},\ S_{D\to D}\} \end{cases}$$

由此可见，与二重均衡相对应，破局博弈模型中包含了三个通道（见图 5–5），一是价格通道，即 $p_i=p_a \to p_b$；二是供求数量通道，即 $q_i=q_a \to q_b$；三是战略通道，即 $E_i=E_a \to E_b$。

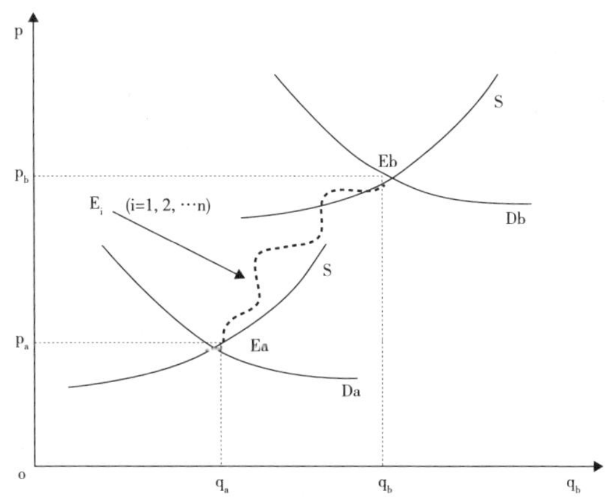

图 5–5　破局博弈模型示意图

二、破局博弈的类型与路径

对于一个稳定的二重均衡博弈格局：

$$E_R \begin{cases} S=q(p)=D=q(p) \\ S_R=\{S_{S\to D},\ S_{S\to S},\ S_{D\to D}\} \end{cases}$$

破局的起因，可以是 $S=q(p) \neq D=q(p)$，亦可能是 $S_R=\{S_{S\to D},\ S_{S\to S},\ S_{D\to D}\}$ 遭遇了 $S_{S/D\to S+D}$。因此，可以将破局博弈分为两大类型：一是缺口式破局，二是变局式破局。

1. 缺口式破局

缺口式破局是因为 $S=D$ 即 $S=q(p)=D=q(p)$ 的格局被严重打破，从而导致 $S<D$ 缺口或 $D<S$ 的剩余，并且要消除这种缺口，供给曲线或需求曲线必须进行位移的情况。

当出现 $S<D$ 缺口时，市场价格因缺口的存在面临着向上的压力。此时，需求

曲线率先位移，而供给曲线则相对稳定，需求方因此面临非合作竞争，在与供给方的博弈中处于不利地位，在定价上话语权较小。这种破局博弈的结果是，资源市场价格通道进入一个上升周期，资源产量也会进入一个上升的周期，但其资源供给上升的进度滞后于价格通道，战略通道则包括非合作式竞争、资源多元多层综合替代等增加产量、抑制价格等策略。这种破局的一个例子是，近几年来中国对国际铁矿石的巨大需求，导致了铁矿石价格的大幅上升，尽管中国是铁矿石的需求大国，但在进口铁矿石的价格谈判中仍一直处于价格接受者的被动地位。

当出现 $D < S$ 剩余时，市场价格因剩余的出现面临着向下的压力。此时，需求曲线率先向下位移，而供给曲线则相对稳定；或者供给曲线率先上移，需求曲线相对稳定。总之供给方因此面临非合作竞争，在与需求方的博弈中处于不利地位，在定价上话语权较小。这种破局博弈的结果是，资源市场价格通道进入一个下降周期，资源产量也进入一个限产周期，但其进度滞后于价格通道，战略通道则包括供给方非合作式竞争、减产稳价等策略。例如，彩电、手机等电子制造品由于出现了新产品的替代时，就会出现类似于这种破局的情况。资源类产品中，粮食大幅增产时也类似如此。

2. 变局式破局

与缺口式破局不同，变局式破局是在 $S=D$ 即 $S=q（p）=D=q（p）$ 相对稳定的条件下，市场博弈的部分参与者通过改变博弈战略，进而促使资源的价格与产量向有利于实现其战略目标的方向变化。因此，变局式破局从打破 $S_R=\{S_{S\to D}, S_{S\to S}, S_{D\to D}\}$ 开始，通过如图 5-3 中 $E_i=E_a\to E_b$ 的战略博弈与调整，从而打破 $S=q(p)=D=q(p)$ 的市场均衡，进而在 $p_i=p_a\to p_b$ 与 $q_i=q_a\to q_b$ 的过程中，实现其战略利益的最大化。

变局式破局，最典型的例子是 OPEC 的出现，改变了以前世界石油市场的战略结构，导致国际油价大幅波动，继而 IEA 的产生，导致国际石油市场在 OPEC 与 IEA 的战略政策支持下出现新的均衡。

三、破局博弈的战略重建

对一个给定的纳什均衡市场，新的参与者的加入，导致原有重要均衡条件的“崩溃”。破局的结果可能出现“多赢”，但也可能出现“多输”。最终的出路是，市场上所有的参与者都不得不在博弈过程中寻求趋于纳什均衡的战略重构。

战略重建是一个复杂的过程，诚如进化博弈论通过将人类的经济活动和竞争性经济行为同生物的进化相类比，借以解释人类经济行为的策略和行为方式的均衡，以及向均衡状态调整、收敛的过程与性质。另一方面，社会中总有一些具有革新意识的市场参与者会尝试各种各样的战略，这些与现状不相适应的新战略，会打乱既有战略组合。尽管有限理性的经济主体不可能完全正确知道自己所处的利害状况，但通过预期中最有利的战略逐渐模仿和探寻下去，而最终达到一种状态，这种状态就是趋向于经济中稳定的均衡。①

“破局博弈”对分析全球资源市场的运行过程与规则演化十分有用，例如，WTO 框架就是一个类似于纳什均衡的市场，新参与者的进入可能对 WTO 产生“破局效应”，因此是一种破局博弈。为了防止可能的破局导致“多输”的局面，世贸组织要求新的成员（即新的参与者）必须满足 WTO 的条款，即要与 WTO 的成员进行一系列谈判并达成协议，承诺遵守这些 WTO 的协议。而 WTO 本身并不是没有改进的余地，主要通过多边谈判来解决。这些谈判如乌拉圭回合、多哈回合等，就是战略重建的一种方式。

在当今国际资源市场上，“破局博弈”是一种重要而常见的情况，代表着一种从稳定→破局（不稳定）→稳定的市场变化状态。这种变化包含着种种风险与危机的局面。第二次世界大战后，西方列强殖民地体系土崩瓦解，武力征服下的资源直接掠夺已告终结，世界资源市场的格局由此发生了重大变化，即出现了一种重大“破局博弈”的局面。一方面，发展中国家采取了战略性资源国有化等一系列的资源战略，争取资源开发利用上的话语权；另一方面，新的世界资源市场体系逐步形成，促进了世界资源市场化程度的大大提高。用上述“破局博弈”的模型，大体可以解释 20 世纪资源市场的发展与变迁。

第六节　资源战略转型与重构

当经济发展与资源支撑之间不能自行调整并达到相互适应时，会出现资源供求各方战略利益的冲突，从而会提出新的国家资源战略的需求。满足这种需求，一方面要求资源战略进行转型，即对现存的资源战略利益关系做出调整，以改进现有资源配置格局；另一方面需要资源战略的重构，即通过资源战略的创新，促进资源替代，缓和资源战略利益冲突，防范资源制约的风险，力求促成新的更高层次的战略均衡。

因此，资源战略转型与重构是解决经济发展资源制约的一种重要方式。

① 白华英：《博弈论视角下的制度变迁研究方法》，载《石油大学学报》（社会科学版）2004年第1期。

第六章

中国经济发展资源支撑概析

这个世界目前发生最重大的改变，是中国的变化。[①]

——米尔顿·弗里德曼

本章以中国工业化、城市化阶段经济发展的速率、时间、空间三大坐标为基础，概略分析和评估中国经济发展的资源支撑状况，其重点是对经济发展具有重大意义的战略性资源。

第一节 三维坐标的设定及资源支撑的特点

一、中国的现代化战略与经济发展目标

1. 邓小平对中国“三步走”现代化战略的构想

改革开放以来，中国经济走上了快速增长的发展路径。与1978年相比，2012年GDP增长了24倍，30多年里年均增长9.8%。[②]推动经济长期高速发展的首要因素，就是中国毫不动摇地坚持实施邓小平确定的实现现代化“三步走战略”。

1987年10月，中共十三大根据邓小平的战略构想，确定了经济建设三步走的战略部署。“第一步，实现国民生产总值比1980年翻一番，解决人民的温饱问题。这个任务已经基本实现。第二步，到本世纪末，使国民生产总值再增长一倍，人民生活达到小康水平。第三步，到下个世纪中叶，人均国民生产总值达到中等发达国家水平，

① 2006年米尔顿·弗里德曼面对《纽约太阳报》记者谈及最新的思考时说：“这个世界目前发生最重大的改变，是中国的变化。”中国证券网http://www.cnstock.com/paper_new/html/2006-11/18/content_49935727.htm。

② 参见《中国统计年鉴2013》，中国统计出版社2003年版。

人民生活比较富裕，基本实现现代化”。[①]

1997 年中共十五大对到 2010 年、2020 年（建党 100 周年）和新中国建立 100 周年这三段时期改革和发展的任务做了全面部署，被称为实现第三步战略目标过程中的“小三步走”。[②]

2002 年中共十六大在确定全面小康社会的战略目标时，首先对进入 21 世纪后中国实现现代化的时间表做了初步确定：“二十一世纪头二十年，对我国来说，是一个必须紧紧抓住并且可以大有作为的重要战略机遇期。根据十五大提出的到 2010 年、建党一百年和新中国成立一百年的发展目标，我们要在本世纪头二十年，集中力量，全面建设惠及十几亿人口的更高水平的小康社会。”[③]

2007 年 10 月，中共十七大明确确保到 2020 年实现全面建成小康社会的奋斗目标，通过“增加发展协调性，努力实现经济又好又快发展。转变发展方式取得重大进展，在优化结构、提高效益、降低消耗、保护环境的基础上，实现人均国内生产总值到 2020 年比 2000 年翻两番”。[④]

2012 年，中共十八大提出确保到 2020 年实现全面建成小康社会宏伟目标，要实现经济持续健康发展，即“转变经济发展方式取得重大进展，在发展平衡性、协调性、可持续性明显增强的基础上，实现国内生产总值和城乡居民人均收入比 2010 年翻一番”。[⑤] 还明确提出，科技进步对经济增长的贡献率大幅上升，进入创新型国家行列。工业化基本实现，信息化水平大幅提升，城镇化质量明显提高，农业现代化和社会主义新农村建设成效显著，区域协调发展机制基本形成。

2. 邓小平对中国现代化建设资源支撑的分析[⑥]

对于实现四个现代化的资源支撑条件，1979 年 12 月 6 日邓小平会见日本首相大平正芳第一次提出小康目标之前，曾做过全面的思考。1979 年 11 月 26 日，邓小平会见美国不列颠百科全书出版公司编委会副主席吉布尼和加拿大麦吉尔大学东亚研究所主任林达光等时曾做出如下表述：

---

① 据《中国共产党第十三次全国代表大会报告》。

② 曹玉书：《对全面建设小康社会的初步理解》，载《中国经济导报》2002年11月。

③ 参见《全面建设小康社会，开创中国特色社会主义事业新局面》（中国共产党第十六大报告）。

④ 参见《高举中国特色社会主义伟大旗帜，为夺取全面建设小康社会新胜利而奋斗》（中国共产党第十七大会报告）。

⑤ 参见《坚定不移沿着中国特色社会主义道路前进为全面建成小康社会而奋斗》（中国共产党第十八次大报告）。

⑥ 邓小平：《邓小平文选》第二卷，第232～234页。

“我们要实现四个现代化。定了这个目标，要靠我们的努力，靠我们的方针政策对头，靠具体的措施有力，才能实现。现在人们怀疑，中国能不能实现现代化目标，问我们提出这个目标有什么根据。我们的根据可以讲有四条。

第一条，我们有丰富的资源。中国地方大，在能源方面，在矿藏方面，无论是黑色金属、有色金属还是稀有金属，中国没有的很少。这些资源要是开发出来，就是了不起的力量。

第二条，三十年来，不管我们做了多少蠢事，我们毕竟在工农业和科学技术方面打下了一个初步的基础，也就是说，有了一个向四个现代化前进的阵地。我们现在有二百多万台机床，石油年产量超过一亿吨，煤炭超过六亿吨，只有钢才三千多万吨。总之，我们还是建立了实现四个现代化的物质基础。

第三条，我们相信中国人不笨。有十来年，林彪、‘四人帮’的精神枷锁束缚了人们的思想，限制了人们充分发挥智慧和创造性。现在，我们提倡解放思想，重申毛泽东主席提出的‘百花齐放、百家争鸣’的方针，目的就是创造条件调动全民的积极性，使中国人的聪明智慧充分地发挥出来。我们现在加强民主、发展民主也是为了这个目的。

第四条，实现四个现代化必须有一个正确的开放的对外政策。我们实现四个现代化主要依靠自己的努力，自己的资源，自己的基础，但是，离开了国际的合作是不可能的。应该充分利用世界的先进的成果，包括利用世界上可能提供的资金，来加速四个现代化的建设。”

可见，邓小平提出以实现小康为经济发展的目标，其依据就是中国具备了矿产资源、人力资源、制度资源及物质技术基础等四个方面的资源支撑条件。同时还指出，要尽可能利用国外的资金资源。

二、中国经济发展资源支撑研究的时空坐标

中国的现代化战略，即实现中华民族伟大复兴的中国梦，规定了经济发展的时间表、发展阶段及最终要达到的目标，这为我们研究中国经济发展资源支撑所需确立的时间、空间及速率三维坐标提供了依据。

1. 时间坐标

实现现代化战略总体上三步走，为中国经济发展资源支撑问题的研究规定了时间坐标（见图 6–1）。

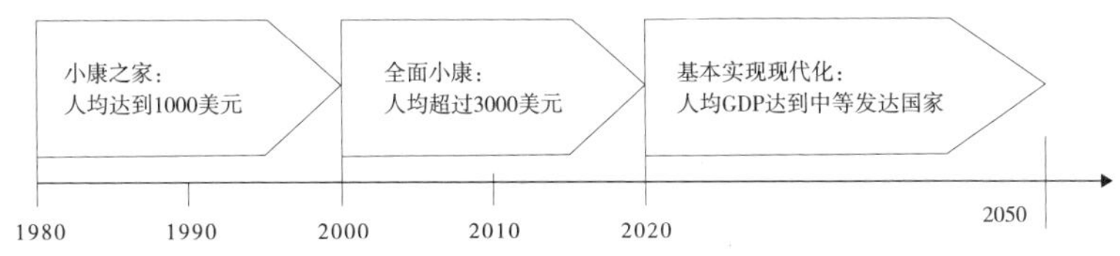

图 6-1　中国经济发展的时间坐标：1980 ~ 2050 年

根据这一时间坐标，可以对未来几年（即 2020 年前）中国经济发展的资源支撑态势进行分析与评估，也可以对未来不到 40 年（即 2050 年前）的资源支撑的总体状态与趋势做出概要判断。

2. 空间坐标

空间概念直接涉及资源支撑的方式与特点，规定了经济发展三个方面的内容：一是国家经济空间的范围及其资源集的空间特点；二是经济活动的空间方向，特别是资源的空间流向；三是一定空间坐标下经济发展与资源集的关系及其具体特点。在不同空间坐标下，解决经济发展资源支撑的问题有着不同的战略方案。

空间坐标代表着特定经济体的经济运行及其资源支撑的空间范围或边界。在现代经济中，反映经济发展资源支撑空间坐标最主要的指标，是一国经济发展对国际资源的依赖程度。

中国经济的快速发展得益于经济全球化条件下采取了对外开放政策，其结果是近 20 多年来对外依存度不断提升（见图 6-2）。2005 年，中国外贸依存度已高达 60%，2006 年又进一步有所提高。这意味着中国每增加 1 元 GDP，就至少有 0.6 元是通过国际市场来实现的。

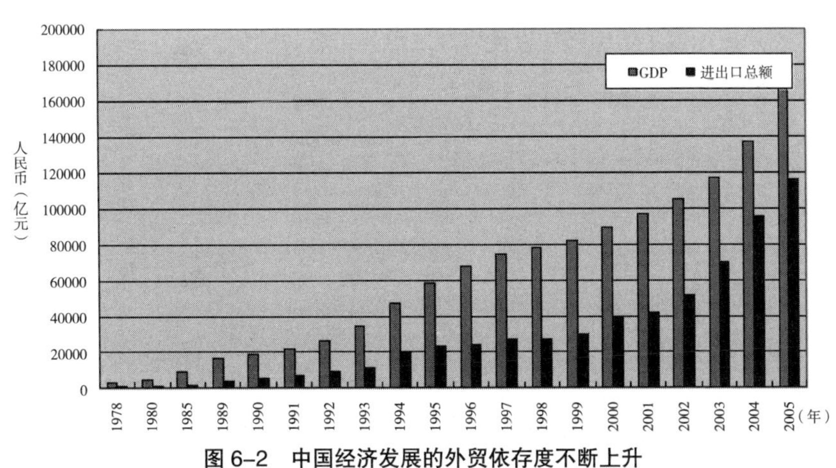

图 6-2　中国经济发展的外贸依存度不断上升

中国对外依存度不断提升的过程大致可分为四个阶段：第一阶段为低位蛰伏期（1980~1983 年）。此阶段为中国对外开放初期，外贸和出口依存度蛰伏在低位，例如 1980 年分别为 12.6% 和 6%。第二阶段为缓慢攀升期（1984~1990 年）。20 世纪 80 年代中期，随着对外开放的逐步扩大，中国外贸依存度开始缓慢攀升，特别是国内紧缺资源和技术设备的大量进口，致使进口依存度持续多年高于出口依存度。第三阶段为稳步上升期（1991~2000 年）。出口主导型的外向型经济逐步建立，中国具有比较优势的劳动密集产业迅速崛起，出口的快速增长，使出口依存度的增速超越进口依存度，并推动外贸依存度稳步上升。第四阶段为快速增长期（2001 年以后）。加入世贸组织后，中国参与经济全球化的程度日益加深，对外贸易在国民经济中的作用日趋重要，进出口对中国经济的增长起着重要推动作用，名义外贸依存度显著提高，2003 年时就达到 60%。受 2008 年美国金融危机的影响，2009 年后中国对外贸易保持平衡增长态势。①

随着对外开放的不断深化，今天中国经济发展已具有全球化的特点：中国为全球生产商品，资源也应该由全球来支撑。其发展模式的变化方向如图 6–3 所示，中国从改革开放初期直接向国际市场提供其优势资源性产品，转变为今天为全球生产商品。这一转变过程是否顺畅、能否持续，在相当程度上取决于能否获取全球资源的支撑。但是，中国正面临着稀缺资源日益激烈的国际博弈。由于产业结构在国际分工中仍处于低位，中国为全球生产商品时消耗了国内大量能源与矿产资源，而在国际资源市场的配置中并未得到相应的资源补偿，特别在油气、金属矿产等方面，长期处于“破局博弈”初期的不利地位。尽管中国国际贸易存在着巨额的顺差，但近几年来，中国在货物出口＞进口的所谓贸易失衡之中，却包含了资源出口＞资源进口另一失衡状态的不断加剧，从而加深了中国经济发展资源支撑的矛盾与风险。这正是现阶段空间坐标上中国经济发展资源支撑最为重要的特点。

---

① 崔大沪：《中国外贸依存度的分析与思考》，载《世界经济研究》2004年第4期。

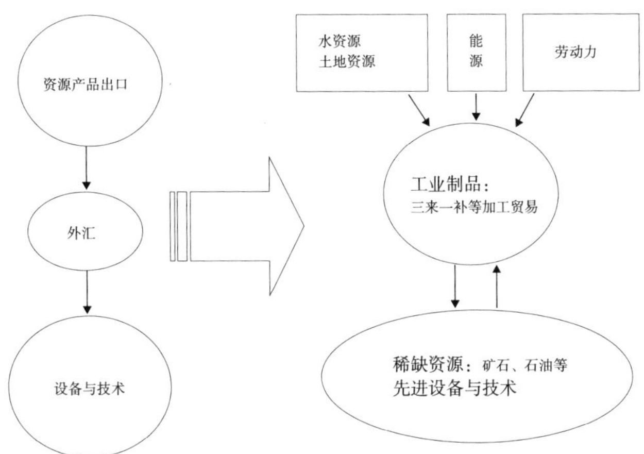

图 6–3　新世纪中国外向型经济发展资源外流路径的变迁

总之，经济发展的高度全球化，要求中国资源支撑的空间坐标也必须向全球拓展。

三、速率坐标：对未来中国经济发展潜力的判断

1. 速率坐标具有一定的不确定性

速率坐标主要是指经济发展速度，具有代表性的综合指标是经济增长（GDP）率。经济增长率尽管可以在经济发展战略中作为目标提出，但它在本质上是一个经济概念，并不是可以任意规定的，它是经济发展各种资源支撑的结果。

从经济理论上分析，经济发展速率坐标应以潜在的经济增长率为基准。潜在经济增长率是指一国（或地区）经济所生产的产品和劳务最大总量的增长率，或者说一国（或地区）在各种资源得到最优和充分配置条件下，所能达到的最大经济增长率。这里讲的资源包括自然资源，也包括人力资源、技术和管理，还包括制度安排和经济政策。

2020 年，中国经济发展的目标是人均 GDP 要达到中高等收入国家的水平。按照“中等收入”或“高收入”等目标，通过国际标准（见表 6–1）大致可以匡算经济发展的目标值域。无论是进入下中等收入国家还是上中等收入国家，都应考虑到，其国际标准并非一成不变。在较长的时间里，随着全球经济特别是中国、印度等新兴经济体的快速经济增长，其动态结果是使贫富标准的指标值大幅提高（见表 6–1）。因此，进入中等收入国家的人均 GDP 最低门槛将不断变化。如何动态地认识这种变化，导致

人们对于预期的增长率（见表 6-2）有着不同的理解。

表 6-1　　世界银行历年按收入分类的标准（美元）

年份	中国	发展中国家			高收入国家
		低收入国家	下中等收入国家	上中等收入国家	
1979	260	370	—	—	4380 ~ 17100
1980	290	410	420 ~ 1410	1420 ~ 4500	4510 ~ 26850
1980	370	610	611 ~ 2465	2466 ~ 7619	7620 ~ 32680
1994	490	695	696 ~ 2785	2786 ~ 8626	8626 ~ 35760
1998	750	760	761 ~ 3030	3031 ~ 9360	9361 ~ 40080
2000	840	755	756 ~ 2995	2996 ~ 9265	9266 ~ 40080
2002	940	735	736 ~ 2935	2936 ~ 9075	9076 ~
2003	1100	765	736 ~ 3035	3036 ~ 9385	9386 ~
2010	4277	1005	1006 ~ 3975	3976 ~ 12275	12276 ~
2011	—	1025	1026 ~ 4035	4036 ~ 12475	12476 ~
2012	—	1035	1036 ~ 4085	4086 ~ 12615	12616 ~

资料来源：历年世界银行《世界发展报告》。

表 6-2　　全面建设小康社会指标体系

指标名称	单位	基本标准	2000年	2010年	2020年
人均国内生产总值	美元	3030	854	1600	3050
城镇居民人均可支配收入	人民币元	18000	6280	12000	18000
农村居民家庭人均纯收入	人民币元	8000	2253	4000	7300
恩格尔系数（城镇）	%	40	39.2	30	25
恩格尔系数（乡村）			49.1	40	35
城镇人均住房建筑面积	平方米	30	19	25	30
城镇化率	%	50	36.2	46	56
居民家庭计算机普及率	%	20	4.2	10	20
大学入学率	%	20	11	20	30
刑事犯罪率	%	0.1	0.2	0.15	0.1

资料来源：曹玉书，对全面建设小康社会的初步理解，《中国经济导报》2002年11月22日。

总之，经济发展资源支撑研究对速率坐标的研判有两个方面的意义：一是使现实经济增长率尽可能回归到潜在经济增长率，防止实际增长率过度偏离于（既不能过高也不能过低）潜在增长率，其关键是要提高并优化资源配置的效率，缓解战略性资源对经济发展的制约；二是跟踪分析和规避部分战略性资源对经济发展可能的制约并导致过大的风险，防止大起大落，促进经济可持续发展。

2. 有关中国经济发展潜力的预测

对未来中国经济增长的潜力或前景，国内外存在各种各样的分析与研判。进入新世纪后，国内外对中国经济发展趋势的研究一度成为热点，争论层出不穷，广受关注。例如，国务院发展研究中心李善同等人的研究，曾在短短的三年里出现了两种不同的预测。

李善同等 2003 年认为，未来 50 年中，前 20 年中国经济仍可保持快速的增长；后 30 年则可保持适当的增长速度。综合分析，2001~2010 年，中国经济的潜在增长速度可以达到 7.0%~7.9%；而 2010~2020 年，这一速度将降至 5.5%~6.6% 之间。2020 年后年均 GDP 进一步下降，2021~2030 年将增长 5.4% 左右；2031~2040 年将增长 4.5%；2041~2050 年将增长 3.4% 左右。[①]

但两年后，李善同等在分析中国经济增长潜力和“十一五”至 2020 年经济增长时，设计了三种情景，对先前的预测做了较大的调整，大大提高了 GDP 增长的预测值。其基准情景估计“十五”将达到 8.7%，“十一五”为 8.1%，2010~2015 年及 2015~2020 年分别为 7.5% 和 6.8%。整体来看，2001~2020 年经济增长年均达到 7.8%。并且在其设计的协调发展的情景中，经济发展速度更高。[②]

表 6–3　　2006 年美国对世界经济增长的预测　　单位：%

地区	历史值	预测值		
	1978 ~ 2003年	2005 ~ 2015年	2015 ~ 2030年	2003 ~ 2030年
OECD北美	2.9	3.1	2.9	3.1
美国	2.9	3.1	2.9	3.0
加拿大	2.8	2.6	1.8	2.2
墨西哥	2.9	4.0	4.1	4.1
OECD欧洲	2.4	2.3	2.1	2.2

① 李善同、侯永志、翟凡：《未来50年中国经济增长的潜力和预测》，载《经济研究参考》2003年第2期。

② 参见国务院发展研究中心重点课题：《中国中长期发展的重要问题2006—2020》（王梦奎主编），中国发展出版社2005年版。

续表

地区		历史值	预测值		
		1978～2003年	2005～2015年	2015～2030年	2003～2030年
OECD亚洲		3.0	2.3	1.6	1.9
日本		2.5	1.7	1.0	1.4
韩国		6.7	4.7	2.8	3. 6
澳大利亚/新西兰		3.3	2.5	2.4	2.5
OECD总计		2.7	2.7	2.4	2.6
俄国		-0.5	4.2	3.3	3.9
中国		9.4	6.6	5.2	6.0
印度		5.3	5.5	5.1	5.4
巴西		2.5	3.7	3.3	3.5
非洲		2.9	4.8	4.1	4.4
非OECD总计		3.7	5.3	4.5	5.0
全世界	按购买力平价计算	3.1	4.0	3.8	3.8
	按市场汇率计算	2.8	3.1	2.6	3.0

资料来源：Energy Information Administration(EIA), Office of Integrated Analysis and Forecasting, U.S., Department of Energy: International Energy Outlook 2006, www.eia.doe.gov/oiaf/ieo/index.html。

国际上对中国经济发展前景的预测也普遍认为，在未来二三十年里，中国仍是世界上保持经济发展最快速的国家，如美国能源信息署在《国际能源概览 2006》中预测（见表 6-3），2003~2030 年中国年均经济增长率可达到 6%。这一速度虽然看上去并不高，却是所预测的世界主要经济体发展的最高水平。

2008 年华尔街金融危机之后，全球经济一直处于 L 型的衰退之中，新兴经济体特别是中国经济成为世界经济的新引擎。中国经济发展也出现了明显的减速，2007 年 GDP 高达 14.2%，2008~2014 年分别增长 9.6%、9.2%、10.4%、9.3%、7.7%、7.7%、7.4%，逐步进入 7% 左右的“新常态”。

3. 如何设定中国经济发展目标与速率

本书认为，研究中国经济增长趋势与速率，应充分考虑以下几个参照系。

第一，中国经济发展的历史轨迹（见图 6-4）。

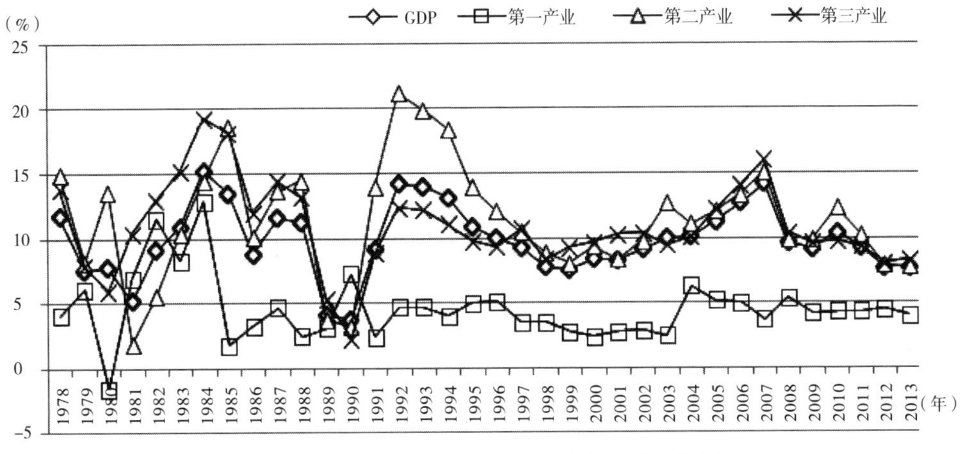

图 6-4　1978 ~ 2013 年中国经济增长及其结构变化

改革开放后的 30 多年里，中国经济发展年均速率超过 9%。1991 年以前，中国经济发展处于现代经济发展与传统经济发展的混合期，其重要标志是第一产业与经济增长之间存在着较大的相关性；20 世纪 90 年代早中期之后，中国经济发展主要与第二产业的发展高度相关，真正转变为以现代产业的发展为基础，主要由工业化所推动。中国经济发展目前处于快速发展的工业化中后期阶段，在这个时期里，较高的年均经济发展潜力在较长时间可以保持。

第二，中国经济所处的发展阶段。

中国现阶段的经济发展集中表现出四大特点：

一是仍处于向现代产业转型的工业化过程中。国际发展经验表明，大国经济发展都会经历两个转型，即主要由第一产业支撑转型为主要由第二产业支撑的工业化阶段，再进一步转型为主要由第三产业支撑的城市化阶段。中国目前主要处于前一转型向后一转型过渡的特殊时期。中国实现现代化必须全面完成两个转型，否则就不可能建立起真正意义上的现代经济，也不可能成为真正意义的现代化国家。拉美等转型国家的经济之所以曾经出现了各种危机与困局，甚至长期陷入所谓的“中等收入陷阱”，就是因为它们没有连续地经历和完成这两次转型。

二是中国经济发展水平仍然很低。目前人均 GDP 大约 7000 美元，这说明中国仍处于经济快速发展期、矛盾多发期，也是经济发展的不稳定期，甚至是某种程度的突变期或风险期。国际上经济发展的历史经验曾表明，大国经济的发展如果不能快速超越 1000~5000 美元的中等收入阶段，其经济发展可能进入胶着与不稳定的困难状态。

但从大国经济发展的历史与现实来看，人均 GDP 达到 5000 美元的标准今天已经偏低。对于中国来说，人均 GDP 达到 10000 美元，才有可能走出“中国收入陷阱”的风险。有学者研究认为，13500 美元是一个重要的水平线。①

三是中国城市化水平不高。目前中国城市化水平只有在 50% 左右，城市化的质量不高。突破“二元结构”制约、改变城乡差距过大的不利影响，可能成为促进经济快速发展的动力；否则，就可能成为影响经济社会发展的断裂带。城市化是发展服务业发展的基础，是整体上完成以第二产业支撑向第三产业支撑的重大转型的关键，对促进经济结构与社会结构的现代化具有重大意义。因此，在城市化未完成之前，缩小城乡差距仍能成为经济发展的潜力。

四是中国生产力与先进国家生产力的差距仍较大。在全球化的背景下，改革开放政策有利于中国经济继续释放国内外之间的“瀑布效应”。

第三，中国经济发展的资源支撑能力。

综合国内外对中国经济发展的研究，我们可以在理论上做出如下基本判断：总体上看，与过去 30 多年相比，促进中国经济发展所需的资源支撑条件仍然存在，但资源集内的结构矛盾也日益突出，资源支撑风险也增大，对此必须给予高度重视。

一方面，在水土资源、包括能源在内的矿产资源、资金资源、劳动力资源（人力资本）、科技资源乃至制度资源等方面，中国经济发展资源支撑能力出现了此消彼长的局面，国内自然资源面临着空前巨大的压力。另一方面，目前经济发展的资源支撑方式已经或者正在发生巨大变化，由于基础替代能力在增强、间接替代的巨大潜能在释放、空间替代能力在快速提升，因此总体上看，资源对经济发展支撑能力仍然较强。但也应该看到，这种变化导致经济发展面临的或潜伏的资源支撑风险也前所未有。

综合以上因素可大体判断如下：中国经济进入新常态后，未来几年里（到 2020

① 各国人均GDP穿越1000～3000美元具有加速的趋势。美国1943年达到1000美元，19年后达到3000美元；法国1954年达到1000美元，用了17年超过3000美元；德国1958年为1000美元，并用12年超过了3000美元；日本1966年达到1000美元，仅用了7年就超过了3000美元；韩国与巴西分别在1977和1978年达到1000美元，分别用了10年和11年超过了3000美元。拉美国家发展的经验表明，人均GDP超过3000美元后，并不表明国家经济发展就进入现代化的坦途。以韩国与巴西为例，2003年韩国人均GDP达到12000多美元，而巴西却倒退为不足3000美元（2824美元），又回到了1000～3000美元的多雷区。因此，世界银行等机构认为，矛盾多发期应扩大为1000～5000美元。事实上，即使达到了5000美元，仍不能掉以轻心。巴西人均GDP最高时曾达到了5000美元，阿根廷最高时则大大超过了5000美元，但其后经济发展的道路并不平坦。只有人均GDP超过10000美元，经济结构与社会结构都较成功转型后，国家才真正进入现代化。2001年中国人均GDP达到了1000美元，2005年达到1700美元，2006年超过1900美元，2012年大约5000美元，目前接近7000美元。按照这一趋势，2020年中国人均GDP可能达到10000美元。这一经济发展的进程看上去很快，但并不是神话。后期工业化国家从人均1000美元到10000美元所用的时间并不长，例如，韩国1977年达到人均1000美元后，1995年即达到10000美元，即只用了18年。

年）潜在经济增长率大约为年均7%~8%，以此为基准，实际经济增长率上下波幅不应超过两个百分点，即处于6%~10%之间，超过10%已不太可能，但低于6%亦不正常。2020年后，经济发展进入较成熟阶段，将进入中速度增长期（见表6-4）。

表6-4　　未来5～35年中国经济发展速率坐标　　单位:%

	2006～2020年：8%～10%		2021～2050年：4%～6%		
	2006～2010	2010～2020	2021～2030	2031～2040	2041～2050
经济增长率	8.5～10.5	7.0～9.0	5.0～7.0	4.0～6.0	3.0～5.0

按上述潜在速率，2020年GDP可望达到85万多亿元，不考虑人民币升值或贬值的因素，约合14万亿美元，大约人均10000美元。值得注意的是，随着时间的变化，由于新兴经济体的快速发展，世界收入分类标准将水涨船高，2020年时世界上中等收入国家的标准可能超过人均5000多美元（而不是目前大多数人所采用的4000多美元）。而到2050年，中国GDP可望达到45万亿美元，人均接近30000美元，基本实现现代化。考虑到资源制约风险的存在，实际增长率也许会低于潜在增长率。正因如此，防止和控制资源制约的风险，成为资源支撑需要研究的重大问题。

四、资源支撑进入高消耗、高风险状态

目前，中国经济发展处于数量的扩张与积累阶段，资源消耗处于大规模、高密度的快速增长过程之中，资源支撑风险的问题日趋突出。①

中国工业化尤其是新型工业化尚未完成，城市化正在提速，经济快速发展与经济社会转型相重合，对资源支撑有着特殊的要求：第一，大规模的城市化与公共设施建设、大规模的工业化与产业结构调整、大规模的消费升级导致资源消耗的快速增长，会持续较长的时间。第二，在此阶段，一些战略性资源支撑面临的耗竭型风险、间竭型风险及其派生风险等压力将持续存在，有时会加剧并成为经济发展的主要制约因素。第三，基于前面两点，中国现阶段乃至整个现代化的过程中，重要战略资源支撑上将充满矛盾与困难，如何缓解瓶颈资源特别是一些战略性资源对经济发展的制约，对国家相关政策的制定与实施、对相关管理机构的调控能力都是重大的挑战。

从世界大国现代化的历史经验来看，只有完成经济社会转型走向成熟阶段后，国家经济发展资源高消耗的支撑方式才会出现重大变化。其后，流量性资源（主要是石

① 资源消耗总量处于S型曲线的快速上升通道中，人均GDP资源消耗强度高。

油、天然气、煤炭等燃料）消耗的增长将趋向稳定，存量性资源（主要是铁矿、铝矿等原料）的增长将趋于下降。无论是从人均 GDP 还是从人口城市化的水平来看，在经济发展的路径与速率未出现重大变化的情况下，中国经济社会发展真正进入成熟阶段大约至少还需要 20 年以上的时间，整个过程或将持续到本世纪中叶。

第二节　水土资源支撑概评

一、水土资源是支撑经济发展的基础性资源

水土资源是支撑经济发展最重要的战略性资源，具体表现为如下经济特点：

第一，基础性强。经济发展对水土资源的需求量大面广。土地资源对经济发展的基础性作用，一方面源于土地所具有的承载功能，无立足之地无以创业；另一方面，耕地是第一产业发展的生产要素，它是作物种植、动物养殖必不可少的生产资料。同样，淡水资源是所有产业发展必不可少的物质要素，没有淡水，经济发展无从谈起。

第二，弱流动性。水土资源的基础性与其弱流动性有关，水资源具有流域性，跨流域的调水不仅工程浩大、成本高昂，而且还受到自然生态、社会政治等诸多复杂因素的限制；土地资源更具有不动性，尽管土地资源的产权可以交易变更，但其地理空间上的固定性不可改变。弱流动性，使水土资源的可贸易性受到极大的限制，这一点与油气等资源有着很大的不同。

第三，稀缺性高。地球上水土资源的总量是有限的，相对于经济快速发展的巨大需求而言，具有较高的稀缺性。

第四，弱替代性。上述几点再加上替代成本较高，导致水土资源具有弱替代性的特点。到目前为止，用新的资源直接替代现有土地资源的可能性不大，并且现有的替代方式成本高、风险大。如通过进口粮食替代国内耕地以减缓其稀缺性压力，会降低国家粮食安全。而淡化海水替代天然淡水，技术上虽可行，但成本很高，是经济发展难以承受的。因此，目前较为可靠的办法是通过间接替代，即提高现有水土资源利用效率或节约水土资源来解决这一问题。

第五，可更新性或可持续性。水土资源的另一重要特点是，在没有超出其承载力的限度里，水土资源可以循环地反复利用，具有可更新性。因此，只要使用上科学得当，水土资源又是取之不竭，用之不尽的。

第六，外部性强。水土资源较强的外部性，源于其使用的广泛性。水土资源如果利用不当，就会破坏生态、污染环境、导致严重的利益突击，产生远远超乎其产权当事人范围的重大损失，其结果是社会成本巨大。

基于水土资源所具有的上述六大共同特点，在研究经济发展资源支撑时，可以将土地与淡水归为一个大类进行讨论。

二、中国水资源支撑概况

水资源具有绝对稀缺与相对稀缺相并存的特点，表现在经济发展支撑上，水资源在理论上同时具有耗竭型风险与间歇型风险。这对中国经济发展尤其是部分产业、部分地区、部分城市的经济社会发展构成极大挑战。

1. 中国水资源总量与分布概况

中国水资源丰富，多年平均降水量大体为61889亿立方米，折合降水648毫米。其中，56%，即3.4万亿立方米进入土壤或返回大气之中；44%，即2.7万亿立方米通过江河流入海洋。根据全国水资源评价数据，中国多年平均水资源总量为28124亿立方米。[①]

中国水资源总量与地区分布见表6–5。以2003年为例，地表水资源量26250.7亿立方米，地下水资源量8299.3亿立方米，扣除地表水与地下水重复计算7089.9亿立方米，水资源总量27460.2亿立方米。仅次于巴西、俄罗斯、加拿大、美国和印度尼西亚，居世界第六位。

但是，与庞大的人口数量相比，中国水资源又相对不足。2000年以来，人均水资源量大约稳定在2100~2200立方米，例如2003年为2131.3立方米，2012年为2186.1立方米。这大体只相当于世界人均水资源占有量的27%。

中国地域辽阔，气候条件复杂多样，因此，水资源分布天然存在着两大失衡，一是地区差异巨大，二是季节差异明显，这对现阶段以工业化与城市化为主要任务的经济发展有着重大影响。

2. 从总量上看，中国水资源处于脆弱平衡的状态

（1）总体维持大体平衡

总体上看，中国未来30多年的现代化以工业化与城市化为目标，水资源总量可以支撑经济发展，但这种支撑包含着极大的脆弱性。

① 参见成升魁等：《2002中国资源报告》，商务印书馆2003年8月版。

表 6-5　　　　中国水资源总量与分布情况

年份	水资源总量（亿立方米）	地表水资源量（亿立方米）	地下水资源量（亿立方米）	地表水与地下水资源重复量	人均水资源量（立方米/人）
2000	27700.8	26561.9	8501.9	7363.0	2193.9
2001	26867.8	25933.4	8390.1	7455.7	2112.5
2002	28261.3	27243.3	8697.2	7679.2	2207.2
2003	27460.2	26250.7	8299.3	7089.9	2131.3
2010	30906.4	29797.6	8417.0	7308.2	2310.4
2011	23256.7	22213.6	7214.5	6171.4	1730.2
2012	29526.9	28371.4	8416.1	7260.6	2186.1

各地区水资源分布

	2003	2012	2003	2012	2003	2012	2003	2012	2003	2012
北京	18.4	39.5	6.1	18.0	14.8	26.5	2.5	4.9	127.8	193.2
天津	10.6	32.9	6.2	26.5	4.8	7.6	0.4	1.2	105.1	238.0
河北	153.1	235.5	46.5	117.8	135.8	164.8	29.3	47.1	226.7	324.2
山西	134.9	106.2	89.2	65.9	86.0	88.3	40.3	48.0	408.2	295.0
内蒙古	495.6	510.3	355.6	349.2	239.2	258.4	99.3	97.4	2082.7	2052.7
辽宁	220.0	547.3	179.4	492.4	102.4	147.4	61.8	92.5	522.9	1247.8
吉林	326.5	460.5	265.7	387.3	109.9	147.0	49.1	73.8	1208.7	1674.5
黑龙江	826.8	841.4	694.1	695.7	291.7	289.8	159.0	144.1	2167.8	2194.6
上海	15.1	33.9	15.1	27.4	8.6	9.7	8.6	3.2	90.6	143.4
江苏	619.1	373.3	499.8	279.1	138.3	110.2	19.0	16.0	837.3	472.0
浙江	574.5	1444.8	564.0	1427.1	161.3	273.5	150.8	255.8	1231.9	2641.3
安徽	1083.0	701.0	1038.1	640.6	252.3	159.3	207.4	99.0	1699.1	1172.6
福建	806.6	1511.4	805.4	1510.1	284.4	349.3	283.2	347.9	2319.9	4047.8
江西	1362.7	2174.4	1345.5	2155.8	339.9	462.3	322.7	443.7	3215.4	4836.0
山东	489.7	274.3	349.3	182.2	247.4	164.2	107.0	72.1	537.9	283.9
河南	697.7	265.5	540.9	172.7	263.0	161..88	106.2	68.9	723.8	282.6
湖北	1234.1	813.9	1205.4	783.8	312.8	262.8	284.1	232.7	2058.6	1411.0
湖南	1799.2	1988.9	1790.9	1981.3	416.4	417.9	408.1	410.3	2707.2	3005.7
广东	1458.4	2026.5	1448.7	2017.5	404.8	485.8	395.1	476.7	1844.6	1921.0
广西	1901.0	2086.4	1901.0	2086.4	575.3	587.3	575.3	586.3	3928.1	4476.0

续表

各地区水资源分布										
	2003	2012	2003	2012	2003	2012	2003	2012	2003	2012
海南	291.8	360.2	288.4	360.2	69.3	92.6	66.0	88.5	3615.9	4130.8
重庆	590.7	476.9	590.7	476.9	109.9	97.8	109.9	97.8	1894.3	16226.5
四川	2589.8	2892.4	2588.2	2891.2	596.4	614.9	594.8	614.9	2981.5	3587.2
贵州	915.5	974.0	915.5	974.0	247.8	253.3	247.8	253.3	2375.7	2801.8
云南	1699.4	1689.8	1699.4	1689.8	592.2	583.2	592.2	583.2	3902.5	3637.9
西藏	4757.1	4196.4	4757.1	4196.4	1081.0	951.9	1081.0	951.9	177174.7	137378.1
陕西	574.6	390.5	537.6	368.0	173.1	130.2	136.1	107.7	1560.6	1041.9
甘肃	247.2	267.0	237.3	259.0	136.9	139.1	126.9	131.1	951.6	1038.4
青海	634.7	895.2	616.6	879.2	273.9	400.5	255.8	384.5	11940.9	15687.2
宁夏	12.3	10.8	10.0	8.5	25.4	21.6	23.2	19.2	212.7	168.0
新疆	920.1	900.6	863.2	851.6	604.3	557.0	547.4	508.0	4793.6	4055.5

资料来源：《中国统计年鉴2004》、《中国统计年鉴2013》，中国统计出版社2004、2013年版。

表 6–6　　水资源紧缺界定指标

人均水资源量（立方米/年）	紧缺度	表现出的主要问题
1700 ~ 3000	轻度缺水	局部地区、个别时段出现水问题
1000 ~ 1700	中度缺水	将出现周期性和规律性用水紧张
500 ~ 1000	重度缺水	将经受持续性缺水，经济发展受到损失，人体健康受到影响
<500	极度缺水	将经受极其严重的缺水，需要调水

资料来源：成升魁等：《2002中国资源报告》，商务印书馆2003年版，第53页。

注：本指标体系由水利部水资源司综合联合国组织著名专家看法，结合中国具体情况而定，公布于《2000年中国水资源公报》。

中国人均水资源量2100~2200立方米，并处于较为稳定的状态，按国际公认的界定水资源紧缺的指标（见表6–6），中国属于轻度缺水国家。但目前正处于由轻度缺水向中度缺水的过渡期①，根据对世界149个国家统计数据的排位，中国在110位之后，属于缺水国家。而1996年联合国有关部门对占世界人口98.83%的153个国家的水资源进行分析，有53个国家或地区缺水，中国是世界上最贫水的13个国家之一。②目前，数以百计的城市严重缺水，农村则有几千万人面临饮水困难。

① 参见成升魁等：《2002中国资源报告》，商务印书馆2003年8月版。

② 郎一环、王礼茂：《短缺资源类型与供需趋势分析》，载《自然资源学报》2002年第4期。

谢高地等专家就人口、居民生活、工业和农业、环境等几个方面，对我国水资源的承载能力进行了研究。其结论是：如果保持现有水耗水平，我国水资源实际人口承载力为 25×10^8 人，水资源有效人口承载力在 15×10^8~18×10^8 人之间。从全国范围来看，今后 20 年内，中国的人口数量在水资源人口承载能力范围之内，并仍存在承载力盈余约 2.5×10^8~5.1×10^8 人口。水资源最大承载 17.9×10^8 乡村人口和 7×10^8 城镇人口的生活用水。今后 20 年内，能够支撑 4.3×10^8~5.3×10^8 城镇人口和 11×10^8~13×10^8 乡村人口的生活用水，从全国看，生活用水在承载范围之内（见表 6-7）。但问题是，不同区域差异很大，以现有水资源配置比例关系，全国城镇居民生活用水普遍短缺 17%~20%，今后 20 年城市的发展，必须占用农业用水、工业用水和乡村居民生活用水。①

表 6-7　　中国水资源承载能力和水资源超载状况

	自然承载力	实际承载力	有效承载力
人口承载力（$\times10^8$）	63.10	25.30	15.60 ~ 22.10
人口超载率（%）	−67.20	−52.90	−19.30 ~ 37.00
城镇人口承载力（$\times10^8$人）	17.50	7.00	6.10
城镇人口超载率（%）	0.20	15.20	17.80
乡村人口承载力（$\times10^8$人）	44.80	17.90	13.40
乡村人口超载率（%）	−162.50	−81.10	−44.70
工业发展承载力（$\times10^{12}$元）	66.80	26.70	20.00 ~ 23.40
农业灌溉承载力（$\times10^8hm^2$）	2.61	1.04	0.65 ~ 0.78
污水容纳量（$\times10^3$）	5958.90	4598.20	4399.80
污水超载率（%）	−22.8	−26.20	−0.30 ~ −29.40

资料来源：谢高地、周海林、甄霖、鲁春霞、肖玉：《中国水资源对发展的承载能力研究》，载《资源科学》2005年第4期。

相对于城市居民生活用水普遍超载和趋于短缺而言，除华北地区之外，全国农村居民的生活用水支持能力普遍有所剩余。在现有工农业生产技术水平和经济增长方式不变的情况下，我国水资源工业产值的最大承载能力为 26.7×10^{12} 元，这与 2020 年 GDP 将达到 85 多万亿元的潜力极不适应，因此，水资源有可能成为制约经济发展的

① 谢高地、周海林、甄霖、鲁春霞、肖玉：《中国水资源对发展的承载能力研究》，载《资源科学》2005年第4期。

重要瓶颈资源。

（2）水资源消耗量过大成为主要矛盾

中国是耗水大国，年取水量高达5500亿立方米，约占多年平均水资源总量的近20%（见表6–8）。水资源的这一利用强度，是世界水资源平均利用程度的近2.6倍。①

有关专家认为，随着中国工农业生产和人民生活用水量的增加，水资源的供需矛盾将越来越突出。其中农业用水量所占比例最大，节水潜力也最大。根据刘昌明等水利专家的预测，中国21世纪上半叶用水量分别是2000年5700亿立方米，2010年5850亿立方米，2030年约7000亿立方米，2050年达到8300多亿立方米（见表6–9）。

表6–8　　从人均用水看中国水资源利用强度

年份	人均水资源量（立方米）	人均用水量（立方米）	水资源利用强度（%）
2000	2193.9	435.4	19.85
2001	2112.5	437.7	20.72
2002	2207.2	429.3	19.44
2003	2131.3	412.9	19.37
2010	2310.4	450.2	19.49
2011	1730.2	454.4	26.26
2012	2186.1	454.7	20.80

数据来源：依据《中国统计年鉴2004》《中国统计年鉴2013》整理计算。

表6–9　　中国21世纪上半叶总需水量预测

年份	农业用水量			工业用水量			城镇生活用水量			合计水量（亿m^3）
	水量（亿m^3）	增长（%）	比例（%）	水量（亿m^3）	增长（%）	比例（%）	水量（亿m^3）	增长（%）	比例（%）	
2000	4848	–0.41	85.0	665	3.34	11.7	189	3.56	3.3	5702
2010	4653	–0.13	79.5	929	3.64	15.9	268	2.69	4.6	5850
2030	4530	–0.43	65.8	1899	3.0	27.6	456	2.38	6.6	6885
2050	4157	—	49.9	3436	—	41.3	730	—	8.8	8323

按照这一预测，到2050年，中国水资源的总需求量为8323亿立方米，全国水资源利用强度将进一步提高到25%左右。水资源能否有效支撑，将是经济发展面临的一个重大挑战。有关人士认为，在总供水量中，地下水增加的潜力不大（已开采量已达

① 郎一环，王礼茂：《短缺资源类型与供需趋势分析》，载《自然资源学报》2002年第4期。

可开采量的85%），因此所需要增加的2000多亿立方米的供水量，主要依靠地表水。如果500亿立方米直接由河道引水，另1500亿立方米则需要兴建各种蓄水设施（主要是各类水库）。工程规模非常巨大，即使财力允许，其他限制因素尚难预料，难度是很大的。①

20世纪80年代以来，不少专家对中国用水前景进行了深入细致的分析，提出了不同的数据。《中国21世纪议程》曾预测，2010年全国水资源需求总量为7200亿立方米；刘昌明、何希吾等预测，2030年中国生活用水约900亿立方米，工业用水2000亿立方米，农业用水5000亿立方米，总用水量7900亿立方米；汪党献等认为，本世纪中叶，中国人口达到16亿峰值，总用水量为9600亿~10400亿立方米；陈志恺则预测,2040年，全国总用水量将达到8000亿立方米。②这些预测虽然具体数值有所不同，但都说明，到本世纪中叶前后，我国用水总量必然大量增加，其幅度在2500亿~6000亿立方米。这对水资源的供应产生十分巨大压力。据报道，建设部曾预计，中国缺水的高峰期将在2030年，届时中国人口将达到16亿左右，人均水资源占有量将为1760立方米，进入联合国有关组织确定的中度缺水型国家的行列。

3. 三大失衡一大挑战：水资源的结构性矛盾趋于尖锐

如果说中国是轻度缺水国家，水资源开发利用特别是节水与提高水资源利用效率方面仍有巨大的潜力；但对部分地区（经济发达的东部与许多大中城市）而言，水资源短缺对其经济社会发展的约束已迫在眉睫，已显露出趋于恶化的苗头。一些地区尤其是大城市，未来经济发展水资源支撑态势很不乐观。水资源支撑能力总体面临着“三大失衡、一大挑战”的严峻形势。

（1）区域水资源严重失衡

区域水资源失衡是我国一直存在的老问题，其严重性随着工业化和城市化的进程而更为突出（见表6–10）。按照水资源紧张程度的衡量指标（见表6–6），几乎整个华北、上海、宁夏以及山东、河南等人均水资源不足500立方米的地区，属于极度缺水地区；辽宁、江苏、甘肃等地的人均水资源不足1000立方米，是重度缺水地区；吉林、浙江、安徽、陕西人均水资源不足1700立方米，则属于中度缺水地区；内蒙古、黑龙江、福建、湖北、湖南、广东、重庆、四川、贵州等广大的地区人均水资源不足3000立方米，也轻度缺水。而不缺水的就只剩下江西、广西、海南、云南、西藏、青海与

① 参见郎一环等：《全球资源态势与中国对策》，湖北科学技术出版社2000版。

② 参见成升魁等：《2002中国资源报告》，商务印书馆2003年8月版。

新疆。而新疆并不是不缺水，由于地广人稀，人均水资源拥有量虽较多，但利用强度2003 年已高达 54%，2012 年进一步提高到 65.53%，其水资源也十分贫乏。

从水资源的利用情况来看，中国有近一半省份水资源的使用强度已超过 30%，包括：水资源贫乏而其他资源丰富、经济发达的华北各省市区；水资源相对不足而其他资源十分丰富的东北三省；水资源相对丰裕、经济十分发达的“长三角”地区与“珠三角”地区；经济发达的山东，以及水资源贫乏的西北地区的大多省份。这表明，我国经济活跃与发达的地区实际上已普遍面临着水资源的短缺，其中北京、天津、河北、上海、宁夏等地，水资源的使用量已大于水资源量，出现了用水“赤字”（见表 6–11）。2012 年，经济发达的江苏省，也出现了用水“赤字”。这些地区实际上已面临着水资源危机的困境。

表 6–10　　2003 年各地区人均水资源及使用强度

地区	水资源（立方米）		用水量（立方米）		利用强度（%）	
	2003年	2012年	2003年	2012年	2003年	2012年
北京	127.8	193.2	243.1	175.5	190.22	90.84
天津	105.1	238.0	203.5	167.1	193.63	70.21
河北	226.7	324.2	295.9	268.9	130.52	82.94
山西	408.2	295.0	170.2	203.7	41.7	69.05
内蒙古	2082.7	2052.7	701.4	741.6	33.68	36.13
辽宁	522.9	1247.8	305.1	324.3	58.35	25.99
吉林	1208.7	1674.5	385	472.1	31.85	28.19
黑龙江	2167.8	2194.6	644.5	936.1	29.73	42.65
上海	90.6	143.4	653.4	490.6	721.19	342.12
江苏	837.3	472.0	586.3	698.2	70.02	147.92
浙江	1231.9	2641.3	441.7	362.2	35.86	13.71
安徽	1699.1	1172.6	280.1	489.5	16.49	41.74
福建	2319.9	4047.8	525.7	535.8	22.66	13.23
江西	3215.4	4836.0	407	539.4	12.66	11.15
山东	537.9	283.9	241	229.6	44.8	80.87
河南	723.8	282.6	194.6	253.9	26.89	89.84

续表

地区	水资源（立方米）		用水量（立方米）		利用强度（%）	
	2003年	2012年	2003年	2012年	2003年	2012年
湖北	2058.6	1411.0	408.8	518.9	19.86	36.78
湖南	2707.2	3005.7	479.8	496.9	17.72	16.51
广东	1844.6	1921.0	578.7	427.5	31.37	22.25
广西	3928.1	4476.0	575.2	649.8	14.64	14.51
海南	3615.9	4130.8	573.9	514.0	15.87	12.46
重庆	1894.3	16226.5	202.6	282.9	10.7	1.74
四川	2981.5	3587.2	241.6	305.0	8.1	8.50
贵州	2375.7	2801.8	243.2	290.0	10.23	10.35
云南	3902.5	3637.9	335.5	326.9	8.6	8.99
西藏	177174.7	137378.1	940.6	975.9	0.53	0.71
陕西	1560.6	1041.9	203.9	234.9	13.07	22.55
甘肃	951.6	1038.4	467.9	478.7	49.17	46.10
青海	11940.9	15687.2	545.8	480.3	4.57	3.06
宁夏	212.7	168.0	1111.5	1078.0	522.57	641.67
新疆	4793.6	4055.5	2608.3	2657.4	54.41	65.53

数据来源：依据《中国统计年鉴2004》《中国统计年鉴2014》有关数据计算。

表 6-11　　中国部分地区水赤字情况（2003 年，立方米）

地区	人均水资源量	人均使用量	水资源缺口
北京	127.8	243.1	115.3
天津	105.1	203.5	98.4
河北	226.7	295.9	69.2
上海	90.6	653.4	562.8
宁夏	212.7	1111.5	898.8

数据来源：《中国统计年鉴2004》，中国统计出版社2004年版。

表 6–12　　近十几年来中国供水用水状况

年份	供水（亿立方米）				用水（亿立方米）					人均用水量（立方米/人）
	总量	地表水	地下水	其他	总量	农业	工业	生活	生态	
2000	5530.7	4440.4	1069.2	21.1	5497.6	3783.5	1139.1	574.9	—	435.4
2001	5567.4	4450.7	1094.9	21.9	5567.4	3825.7	1141.8	599.9	—	437.7
2002	5497.3	4404.4	1072.4	20.5	5497.3	3736.2	1142.4	618.7	—	429.3
2003	5320.4	4286.0	1018.1	16.3	5320.4	3432.8	1177.2	630.9	79.5	412.9
2004	5547.8	4504.2	1026.4	17.2	5547.8	3585.7	1228.9	651.2	82.0	428.0
2005	5633.0	4572.2	1038.8	22.0	5633.0	3580.0	1285.2	675.1	92.7	432.1
2006	5795.0	4706.8	1065.5	22.7	5795.0	3664.4	1343.8	693.8	93.0	442.0
2007	5818.7	4723.9	1069.1	25.7	5818.7	3599.5	1403.0	710.4	105.7	441.5
2008	5910.0	4796.4	1084.8	28.7	5910.0	3663.5	1397.1	729.3	120.2	446.2
2009	5965.2	4839.5	1094.5	31.2	5965.2	3723.1	1390.9	748.2	103.0	448.0
2010	6022.0	4881.6	1107.3	33.1	6022.0	3689.1	1447.3	765.8	119.8	450.2
2011	6107.2	4953.3	1109.1	44.8	6107.2	3743.6	1461.8	789.9	111.9	454.4
2012	6141.8	4963.0	1134.2	44.6	6141.8	3880.3	1423.9	728.8	108.8	454.7
各地区供水用水情况（2012年）										
北京	35.9	8.0	20.4	7.5	35.9	9.3	4.9	16.0	5.7	175.5
天津	23.1	16.0	5.5	1.7	23.1	11.7	5.1	5.0	1.4	167.1
河北	195.3	41.3	151.3	2.8	195.3	142.9	25.2	23.4	3.8	268.9
山西	73.4	31.8	38.8	2.8	73.4	42.7	15.5	11.8	3.3	203.7
内蒙古	184.4	89.6	93.0	1.7	184.4	135.4	23.5	10.4	15.1	741.6
辽宁	142.2	77.6	61.3	3.3	142.2	91.5	23.0	23.4	4.4	324.3
吉林	129.8	85.9	43.3	0.6	129.8	84.7	27.1	12.0	6.0	472.1
黑龙江	358.9	197.4	161.5	—	358.9	294.9	41.7	16.3	6.0	936.1
上海	116.0	115.9	0.1	—	116.0	17.5	72.9	24.9	0.7	490.6
江苏	552.2	542.4	9.8	—	552.2	305.4	193.1	50.5	3.3	698.2
浙江	198.1	193.9	3.3	0.8	198.1	91.3	60.7	41.6	4.5	362.2
安徽	292.6	257.4	34.4	0.9	292.6	157.9	99.3	30.9	4.6	489.5
福建	200.1	192.8	6.6	0.7	200.1	92.8	75.7	28.5	3.1	535.8
江西	242.5	233.2	9.4	—	242.5	155.7	58.7	26.1	2.1	539.4

续表

年份	供水（亿立方米）				用水（亿立方米）					人均用水量（立方米/人）
	总量	地表水	地下水	其他	总量	农业	工业	生活	生态	
山东	221.8	126.1	89.3	6.4	221.8	154.2	28.1	32.8	6.7	229.6
河南	238.6	100.5	137.2	0.9	238.6	135.5	60.5	32.0	10.6	253.9
湖北	299.3	288.2	10.1	1.0	299.3	146.4	121.6	30.9	0.3	518.9
湖南	328.8	310.3	18.5	—	328.8	188.0	98.1	40.3	2.5	496.9
广东	451.0	432.4	17.0	1.6	451.0	227.6	121.6	95.4	6.5	427.5
广西	303.0	291.4	11.0	0.6	303.0	211.9	51.5	36.6	3.0	649.8
海南	45.3	42.0	3.3	0.1	45.3	34.7	3.8	6.6	0.2	514.0
重庆	82.9	81.2	1.6	0.1	82.9	25.2	39.4	17.5	0.8	282.9
四川	245.9	222.8	18.6	4.6	245.9	145.8	54.7	42.9	2.5	305.0
贵州	100.8	98.1	1.1	1.7	100.8	47.7	39.7	13.1	0.3	290.0
云南	151.8	145.3	5.4	1.1	151.8	103.8	27.8	19.2	1.0	326.9
西藏	29.8	26.3	3.5	—	29.8	27.1	1.7	1.0	—	975.9
陕西	88.0	54.0	33.4	0.6	88.0	58.2	13.3	14.8	1.7	234.9
甘肃	123.1	95.9	25.7	1.5	123.1	95.1	15.7	9.3	3.0	478.7
青海	27.4	23.8	3.5	0.1	27.4	22.5	2.5	2.2	0.2	480.3
宁夏	69.4	63.8	5.5	0.2	69.4	61.4	4.9	1.6	1.5	1078.0
新疆	590.1	477.9	110.9	1.4	590.1	561.7	12.4	12.0	4.0	2657.4

资料来源：《中国统计年鉴2013》，中国统计出版社出版。

注：生态用水仅包括部分河湖、湿地人工补水和城市环境用水；2012年起，生活用水量中牲畜用水量调整至农业用水量中。

由于水资源量与使用量之间出现失衡，水资源承载力地区之间的差别巨大，一些地区表现出水资源人口严重超载，而另一些地区具有极高的水资源人口承载力盈余：其中，北京、天津、河北、山西、辽宁、上海、江苏、山东、河南、宁夏的水资源人口超载达50%以上，属严重超载；浙江、湖北、广东水资源人口超载率在±15%之间，人口与水资源承载力之间基本平衡；福建、江西、广西、海南、青海和西南各省水资源承载力剩余在50%以上。[①]这种失衡的水资源结构，在各地的用水量及供水、用水

① 谢高地、周海林、甄霖、鲁春霞、肖玉：《中国水资源对发展的承载能力研究》，载《资源科学》2005年第4期。

结构上表现得十分明显（见表6–13），北京、天津、河北、山西、辽宁、山东、河南等地，50%以上的供水要靠地下水来维持，水资源的可持续性面临问题。

需要特别关注的是，黄、淮河流域片区水资源支撑问题最为突出。这一区域多年平均水资源总量为2125.6亿立方米，仅占全国水资源总量的7.5%，而1993年人口达40731万人，占全国总人口的34.9%，工业总产值为15940亿元，占全国工业总产值的33.35%。在这样的地区，水资源对未来社会经济发展的制约作用十分明显。如果在21世纪中叶前，该地区人口、工业及其需水量按全国同样的速度增长，那么届时就会大大超过当地的水资源承载能力，水资源对这一地区经济发展的制约作用将更为突出。①

（2）城乡水资源极度失衡

中国水资源地与用水地（人口居住集中与经济发达地区）之间极度失衡的格局，在城镇之间表现得尤其突出。全国660多个城市中，有400多个存在不同程度的缺水，其中有136个城市严重缺水。同时，50%的城市地下水遭到不同程度的污染，一些城市已经出现水资源危机。地下水在中国城市供水中占有重要地位，全国400多个城市开采利用地下水，在城市用水总量中，地下水占30%，其中华北、西北城市利用地下水的比例分别高达72%和66%。

城乡水资源失衡导致局部地区特别是一些重要城市面临着水危机。而城市水资源紧缺，是降水量偏少、水源工程建设滞后、水资源配置不合理、水生态环境恶化以及水资源管理体制不顺等诸多因素综合作用的结果。要解决这一问题，水资源人口超载区域的用水不得不主要依靠来自于该区域之外的水源，即采取空间替代的方式。随着人口的增长，水资源人口超载现象会进一步加剧，跨区域调水会越来越普遍。

（3）水资源季节性失衡

受大陆性季风气候的影响，中国降水呈现出季节性的周期变化。在工业化与城市化之前，水资源的这种季节性分布与农业生产方式对水资源的需求是大体适应的。工业化与城市化步伐的加快，打破了千百年来农业社会水资源与用水之间季节性的周期均衡：一方面用水强度不断加大，另一方面一年四季要求供水稳定均匀，这使一些曾经是富水地区的经济发展，也会面临着水资源季节性失衡的问题。而解决这一矛盾，既要兴建大量的蓄水供水设施，又要控制耗水型产业的过度扩张，还要提高水资源循

① 参见郎一环等：《全球资源态势与中国对策》，湖北科学技术出版社2000版。

环利用能力，提倡节约用水。

（4）水资源面临着污染的严峻挑战

随着工业化与城市化步伐的加快，中国区域经济发展失衡，加重了局部水资源负荷，也加剧了一些江河湖泊和一些城市地下水的污染，很多城市地下水出现了水质富营养化、铁锰超标等问题。而淮河、太湖、巢湖、滇池、松花江等流域出现了水污染与生态危机，水域生态环境遭到严重破坏，大大降低了有限的水资源对经济发展的支撑能力。

三、土地资源支撑概况

中国作为有着近 14 亿人口、正处于工业化与城市化过程的崛起大国，对土地资源保证程度的研究，是经济发展资源支撑研究中的重要内容。其中，最为重要的是对耕地支撑的研究，其关键又集中在以粮食为主的食物的生产与供应，即在未来 30 多年里，中国土地资源（耕地、园地、林地、牧草地）所能生产的粮、油、肉、蛋、奶、果、菜等食物能否满足 15 亿人口日益增长的数量需求与品质需要。由于许多食物由粮食转化而来，土地支撑问题的重中之重是耕地。因此，土地资源问题的核心，是农用地特别是耕地资源对未来经济发展的支撑情况。

另一方面，在工业化与城市化过程中，土地资源对国家经济发展的支撑远远超出促进农业生产、保障国家粮食安全的角色。作为一种自然形态的物质资源，土地是发展第二产业与第三产业的地理空间载体，是经济发展和社会发展不可或缺的承载物；作为一种社会形态具有市场价值的经济资源，土地又是一种资产，土地的稀缺程度对全社会各类资产的估值、不动产市场的定价，甚至对宏观经济运行、财政收支及金融安全都有着重大影响。

1. 中国土地资源的总量及其变化趋势

（1）中国土地蛋糕有多大

表 6–13 是国家统计局对 2003 年和 2012 年中国土地情况最概括性的数量表述。从静态来看，国土面积 960 万平方公里。土地的蛋糕由耕地、草地、林地等土地资源构成。

表 6–13　　　　　　　　**中国土地资源的基本状况**

项目	面积	占总面积（%）
总面积（万平方公里）	960	100.00
按地形分（万平方公里）：		
山地	320	33.33
高原	250	26.04
盆地	180	18.75
平原	115	11.98
丘陵	95	9.90
按地高分（万平方公里）：		
500米以下	241.7	25.18
500 ~ 1000米	162.5	16.93
1000 ~ 2000米	239.9	24.99
2000 ~ 3000米	67.6	7.04
3000米以上	248.3	25.86
按特征分（2003年）（万公顷）：		
耕地	13004	13.54
森林	15894	16.56
内陆水域面积	1747	1.82
草地	40000	41.67
#可利用草地	31333	32.64
其他	25355	26.41
土地状况（2012年）（万平方公里）		
耕地	121.72	12.80
园地	11.79	1.24
林地	236.09	24.83
牧草地	261.84	27.54
其他农用地	25.44	2.68
居民点及独立工矿用地	26.92	2.83
交通运输用地	2.50	0.26
水利设施用地	3.65	0.38

资料来源：2003年数字多为过去清查数，据《中国统计年鉴2004》，中国统计出版社2004年版。
2012年土地数据来源于国土资源部，为2008年底数据，据《中国统计年鉴2013》。

总体上看，中国国土总面积居世界第三位，人均土地面积0.777公顷（11.65亩），只相当于世界平均水平的1/3，而人均耕地面积0.106公顷（1.59亩），不足世界人均数的43%。

（2）中国土地资源利用情况

对于一个国家而言，其土地资源的总量具有高度稳定性。但在国家经济发展过程中，土地用途在不断改变，整个土地资源的结构处于不断变动之中。

据国土资源部《2004年中国国土资源公报》，2003年土地资源利用变更调查的结果是，全国耕地12244.43万公顷（农业部的数据则为12339.22万公顷），园地1128.78万公顷，林地23504.70万公顷，牧草地26270.68万公顷，其他农用地2553.27万公顷，居民点及独立工矿用地2572.84万公顷，交通运输用地223.32万公顷，水利设施用地358.95万公顷，其余为未利用地。与上年相比，耕地总量减少了0.77%，园地增加1.86%，林地增加0.46%，牧草地减少0.15%，居民点及独立工矿用地增加1.48%，交通运输用地增加4.10%。

而据《2013年中国国土资源公报》，截至2012年底，全国共有农用地64646.56万公顷，其中耕地13515.85万公顷（20.27亿亩），林地25339.69万公顷，牧草地21956.53万公顷；建设用地3690.70万公顷，其中城镇村及工矿用地3019.92万公顷。2012年，全国因建设占用、灾毁、生态退耕等原因减少耕地面积40.20万公顷，通过土地整治、农业结构调整等增加耕地面积32.18万公顷，年内净减少耕地面积8.02万公顷。

耕地减少、非农建设用地快速增长，是中国工业化与城市化的必然结果。

2003年，全国耕地净减少80.03万公顷，其中，建设占用耕地14.51万公顷，灾毁耕地6.33万公顷，生态退耕73.29万公顷，因农业结构调整减少耕地20.47万公顷，土地整理复垦开发补充耕地34.56万公顷。另外，通过土地市场治理整顿，查出往年已经建设但未变更上报的建设占用耕地面积14.77万公顷。全年新增建设用地26.78万公顷。其中，新增独立工矿（包括各类开发区、园区）建设用地12.51万公顷，新增城镇建设用地5.65万公顷，新增村庄建设用地2.55万公顷，新增交通、水利等基础设施建设用地6.07万公顷。

2012年，全国因建设占用、灾毁、生态退耕等原因减少耕地面积40.20万公顷，通过土地整治、农业结构调整等增加耕地面积32.18万公顷，年内净减少耕地面积8.02万公顷。

（3）耕地总量呈加速下降之势

为了阻止耕地面积的不断下降，中国土地政策一直坚持的总目标是：维持耕地的占补动态平衡。但在工业化与城市化的过程中，做到这一点已越来越艰难。

从历史上看，1949~1957 年是中国耕地总量持续增长的时期，1957 年耕地面积达到了 111830 千公顷。但 1958 年后，虽然 1960、1964、1965、1978、1979、1995 和 1996 等年份稍有增长，但总体来看，我国耕地总面积呈不断下降的趋势。① 尤其在 1958~1963、1966~1977、1980~1988、1992~1995 年出现了几次大滑坡。

表 6-14　　中国耕地面积的变化　　单位：千公顷

年份	年末实有耕地面积	年内新增耕地面积	年内减少耕地面积	建设占用	灾毁耕地	生态退耕	农业结构调整	年内净减耕地面积
1983	98359.6	—	768.0	71.2	86.5	—	—	—
1984	97853.7	1077.0	1582.9	99.6	153.7	—	—	505.9
1985	96846.3	590.5	1597.9	134.3	92.3	97.0	—	1007.4
1986	96229.9	491.9	1108.3	—	—	—	—	616.4
1987	95888.7	476.3	817.5	—	—	—	—	341.2
1988	95721.8	477.8	644.7	—	—	—	—	166.9
1989	95656.0	451.7	517.5	—	—	—	—	65.8
1990	95672.9	484.3	467.4	—	—	—	—	-16.9
1991	95653.6	468.7	488.0	—	—	—	—	19.3
1992	95425.8	510.9	738.7	—	—	—	—	227.8
1993	95101.4	408.0	732.4	—	—	—	—	324.4
1994	94906.7	513.9	708.6	—	—	—	—	194.7
1995	94973.9	686.7	621.0	—	—	—	—	-65.7
1996	130039.2	—	—	—	—	—	—	—
1997	129903.1	—	—	—	—	—	—	136.1
1998	129642.1	309.4	570.4	176.2	159.5	164.6	70.1	261.0
1999	129205.5	405.1	841.7	205.3	134.7	394.6	107.1	436.6
2000	128243.1	603.7	1566.0	163.3	61.7	762.8	578.2	962.4
2001	127615.8	265.9	893.3	163.7	30.6	590.7	108.3	627.3
2002	125929.6	341.2	2027.4	196.5	56.4	1425.5	349.0	1686.2
2003	123392.2	343.5	2880.9	229.1	50.4	2237.3	364.1	2537.4
2004	122444.3	345.6	1146.0	145.1	63.3	732.9	204.7	800.3

资料来源：1986～1995年耕地资源数据为国家统计局年报数据；1996年（含）以后耕地资源数据根据国土资源部各年国土资源公报整理。2004年通过土地市场治理整顿，查出往年已经建设但未变更上报的建设占用耕地面积147.7千公顷。中国农业信息网www.agri.gov.cn。

① 成升魁等：《2002中国资源报告》，商务印书馆2003年版，第87页。

近40年来，中国除少数年份实现了耕地的平衡外，多数年份耕地减少成为一种常态（见图6–5）。特别是进入新世纪后，中国加速了工业化与城市化的进程，耕地总量更出现了快速下降的情况（见表6–14、表6–15）。

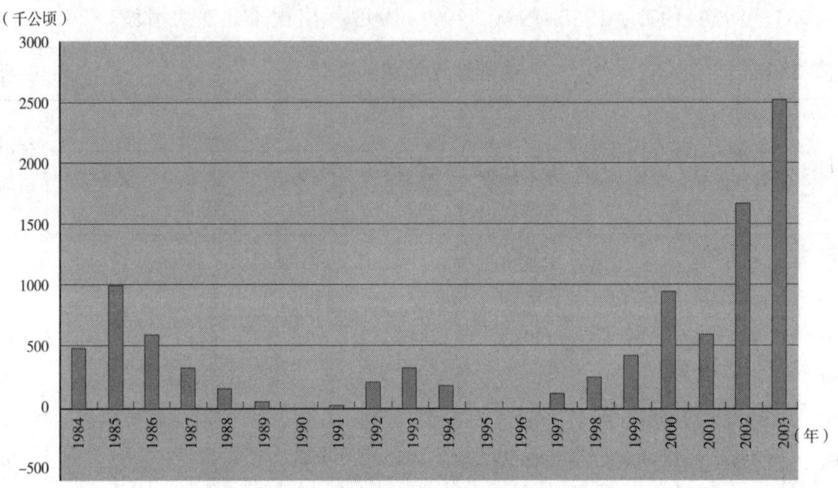

图6–5 中国耕地面积净减少趋势（千公顷）

数据来源：《中国统计年鉴2004》，中国统计出版社2004年版。

表6–15 中国土地利用变化趋势预测

土地类型	1996年			2030年		
	总面积（万公顷）	占土地总面积的%	人均面积（公顷）	总面积（万公顷）	占土地总面积的%	人均面积（公顷）
耕地	13004	13.5	0.106	12470	13	0.082
园地	1010	1.05	0.008	1000	1.04	0.006
林地	22778	23.7	0.186	25300	26.4	0.165
牧草地	26610	27.7	0.217	27600	28.8	0.180
居民	2095	2.2	0.017	—	—	—
工矿用地	277	0.2	0.002	—	—	—
交通用地	547	0.5	0.004	—	—	—

资料来源：成升魁等：《2002中国资源报告》，商务印书馆2003年版，第34页。

2. 耕地资源对经济发展的支撑总体保持基本平衡的状态

总体上看，中国的土地资源能够支撑其工业化、城市化与现代化进程的经济发展。[①]根据土地资源潜力分析，到2030年，中国耕地可维持在18.7亿亩（见表6–15），

① 参见成升魁等：《2002中国资源报告》，商务印书馆2003年版。

人均占有耕地将下降到1.1亩。按联合国粮农组织的标准，人均占有耕地少于0.8亩为警戒线，尽管中国耕地基本上可保证农业特别是粮食生产发展的需要，但从趋势上看日前逼近耕地资源安全的临界值。因此，要从提高耕地的复种指数，改造中低产田，以及充分利用近2亿亩的废弃地、开发利用沿海滩涂等方面采取措施，使其适应国家城镇化建设与工农业生产发展对土地资源的需要。

有专家预测，由于中国处于工业化、城市化过程中，工业建设占地规模在不断扩大，包括交通、能源、水利、原材料等产业基础设施用地数量持续增加，预计2030年中国人口达到峰值15.3亿，届时城镇人口将达到8.9亿，城市化水平为55%，根据中国耕地资源紧缺的国情，虽然在工业化城镇扩展中尽可能少占耕地，估计仍将占用耕地160万公顷以上，加上其他导致耕地减少的因素，估计到2030年耕地减少975万公顷。而2030年之前，垦荒、土地整理、复垦等因素（见表6–16），可使土地增加445万公顷，减、增相抵消，净减少530万公顷。即到2030年，中国耕地面积是12474万公顷（18.71亿亩），人均耕地为0.08153公顷（1.22亩/人）。①

表6–16　　影响耕地面积变化的若干因素

导致耕地面积减少的因素	估计数（万公顷）（1996~2030年）	导致耕地面积增加的因素	估计数（万公顷）（1996~2030年）
城市化，城镇用地扩展	160	土地整理	170
工业化，工业用地规模扩大	90	土地复垦	35
防治荒漠化工程用地	105	土地开发	240
农业结构调整，生态退耕	490	—	—
灾害毁地	130	—	—
减少的耕地面积总计	975	增加的耕地面积总计	445
耕地净减少	530	—	—

以粮食生产为例，有关研究认为，根据中热量、高蛋白、低脂肪的食物营养模式，年人均粮食大致要维持在460~470公斤之间，而中国的情况是长期低于400公斤/人/年（见图6–6）。中国土地能够养活人口数量为15.71亿~16.05亿。在1998年5月11~13日召开的自然资源研讨会上，许多专家提出在合理利用和有效保护耕地资源的同时，还要重视对非耕地资源的合理利用，解决中国的食物安全问题不仅要靠耕

① 参见郎一环等：《全球资源态势与中国对策》，湖北科学技术出版社2000年版。

地，同时要靠非耕地。有的专家对21下世纪上半叶解决中国人吃饭问题用形象化的语言概括为:“靠耕地只能吃饱，加上非耕地才能吃好。”

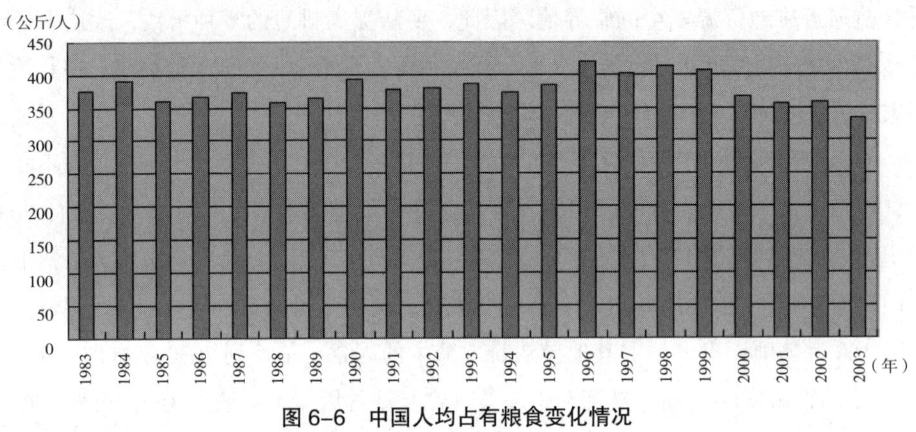

图 6-6　中国人均占有粮食变化情况

尽管有人认为通过增加谷物进口可满足量需求，但要想有足够的粮食供应来保障13亿多人口的粮食安全，中国不可能通过大量进口粮食来解决（见表6-17）。因此，进入新世纪以来，在千方百计保护耕种面积的同时，还要想方设法提高农民生产粮食的积极性，在确保粮食播种面积较稳定的条件下，实现了粮食产量的十连增（见图6-7）。

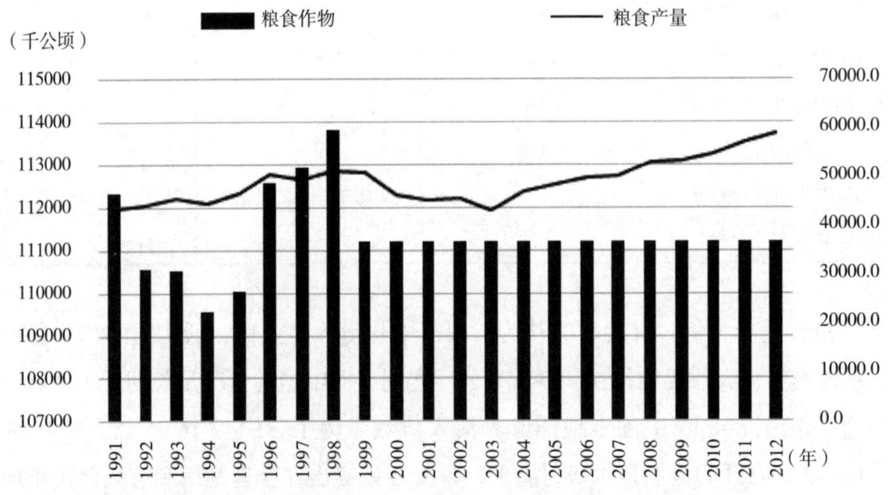

图 6-7　中国粮食播种面积基本稳定下实现产量十连增

资料来源：《中国统计年鉴2014》，中国统计出版社2014年版。

表 6-17　　中国粮食生产与进出口情况

年份	生产量（万吨）	进口量（万吨）	出口量（万吨）	净进口量（万吨）	进口依赖度（%）	全国人均占有量（千克/人）
1983	38728	1344.0	196	1148	2.88	376
1984	40731	1045.0	357	668	1.61	390
1985	37911	600.0	932.0	-332	—	361
1986	39151	773.0	942.0	-169	—	367
1987	40298	1628.0	737.0	891	2.16	372
1988	39408	1533.0	717.0	816	2.02	358
1989	40755	1658.0	656.0	1002	2.34	364
1990	44624	1372.0	583.0	789	1.73	393
1991	43529	1345.0	1086.0	259	0.59	378
1992	44266	1175.0	1364.0	-189	—	380
1993	45649	742.5	1365.1	-622.6	—	387
1994	44510	924.9	1187.5	-262.6	—	374
1995	46662	2070.1	102.5	1967.6	4.04	385
1996	50450	1195.5	143.6	1051.9	2.04	419
1997	49417	705.5	853.6	-148.1	—	402
1998	51230	708.6	906.5	-197.9	—	412
1999	50839	772.1	759.0	13.1	0	406
2000	46218	1356.8	1401.3	44.5	0.09	366
2001	45264	1738.4	903.1	835.3	1081	356
2002	45706	1416.7	1514.3	-97.6	—	357
2003	43070	2282.8	2229.9	52.9	0.12	334

资料来源：中国农业信息网（www.agri.gov.cn）；净进口量与进口依赖度为本书推算，其公式为：净进口量=进口量—出口量，进口依赖度=净进口量÷（生产量是+净进口量）×100%。

3. 土地资源支撑面临的主要矛盾

（1）耕地总量有限，粮食安全问题不容忽视

中国农业部《全国粮食生产发展规划（2006—2020 年）》分析提出，今后粮食供求格局的变化将表现出三个特点。一是国内粮食供需关系偏紧的态势将长期存在，紧平衡将是中长期我国粮食供求的常态。二是供求结构变化对粮食安全的影响趋于增强。近 20 年来，品种间、区域性的粮食供求结构失衡已成为粮食供求矛盾的主要特征。三是粮食生产重心正在发生新的变化。①

① 参见《中国经济导报》2006年12月23日，第1464期A3版。

耕地资源的自然供给对国民经济各行各业特别是粮食生产具有明显的约束作用。这种约束作用主要取决于资源的丰缺程度和农业技术水平、物质投入强度。中国是一个人多地少、后备宜农耕地资源有限、经济快速发展的大国，耕地资源对国民经济发展特别是粮食生产具有持久的约束作用，随时间推移，约束作用愈加显著，保护耕地资源当是一项持久战略。①

（2）土地相对不足，对工业化与城市化形成制约

工业化与城市化需要大量优质土地资源支撑。中国东部经济发达地区及中西部的大中城市，第二产业的快速发展，交通等基础设施的建设，开发区及城市规模的扩张，占用了大量较为肥沃的耕地。近几年来，地价过快上涨，土地资源已相对不足，已开始制约一些地区经济的发展。

（3）土地资源的弱替代性，制约了重要战略性资源之间的相互替代，进而对经济发展的总体约束作用趋于增强

土地的基础性作用，已和资金资源一样，不仅仅是农业发展的资源问题，还越来越牵涉到生态、能源的发展方向。为解决油气资源面临的耗竭型风险与间竭型风险，生物能源一直被许多人看好，但前些年中国用玉米等农产品生产乙醇能源的实践证明，土地特别是耕地资源的有限性，事关粮食、生态、能源之间的平衡，从而限制了生物能源替代矿物能源的发展方向，制约了其发展空间。

（4）土地制度处在体制转型中，将面临种种矛盾与冲突

城市土地国家所有、农村土地集体所有并实行家庭联产承包。这种土地资源制度安排下的工业化与城市化过程，所有土地资源的开发利用，都涉及重大利益的战略调整，土地政策失当将导致严重的非合作博弈，甚至会引发社会冲突。随着土地资源稀缺性的加剧，这种风险更随之上升。从宏观层面上看，土地资源不足、耕种面积下降会引起食物短缺，会导致食品价格上涨，甚至导致饥荒，成为引起宏观经济波动的重要因素；从微观上看，如果政策安排失当，土地稀缺会表现为地价无遏制的上涨，推动房地产业与制造业成本的快速上升，降低产品甚至整个国家经济的市场竞争力，还可能导致社会不满与金融风险。

（5）土地的承载资源功能日益突出

在城市化过程中，部分土地作为承载物，成为支撑城市发展的不动资源，具有不

① 傅泽强、蔡运龙、杨友孝、戴尔阜：《中国粮食安全与耕地资源变化的相关分析》，载《自然资源学报》2001年第4期。

可替代性，必须高度重视。

四、小结

第一，从总量上看，中国在未来二三十年的工业化与城市化过程中，水土资源大体能够支撑其经济的快速发展，但这种支撑将长期处于“走钢丝”式的脆弱平衡的状态。

第二，由于水土资源稀缺性不断上升，局部地区的经济发展将面临水资源的耗竭型风险。北方特别是华北、西北地区及一些大中城市的经济发展越来越受到水资源的制约，东部经济发达地区及中西部的大中城市的发展面临着不同程度的土地资源的制约。

第三，在局部地区水土资源面临耗竭型风险的同时，在一定条件下，水土资源的间竭型风险也可能产生，一些人口密集的城市与开发区因水土资源的脆弱平衡导致越来越严重的紧绷，灾害、污染等突发性事件引起断水的风险与日俱增，成为制约经济发展的重要资源条件。

第四，水土资源局部的耗竭型风险与间竭型风险，可能生产出导致风险转移与风险叠加的效应。例如，在微观上，进口大量粮食、治理水土污染要消耗大量的资金资源，过度调水可能会影响到水源地的生态与水土资源，从而出现风险转移。在宏观方面，水土资源的失衡会影响经济发展的稳定性，成为导致市场供求出现“大起大落”的重要原因。

第五，水土资源制度安排上的失当，会助长各利益方之间的非合作博弈，加剧城乡之间、贫富之间的矛盾，甚至成为社会冲突的根源。

第六，改进和完善水土资源的制度安排，实施可持续的水土资源战略，是提升中国经济发展水土资源支撑的必由之路。一是加强水土资源总量的宏观调控，防止引起经济运行大起大落，确保经济发展的稳定性；二是加强对水土资源利用的流量调控，严格控制水土资源高消耗产业的过度集中与过快发展；三是转变经济发展方式，在总量有限的制约下，提高水土资源的利用效率，推进水土资源作为再生资源的可持续利用。四是加强对水土资源的监测预警，建立水土资源风险防范与应急机制，例如，就粮食产量而言，不存在“有，还是无？”这样的顶级存量缺失命题，充其量是“多一点，还是少一点”的边际命题。[①] 对此可以在出现饥馑迹象之前采取预防措施，包括价格调节机制；饥馑出现后可以采取进口调剂、储备粮调用、减少非必需用粮（如用于酿酒的粮食）等应急方案。

① 陈百明、周小萍：《中国粮食自给率与耕地资源安全底线的探讨》，载《经济地理》2005年第2期。

第三节 矿产资源支撑概评

一、矿产资源是支撑国家工业化与城市化的重要物质条件

矿产资源是存在于地壳和地表，其形式、数量、质量上预期最终可开采，在技术经济上可行的自然富集体，可以是固态，亦可是液态和气态。

矿产资源具有以下主要特点：

一是难确定性。矿产资源绝大部分隐伏在地表之下，控制成矿的地质条件极其复杂，其赋存的时间与空间、质量与数量具有不确定性。因此，勘查矿产资源成本高，还有一定的风险。

二是不可再生性。在经济发展的产业周期甚至在人类的生命周期内，矿产资源基本上是不可再生的自然资源，其生成过程也不能完全重复。在技术经济水平变化不大的条件下，其数量是有限的，迟早会被用光。

三是分布不均匀性。地壳运动具有不均衡性，造成地球各种矿物岩石的分布不均匀，因此矿产资源在地理分布上也是不均匀的。

四是共生性与伴生性。多种矿物同生共存，在有色金属矿产与铁矿中尤为突出。

五是开采与生产中存在一定程度的外部性。如果开采和利用不当，会对生态环境造成重大污染，对人类的生产与生活造成危害。

迄今为止人类社会发展的历史，可以说是自然资源开发利用的历史，而工业化、城市化的过程更是矿产资源大规模开发利用的历史阶段。矿产资源，主要分为原料与燃料两大类，分别是现代经济社会发展特别是工业发展与城市建设的食粮和血液。矿产资源是自然资源中最具现代意义的部分，是国家实现工业化、城市化和现代化的重要物质条件，可以说，国民经济的任何部门和任何产业都离不开矿产资源的支撑。根据有关专家的分析，自然资源对中国经济发展的贡献大约占30%。[①] 在未来30多年，中国要完成工业化，持续提高城市化水平，基本实现现代化，国民经济必须保持持续快速的发展，矿产资源的大规模开发与利用，是最基本的、不可或缺的资源支撑条件。

① 关凤峻：《自然资源对我国经济发展贡献的定量分析》，载《资源科学》2004年第7期。

二、中国矿产资源概况

1. 矿物资源总量

中国矿产资源的基本特点是：资源总量较大，矿种比较齐全（见表 6–18）；但人均资源拥有量少，部分资源供需严重失衡。

表 6–18 中国主要矿产基础储量

项目	单位	基础储量	
		2003年	2012年
石油	万吨	243193.6	333258.33
天然气	亿立方米	22288.7	43789.88
煤炭	亿吨	3342.0	2298.86
铁矿	矿石，亿吨	212.4	194.77
锰矿	矿石，万吨	20709.0	20938.18
铬矿	矿石，万吨	549.8	405.01
铜矿	铜，万吨	3003.0	2734.41
铅矿	铅，万吨	1248.0	1454.65
锌矿	锌，万吨	3762.5	3490.74
铝土矿	矿石，万吨	69453.7	90589.97
镍矿	镍，万吨	293.7	260.88
钨矿	WO_3，万吨	286.6	233.78
锡矿	锡，万吨	178.6	117.51
钼矿	钼，万吨	345.5	651.37
锑矿	锑，万吨	87.5	45.01
金矿	金，吨	1981.0	1866.74
银矿	银，吨	38214.0	37034.42
稀土矿	氧化物，万吨	2099.3	—
菱镁矿	矿石，万吨	150149.8	156499.26
普通萤石	萤石，万吨	3052.9	3712.6
硫铁矿	矿石，万吨	196018.2	134285.39
磷矿	矿石，万吨	390177.0	307400
钾盐	KCl，万吨	27323.2	57774.78

续表

项目	单位	基础储量	
		2003年	2012年
盐矿	NaCl，亿吨	1866.4	2070.25
芒硝	Na_2SO_4，亿吨	98.9	92.75
重晶石	矿石，万吨	9852.1	3585.62
玻璃硅质原料	矿石，万吨	117003.3	198929.86
石墨	矿物，万吨	5235.4	4879.39
滑石	矿石，万吨	9447.6	9211.7
高岭土	矿石，万吨	54644.7	38143.46

数据来源：《中国统计年鉴2004》《中国统计年鉴2013年》。

注: 本表资料由国土资源部提供。其中，石油和天然气的数据为剩余技术可采储量。

《中国的矿产资源政策》白皮书，对矿产资源及其勘查开发现状况有如下表述：

中国现已发现 171 种矿产资源，查明资源储量的有 158 种，其中石油、天然气、煤、铀、地热等能源矿产 10 种，铁、锰、铜、铝、铅、锌等金属矿产 54 种，石墨、磷、硫、钾盐等非金属矿产 91 种，地下水、矿泉水等水气矿产 3 种。矿产地近 18000 处，其中大中型矿产地 7000 余处。

中国查明资源储量中地质控制程度较低的部分所占比重较大。查明资源储量结构中，资源量多，储量、基础储量少；经济可利用性差或经济意义未确定的资源储量多，经济可利用的资源储量少;控制和推断的资源储量多，探明的资源储量少。

但是，中国成矿条件较好，通过勘查工作找到更多矿产资源的前景很可观。石油、天然气、金、铜等矿产资源的找矿潜力很大，老矿山深部、外围和西部地区是重要的矿产资源接替区。2003~2013 年，中国主要矿产基础储量（见表 6-18）没有下降，油气等重要资源还有所提高。[①]

2. 矿产资源的开发利用

1949 年，中国比较完整的矿山仅 300 多座，年产原油 12 万吨，煤 0.32 亿吨，钢 16 万吨，有色金属 1.3 万吨，硫铁矿 1 万吨，磷不足 10 万吨。经过几十年的努力，中国先后建立了大庆、胜利、辽河等大型石油基地，大同、兖州、平顶山、“两淮”、准格尔等煤炭基地，上海、鞍山、武汉、攀枝花等大型钢铁基地，白银、金川、铜陵、

① 《中国的矿产资源政策》，国务院新闻办公室2003年12月23日发布。

德兴、个旧等大型有色金属基地，开阳、昆阳、云浮等大型化工矿山基地，形成了能源与原材料矿产品的强大产业体系。目前，中国的矿产品产量、消费量均位居世界前列。

中国矿产资源勘探开发和合理利用水平逐步提高。50 多年来，中国物探、化探、遥感、钻探、坑探等矿产资源勘探技术和实验测试、计算技术取得了很大进展。矿产资源综合利用和回收利用成效明显，资源利用率逐步提高。2003 年，中国废钢的回收率为 40%，废旧有色金属的综合回收率为 27.7%；铂族和稀散元素几乎全部来源于综合利用;近 1/3 的硫酸原料也是由有色金属生产过程中综合回收。一些矿山企业对与煤伴生的瓦斯、油页岩、高岭土、高铝黏土进行综合开发，对煤矸石、粉煤灰进行加工利用，产生了较好的经济效益和环境效益。

中国矿产品对外经济贸易快速发展。2002 年，中国矿产品及相关能源与原材料进出口贸易总额为 1111 亿美元，占全国进出口贸易总额的 18%。原油、铁矿石（砂）、锰矿石（砂）、铜精矿、钾肥进口量较大。铅、锌、钨、锡、锑、稀土、菱镁矿、萤石、重晶石、滑石、石墨等优势矿产品的出口量较大。

进入新世纪后，为了满足经济快速发展对矿产资源的需求，中国日益重视国际矿产资源的开发利用，通过实施“走出去”战略，提高了矿产资源对国民经济发展的整体支撑能力。

三、有关重要矿产资源支撑程度的预测

改革开放以来，中国矿产资源的开发利用为支撑经济起飞做出了重大贡献，20 世纪 90 年代以前，石油、煤炭等大宗矿产资源的出口为国家经济建设换取了大量的外汇资源，加快了经济发展的进程，拓展了我国经济发展的空间。

为了掌握矿产资源对经济发展的支撑情况，20 世纪 80 年代末以来，中国对矿产资源供需形势及其前景先后进行了两次较大规模的论证。据全国第二轮 45 种矿产资源可采储量对 2010 年经济建设的保证程度分析（见表 6–19），煤、稀土、钨、锡、锌、锑、菱镁矿、石膏、石墨等 23 种矿产，可以保证 2010 年前我国经济发展的需要，且有部分矿产或矿产品可供出口创汇；铝、铅、磷等 7 种矿产可基本保证，但在储量或品种上存在一定的不足；石油、天然气、铁、锰、铜等 10 余种重要矿产则不能保证经济发展的需求，其中部分矿产需要长期进口以弥补缺口；而铬、钴、铂、钾盐、金刚石等 5 种矿产资源处于短缺状态，主要依赖于进口。在这 45 种矿产中，27 种矿产的人均占有量低于世界平均水平，22 种属于对经济建设不能保证或基本保证但存在不

足的矿产。在可以保证的优势矿产中，相当多的属于非大宗的矿产，而不能保证或基本难以保证的矿产多数是经济发展需求量大的关键矿产或支柱性矿产，其中就包括了石油、铁等战略性资源。

表 6-19　全国第二轮 45 种矿产资源对经济建设保证程度论证结果

2010年保证程度	矿种数	主要矿产
可以保证	23	菱镁矿、钼、稀土、芒硝、钠盐、煤、钛、水泥原料、玻璃原料、石材、萤石、钨、锡、锌、重晶石、锑、滑石、高岭土、硅灰石、硅藻土、石墨、膨润土、石膏
基本保证	7	铀、铝、铅、锶、耐火粘土、磷、石棉
不能保证	10	石油、天然气、铁、锰、铜、金银、汞、硼、镍
资源短缺	5	铬、钴、铂、钾盐、金刚石

资料来源：宋瑞祥：《96中国矿产资源报告》，地质出版社1997年版。

国土资源部《2000 国土资源公报》对主要矿产资源支撑的分析（见表 6-20）也表明，支柱性矿产（如石油、天然气、富铁矿等）后备储量不足，而部分用量不大的矿产储量较多；中小矿床多、大型特大型矿床少，支柱性矿产贫矿和难选矿多、富矿少，开采利用难度很大；资源分布与生产力布局不匹配。从资源结构状况看：石油、天然气、铀、铁、锰、铬、铜、铝土矿、金、银、硫、钾盐等的保有储量占世界总量的比例较低，而钨、锡、钼、锑、稀土、萤石、重晶石等矿产的保有储量居世界前列。稀土、钨、锡、钼、铌、菱镁矿、萤石、重晶石、膨润土、石墨、滑石、芒硝、石膏，不仅探明储量可观，人均占有量居世界前列，而且资源质量高，开发利用条件好，在国际市场具有明显的优势。但关系到国计民生的重要矿产，如铁、锰、铝、铜、铅、锌、硫、磷等，或贫矿多或难选矿多，开发利用条件较差。

表 6-20　中国国内主要矿产品供需状况

供需状况类型	矿产品
自给有余，可大量出口	煤炭、钨、锡、钼、锑、稀土、菱镁矿、萤石、芒硝、重晶石、水泥、平板玻璃、硅藻土、石材、石墨、滑石、硅灰石
自给有余，可少量出口	钛、铅、锌、锶、耐火粘土、磷矿石、钠盐、膨润土
基本自给	天然气、铝、硫、硼、石膏、高岭土
供应短缺	石油、镍、金、白银、石棉
供应严重不足	富铁矿石、富锰矿石、铬铁矿、铜、钴、钾盐、金刚石、铂族金属

资料来源：国土资源部《国土资源公报2000》。

注：本表仅以开采国内矿产资源获得的矿产品与消费需求进行比较，未考虑进口等因素。

20世纪90年代中后期开始，中国改革开放的步伐进一步加速，经济发展进入工业化中后期的新阶段，资源支撑的总体形势发生了重大变化（见表6–21），过去被认为是基本保证的铝资源变得紧缺，而煤炭因电煤压力加大由能够保证的资源变成只能基本保证的资源，且因运输的制约，理论上储量丰富的煤炭资源在实际中面临着资源间竭性风险，2008年春节前，中国南方遭遇大面积雨雪冰冻灾害，导致数以百计的火电机组因电煤供应问题而停机，加上电网因遭冰雪破坏，湖南、贵州、江西、湖北、安徽等省份出现了大面积停电。近10多年来，中国城市化的加速，推动了房地产业的快速扩张，石油、天然气、铁矿等资源，供求矛盾十分尖锐，在一定程度上拉动了全球资源市场价格上涨。

表6–21　　中国15种重要矿产资源对经济建设的保证程度预测

矿类	矿种	2000年		2010年		2020年	
		预计产量/预计需求量	保证程度	预计产量/预计需求量	保证程度	预计产量/预计需求量	保证程度
能源	煤（原煤亿t）	15.5/14.5	基本保证	19.0/18.5	充分保证	24/22.0	充分保证
	石油（原油亿t）	1.6/2.1	难以保证	1.8/2.8	难以保证	2.1/3.50	难以保证
	天然气（亿m^3）	250/250	基本保证	800/900	难以保证	1500/2000	难以保证
黑色及有色和贵金属	铁（矿石亿t）	2.12/3.40	难以保证	3.29/3.99	难以保证	5.0/4.5	充分保证
	锰（矿石万t）	574/600	自给91%	472/750	难以保证	407/890	难以保证
	铬（矿石万t）	27/95	难以保证	28/140	难以保证	29.0/196	难以保证
	铝土（矿石万t）	445/720	难以保证	805/1120	难以保证	1456/1655	难以保证
	铜（金属万t）	70/130	难以保证	90/170	难以保证	115/210	难以保证
	铅（金属万t）	/35	可以保证	/45	可以保证	/55	可以保证
	锌（金属万t）	/90	可以保证	/120	可以保证	/152	可以保证
	金（金属t）	150/	缺口较大	320/	缺口较大	640/	缺口较大
	银（金属t）	1140/1400	难以保证	2200/2300	难以保证	4245/3400	充分保证
非金属	硫（硫标矿万t）	1757/3055	难以保证	2175/3809	难以保证	2692/4510	难以保证
	磷（矿石亿t）	3964/3480	可以保证	5285/4400	可以保证	7046/5285	充分保证
	钾盐（KCl万t）	80/485	难以保证	100/640	难以保证	125/802	难以保证

资料来源：宋瑞祥：《96中国矿产资源报告》，地质出版社1997年版；阎长乐：《中国能源发展报告》，经济管理出版社1997年版。

国土资源部预测数据表明，资源约束替代资本约束成为中国经济发展中不容回避的主要矛盾。有“工业粮食”之称的矿产资源供需形势必将更加严峻。[①]

四、基于开放经济条件下矿产资源支撑空间的新视角

顺应经济发展的日益全球化，中国矿产资源支撑的方式正在发生深刻的变革：随着中国经济空间的扩张，其资源集也沿着空间替代的路径相应扩大，这导致中国对国际矿产资源更大规模、更加广泛的利用，从而提升矿产资源对工业化与城市化经济发展的整体支撑能力。

一般说来，初级产品基本属于资源型产品，初级产品的进出口可以反映一国资源支撑的方式。近30多年来，中国初级产品进出口结构出现了阶段性的重大变化（见表6–22），大体反映了资源支撑方式阶段性变迁的基本轨迹（见图6–11）：1994年之前，中国初级产品的出口一直大于进口，是创造外汇的重要资源，说明经济发展主要靠国内资源性产品来支撑；1994与1995年，是出现这一变化在时间窗上的重大拐点。此后，中国资源支撑在国际范围的空间替代又经历了1995~1999年的稳定发展期；进入新世纪后，迈入全面大规模加速利用国外资源的新阶段，因此初级产品的进口大大超过出口。例如，2002年中国矿产品及相关能源与原材料进出口贸易总额为1111亿美元，在全国进出口贸易总额中所占的比重高达18%。[②] 原油、铁矿石（砂）、锰矿石（砂）、铜精矿、钾肥等大宗矿产资源进口量较大；而出口量较大的则是铅、锌、钨、锡、锑、稀土、菱镁矿、萤石、重晶石、滑石、石墨等优势矿产品。中国矿产资源领域的对外合作不断扩大，通过海洋油气资源对外合作勘查，陆续发现了一批新的油气田，海洋油气产量逐年增加。到国外勘查开发油气资源已具一定规模，到国外勘查开发固体矿产资源也已起步。在煤层气领域与一些国家建立了长期的研究开发合作关系。

表6–22　　中国初级产品进出口的变化　　单位：亿美元

年份	出口				进口			
	总额	初级产品	非食用原料	矿物燃料润滑油及有关原料	总额	初级产品	非食用原料	矿物燃料润滑油及有关原料
1980	181.19	91.14	17.11	42.80	200.17	69.59	35.54	2.03
1985	273.50	138.28	26.53	71.32	422.52	52.89	32.36	1.72
1989	525.38	150.78	42.12	43.21	591.40	117.54	48.35	16.50

① 据国土资源部网站。

② 参见《中国的矿产资源政策》，国务院新闻办公室2003年12月23日发布。

续表

年份	出口				进口			
	总额	初级产品	非食用原料	矿物燃料润滑油及有关原料	总额	初级产品	非食用原料	矿物燃料润滑油及有关原料
1990	620.91	158.86	35.37	52.37	533.45	98.53	41.07	12.72
1991	719.10	161.45	34.86	47.54	637.91	108.34	50.03	21.13
1992	849.40	170.04	31.43	46.93	805.85	132.55	57.75	35.70
1993	917.44	166.66	30.52	41.09	1039.59	142.10	54.38	58.19
1994	1210.06	197.08	41.27	40.69	1156.14	164.86	74.37	40.35
1995	1487.80	214.85	43.75	53.32	1320.84	244.17	101.59	51.27
1996	1510.48	219.25	40.45	59.31	1388.33	254.41	106.98	68.77
1997	1827.92	239.53	41.95	69.87	1423.70	286.20	120.06	103.06
1998	1837.09	204.89	35.19	51.75	1402.37	229.49	107.15	67.76
1999	1949.31	199.41	39.21	46.59	1656.99	268.46	127.40	89.12
2000	2492.03	254.60	44.62	78.55	2250.94	467.39	200.03	206.37
2001	2660.98	263.38	41.72	84.05	2435.53	457.43	221.27	174.66
2002	3255.96	285.40	44.02	84.35	2951.70	492.71	227.36	192.85
2003	4382.28	348.12	50.32	111.14	4127.60	727.63	341.24	291.89
2004	5933.26	405.49	58.43	144.80	5612.29	1172.67	553.58	479.93
2005	7619.53	490.37	74.84	176.22	6599.53	1477.14	702.26	639.47
2006	9689.78	529.19	78.60	177.70	7914.61	1871.29	831.57	890.01
2007	12204.56	615.09	91.16	199.51	9561.16	2430.85	1179.10	1049.30
2008	14306.93	779.57	113.19	317.73	11325.67	3623.95	1666.95	1692.42
2009	12016.12	631.12	81.53	203.74	10059.23	2898.04	1413.47	1240.38
2010	15777.54	816.86	116.03	266.73	13962.44	4338.50	2121.1	1890.00
2011	18983.81	1005.45	149.77	322.74	17434.84	6042.69	2849.23	2757.76
2012	20487.14	1005.58	143.41	310.07	18184.05	6349.34	2696.60	3130.85

资料来源：《中国统计年鉴2013》，中国统计出版社。

中国矿产资源支撑向国际化发展的这一重大变化趋势，对世界矿产资源市场的供求结构产生了重大影响。在矿产资源及资源性产品需求的世界增量中，由于中国占有很大比重（见图 6-8、图 6-9、图 6-10），一方面对国际资源市场产生了“破局博弈”的效应，另一方面又导致中国在战略性矿产资源支撑上面临着对外依存度（见图 6-11）不断上升的风险。

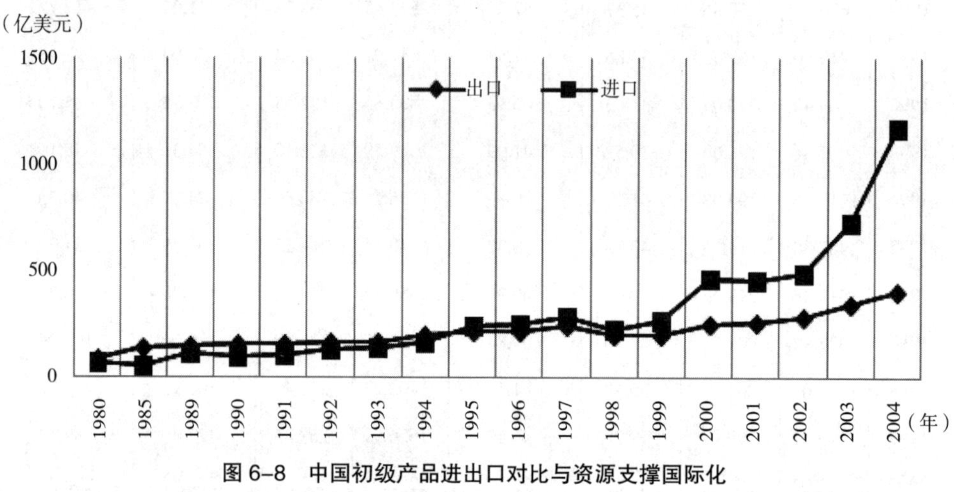

图 6-8 中国初级产品进出口对比与资源支撑国际化

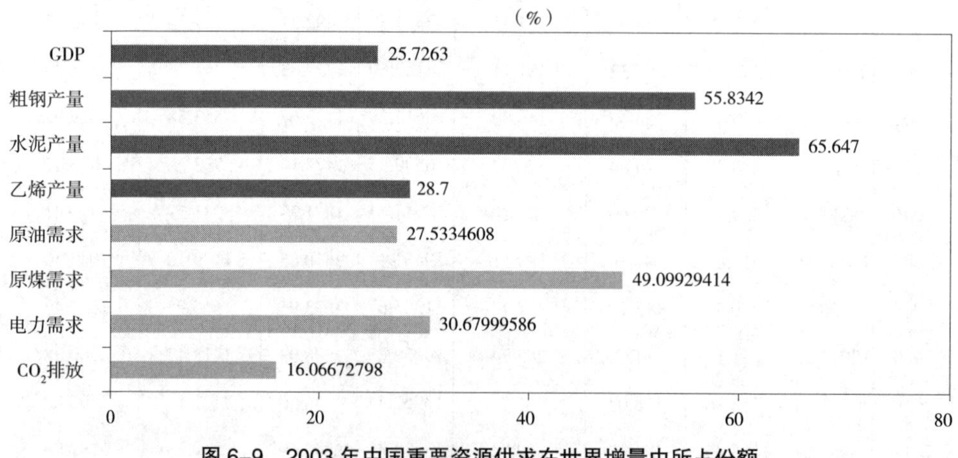

图 6-9 2003 年中国重要资源供求在世界增量中所占份额

中国经济发展矿产资源支撑领域，具体包括两大类战略性资源，一是瓶颈类战略性资源，其典型品种为石油、电力等能源资源；另一类是周期类战略性资源，主要是铁、铝等金属矿产资源。

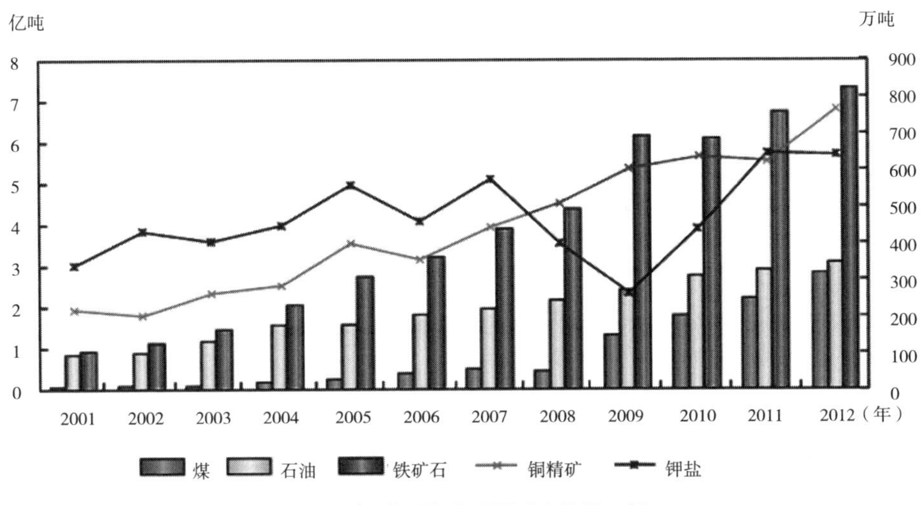

图 6–10　中国部分重要矿产品进口量

资料来源：《中国矿产资源报告2013》，地质出版社2013年版。

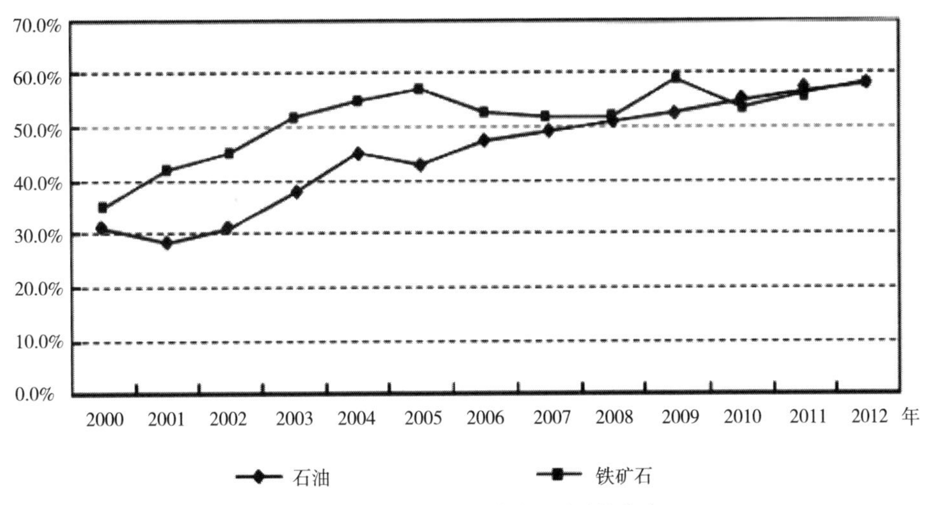

图 6–11　中国石油、铁矿石对外依存度

资料来源：国土资源部《中国矿产资源报告2013》，地质出版社2013年版。

由于进入利用国际资源支撑的新阶段，因此，在研究中国经济发展这两大类矿产资源支撑时，要有世界眼光，在制度安排上要有相应的战略思维，采取创新与适度超前的应对之策。在资源支撑度评估、资源风险类型与变化的研判等方面，都要做出相应的调整。只有国家资源战略及其相应的制度安排适时跟进，才能保证从国际上适时、足量、经济地获得资源，满足经济发展的要求。

五、瓶颈类战略性资源的支撑问题：以能源为例

能源资源的制约，是中国经济发展面临的既现实又长远的重大资源难题。这不仅涉及石油、天然气等现代优质大宗能源，涉及煤炭等传统大宗能源，而且涉及电力资源及电力生产、输送等整个产业体系，还关系到国家经济的整体竞争力，关系到生态环境与经济社会之间协调可持续的发展。

1. 能源资源“瓶颈”制约具有长期性

进入新世纪后，能源短缺全面加剧，是中国经济社会发展进入新阶段后的必然结果。早在20世纪末期，中国能源对经济发展支撑的方式已开始发生重大变化，其标志性的转折点，从统计意义分析，就是1992年第一次出现，一直持续至今并趋于扩大的能源赤字，这导致中国能源供求缺口不断扩大（见图6–12）。它表明一个基本的事实与发展趋势：在全球能源结构未出现重大变革的条件下，中国经济发展的能源支撑不可能继续维持长期以来的封闭式“自求平衡”格局，在全球范围加速能源资源的空间替代，想方设法利用国际能源，已成为解决中国经济发展能源制约问题不可避免的战略选择。

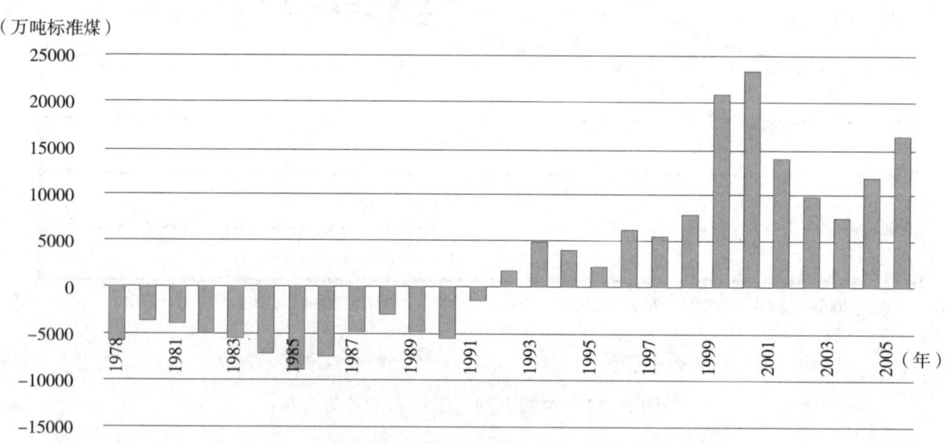

图 6–12　中国能源缺口的变化趋势 1978 ~ 2005

从能源生产总量与能源消费总量之间的对比关系分析，1992年之后，中国能源生产曾一度低于能源消费。在最初的几年里，由于体制机制转型、经济周期波动、产业结构调整以及亚洲金融危机等因素的共同作用，经济发展潜力受到抑制，能源消费>

能源生产的矛盾并不十分突出；世纪之交，这一矛盾开始积累，并在进入 21 世纪后的经济增长高涨期里全面暴发。

能源支撑方式的变化与经济发展方式的变迁基本吻合，说明这种变化具有长远的实质性意义。一方面，中国国内能源资源的稀缺性不断增强，成为一种硬约束。另一方面，1992 年是中国经济体制从计划经济全面向市场经济转型的起点。在这一转型的过程中，市场经济对能源生产与能源消费的影响具有显著的不对称性。能源生产从计划体制转向市场体制较为复杂和迟缓，但市场的力量作用于能源消费则较直接、较全面。国企、民企、外资的快速发展，刺激了第二产业对电力需求的强劲增长，消费升级也拉动了居民对电力与油气等优质能源的强劲需求，导致了能源需求侧替代过程的全面提速，形成了现代优质能源消费需求的刚性快速增长。这证明了中国进入能源生产＜能源消费的格局，具有一定的必然性和长期性。如果能源战略与制度安排不进行相应的改革创新，这一局面将难以根本缓解。

能源供求变化趋势的统计数据还表明，从总量上看，中国国内能源生产满足不了日益增长的能源需求，这已成为无法改变的趋势（见表 6-23、图 6-13）。随着能源赤字的不断上升，能源自我保障度尽管总体仍然较高，但其趋势是不断下降。

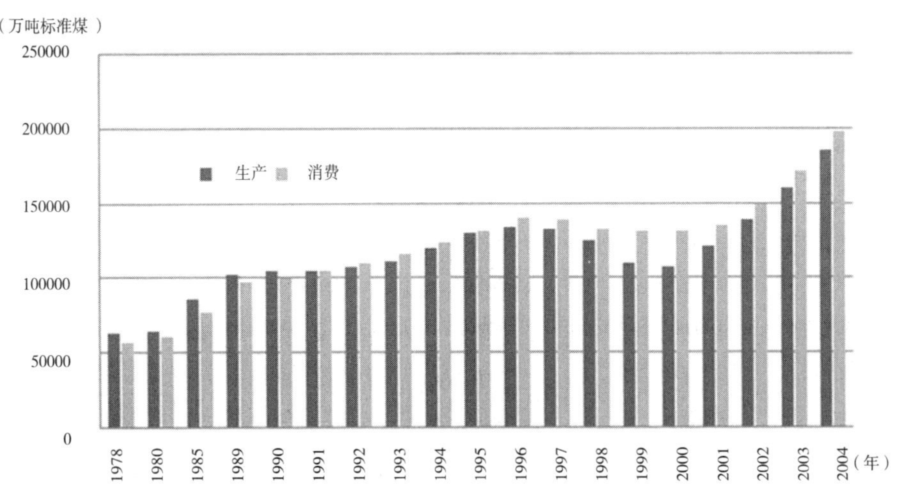

图 6-13　中国能源生产与消费总量对比 1978 ~ 2004

表 6-23　中国从能源盈余向能源赤字的变化（能源生产与消费数量比较）

年份	能源生产量（万吨标煤）	能源消费量（万吨标煤）	能源缺口（万吨标煤）	保障度（%）
1978	62770	57144	+5626	109.85
1980	63735	60275	+3460	105.74
1981	63227	59447	+3780	106.36
1982	66778	62067	+4711	107.59
1983	71270	66040	+5230	107.92
1984	77855	70904	+6951	109.80
1985	85546	76682	+8864	111.56
1986	88124	80850	+7274	109.00
1987	91266	86632	+4634	105.35
1988	95801	92997	+2804	103.02
1989	101639	96934	+4705	104.85
1990	103922	98703	+5219	105.29
1991	104844	103783	+1061	101.02
1992	107256	109170	–1914	98.25
1993	111059	115993	–4934	95.75
1994	118729	122737	–4008	96.73
1995	129034	131176	–2142	98.37
1996	132616	138948	–6333	95.44
1997	132410	137798	–5388	96.09
1998	124250	132214	–7964	94.98
1999	109126	130119	–20993	83.87
2000	106988	130297	–23309	82.11
2001	120900	134914	–14014	89.61
2002	138369	148222	–9853	93.35
2003	160300	167800	–7500	95.53
2004	184600	197000	–12400	93.70
2005	206000	222468	–16468	93.00
2006	221000	246000	–25000	89.84

资料来源：根据国家统计局各年统计数据整理，其中，2006年为中国2006年统计公报数据。

可以说，在持续不断工业化、城市化与现代化的过程中，中国经济发展所面临的能源长期短缺、在一定时期能源出现全面紧张的问题，不是一个短周期的现象，而是资源支撑上的一种新常态，可以说，能源制约已经成为不可回避的重大资源支撑问题。而在这一问题背后，能源资源所具有的特殊稀缺性、特殊的替代机理与特殊的制度安排等因素，是其深层的原因。

2. 多重矛盾相互交织导致“破局博弈”

（1）中国能源面临五大结构性矛盾

中国能源支撑方式由能源支持变为能源约束，是总量问题与结构问题综合作用的结果。能源供求缺口的压力之所以长期存在，主要根源于五大结构性失衡（见图6–14）。

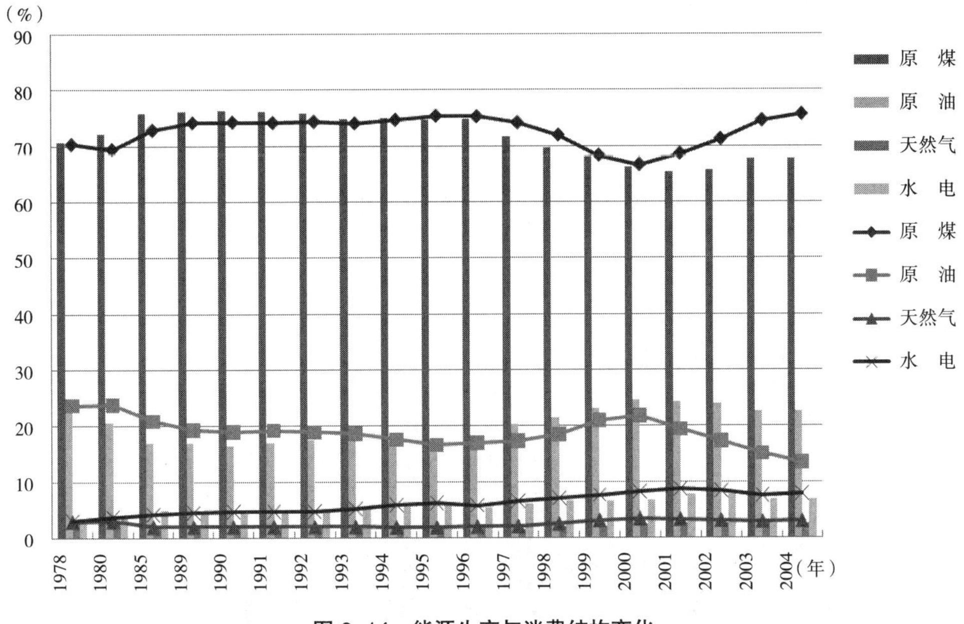

图 6–14　能源生产与消费结构变化

资料来源：根据《中国统计年鉴》《中国能源年统计计鉴》数据制作。图中曲线为生产，柱状线为消费。

第一，经济发展方式长期以高耗能的工业化为主要特征，能源依赖度大大提高。由于经济结构不合理，经济增长方式粗放，尽管中国能源供应快速增长，但仍赶不上其能源需求的更快增长，能源总生产与能源总需求之间的不对称性成为能源资源支撑的主要矛盾。

第二，以煤炭为主导的传统能源生产结构与以石油、天然气快速增长的现代能源需求结构之间的不对称性，成为能源总量及其结构问题的重大焦点之一。中国能源生产与能源消费之间的不对称性，根源于中国石油、天然气等现代能源的资源禀赋不足，富煤、缺油、少气的能源资源结构性问题，不得不通过稀缺强制型替代来缓解。

能源需求结构包括综合能源结构与一次能源结构两个方面。综合能源结构由一次能源与二次能源（主要为电力）构成。一次能源结构反映了以能源资源为基础的能源勘查、开发和利用能力，即能源产业的生产能力；二次能源需求主要有电力和热力等，虽由一次能源转换而来，却更直接面向需求。因此，一次能源的需求在相当程度上是电力等二次能源的派生需求，二次能源的需求总量与结构状况决定着一次能源的供给结构。中国电力等二次能源的刚性需求与煤炭资源的相对优势，共同决定了整个经济对一次能源煤炭的过度依赖（见图 6–15）；而汽车、飞机等现代交通工具的快速发展与普及，在终端消费方面构成了对石油快速增长的刚性需求，导致了整个经济发展对石油资源依赖性的与日俱增（见图 6–16）。

总之，受能源资源稀缺性和结构失衡的双重约束，中国石油与电力等优质能源需求大幅增长存在较强的刚性，在现实中的表现即是一定程度、一定范围的电力缺口与石油缺口，从而成为制约经济发展的“瓶颈”资源。

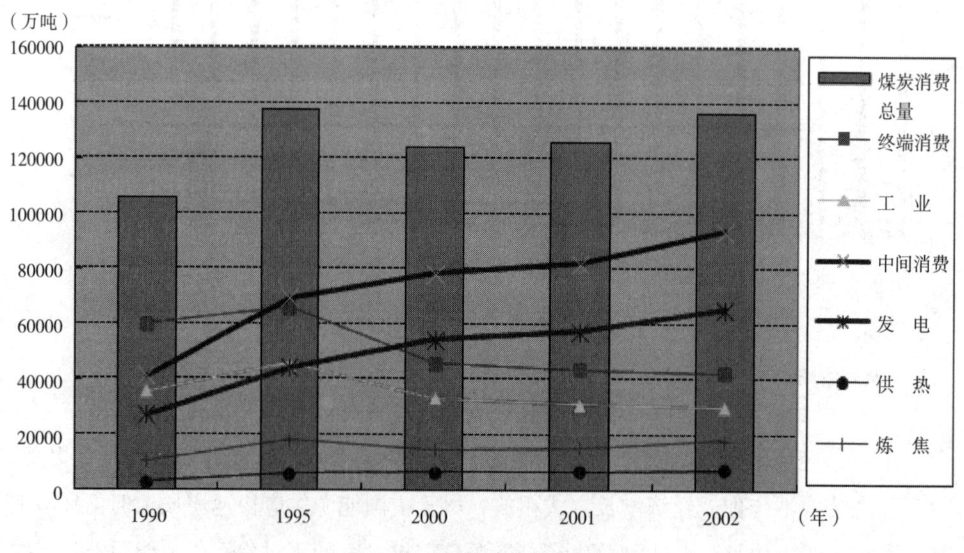

图 6–15 中国煤炭消费结构

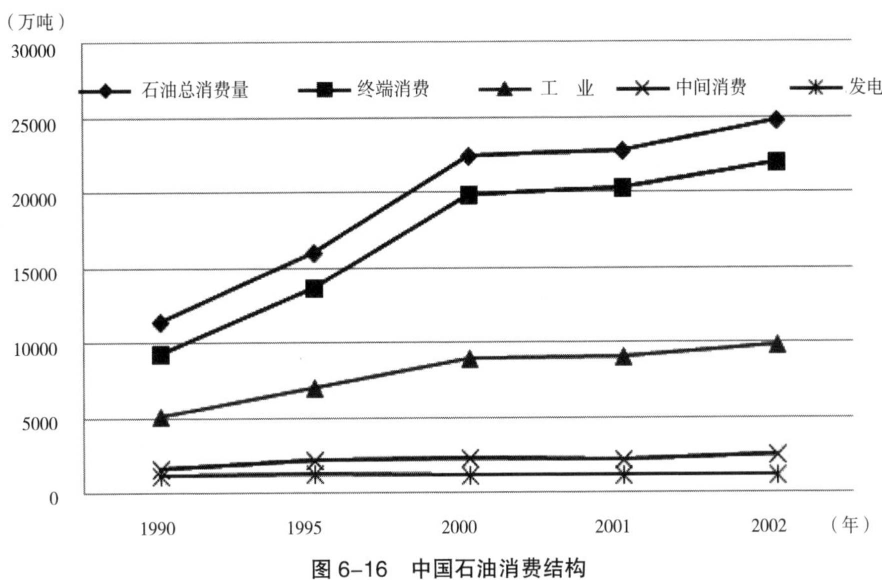

图 6–16　中国石油消费结构

第二，与上述两大失衡相对应，中国生产贸易等整个经济体系的日益全球化与对国际油气资源的开发利用水平之间也存在着极大的不对称性。中国的生产、贸易在加速国际化，已成为重要的“世界工厂”、最大的贸易国，国民经济对外依赖度高达60% 以上，但能源开发和利用的国际化水平却较低。中国人均能源资源较少，人均油气资源更十分贫乏，依靠国内廉价的能源不可能长期有效地支撑其日益全球化的经济体系。

第四，与上述三大不对称相联系的是，中国经济发展能源支撑的制度安排即能源战略的状况，与世界能源生产、贸易等全球配置的制度体系之间不相适应，也存在着不对称性。这集中体现在，中国能源政策与国际衔接的基本法律还不完备，国际乃至全球性的能源战略体系与基础保障能力还未形成。这导致中国能源开发与贸易企业，在国际能源市场上缺少话语权，在国际能源市场博弈中，难免处于被动的地位。

第五，中国整个社会经济体系对能源制约的自我调整的机制尚未建立，能源生产、供应与能源消耗、消费对能源资源稀缺性、能源风险等制约的适应性较弱。这两种机制的变化也存在着不同步、不对称的问题。由于没有经受能源危机的洗礼，中国的企业创新、社会生产、大众消费与能源支撑之间相互适应的能力没有形成。全社会的能效与节能意识不强，能源技术落后，能源开发利用的重大核心装备仍不能完全自主设计制造，节能降耗、污染治理等技术的应用还不够广泛，能源综合利用水平与效率较低，单位 GDP 能耗和主要用能行业可比能耗都高于国际先进水平。其深层原因是，能源生产与供应体系大大滞后于能源消费市场化的变化，能源市场体系极不完善，能源体制改革尚未到位，法律法规有待进一步形成与改进。

面对上述五大不对称性矛盾，要解决能源特别是油气资源与紧缺的电力资源对经济发展的瓶颈制约，必须扩大资源可得性的空间，更加有效更加广泛地参与开发利用全球资源。

（2）能源进口遭遇全球石油资源稀缺性约束

中国经济发展能源支撑面临着两大不断提高的依赖度，一是整个经济社会的发展对以油气与电力为代表的现代商品能源的依赖度在不断上升；二是中国对国际能源资源尤其是对国外石油的依赖度在快速上升。中国积极利用国外石油资源来支撑其经济发展，导致对外依存度不断提高（见图 6–17）。

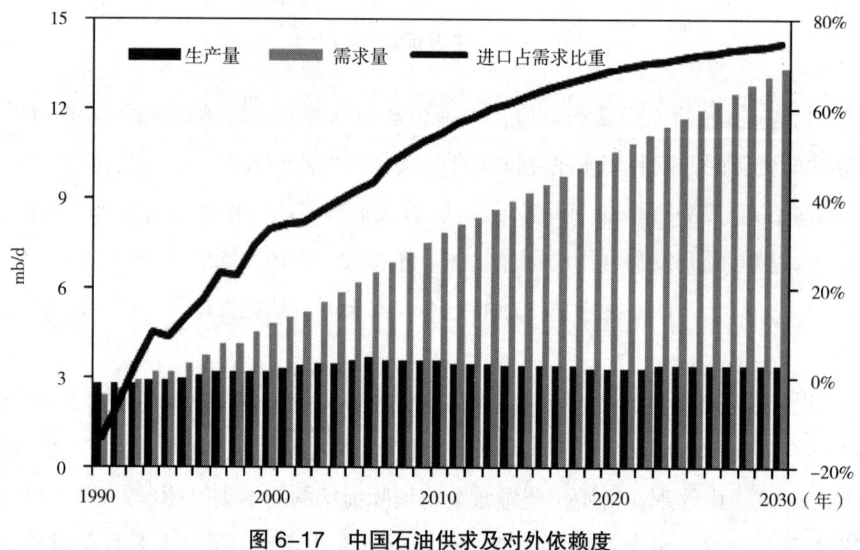

图 6–17　中国石油供求及对外依赖度

资料来源：IEA: *The World Energy Outlook* 2004。

那么，全球以石油、天然气为代表的现代能源资源的状况又如何呢？

从资源支撑理论上看，以油气为代表的现代能源，集多种稀缺性于一体。用稀缺性度量的四大指标分析，所有的稀缺性风险在现代能源特别是在石油资源中都十分突出。

有关世界石油和天然气资源的可耗竭性问题，一直存在很大争议。业内人士认为，石油开采技术的进步将增加世界石油的探明储量。支持这一观点的一些分析认为，历史上每次钻探技术的进步使开采量降低的趋势得到缓解。但是，持相反意见的分析则指出，开采技术的革新只是推迟了这些资源耗竭的时间，世界石油产量的峰值与根据休伯特早在20世纪初给出的历史变化曲线所预测的峰值不会相差太远。①

从各大权威机构公布的能源储量信息来看，现代常规能源的资源存量是有限的，具有绝对稀缺的性质。以石油为例，美国能源信息署在2006年公布的数据表明，全世界石油的总储量为12925亿桶；英国石油公司（BP）的数据表明，近30年来探明的石油储量尽管增长了1倍（见图6–18），但由于产量也出现了同步甚至更快的增长，R/P值（储采比）已经停止了上升，目前大约维持在40倍左右的徘徊不前的状态（见图6–19）。这说明，在可以预见的时间里，石油资源的可得性是有限度的。

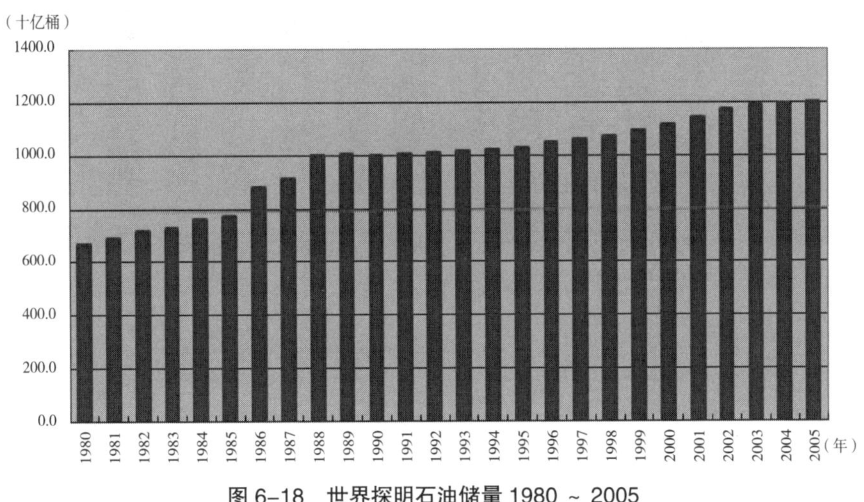

图6–18　世界探明石油储量1980 ~ 2005

资料来源：*BP Statistical Review of World Energy*, June 2006。

值得庆幸的是，到目前为止，油气资源的耗竭型绝对稀缺并未普遍发生；但不幸的是，作为一种对经济发展具有潜在威胁的因素不仅没有消除，其影响反而与时俱增，这导致了更为复杂的不确定性。其结果是，近40年来，能源价格在剧烈波动中趋于上涨，人类因此告别了低价时代。进入新世纪后，国际油价更在上升通道中运行，波动幅度也更为剧烈（见图6–20）。石油资源储量信息的不确定性，世界石油市场现货与期货的多层结构，以及石油产业组织的高度垄断结构，加上国际政治、外交甚至自然灾害的影响，都成为导致石油供应与石油价格剧烈变动的不确定性因素。人

① 参见［美］爱德华·卡塞迪（Edward S. Cassedy）：《可持续能源前景》，清华大学出版社2002年版。

们普遍担心，曾多次发生的石油危机（见表 6-24）会再次对经济发展产生巨大负面影响。断油的威胁，石油资源所具有的间竭型绝对稀缺的这一特点，时刻让世界经济紧绷着神经。

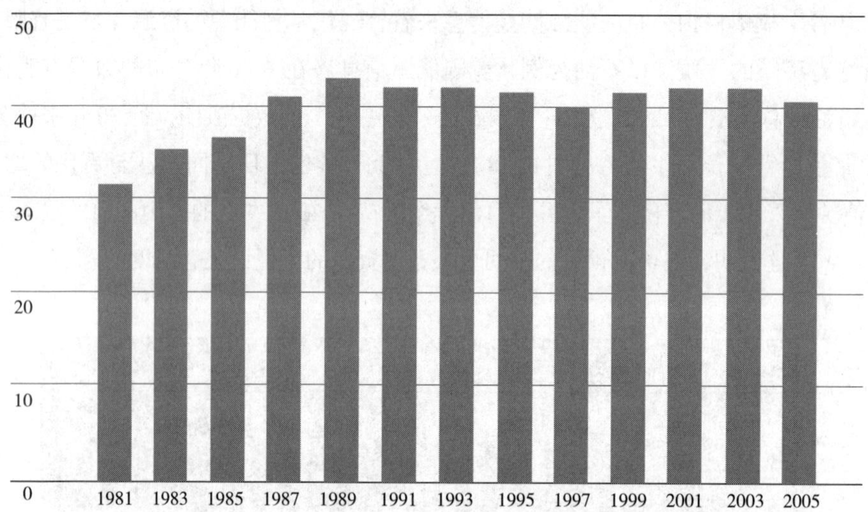

图 6-19 1981 ~ 2005 年来世界石油资源 R/P 值的变动

资料来源：*BP Statistical Review of World Energy*, June 2006。

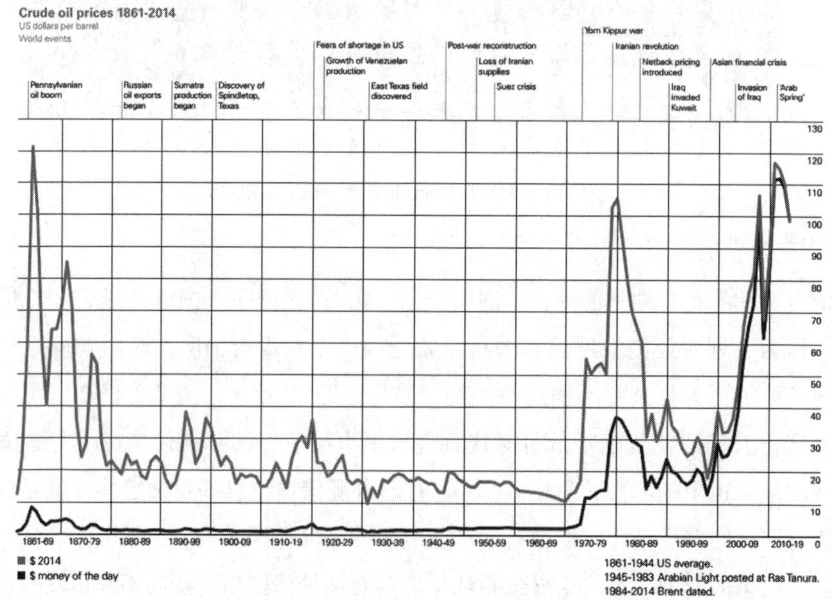

图 6-20　1861 ~ 2014 年国际原油价格走势（美元 / 桶）

资料来源：http://www.bp.com/content/dam/bp/pdf/Energy-economics/statistical-review-2015/bp-statistical-review-of-world-energy-2015-full-report.pdf

表 6-24　　历史上出现的国际石油供应中断情况

中断日期	延续时间（月）	中断量（百万桶/日）	中断原因
1951.3 ~ 1954.10	44	0.6	伊朗石油国有化
1956.11 ~ 1957.3	4	2.0	苏伊士运河战争
1966.12 ~ 1967.3	3	0.7	叙利亚过境费争端
1967.6 ~ 1967.8	2	2.0	中东六天战争
1970.5 ~ 1971.1	9	1.3	利比亚油价争端
1971.4 ~ 1971.8	5	0.6	阿尔及利亚与法国石油国有化之争
1973.3 ~ 1973.5	2	0.5	黎巴嫩动乱输油设施破坏
1973.10 ~ 1974.3	6	2.6	阿以十月战争，阿拉伯石油禁运
1976.4 ~ 1976.5	2	0.3	黎巴嫩内战，伊拉克外输油管受损
1977.5	1	0.7	沙特油田遭破坏
1978.11 ~ 1979.4	6	3.5	伊朗革命
1980.10 ~ 1980.12	3	3.3	两伊战争
1990.8 ~ 1990.10	3	4.6	伊拉克入侵科威特

资料来源：朱未萍：世界石油态势及中国能源战略，《国际经济合作》2001年第11期。原始资料源于美国能源署：《世界石油大势》。

（3）能源资源的瓶颈制约具有“破局博弈”性质

供求总量失衡必然加剧市场博弈，改变市场主体的博弈战略。一方面，世界石油资源是战略性稀缺资源；另一方面，世界石油市场主要受资源供应方 OPEC 与石油需求方 IEA 两大国际组织左右。在这种情况下，中国对世界石油资源需求的快速增长，将对现有的市场格局产生重大冲击，在一定程度上导致战略失衡，出现能源“破局博弈”。其结果是，为获取稀缺的石油资源，中国不可避免地会遭遇国际石油组织与跨国公司的非合作性博弈，在资源权的获取、资源价格、资源产业链与供应链的安全保障等方面，都会付出更大的代价。

3. 破除能源困局需采取长短期结合的资源战略

理论上分析，解决能源支撑问题的路径有多种组合。中国作为正在崛起的大国，应该采取长短期结合的资源战略。

在中短期里，现行的以石油、天然气和煤炭为主体的能源结构不会发生重大变革，中国能源战略的重点是根据能源供求总量缺口及其结构性矛盾日益尖锐的情况，全面促进供给替代、需求替代与空间替代相结合的多元多层综合替代①，充分挖掘节能

① 胡跃龙：《多层综合替代——走出能源“困局”的路径创新》，载《光明日报》2004年9月21日。

等间接替代的潜力，缓解能源支撑的矛盾，监测、规避、防范能源风险，控制其影响程度。这些都是提高能源支撑能力的重要内容，也是能源战略的重要组成部分。

与此同时，中国应着眼于提升更长时期的竞争力，采取促进能源大替代的战略。即利用资金、技术尤其是市场巨大的优势，超前研究和发展后石油经济的能源体系，开发具有跨越意义的替代能源，建立起以风能、太阳能、氢能或其他替代能源为基础的产业经济体系，大力发展高铁、城铁等交通方式，降低对石油的依赖，从根本上摆脱现行世界能源结构对中国经济发展的制约。

六、周期类战略性资源支撑问题：以铁矿石资源为例

世纪之交的二十几年里，随着工业化与城市化的加深，中国经济的快速发展对钢铁产生了巨大的需求（见表 6–25），国内的铁矿石资源无法满足，需要大量进口国际铁矿石资源。

表 6–25　　铁矿石：世界产量及中国产量与供应（百万吨）

年份	世界总产量	中国占有量	中国/世界（%）	中国总产量	中国进口量
1995	1027	302	29.4	261	41
1996	1012	296	29.2	252	44
1997	1065	324	30.4	269	55
1998	1062	299	28.2	247	52
1999	1022	303	29.6	248	55
2000	1069	315	29.5	245	70
2001	1047	309	29.5	217	92
2002	1127	343	30.4	231	112
2003	1202	409	34.0	261	148
2004	1250	518	41.4	310	208

资料来源：①USGS: *Mineral Commodity Summaries2002—2005*.http://minerals.uags.gov/minerals/pubs/;
②《中国钢铁工业年鉴》（1995—2004）;
③中国钢铁工业协会（CISA）http://www.chinais.org.cn/index.jsp;
④世界钢联（USI）http://www.worldsteel.org等的数据并整理计算。

一方面，世界铁矿石资源高度集中于少数资源大国，据美国地质调查局（USGS）2005 年公布的数据，世界铁矿石储量为 1600 亿吨，基础储量为 3700 亿吨。其中矿山铁储量 800 亿吨，基本储量 1800 亿吨。全球铁矿资源的地理分布集中度较高，储量最大的前五个国家是乌克兰、俄罗斯、巴西、中国和澳大利亚，占总储量 70% 以上

（见表 6-26）。而最能代表铁矿富集度的矿山铁储量的前五个国家分别为巴西、俄罗斯、澳大利亚、乌克兰和中国。

表 6-26　　世界铁矿资源总量与分布集中度　　单位：亿吨

国家（地区）	铁矿资源			矿山铁资源		
	储量	占比（%）	基础储量	储量	占比（%）	基础储量
乌克兰	300	18.8	680	90	11.3	200
俄罗斯	250	15.6	560	140	17.5	310
巴西	210	13.1	620	140	17.5	410
中国	210	13.1	460	70	8.8	150
澳大利亚	180	11.3	400	110	13.8	250
世界总计	1600	100	3700	800	100	1800

资料来源：USGS: *Mineral Commodity Summaries* 2005。

另一方面，世界铁矿资源市场具有高度垄断的组织结构，以淡水河谷、力拓、必和必拓为代表的三大跨国公司占主导地位。中国对国际铁矿巨量且快速增长的需求，导致国际铁矿石市场出现“破局博弈”效应，各利益方的激烈博弈，致使 2005~2007 年，国际铁矿石基准价格分别上涨 71.5%、19% 和 9.5%。2008 年铁矿石价格又再次大幅上涨 65%。

面对破局博弈局面，为了寻求新的供求均衡，各利益相关方出现战略转换。随着全球三大铁矿跨国公司生产规模的扩大，及对新兴的大型铁矿项目并购，其垄断程度继续提高，与之对应出现了阿塞洛和米塔尔、Corus 和 TATA 这样钢铁巨头的强强联合，但集中程度仍然落后于铁矿行业。相比之下，中国钢铁行业集中度低，整合的速度更为迟缓，虽然中国进口量在全球贸易举足轻重，但中国大部分的进口铁矿石游离在矿价体系之外的现货市场，极易受到国际矿业公司影响。这导致中国钢厂进口铁矿谈判话语权不足。再加上国际海运费的暴涨，进一步推高了现货市场价格。[①]

为改变这种被动局面，中国应更积极地参与国际铁矿石资源的合作开发，同时加大国内钢铁企业的整合力度，以逐步争取与其地位相称的话语权，促进新的战略均衡的形成。

① 参见中国证券网—上海证券报，2007年08月14日，源自新浪网 http://www.sina.com.cn。

七、小结

在可以预见的时期里，中国经济发展在矿产资源支撑方面的情况如下：

第一，中国现阶段的经济发展需要大量消耗能源、矿石等资源，经济快速增长与部分矿产资源大量消耗之间存在较大矛盾。这一矛盾将是中国工业化与城市化过程中需要长期面临的一种常态。

第二，中国经济发展面临着石油、天然气、铁矿石等战略矿产资源的制约，这尽管是国内资源禀赋不足的结果，但更重要原因是，中国作为世界加工制造中心，在资源集的支撑方式上需要且必须相应拓展。因此，更多地开发利用国际资源是提升中国经济发展资源支撑的必由之路。

第三，中国“走出去”开发利用国际矿产资源，由于需求数量巨大会对全球资源市场产生巨大影响，导致“破局博弈”的效应是难以避免的，中国为此不可避免地在经济上要付出较大代价。

第四，为了更好地利用国际矿产资源支撑国内工业化与城市化，中国需要制定和实施更加有效的资源战略，以防范和控制资源对外依存度大幅提高可能出现的各种风险，同时需要更加重视在国际资源市场博弈中争取更大的话语权，通过战略主动促进战略均衡。

第五，中国在制定国家资源战略时，在矿产资源方面应更加重视资源间接替代的重要作用，通过经济发展方式的转变，通过资源节约、循环经济等提高资源利用效率，不断降低 GDP 的单位能耗，提高资源的 GDP 产出水平，增强经济发展与资源支撑之间的相互适应能力。

在更长的时期里，中国要防范矿产资源特别是能源领域的路径依赖风险，采取适当超前的大替代战略，研究后矿物经济的发展趋势，通过能源、原材料的科技创新，建立起具有持续竞争力、更具自主性的资源经济体系，真正实现国民经济的可持续发展。

第四节　资金资源支撑概评

在市场经济条件下，资本（即资金资源）是支撑经济发展最重要的资源。在经济良性运行、经济体制较为成熟、经济战略较为有效、金融体系较为完善与监管机制较为规范的情况下，资本通过发挥其高效的资源基础替代效应，成为支撑经济发展的决定性资源。

一、资金是支撑中国经济进一步发展的首要资源

中国近30多年的经济发展中，资金资源的支撑一直发挥着极为重要的作用。中国国务院发展研究中心的研究表明，资本积累、劳动力投入的增长以及全要素生产率的提高，是中国经济增长的三大源泉。按照索洛的“增长的核算”分析方法进行测算（见表6-27），改革开放以来中国经济增长最大的推动力是资本的快速积累，1978~2003年资本平均增长速度为9.9%，对经济增长的贡献高达63.2%，支撑GDP年均增长近6个百分点。

表6-27　1978年以来中国经济增长的源泉　单位:%

	年份	GDP	资本	劳动力	TFP增长率*
GDP及各要素的增长率	1978 ~ 1985	9.8	8.5	3.1	3.5
	1985 ~ 1989	8.9	9.8	2.6	2.0
	1990 ~ 1997	11.2	11.2	1.1	4.0
	1997 ~ 2000	7.7	10.7	1.1	0.8
	2000 ~ 2003	8.4	10.5	1.1	1.6
	1990 ~ 2003	9.7	10.9–	1.1	2.7
	1978 ~ 2003	9.4	9.9	2.5	2.4
各要素对经济增长的贡献	1978 ~ 1985	—	52.0	12.7	35.3
	1985 ~ 1989	—	66.1	11.7	22.2
	1990 ~ 1997	—	60.0	3.9	36.1
	1997 ~ 2000	—	83.4	5.7	10.9
	2000 ~ 2003	—	75.0	5.2	19.8
	1990 ~ 2003	—	67.4	4.5	28.0
	1978 ~ 2003	—	63.2	10.6	26.2

注：资料源于王梦奎主编，《中国中长期发展的重要问题2006—2020》，中国发展出版社2005年版。

* TFP即全要素生产率（Total Factor Productivity）。根据索洛的增长核算公式，TFP=GDP的增长率-a×资本增长率-（1-a）×劳动力增长 率，a为资本产出弹性。国务院发展研究中心的研究报告中选用a为0.6。

国际能源组织（IEA）研究报告《世界能源展望2004》认为，1980~2001年的20多年里，中国资本与全要素生产率对GDP增长的贡献分别达到26%与54%（见表

6–29）。两项及其之和在世界主要国家经济发展中均是最高的。

上述两组权威性研究的数据有一个共同点，即资本与全要素生产率之和对中国经济发展的贡献都高达 80% 以上。但值得研究的是，国务院发展研究中心较看重资本的贡献（60% 以上），而 IEA 的数据中资本贡献率为 26%，全要素生产率的贡献率高达 54%。透过两者的共同点与差异，我们可以得出如下信息，如表 6–28 所示。

表 6–28　一些国家的 GDP 增长及其要素生产率的贡献（1980 ~ 2001）

国家	年均GDP增长率	生产要素对GDP增长的贡献（占GDP增长的%）			
		能源	劳动力	资本	全要素生产率
巴西	2.4	77	20	11	–8
中国	9.6	13	7	26	54
印度	5.6	15	22	19	43
印度尼西亚	5.1	19	34	12	35
韩国	7.2	50	11	16	23
墨西哥	2.2	30	60	6	4
土耳其	3.7	71	17	15	–3
美国	3.2	11	24	18	47

资料来源：国际能源机构：《世界能源展望2004》（IEA，World Energy Outlook 2004），第333页。

第一，IEA 的研究中，资本对中国经济发展的贡献虽然只有 26%，但与其他国家相比仍是最高的。据统计，改革开放以来，中国的投资率基本上保持在 33%~43.4% 之间。其中，1978~1997 年的平均投资率为 37%。1998~2005 年的平均投资率为 39.6%。从 1978~2003 年的 26 年中，投资率介于 35%~39% 之间的有 15 年，占 57.7%；介于 39%~41% 之间的有 3 年，占 11.5%；高于 41% 的有 3 年，占 11.5%。2005 年投资率攀升到 43.4%，成为改革开放以来的最高年份之一。[①] 因此，中国经济发展对投资的依赖度很高，在推动经济增长的“三驾马车”（即消费、投资、出口）中，中国的经济发展模式更多地依赖着投资这一马车的拉动（见图 6–21）。

① 参见徐秋慧载《中国经济时报》2006年10月27日文。

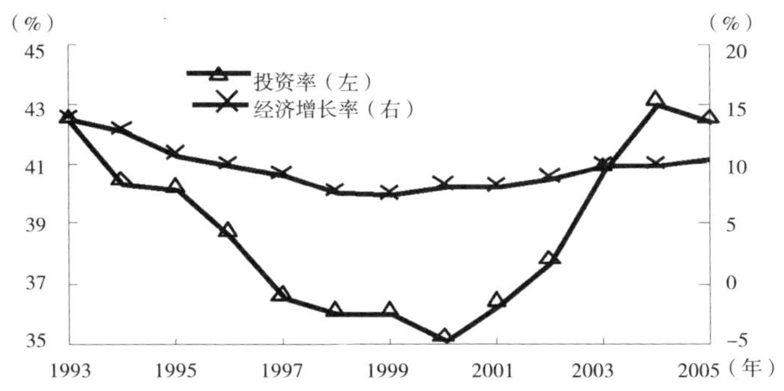

图 6-21 1993 ~ 2005 年中国的投资率与经济增长率

资料来源：根据《中国统计年鉴2006》数据。

第二，全要素生产率的贡献，不同的研究常常得出不同结论，这一点本身也是值得研究的。本书或许可以对此做出一种解释。一方面从基础替代的功能看，投资是其他资源替代的基本条件，以投资为特点的基础替代支持了其他各种资源替代的进行，没有投资就没有资源替代活动，也就没有经济增长，这一点在中国经济发展中表现得更加明显，因此投资的贡献率很高；另一方面，在投资的支撑下，中国经济发展中供给、需求等方面的资源直接替代与资源间接替代的活动都十分活跃，并且，国内各地区之间以及与其他国家之间的资源空间替代活动也有更多的机会，这进一步促进了以市场为路径的资源多元多层综合替代。除基础替代之外，其他各种类型资源替代的巨大支撑作用，都表现在全要素生产率对中国经济发展的贡献之中。

总之，从中国经济增长源泉分析，无论是资本还是全要素生产率，都离不开投资的活动，其资源基础则是资金。

二、中国经济发展的资金来源

经过最近 30 多年的快速发展，中国已经从一个资本短缺的国家，变成了一个资金即财力十分充裕的巨大经济体。从金融系统资金存量上看，到 2013 年底，中国各类银行的人民币各项存款余款为 107 万亿元，各项贷款余款 76 万亿元。可以预期，在整个 21 世纪的前半期，中国经济发展在资金资源支撑上仍然有着良好的基础和前景。

1. 储蓄率高，资金存量巨大

从理论上分析，资金资源主要来源于储蓄。而高储蓄率是中国的一个基本国情。

改革开放以来，在经济快速发展的同时，高储蓄率为中国经济增长提供了充足的资金来源，是支撑经济持续快速增长的重要因素。规模巨大、源源不断的资金流，保证了金融机构的流动性，提高了银行抗拒风险的能力，增强了金融体系运行的稳定性。长期以来，中国城乡居民储蓄继续保持着两位数的较高的增长（见图 6–22），储蓄率超过 40%，到 2006 年底，居民储蓄存款 16 万多亿元，企业存款超过 10 万亿元。这种态势目前仍在持续（见表 6–29），正是由于中国民众的高储蓄，使中国在实现国民经济持续高速增长的同时，能以更高速度积累了巨额的宝贵资本，为工业化、城市化过程中进行大规模的基础设施建设提供了可能。

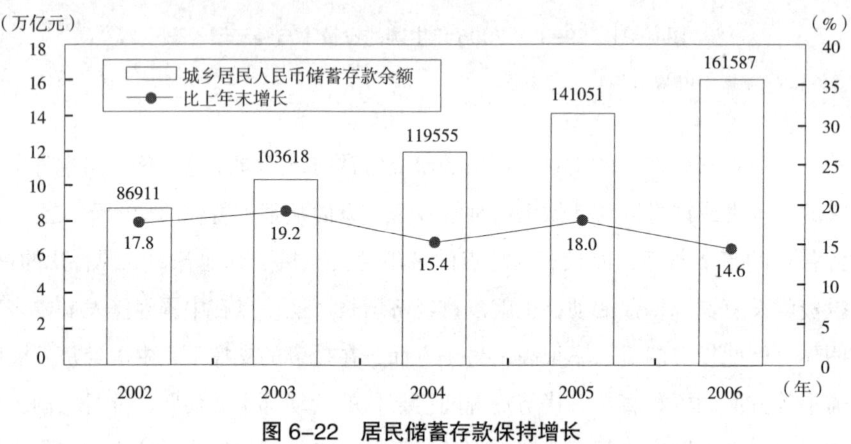

图 6–22　居民储蓄存款保持增长

资料来源：国家统计局，《中华人民共和国2006年国民经济和社会发展统计公报》。

表 6–29　　全部金融机构本外币存贷款余额及其增长速度

指　　标	2011		2012		2013	
	亿元	比上年增长%	亿元	比上年增长%	亿元	比上年增长%
各项存款余额	826701	13.5	943102	14.1	1070588	13.5
其中：住户存款	351957	15.5	410201	16.6	465437	13.5
其中：人民币	348046	15.7	406192	16.7	461370	13.6
非金融企业存款	313981	9.5	345124	9.9	380070	10.1
各项贷款余额	581893	15.9	672875	15.6	766327	13.9
其中：境内短期贷款	217480	21.8	268152	23.3	311772	16.3
境内中长期贷款	333747	11.8	363894	9.0	410346	12.8

资料来源：国家统计局2011、2012、2013年《中华人民共和国国民经济和社会发展统计公报》。

2. 外资特别是 FDI 平稳增长

外资包括国际商业贷款和外商直接投资（FDI）两部分。外资特别是外商直接投资是中国可以利用的资金资源的重要组成部分。改革开放以来，中国在利用 FDI 方面一直保持稳步增长的态势（见图 6–23），2012 年利用外资总额达 1132.94 亿美元，其中 FDI 额 1117.16 亿美元。到 2012 年底，累计利用 FDI 总额达到 12761.08 亿美元。

在未来的 20 年里，中国经济发展总体前景良好。巨大的市场机遇，加上中国经济全球化程度的加深，对国际资金来华投资仍有着巨大的吸引力。

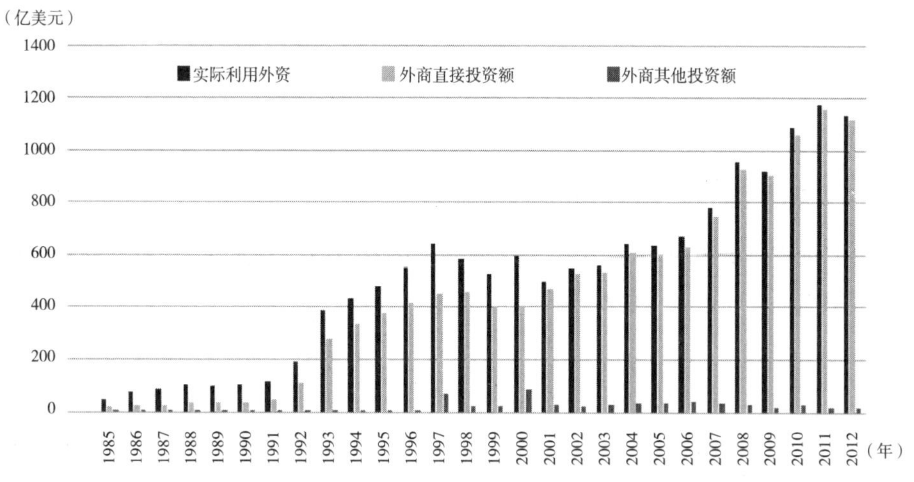

图 6–23　1985 年以来中国利用外资情况

资料来源：《中国统计年鉴2013》，中国统计出版社2013年版。

3. 外汇资源充裕

从国际资源空间替代来看，无论是“走出去”开发利用国际资源，还是从世界资源市场购买国外资源，都需要充足的外汇来支撑。中国外汇储备逐年增加（见图 6–24），2012 年末国家外汇储备达到 38213 亿美元，比上年末增加 5097 亿美元；年末人民币汇率为 1 美元兑 6.0969 元人民币，比上年末升值 3.1%。

图 6-24　国家外汇储备逐年增加

资料来源：根据国家统计局，《中华人民共和国2014年国民经济和社会发展统计公报》。

三、资金资源支撑面临的主要风险

充足的资金资源尽管对中国经济发展形成强有力的财力支撑，但资金的利用和调控如果失当，会导致经济发展面临着重大风险。

1. 从经济理论上分析，中国经济发展投资依赖度过高，潜藏着内在不稳定性的风险

改革开放 30 多年来，资本投入对中国经济增长的推动作用日益明显，其贡献率不断上升（见表 6-30），目前已达 60% 左右。资本的依赖度不断提高，说明中国经济发展走上了高投入的道路，按照这一趋势，投资成为支持我国经济持续增长的重要因素。

从储蓄、外资、外汇等三大来源看，中国经济发展在资金资源支撑上有较充分的保障，但经济发展因对资本依赖度过高具有巨大风险。根据埃德蒙·费尔普斯（EdmundS.Phelps）著名的“经济增长黄金律”，储蓄与投资并不是越高越好。[①] 中国的资本存量大大高于黄金律水平，储蓄率和投资水平偏高，消费率则偏低会导致经济发

① 储蓄率并不是越高越好。美国哥伦比亚大学教授、2006年诺贝尔经济学奖获得者费尔普斯1961年发现了经济增长人均资本量应满足的条件，被称为“黄金分割率”或“黄金律水平”：如果对人均资本量使得其边际产量（MPK）等于折旧率（δ）、人口增长率（n）和技术进步率（g）之和，那么，人均消费水平就会达到最大化。用公式表示就是：MPK= δ +n+g。支持该人均资本存量的储蓄率，就是实现人均消费最大化的最优储蓄率或合意的储蓄率。“黄金分割率””或“黄金律水平”给出了判断一种经济是否处于黄金律状态的标准：当MPK= δ +n+g，表明经济处于黄金律状态，储蓄率是合意的；当MPK— δ >n+g，表明经济低于黄金律状态，储蓄率偏低，这时增加储蓄有利于达到黄金律状态；MPK— δ <n+g，表明经济高于黄金律状态，储蓄率偏高，这时减少储蓄有利于达到黄金律状态。

展后劲不足。[①]

表 6-30　　中国经济增长因素分析与测算

增长因素	1979 ~ 1983	1984 ~ 1988	1989 ~ 1993	1994 ~ 1998	1999 ~ 2010	2010 ~ 2020
经济增长率	8.32	11.93	8.93	9.54	6.79	5.15
贡献度（%）	100	100	100	100	100	100
资本增长率	7.52	8.03	8.63	11.49	9.20	6.85
贡献度（%）	49.3	51.7	54.3	57.6	60.1	64.4
劳动增长率	2.88	1.91	1.68	1.33	0.71	0.25
贡献度（%）	6.62	5.93	5.54	5.02	4.8	1.3
全要素增长率	3.35	3.86	3.51	3.27	3.12	2.88
贡献度（%）	44.1	42.5	41.1	37.4	35.1	34.3
体制变革	5.64	5.40	4.21	3.76	1.04	0.51
贡献度（%）	24.4	21.7	19.8	16.5	11.5	9.3
国内投资	2.55	2.96	2.63	2.34	1.76	1.32
贡献度（%）	11.9	12.5	13.2	15.8	19.3	24.8
外资流入	1.42	1.77	1.46	1.22	0.32	0.11
贡献度（%）	7.8	8.3	8.1	5.1	4.3	2.2

资料来源：武剑：《储蓄、投资和经济增长——中国资金供求的动态分析》，载《经济研究》1999年第11期。

从资本决定论的资源支撑角度分析，经济发展取决于资金的配置效率，其主要路径有两个，即扩大投资规模和提高资本生产率。资金配置效率 = 资本形成率[②] × 资本生产率[③]。在内在结构不发生重大变化的情况下，储蓄率与投资率过高，经济发展就会呈现出“投资饥渴症”。中国经济发展进入哈罗德—多马模型的状态，即：在资本产出率不变的条件下，经济增长率取决于储蓄率即投资率，这是一种“像刀刃一样狭窄”的路径，具有极大的不稳定性，其直接表现是，经济发展时时面临着累积性扩张（繁荣与高涨）和累积性收缩（衰退和萧条）。

总之，从理论上讲，中国经济增长对投资依赖度过高，使得经济发展过程包含着不稳定的风险。

① 参见徐秋慧载《中国经济时报》2006年10月27日文。

② 资本形成率也简称为投资率，即当年投资总量占当年GDP总量的比重。

③ 资本生产率即投资效益，主要指标是投资利润率，而对动态投资影响较大的则是资本边际利润率。

2. 从经济运行上分析，储蓄率与投资率的双高，使中国经济发展容易处于流动性风险之中

中国经济发展对投资过度依赖的内在不稳定性，导致经济运行处于“流动性不足”与“流动性过剩”两难境地，具体表现为“大起大落”两种风险：一是投资高涨时流动性过剩，引发通货膨胀；二是投资低潮时流动性不足，导致通货紧缩。

中国经济发展所面临的流动性问题，源自于资本转化率④。中国以远高于世界其他国家的投资率，实现了经济长期持续的高速发展，从根本上说，这是以充足的国内储蓄为保障的。但是在中国，由于高储蓄与高投资分别受到两种不同动力机制的影响，保持合理的资本转化率是一个十分困难的事情。

导致高储蓄的因素主要有：收入的快速增长导致边际消费下降，储蓄上升；改革开放政策下的经济社会转型时期，由于社会保障不完善导致养老、医疗、教育等不确定性预期，人们的“自保”行为形成高储蓄；由于分配不公，高收入人群消费饱和，低收入人群不敢消费，推动储蓄上升；人口结构过早进入老龄化过程，导致高储蓄；受历史和文化传统的影响，经济起飞的东方国家会出现高储蓄的现象。⑤

而导致高投资的因素有：在经济起飞与工业化过程中，大规模的经济建设对投资有着巨大的需求；城市化过程中，地方政府对投资有着强烈的冲动，导致国有经济投资旺盛；劳动力成本低廉，现代产业的形成与升级保证了一定的投资回报率；民间经济活跃，投资能力增强；而近些年来，人民币升值、资本市场活跃刺激了短期游资的增加。

可见，影响储蓄的多是长期的或阶段性的因素，因此高储蓄更具有长期稳定的性质；而影响投资的则主要是阶段性的或短期的因素，虽然也具有中期的稳定性，但短期的波动较大。中国储蓄与投资影响因素的差异，导致两者之间具有内在不对称性，使储蓄≠投资成为一种常态。1978 年改革开放以来，中国已经经历了数次宏观经济调控，包括 1979~1981 年，1985~1986 年，1988~1989 年，1993~1996 年的 4 次旨在治理

④ 所谓资本转化率，为实际投资总量与受储蓄支撑的潜在投资总量之比。理论上讲，经济发展的稳定性取决于资本=储蓄，因此，资本转化率反映了储蓄转化为投资的程度。

⑤ 徐滇庆：“什么国家有高储蓄率呢？只有这个国家在经济起飞阶段。具体来说高储蓄率出现在亚洲：日本和亚洲四小龙，以及随后的印度尼西亚、泰国、马来西亚。1995 年韩国的储蓄率是36%，台湾地区是37%，香港32%，新加坡高达50.8%。新加坡主要是公积金的储蓄，新加坡的住房制度要求强制性地把住房公积金拿出来，所以它的储蓄率特别高，如果把这部分去掉，实际上和韩国、台湾的水平差不多。在20世纪80年代，亚洲的泰国、印度尼西亚、马来西亚也都出现了高增长率。1992年泰国的储蓄率是36.2%，马来西亚37%。2001年全球储蓄率平均是19.7%，富国的储蓄率在20%左右，比平均水平稍高。但是各个国家不完全一样，美国16.5%，英国16.7%，德国19.6%，加拿大23.2%。而西方各国的储蓄率在最近几年都呈下降趋势。韩国和台湾地区是在20%多和30%多，处于明显的下降趋势，而穷国连饭都吃不上，大多储蓄率也很低。”

经济过热的紧缩性调控，其主要目标是治理通货膨胀，而基本手段就是压缩投资。

受亚洲金融危机的影响，1998~2002年中国第一次进行了拉动经济增长的扩张性宏观调控，其目标则是治理通货紧缩。在随后的几年中国经济高速增长，因此再一次将调控的目标锁定为流动性过剩，而中央政府更明确地提出2008年要实施紧缩的货币政策。但是，这一从紧的货币政策，因美国华尔街金融海啸引发全球金融危机的严峻形势而夭折，代之以4万亿投资的庞大刺激计划，在一定程度又导致了产能过剩。

值得注意的是，旨在治理经济过热的几次紧缩性宏观调控中，1985~1986年那一次出现了“反弹”;1988~1989年的那一次出现了某种程度的“硬着陆”。

在储蓄≠投资这种常态之下，由于投资渠道过于狭窄，即使在资本形成率很高的时期，资本转化率却仍然不理想，其结果是储蓄＞投资，一方面大量的储蓄资金滞存于国有银行，找不到足够的令人满意的投资项目；另一方面，一些民间项目贷款无门，投资需求得不到满足。与此同时，大量的找不到出路的储蓄资金，主要以短期投资方式形成游资，集中于房地产市场、资本市场及影子银行之中，这进一步加剧了流动性过剩的问题。

3. 从产业发展上分析，中国投资率过高伴随着“投资潮涌”现象，包含产业结构失调、资源过度消耗的存量性风险

中国经济发展对投资的依赖度过高，在产业形成与发展上表现为“投资潮涌”现象。

林毅夫认为，“投资潮涌”现象是发展中国家极易出现的现象①。发展中国家的产业在世界产业链中处于较低部位，其经济发展是在世界产业链内部、沿着现有各种资本和技术密集程度不同的产业台阶、由低向高不断升级的过程。由于在每个发展阶段的产业升级中，企业所要投资的是技术成熟、产品市场已经存在、处于世界产业链内部的产业，因而企业对哪个产业是新的有前景的产业很容易“英雄所见略同”，于是在发达国家偶然出现的投资潮涌现象，在处于快速发展阶段的发展中国家很可能会像波浪一样，一波接一波地出现。在每一波开始出现时，每个企业对其投资都有很高的回报预期，金融机构也会认为这是好项目而竞相给予资金支持。此时，靠提高几个百分点的市场利率不足以打消企业的投资冲动，也难以抑制金融机构对这些项目的资金支持热情。然而，等到企业投资完成后，将不可避免地出现严重产能过剩，导致企业普

① 参见林毅夫载《中国经济导报》2007年10月23日文。

遍开工不足、市场价格下跌、大量企业亏损破产、银行呆坏账急剧上升的严重后果。

可见，投资潮涌，从机理上分析会表现为从投资饥渴到投资过剩的过程；从实体经济层面上看，会导致产业结构失调；从资源利用方式上看，在资金高投入时必然伴随资源高消耗（“两高”），加剧水土、能源、矿产等资源供求矛盾。

4. 从资金资源的稀缺性风险上分析，过度投资型经济尤其要确保金融安全，防范金融危机和经济危机

在过度依赖投资型的经济发展方式下，国民经济很可能出现一个产业接着一个产业的投资过热和产能过剩，从金融层面上分析，表现为流动性过剩与流动性收缩过程的交替出现。在现有产业存在产能过剩而新产业投资又出现潮涌现象时，政府货币政策会面临两难选择：贷款利率和储蓄利率同时提高，即使能够抑制投资冲动，也会降低消费需求，从而使产能过剩更为严重；如果仅提高贷款利率而不提高储蓄利率，则会使利差扩大，银行放贷的积极性会更高，投资者可以得到的资金更多，进而出现金融危机、经济危机。经济学文献中有不少实证研究证明，发展中国家的经济波动和危机确实比发达国家大而且频繁。[①]

四、提高资金资源支撑能力的战略取向

资金是支撑经济发展的基础性资源，结构合理、效益较高的投资通过改善基础替代，促进资源多元综合替代的深化，有利于提升经济发展的资源综合支撑能力。相反，投资不当，不仅会造成资金及其他资源的过度消耗与浪费，加剧经济发展资源支撑的矛盾，而且还会导致流动性风险加剧，严重时甚至会引发金融危机和经济危机。根据国内国际的经验，中国现阶段乃至今后的较长时间里，在提高资金资源的支撑能力面临着三大任务。

第一，加强和完善宏观调控。

加强对战略性资源密集型产业的宏观调控，在现有产业的产能已经过剩、经济中又存在许多新的产业可以升级时，政府需要组合运用财政政策、货币政策以及产业政策等，以扩大内需，消化现有产业的过剩生产能力；同时也要运用金融和产业政策等，防范新的一轮投资潮涌现象，这样才能缓和国民经济的过度波动，避免金融危机和经济危机的发生。

第二，转变经济发展方式。

---

① 参见林毅夫载《中国经济导报》2007年10月23日文。

坚持以人为本的发展理念，提升消费对经济发展的拉动力量，加快产业结构调整的步伐，加大对稀缺度较高资源的科技开发、产品创新与商业推广投资，促进资源消耗较低产业特别是服务业的发展，从根本上改变经济增长“三高”（投资高、能耗高、有害物质排放高）的粗放发展模式，提高经济发展的质量与水平，真正实现“又好又快”发展。

第三，完善金融制度，加强金融监管。

在宏观层面上，完善货币金融制度，加强对货币量的调控；在银行制度上，突出加强对资本市场与银行风险的监管，防范和控制金融风险。

第五节　中国工业化城市化过程资源综合支撑综评

一、中国战略性资源的支撑度及其风险

表 6–31　　中国现阶段战略性资源的支撑度及其风险评估

战略性资源		稀缺类型	稀缺度量指标*	稀缺度	风险类型及其趋势
类别	品种				
基础类	淡水 土地	局部耗竭型绝对稀缺 局部间竭型绝对稀缺	1、2	中性偏高	局部耗竭风险，局部间竭风险，风险叠加；长期压力
瓶颈类	石油 电力	耗竭型绝对稀缺与间竭型绝对稀缺并存	1、2、3、4	高	间竭（中断）风险，风险转移与风险叠加；长期压力
综合类	资金	间竭型绝对稀缺	3	中性	间竭（中断）风险，风险转移、风险叠加；长期压力趋缓，周期性压力大
周期类	铁矿 铝矿	潜在耗竭型绝对稀缺	1、3、4	阶段性偏高	间竭性紧张；阶段性压力
行为类**	制度安排	间竭型稀缺	3、4	中性	间竭性风险，风险叠加；长期压力

* 在稀缺度量指标中，1为储量信息指标，2为价格信息指标，3为依赖度信息指标，4为产能与供应链信息指标。

**关于制度类支撑，在此假设，由于中国改革开放政策将持续深化，理论与体制创新能力不断提高，能够满足资源支撑对制度安排的要求。具体内容在本书第七章中讨论。

在上述分析的基础上，按照资源稀缺性及其风险程度，可以对中国经济发展 5 大类 8 种战略性资源的支撑程度、风险状态及其发展趋势，做出简要比较和小结。

总体分析，与过去 30 多年相比，中国以工业化和城市化为特征的现阶段经济发展所具有的资源支撑条件正在发生一系列变化，整体支撑能力仍然较强。因此，中国

具有保持持续较快经济发展的可能。但是，中国经济发展所面临的主要战略资源的支撑处于脆弱平衡的状态，在资源支撑能力提高的同时，由于资源支撑方式的变化，中国经济发展在资源支撑上所面临的现实风险与潜在风险也相应提高。

从具体资源支撑状态上看，5 大类 8 种战略性资源均存在不同程度的稀缺性压力，并面临着不同类型、不同程度的风险（见表 6–31）。从稀缺度分析，以石油与电力为代表的能源资源，由于同时面临着耗竭型与间竭型稀缺，将成为中国经济发展的瓶颈；从风险类型分析，资金资源同时存在着间竭风险及风险转移、风险叠加的可能，因此成为风险管理的重中之重。从稀缺性与风险状态综合分析，能源类资源则是中国经济发展资源支撑最为复杂的领域，因此，应成为资源战略的重点。

二、替代方式的选择决定着中国资源综合支撑能力的高低

之所以能够得出中国经济发展资源支撑能力总体上较强的结论，其主要依据是，中国经济发展的资源支撑方式在基础替代、间接替代与空间替代三大领域，正在取得较大的进展，而且还存在巨大潜力。

在基础替代方面，中国的高储蓄率与高投资率为其他类型的资源替代提供了资金保障，能够形成较有力的支撑；以提高资源利用效率、促进资源节约与再利用为特征的间接替代，开始引起广泛关注，节能减排降耗已经成为政府调控政策的约束性指标，其效果开始显现，有关制度安排从无到有，并趋于系统与完善；在空间替代方面，“走出去”开发利用国际资源，已经取得进展，大大拓展了资源支撑的空间范围与能力。

间接替代是中国提高资源支撑能力的核心。但是，总体上看，在资源勘探、资源产品开发、资源技术创新、新资源商业推广等方面，投资机制有待建立、投资力度有待加强；资源节约与高效利用水平与国际水平仍有较大差距；在参与国际资源开发、从世界资源市场获取资源等方面，还只是刚刚起步，有很大的发展潜力。

三、资源战略的转型与重构决定着中国资源风险的高低

中国现阶段经济发展资源支撑面临着复杂的国内国际态势，对资源制度安排提出了日益紧迫的需求。提升资源综合支撑能力，有待于资源理论与制度的创新。只有通过建立科学高效的资源开发利用与调控制度，才能促进资源战略的转型与重构，以满足经济快速发展与经济社会全面转型的需要，同时防范和控制资源支撑方面的风险。

第七章

资源战略转型与机制重构：以中国为例

空间、能源和耕地并不能决定人类的前途，人类的前途将由人类的才智的进化来决定。①

——西屋多·W. 舒尔茨

中国目前人均GDP大约7000美元，仍处于经济发展的战略机遇期，同时也是矛盾凸显期，表现在资源消耗上，中国已是全球最大的钢铁、煤炭、水泥等资源生产国与消费国，第二大能源消费国；而土地、淡水的制约问题也日益突出；资金资源的支撑能力大为提升，但面临着种种风险。资源支撑的体制机制需要进一步改革和创新，尤其是需要构建和完善保障经济持续快速发展的国家层级的资源战略。因此，提高优势资源的支撑效力，缓解劣势资源的制约，已经成为保持经济持续较快发展的关键。

提高资源支撑能力的主要路径有两个，一是促进资源替代，二是调整资源战略。对于中国而言，通过资源替代提高5大类8种战略性资源的支撑能力（见表7–1），同时防范可能出现的风险，需要充分认识和把握未来10~30年转型过程中经济发展的阶段性特征，在此基础上完成对资源制度安排进行重大调整。其核心是，全面推进资源支撑战略转型，重建有利于推进经济发展与资源支撑之间良性互动的新机制。这种机制主要包括资源替代机制、资源支撑状态预测预警机制、资源风险防控机制及资源战略互动机制等等。

① 参见［美］舒尔茨：《穷人经济学》，该文为1979年12月8日舒尔茨获得诺贝尔经济学奖时的讲演。

表 7–1　　中国战略性资源面临的支撑问题与解决路径

资源品种	稀缺性类型	风险类型与强度	提高支撑能力的路径
淡水 土地	局部耗竭型绝对稀缺 局部耗竭型绝对稀缺	风险叠加，长期压力	以间接替代为主的综合替代 以间接替代为主的综合替代
石油 电力	耗竭型绝对稀缺，间竭型绝对稀缺 间竭型绝对稀缺稀缺	间竭（中断）风险 间竭（中断）风险	以空间替代、间接替代为主的多元综合替代 以供给替代、间接替代为主的多元综合替代 以国家资源战略支持的跨越式大替代
资金	间竭型绝对稀缺，	间竭（中断）风险、风险叠加	强化风险管理机制
铁矿 铝矿	耗竭型绝对稀缺（潜在） 间竭型稀缺	周期性压力，风险叠加 周期性压力，风险叠加	以空间替代为主、间接替代为辅的综合替代 以空间替代为主、间接替代为辅的综合替代
制度安排	间竭型稀缺	风险叠加与放大	改革、创新资源制度，优化资源战略

第一节　中国资源支撑的战略转型

一、缓解资源瓶颈制约，关键在于资源战略转型

21 世纪上半期，中国经济发展将长期处于快速工业化与人口城市化的现代化的过程之中，伴随着资金高投入、资源高消耗、运行高风险，资源支撑的基本态势是在持续紧绷中维持脆弱的平衡。石油、电力等战略资源面临一定程度的瓶颈制约，但经过过去 30 多年的快速发展，中国的资源结构及其对经济发展的支撑方式也发生了深刻的变化：资源集的扩展与结构变化、经济增长方式与资源配置方式的改进，为经济进一步发展提供了支撑的可能。要将这种资源支撑的潜能真正变为动态持续的资源支撑能力，关键取决于资源替代。从理论上看，资源替代具有资源集扩展、资源多样化与资源利用高效化三大效应。经济发展的国际历史经验证明，当经济发展到一定阶段后，资源替代三大效应的实现需要借助于国家资源战略的适时转型。对中国来说，资源战略转型的任务十分艰巨，需要明确资源战略转型的目标与方向，通过扎扎实实的战略路径与战略措施，以实实在在地改善和提升资源支撑的能力。

二、国家资源战略转型的目标

根据中国经济发展资源支撑的状况，资源战略转型有以下五个目标：

1. 目标之一：增加资源数量，改进资源结构

扩大资源数量，为的是提高资源的可得性；通过增加资源的品种和数量，扩大资源供给量，从而改进资源结构。在这方面，中国借助资源战略的转型具体要达到三个目标：一是实现资源储量的开源；二是实现资源利用的品种多样化；三是实现资源来源地的多元化，其中包括更多地、更有保障地从国际上获取资源。

在开源方面，中国由于地质条件复杂，资源开发的难度较大、成本较高，一些关键性的战略性资源国内可供潜能有限，稀缺度较高，但目前尚未查明的矿产资源潜力也较大（见表 7-2）。以能源资源为例，中国是世界上少数几个能源矿产齐全的国家之一。其中，煤炭和煤层气未查明资源潜力很大；未查明油气资源的潜力也较大，是世界上为数不多的几个潜力较大的国家之一；可地浸铀矿未查明资源潜力较大。① 只要国家在制度安排上为勘查业提供保障，对能源矿产的可持续性勘查给予更大激励，未来可新增的煤炭、煤层气和可地浸铀矿查明资源量总体上可以满足经济建设与社会发展的需要。但是，中国石油资源将长期不能满足国内需求，是能源支撑需要面临的最大瓶颈；特别是在未来一段时期里，东中部地区特别是大中城市对天然气资源的需求量将持续加速增长，国内的天然气资源难以完全满足需求。

表 7-2　　中国重要矿产未查明资源潜力

矿种	单位	未查明资源量	到2005年底预测可查明资源量
石油	亿t	928	30 ~ 40
天然气	万亿m^3	57.3	1.2
煤炭<1000m	亿t	24158	450–500
煤层气	万亿m^3	27.7	0.46
可地浸铀矿	万t	xx	1.5 ~ 2
铁	亿t	>1000	大调查1.5 ~ 2
锰	亿t	>25	1.5
铬	万t	6044	富矿15
铜	万t	>18000	1600
铅、锌	万t	51856	2500 ~ 3000

资料来源：叶锦华、梅燕雄：《我国战略性矿产未查明资源潜力与可供性》，载《中国矿业》2004年第6期。

但也有一种观点认为，国内劣势能源的开发利用仍有潜力。以油气资源的勘探为例，中国石油天然气探明程度远低于世界水平，平均探明程度陆上石油资源仅为

① 叶锦华、梅燕雄：《我国战略性矿产未查明资源潜力与可供性》，载《中国矿业》2004年第6期。

24.88%，天然气只有10.38%，远低于世界50%和40%的平均水平，而海上的勘探开发仍处于初始阶段。[①]从中国石油工业发展的历史经验来看，科技进步推动了油气储量的持续增长。20世纪六七十年代陆相石油地质理论创建后，相继发现了大庆、胜利等一批特大型油气田；80年代高含水油田改善水驱和三次采油等技术大大提高了油田开发水平，并创造了大庆油田连续30年每年5000万吨高产稳产的世界奇迹；90年代西部多个久攻不下的盆地实现大突破，使西部油气产量由1990年的1623万吨猛增到2005年的7228万吨。另外，油田采收率一直较低，存在着巨大改进潜力，除大庆油田采收率比较高以外，其他油田大都在21%~29%，而世界先进国家采收率已达到50%，两者相比平均水平大约低16个百分点。近些年来，由于油价连续走高，国外一些公司甚至把最终采收率的目标定为70%。在现有储量不变的条件下，平均采收率每提高1个百分点，中国就可以增加上亿吨的可采储量。

其他资源的情况与油气大体相类似。应该看到，增加资源品种与数量属于一种供给替代，不只是简单的技术问题，在复杂的资源替代的博弈中，实际上面临着种种制约因素。随着资源勘探难度的加大，探采成本会不断提高，而开发新能源更会面临着技术与市场方面的种种风险，去国外寻找矿产资源还会遇到政治、经济、外交甚至军事等风险。因此，如果国家资源战略不进行调整，制度上不做出适当的战略安排，就难以达到预期目标。

2. 目标之二：管理资源需求，缓和资源压力

土地、淡水等战略性资源的存量是有限的，几乎没有太大增加的余地，但对这些资源的需求却在持续不断地增长。在目前乃至今后相当长的经济发展过程中，面对总量上维持脆弱的平衡、结构上潜伏着多重风险的资源支撑状况，必须通过更为有效的价格机制，实现对资源需求的调节；通过规划与各种经济的、法律的甚至行政的手段，调整资源消耗的产业结构、产业布局与生产力的地区布局；通过科技进步与改进资源使用的流程，从需求侧对资源的利用加以引导、管理甚至必要的限制。

对于能源矿产与金属矿产资源，做好需求侧管理，可以大大降低资源的消耗。加强资源需求侧管理，对中国来说是个全新课题。近些年来，加强能源需求侧管理已得到国家发展和改革委员会等部门的高度重视，也进行了一些积极尝试。但在市场经济条件下，需求管理是个系统工程，涉及各行各业、千家万户，情况十分复杂，要达到

① 陈耕：《我国油气资源勘探开发重在挖潜》，中油网http://www.chinaenergy.gov.cn/news.php?id=2410，2006年4月26日。

预期目标，就要在资源战略上进行根本性的创新，通过系统的设计和周全的制度安排，调动各方面的积极性与创造性，更有效地对资源需求进行调节。

3. 目标之三：优化资源利用，提高资源效率

世界上从来没有不依赖资源就能发展起来的经济，但不同的资源利用方式对经济发展资源支撑的要求有着很大的不同。例如，自然资源开发利用方面世界上存在着四种模式，分别形成了不同类型的经济增长方式，其中资源直接利用模式、资源综合转换模式、资源高度转移模式三种，更适合于自然资源较为丰富的国家；只有技术转移模式存在于自然资源较少而技术比较发达的国家。[①] 因此，自然资源对经济发展支撑能力的大小，不仅取决于资源禀赋及新资源的开发，而且更取决于既有资源的高效可持续利用。

中国的实际情况是，一方面经济发展依赖于资源高消耗，另一方面资源浪费十分严重、利用不当的情况又十分普遍。因此，实现资源节约、提高资源效率，是改善中国经济发展资源支撑状况的必经之路。而要改变投入高增长、资源高消耗、运行高风险的粗放发展模式与生活方式，如果仅仅依靠市场调节，需要的时间很长、付出的代价很高，为改变这种状况，国家资源战略的创新与转型是必不可少的。

4. 目标之四：防控资源风险，保障资源安全

长期以来，中国并未真正从资源安全的高度来认识资源支撑方面的问题，顶层设计上的滞后导致操作层面上缺少系统性的设计与对策安排。这是中国长期闭关锁国的结果，也与长期坚持自力更生为主的国家战略不无关系。

关于资源安全，中国较早涉及的是粮食问题以及与之密切关联的耕地问题。随着经济全球化和国内经济发展所面临的人口、资源与环境等问题的日益突出，人们进一步关注能源资源安全、水资源安全、矿产资源安全和生态资源安全等问题，直至20世纪90年代末，才明确提出了资源安全概念。[②]

目前，中国有关资源安全方面的研究主要局限于耕地、粮食、石油资源保证程度等方面，对资源安全体系缺乏综合性、系统性和机理性的描述，对于相关的概念、理论和方法更缺乏科学的界定和深入的研究；对于战略性资源（水资源、土地资源、煤电油气资源等）安全的研究，多停留在一般定性的描述上，缺少定量化的模型研究；研究中还缺乏多学科的融合与交叉，研究理念和研究方法较为陈旧落后；资源研究者与资源管理和决策部门的沟通与合作不足，致使研究成果针对性差，可操作性不强。特

① 李成勋主编：《1996–2050年中国经济社会发展战略：走向现代化的构想》，北京出版社1997年版，第725页。
② 姚予龙、谷树忠：《资源安全机理及其经济学解释》，载《资源科学》2002年第5期。

别是资源安全的机理、战略性资源安全的保障体系等方面的研究较为薄弱。[①]

在保障资源安全的实践上，对土地、淡水、重要能源与矿产资源等领域，中国进行了立法，并制定了大量的管理政策。随着经济发展金融化过程的加速，特别是受到拉美国家债务危机、亚洲金融危机、华尔街金融危机、欧债危机等的警示，中国对金融安全的问题也日益重视，实施了适度从紧的审慎的货币金融政策，加速了对四大国有商业银行的债务重组与改制，较成功地进行了回归资本市场基本功能的股权分置改革，同时还加强了对银行、证券、保险、信托等金融领域的监管。尽管制度建设几乎涉及所有的资源领域，但在耗竭型与间竭型两大资源风险的防范上，目前制度安排的理念、战略性的系统设计、配套支撑的条件以及具体的应对方案、方法与手段等，都存在着一些问题。

因此，为了防范日益突出的资源风险问题，保障经济发展资源安全，需要以更加科学的资源战略为基础。

5. 目标之五：规范资源权益，和谐资源关系

对中国来说，在经济社会转型过程中，解决资源支撑所涉及的问题远远不只在经济层面。没有一个和谐完善的资源利益共享机制，不仅与建设和谐社会的科学发展理念背道而驰，也将难以保障资源真正满足经济社会持续较快稳定发展的需要。特别是处在经济社会发展转型的现阶段，国家对资源虽然拥有高度控制权，但资源产权及其派生的各种权益目前并不完全明晰，处理好资源开发与利益分配等方面的矛盾，需要制定和实施科学的资源战略，通过稀缺定价等市场机制的改革，防止重要资源被部分人过度垄断、占有或享用，促进资源利益的区际、代际、城乡、国际等的平衡与共享。只有这样，才能真正实现经济与社会、人与自然、当前与长远、国内与国外的和谐发展。建立和谐的资源利益共享机制，是资源战略转型不可回避的一个重要课题。

三、资源支撑战略转型的方向

为了实现上述五大目标，中国在资源战略上需要朝着五个方向全面转型。

第一，适应资源结构性变化的新形势，经济发展由主要依靠自然资源支撑转向用好资金等优势资源来支撑科技研发与创新，实现资源支撑向综合化转型。

长期以来，中国经济发展在资源支撑上一直面临着缺资金、缺技术、缺人才的局面。经过30年的高速发展，这种情况正在发生重大变化，目前资金供给相对充裕，

① 姚予龙、谷树忠：《资源安全机理及其经济学解释》，载《资源科学》2002年第5期。

资源支撑的主要问题是缺水土能源、缺自主技术、缺体制机制。因此，通过体制机制创新，用好资金等优势资源，通过提升自主科技创新能力、提高能源矿产与水土资源的利用效率，实现资源支撑的综合优化，成为当务之急。

第二，针对一些战略性资源稀缺性加剧的状况，促进资源利用由低成本、高消耗的粗放方式，向高效率、循环再利用的集约方式转型。

资源高消耗的问题日益突出，已成为中国资源稀缺性加剧的一个重要原因。中国矿产资源人均占有量只有世界平均水平的一半，而矿产资源的总回采率只有30%，比世界平均水平低20个百分点；对共生、伴生矿进行综合开发的只有1/3，综合回采率不足20%；能源利用效率只有30%，比发达国家低10个百分点，单位GDP能耗是发达国家的3~4倍，主要工业产品能耗比国外先进水平高30%~90%，钢材利用率仅为60%，大量可再利用的资源作为废物白白浪费。与国外相比，中国能源及矿产品消耗强度过高，主要有三大原因，一是产业结构差异，二是技术水平差异，三是资源（再生资源）利用的差距。①

高消耗是工业化阶段必然发生的现象。从能源使用强度来看（见表7–3），中国正处于主要发达国家二三十年前的高消耗阶段。这种高消耗将会持续一定的时间。但是，如果资源消耗的水平过高、高消耗的持续时间过长，经济发展在资源支撑上将难以为继。因此，采取科学有效的资源支撑战略，使经济社会的发展方式向高效率、再循环、重节约转变，其目标是尽可能降低资源消耗的水平、尽可能缩短高消耗时期的长度。用较少的资源消耗，实现同样的经济社会发展目标，是资源战略的核心。

表7–3　　中国与世界主要国家能源使用强度比较　　（1标准煤 / $\times 10^4$ 美元）

	美国	日本	英国	法国	德国	巴西	印度	中国
1970	23.10	16.90	24.40	14.30	17.70	18.20	—	—
1975	12.80	8.00	12.80	6.20	7.90	—	15.00	—
1980	8.80	4.10	5.20	3.50	4.30	3.90	7.80	—
1985	5.10	1.70	3.40	2.20	2.80	3.40	8.30	24.70
1990	4.60	1.70	3.00	1.90	2.30	2.40	9.40	26.70
2000	3.01	1.39	2.04	2.56	2.29	3.87	8.91	9.70
2001	2.85	1.40	1.97	2.49	2.27	3.48	8.37	9.42

资料来源：郎一环、周萍、沈镭：《中国矿产资源节约利用的潜力分析》，载《资源科学》2005年第6期。

① 郎一环、周萍、沈镭：《中国矿产资源节约利用的潜力分析》，载《资源科学》2005年第6期。

第三，适应经济发展全球化的现实与趋势，实现资源支撑由“自力更生”向国际化转型。

中国一直奉行以国内资源为主的方针，这固然能够防止资源对外依赖度过高的风险，但在经济高度全球化条件下，这种政策的结果是，经济空间与资源集之间出现日益严重的错位与失衡，经济发展在资源支撑上难以持续。以能源为例，中国能源消耗的综合自我保障率总体较高，但更多地利用贸易性较高的国外油气资源，早已是世界各国增强经济发展能源支撑的惯例（见表 7–4）。如果中国采取更加国际化的能源战略，加大国际能源开发和贸易的力度，将利用国外能源的比重从不到 10% 提升到 40%，无疑可以大大提高经济发展的能源支撑能力。

事实上，进入新世纪后，中国能源支撑已经加速了国际化的步伐。为缓解石油、天然气资源稀缺性约束，中国不得不更多地利用国际石油资源，实现了油气等优质能源资源的国际空间替代。但是，这一替代的发生目前更多地表现为一种被动的强制替代。改变这种被动的局面，关键要采取更积极的国际化战略，即按照比较利益与效率优先的原则，更加主动、更加积极地利用国际资源。

从埋论上说，对劣势资源可以实施资源国际化战略，对具有禀赋优势的资源同样也可以加大利用国际资源的力度。实际上，即使国内资源禀赋较高、贸易性不算高的煤炭，加大利用国外资源的空间也是存在的，2007 年 1 月份中国首次成为煤炭净进口国就是一个例证。中国海关总署发布的数据显示，2007 年 1 月份中国煤炭进口激增 81.0%，达 470 万吨，而煤炭出口下降了 20.4%，为 329 万吨。由此中国首次成为煤炭净进口国。数据显示，从印度尼西亚进口的煤炭增速最快。仅 2007 年 1 月份，中国自印尼进口煤炭 116 万吨，与上年同期相比增加近六倍。进口煤炭的使用地区主要在中国东南部，进口的一般是品质好的煤炭，虽说在总量上还不多，但占领的都是高端客户市场。①

资源支撑向国际化转型，实施资源开发利用“走出去”的战略，在铁矿石、有色金属等矿产资源领域，也是必然的选择。为缓解水土等资源压力，通过更多地进口粮食、木材等水土资源性产品，可以间接地实现资源空间替代，在一定程度上达到加大利用国际土地资源的目的；对于科技、管理等领域的高端人才资源，以及国际资金利用等方面，更多更好地利用国际资金与人才资源也大有文章可做。

① 中国能源网http://www.chinaenergy.gov.cn/news.php?id=15773，2007年3月1日。

表 7-4　　先期工业化国家 2000 年一次能源产销情况　　（单位：油当量）

国家	产量			消费量			自给率%
	产量（百万吨）	人均（吨）	占世界人均（%）	总量（百万吨）	人均（吨）	占世界人均（%）	
澳大利亚	220.5	11.68	813.7	105.9	5.61	402	208
奥地利	3.7	0.45	31.4	25.3	3.08	221	15
比利时	12.9	1.27	88.5	66.7	6.56	470	19
加拿大	364.0	11.69	814.5	231.8	7.44	533	157
丹麦	25.1	4.74	330.5	18.8	3.55	254	134
芬兰	7.5	1.45	101.5	21.4	4.13	296	35
法国	115.8	1.96	136.6	245.6	4.16	298	47
德国	117.5	1.43	99.6	329.4	4.01	287	36
希腊	8.6	0.81	56.3	29.8	2.80	200	29
意大利	23.5	0.41	28.6	165.9	2.90	207	14
日本	92.5	0.73	50.9	511.4	4.04	289	18
荷兰	52.6	3.33	232.2	75.2	4.76	341	70
挪威	216.9	48.58	3385.9	25.8	5.78	414	841
西班牙	30.0	0.76	52.8	126.0	3.18	228	24
瑞典	21.4	2.40	167.4	39.4	4.42	317	54
英国	267.7	4.55	317.1	226.1	3.84	275	118
美国	1652.2	5.94	413.7	2278.4	8.19	586	73
17国加和	2597.1	3.17	220.7	4522.9	5.52	395	57
世界	8752.4	1.43	100.0	8420.2	1.40	100	100

资料来源：王安建、王高尚等：《矿产资源与国家经济发展》，地震出版社2002年版，第132页。

注：一次能源包括石油、天然气、煤炭、水电、核能。单位：折合标准油当量。

第四，根据快速发展期、战略机遇期亦是矛盾凸显期与风险集中期的特点，实现资源支撑从无风险的绝对资源安全，向有风险但能够有效进行风险管理的相对资源安全转型。

长期受制于人与计划体制的历史，使中国走上了一条封闭的自我循环的资源战略道路。这条道路的重要特点是，可以避免资源受制于人的风险。在国内的资源管理方式上，通过资源价格控制、资源供给渠道控制、资源开发与供给的产业链控制，使经济发展在资源支撑上处于一种近乎无风险的状态。这种无风险的资源支撑方式，一方面导致了资源利用上的低成本、高消耗、低效率，另一方面使资源的数量、品质及其结构都处于封闭循环之中，不能进入良性循环，难以真正长期支撑经济的发展。而与此相对照，更多地有选择地利用国内国际两种资源，更积极地促进各类经济主体创新性地进行资源替代的活动，尽管可能潜伏一定的风险，但可以大大提高资源开发利用的积极性与创造性，从而提升资源的支撑能力。而资源支撑战略转型，一方面要放弃难以持续的无风险追求，另一方面要加强风险管理，其前提是科学地认识资源风险、有效地防范资源风险。

第五，适应资源综合化、利益多元化、影响广泛化的新特点，实现资源供求均衡由以“政府保障”为基础向各利益攸关方互惠共赢转型。

长期以来，中国经济发展资源需求基本上由政府主导的资源供给来满足，由此形成了政府主导的资源供给数量扩张的模式。在计划经济以及由计划经济向市场经济过渡过程早期阶段，由于经济规模不大，这种方式可以维持。但是，随着经济发展的全球化，生产与贸易规模日益扩大，对资源支撑数量与质量的要求越来越高。特别是，不同利益主体在国内国际资源博弈战略中的非合作性甚至冲突，由初露端倪到日趋激烈，资源风险问题也随之显现。因此，新的资源战略要以资源市场为基础，通过提高资源战略的科学性、持续性与有效性，为资源供求之间各种不同利益主体的良性互动关系的形成，建立起多赢的体制基础与战略保障。

四、战略转型新观念：用资源战略均衡促进资源供求均衡

提高资源支撑的能力，就是要保障经济发展具有可靠、持续、经济、有效的资源供给。在资源禀赋丰裕的条件下，提高资源支撑能力的主要矛盾在供给方面，即开发、运输并将资源转化为足量的资源性产品，以实现资源总供求的一般均衡；但是，中国现阶段资源支撑的突出问题表现为资源禀赋相对不足，经济发展因此受到资源稀缺性的约束。在一定的时空条件下，继续将主要力量放在扩大资源供给上，虽仍有必要，但已难以保障实现资源供求的一般均衡。因此提高资源支撑能力，需要根据资源的总量水平、结构关系等因素，从供给与需求两个方面特别是两者的互动关系上进行调节，这涉及数量众多、层次不同的利益攸关者的相互博弈。他们之间能否相互合作，就成为资源战略问题的核心。国家资源支撑战略转型的目标，就是要通过国家资源战略的重构与科学的制度安排，促使各种经济主体资源博弈的结果，有利于资源总供求之间达到或趋于一般均衡。

总之，资源支撑战略转型的核心，用经济学的语言表述，就是要从直接控制资源总供求的一般均衡，转化为通过建立合意的纳什均衡的制度结构，从战略上促进一般

均衡的实现。这种纳什均衡本质上是一种“多赢”战略组合。从中国现阶段经济发展的资源支撑状况来看，要建立起这种资源战略组合，必须处理好一系列复杂的资源博弈关系，根据“稀缺→替代→战略”的逻辑，最为重要的是进行机制重构，具体包括资源替代机制的重构、资源支撑监测预警机制的重构、资源风险管理与应急机制的重构，以及战略互动机制的重构。

第二节　资源替代机制的重构

一、资源替代的能力决定着资源支撑的可持续性

1. 中国促进资源替代的潜力

资源替代包括基础替代、供给替代、需求替代、空间替代四大类型，中国在这些替代方式上都有着巨大的潜能。在基础替代上，资金充裕为深化利用已有资源、研发和推广新资源提供了财力基础；在供给替代方面，新能源、新材料领域的科技发展日新月异，其中不少在产业化、商业化利用上日趋成熟；在需求替代上，新的消费理念、新的管理方式可以改进资源消费方式，从而提高资源利用的效率；在空间替代上，开发利用国际资源已经起步，前景十分广阔。

在经贸日益全球化的条件下，应该从战略上认识到，资源在国与国之间的空间替代，是资源直接替代的一种延伸，这方面中国是能够大有作为的。2000 年 3 月，中国国土资源部提出对“关于‘走出去’开放战略问题”进行调研，国土资源部信息中心组成“‘走出去’开发利用国外矿产资源研究组”，发表了《“走出去”开发利用国外矿产资源》的研究报告。该报告认为，目前世界上还有一些未被西方大国及西方跨国矿业公司控制的空白地，矿产资源全球配置的最终格局尚未形成：世界矿产勘查开发投资的总格局是，以资本丰富、具有矿业传统的国家为基地的矿业公司是全球化的主体，资金有一小半（约 40%）投向这些工业化国家本身，另有一多半（约 60%）投向发展中的资源国。而发展中国家越来越多地被世界跨国矿业公司所占据。虽然如此，尚有很多资源丰富、潜力大、有待开发的发展中国家尚未被西方国家的跨国矿业公司所占领，矿产资源全球配置的最终格局尚未形成。[①] 例如，非洲仍是西方大国 / 跨国矿业公司控制程度较低的地区，并且已进入的公司也以欧洲和南非的跨国公司居多，而

① 参见国土资源部信息中心：《“走出去”开发利用国外矿产资源》，中国大地出版社2001年版。

美国 / 加拿大的相对偏少。从 1996 年西方发达国家对非洲（包括南非）铜、铁矿石、金、铝土矿等四种矿产的控制程度来看：铜外国控制 10%，铁矿石外国控制 0%，金外国控制 9%，铝土矿外国控制 47%。若不算南非，目前西方跨国公司对非洲矿产资源的控制程度为：铜为 0%；铁矿石为 0%；金为 21%；铝土矿为 47%。在非洲，还有很多可以开发利用的处女地。

2. 资源替代在战略上要立足现实，兼顾长远

从资源替代周期性与阶段性的规律来分析，中国在促进资源替代方面要兼顾两大任务：

一是促进多层综合替代，以提高中短期（即矿物燃料仍处主导的时期，大约 30 年）资源支撑能力，缓和资源支撑所面临的矛盾与压力，防范和控制资源间竭型的风险。

二是实施面向未来更为长远（30 年以上）的大替代战略，通过能源科技创新，研发替代石油、天然气与煤炭的新能源，如支持发展太阳能、生物质能，探索发展氢能源，通过能源科技革命与产业革命，从根本上化解油气市场处于“破局博弈”的被动局面，迎接后矿物燃料时代的来临。①

3. 中国战略性资源替代路径的选择

在现阶段，资源替代对提升中国 5 大类 8 种战略性资源的支撑能力将发挥重要作用。但不同的资源，由于其稀缺性的不同，其自然属性与社会属性也存在着差异，在替代路径选择上将有所侧重（见表 7–5）。总体分析，需要通过多种替代方式的组合，形成多元、多层综合替代的路径，达到经济、高效、可持续的资源支撑效果。②

表 7–5　　中国战略性资源的替代路径

资源品种	替代的方式与路径	举例
淡水、土地	以间接替代为主的综合替代	提高水土资源价格促进节约利用；节水节地型生产与生活；进口粮食；“南水北调”等跨流域调水
石油、电力	以空间替代、间接替代为主的多元综合替代	进口石油和天然气；西气东输，北煤南调，西电东送；提高能源价格抑制需求；需求侧管理
资金	为资源替代提供财力支持	增加资源勘探投入；增加资源替代科技投入；强化资金风险管理机制
铁矿、铝矿	以空间替代为主的综合替代	进口铁铝资源；铁铝资源的循环利用；抑制铁铝资源性产品的出口
制度安排	通过深化资源制度改革促进资源替代	健全资源产权制度；完善资源法规；制定资源战略；增加政府对资源替代的调节与支持

① 参见［美］杰瑞米.里夫金，《氢经济》，海南出版社2003年版。

② 胡跃龙：《多层综合替代——走出能源“困局”的路径创新》，载《光明日报》2004年9月21日。

在路径选择上，间接替代是缓解经济发展资源制约的重要替代方式。间接替代的核心内容是用更少的资源消耗产生同样的经济效用，或者用同样的资源消耗产生出更大的经济效用，具体有提高资源利用效率、节约资源、循环利用资源等三个方面。中国目前在这三个方面都有很大的缺失，由此导致了长期存在并不断加剧的资源高消耗、污染高排放，资源利用效率较低，资源浪费现象普遍严重的被动局面。以能源为例，如表 7–6 所示，2002 年，中国能源利用效率（36.81%）不仅大大低于主要发达国家，比世界平均水平（50.32%）低 12 个百分点，而且还低于经济发展水平较低的印度（40.06%）。中国能源总体利用效率过低，一方面与其以煤炭为主的过于传统的能源生产结构和消费结构有很大关系，另一方面也与其能源利用技术水平不高、对能源节约与循环利用重视不够、管理不善等有很大关系，从主要耗能产品的用能源情况来看，中国大大落后于美国、日本等国家（见表 7–7），因此，中国经济发展面临的能源制约日趋紧张，既是资源稀缺制约的结果，也是资源使用不当的结果，同时也说明，通过更加行之有效的能源间接替代措施，充分挖掘节能潜力，提高能源综合利用效率，可以少用大约 1/4 的能源（见表 7–8），这无疑可以大大提高经济发展能源支撑的能力。

表 7–6　　世界主要国家能源结构及其利用效率比较（2002 年）

国家	能源消费总量（百万吨油当量）	煤炭（%）	石油（%）	天然气（%）	水电及核电（%）	能源利用效率（%）
中国	1036.5	65.59	24.62	2.71	7.82	36.81
美国	2293.0	24.15	39.00	26.20	10.64	50.00
日本	509.4	20.67	47.62	13.68	18.02	52.51
德国	329.4	25.68	38.62	22.56	13.08	50.22
印度	325.1	55.61	30.05	7.81	6.55	40.06
俄罗斯	640.2	15.39	19.20	54.61	10.81	54.08
澳大利亚	112.9	27.89	33.66	19.13	19.32	46.21
巴西	177.5	6.76	48.11	6.93	38.20	62.26
世界平均	9405.0	25.50	37.45	24.26	12.79	50.32

资料来源：宣能啸：《我国能效问题分析》，中国国家发展改革委能源局网站。

注：①一次能源结构数据来源于《世界能源数据提要》2003年，有些数据经推算得出。

②能源利用效率按照能源结构与不同能源品种的能源利用效率加权平均计算。

表 7–7　　中国主要高耗能产品用能情况的国际比较

主要产品（单位）	国内平均值	国际先进值（国）	能耗强度（倍数）	年份	备注
原煤耗电（kwh/tn）	31.2	17.0（美）	1.84	1994	国内为国有重点煤矿
发电厂自用电率（%）	6.66	5.1（欧盟）	1.31	1998	国内为6MW及以上机组
乙烯综合能耗（kgce/tn）	1212.0	714.0（日）	1.70	2000	—
火电厂供电标准煤耗（gce/kwh）	385.0	314.0（日）	1.23	2001	国内为6MW以上机组
吨钢可比能耗（kgce/tn）	781.0	646.0（日）	1.21	2000	国内为重点企业
水泥综合能耗（kgce/tn）	181.0	125.7（日）	1.44	2000	国内为大中型企业
大型合成氨综合能耗（kgce/tn）	1200.0	970.0（美）	1.24	2000	—
铁路货运综合能耗（kgce/10000tn–km）	72.5	90.0（日）	0.81	2000	—
载货汽车油耗（升/100tn–km）	5.94	3.54（美）	1.68	1995	—

资料来源：《中国能源统计年鉴（2000–2002）》，中国统计出版社2004年版。

表 7–8　　中国的节能潜力（2000 年数据测算结果）

<table>
<tr><th colspan="4">分部门能源消费比例（%）</th><th>效率比较（比较对象）[节能潜力]</th><th colspan="3">平均节能潜力</th></tr>
<tr><td rowspan="6">一次能源消费100</td><td rowspan="6">能源转换32
自用能23
煤炭转换11</td><td>发电53</td><td>煤电92</td><td>效率33.2%（日 40.1%）［17%］</td><td rowspan="4">17</td><td rowspan="6">25</td><td rowspan="6">26</td></tr>
<tr><td>发电31</td><td>所发电中自用8%（日6%）［25%］</td><td rowspan="3">44</td></tr>
<tr><td>炼油22</td><td>炼油装置单位能耗每吨14.3kgoe（日8.9kgoe）［38%］</td></tr>
<tr><td>产煤19</td><td>每千吨13.6toe（美1.24toe 澳3.59toe）［82%］</td></tr>
<tr><td>焦炉煤气76</td><td>回收率热量换算29%（日 52%）［23%］</td><td rowspan="2">22</td><td rowspan="2">—</td></tr>
<tr><td>炼焦24</td><td>炼焦每吨196kgoe（日161kgoe）［18%］</td></tr>
</table>

续表

<table>
<tr><th colspan="5">分部门能源消费比例（%）</th><th>效率比较（比较对象）[节能潜力]</th><th colspan="3">平均节能潜力</th></tr>
<tr><td rowspan="8">一次能源消费100</td><td rowspan="8">终端消费68</td><td rowspan="5">工业41</td><td>钢铁24</td><td>粗钢92</td><td>每吨781kgoe（日 658kgoe）[16%]</td><td rowspan="5">25</td><td rowspan="8">26</td><td rowspan="8">26</td></tr>
<tr><td rowspan="2">化学26</td><td>合成氨38</td><td>每吨970kgoe（国 664kgoe）[24%]</td></tr>
<tr><td>乙烯3.2</td><td>每吨784kgoe（日 500kgoe）[36%]</td></tr>
<tr><td>非金属19</td><td>水泥77</td><td>每吨171kgoe（日 121kgoe）[29%]</td></tr>
<tr><td>有色金属4</td><td>铝56</td><td>氧化铝970kgoe/t（国454）[53]
电解铝14.3Mwh/t（国13.0）[9]</td></tr>
<tr><td rowspan="2">居民38</td><td>城镇19</td><td>厨房热水暖气88</td><td>平均效率45%（日 60%）[25%]</td><td rowspan="2">28</td></tr>
<tr><td>农村81</td><td>厨房热水暖气95</td><td>平均效率25%（目标35%）[29%]</td></tr>
<tr><td>交通10</td><td>道路62</td><td>汽油车67</td><td>保有平均效率10.8km/L（日13.5km/L）[20%]</td><td>20</td></tr>
</table>

资料来源：宣能啸：《我国能效问题分析》，中国国家发展改革委能源局网站。

注：①数据来源于沈中元“中国的节能潜力”（《国际石油经济》2004年第1期）；②分部门能源比例数值是上一级部门的能源消费百分比，比例不足部分由推算得出；③“日”为日本，“国”为国际；④计算方法采用加权平均法。

促进资源间接替代，面临的情况十分复杂，牵涉面十分广泛，世界各大国如此，中国的情况更是这样。由于中国仍处于经济社会发展的转型之中，实现资源节约、高效与循环利用，既涉及资源的勘探开发和资源性产品生产加工等供给方面，也涉及资源利用和消费等需求方面；既涉及科学技术进步、经营管理创新、民众生活方式等微观层面，也涉及经济发展方式、生产体系特别是产业结构、国家宏观经济管理，以及法规与制度安排等宏观与中观层面。因此，这不仅仅是一个创新与更新观念的问题，而是一场生产方式、生活方式与管理方式的空前变革，所有这些都需要有资金的投入，以支持资源间接替代真正形成一种多层多元的综合替代路径。

4. 提高资源多层综合替代能力，需要构建完善的资源替代机制

资源高稀缺、高风险与资源利用低效率、高消耗相并存的矛盾状态，是中国经济发展现阶段的重要特征，也是中国目前资源替代机制上存在重大缺陷的必然结果。建立让市场起决定作用的较为完善的资源替代机制，是缓解目前资源矛盾并不断提高资源支撑能力的基础。其关键是，使经济社会的发展对资源稀缺程度及其变化趋势能够做出适时适度的反映，其中包括需要国家政策进行有效调节。根据中国目前及本世纪前半期经济发展的阶段性特征和资源支撑面临的严峻形势，解决资源约束问题，必须不断地进行制度创新，其核心是通过资源替代机制的重构，提高资源开发创新和高效

利用的能力，促进经济社会的可持续发展。

二、中国资源替代机制重构的基本框架

资源替代机制重构的机理十分复杂，涉及面广泛，主要包括以市场为基础的调节机制、以制度创新为支撑的调控机制，以及以企业为主体的资源可持续性利用的创新动力机制等（见图 7–1）。

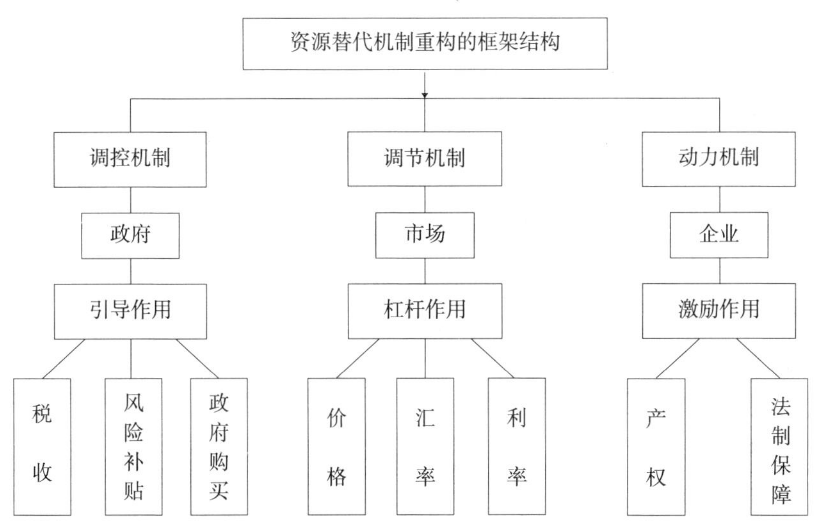

图 7–1　中国资源替代机制重构的框架结构

三、建立和完善资源市场体系

资源替代是一种复杂的经济社会及科技创新活动。中国经济发展面临着资源瓶颈制约，说明资源替代的必要条件已完全具备；要将资源替代的这种必要性变成可能性并进一步变成现实，需要为资源替代创造更好的充足条件，即尽可能地降低资源替代的成本与风险，尽可能地提高资源替代的效率与效益。在市场经济条件下，创新资源替代机制的核心是让对资源稀缺性进行调节的经济杠杆能够有效地发挥决定性作用，具体包括：以价格机制为核心的价格、汇率、利率三大调节杠杆；以产权为核心的激励机制，以开放性为特征的多层结构的市场体系，以及以科学、规范为要求的制度安排与政策体系。只有在建立和完善资源代替机制方面采取大刀阔斧的改革措施，加快完善国内市场体系，更好地与国际资源市场体系接轨，才能充分激发资源替代的活力。

1. 价格机制

价格机制在资源替代机制的重构中处于核心与基础性地位。其内容包括：以稀缺性为依据的资源定价机制及资源类产品价格形成机制；资源及其产品价格体系（即替代品之间的比价关系）的形成机制；国家对资源及其产品价格形成的调控与监管机制等等。

中国经济发展资源支撑的问题，基本上都与不合理的资源价格存在着某种程度与某种方式的联系，而资源价格扭曲（过低或过高）又是资源价格形成机制的缺陷，以及由此而来的价格体系长期不合理所产生的必然结果。因此，必须从根本上解决以下突出问题。

第一，尽快解决资源定价不能反映资源稀缺性的机制问题。

工业化、城市化进程的加快和消费结构的不断升级，以及经济全球化过程中加工制造业的转移，使能源、矿产、土地和淡水等资源的需求剧增，而国内资源禀赋不足，难以满足经济发展对资源的强劲需求。资源短缺已成为制约中国经济可持续发展的重要瓶颈。与此相对应，目前中国的资源价格改革没能适应这种变化。相对滞后的资源价格制度安排，导致淡水、电煤、天然气、电力等资源价格水平的扭曲，产生了一定的逆向调节作用，加剧了资源供求矛盾。

从定价机制上看，主要问题是政府定价缺乏灵活性，一些资源价格没有充分考虑到资源稀缺性（如租金）、资源开发的环境成本与社会成本。这在一定程度上制约了市场机制作用的有效发挥。具体表现：一是受价格管理体制制约，资源类产品价格市场化程度不高，价格不能真实地反映市场供求关系和资源稀缺程度，缺乏对投资者、经营者和消费者的激励和约束作用；二是资源性产品的价格构成不完整，价格只反映资源开发成本，没有包括资源开发而引起的生态破坏和环境治理成本。目前许多资源性产品，在开发和生产过程中破坏了生态、污染了环境。由于外部成本没有内部化，治理成本没有体现在资源价格之中，企业分享了资源超额利润却不用支付社会成本。这种资源价格给予市场供求以不正确的信号，必然对资源开发和资源利用产生逆调节，一方面，不利于资源的节约利用，甚至还刺激了资源的过快过度消耗，另一方面也不利于潜在资源的勘探，新资源的开发得不到激励，从而对资源替代活动产生了抑制的效应。如果不能尽快重建起新的资源定价机制，那么，破解资源短缺困局、提高资源支撑能力就会成为一句空话。

第二，尽快解决资源性产品价格体系失调、不能引导资源合理配置、导致资源利用效率过低的问题。

资源定价机制的不完善，突出地表现在整个资源类产品价格改革的相对滞后，资源性产品之间比价关系不协调甚至严重扭曲。以原油、天然气和发电用煤之间的比价关系为例，国内约为1:0.24:0.17，而国际市场约为1:0.6:0.2，国内天然气价格明显偏低。从电力和替代燃料的比价关系来看，与国际相比，中国单位兆焦的电力价格，只相当于燃料油和天然气的70%、液化气的67%、人工煤气的56%，电价偏低。①

第三，尽快解决国家对资源产品价格调控和监管不够科学的问题。

目前，中国资源性产品市场体系仍不健全，系统完整的市场价格规则还没有形成。资源支撑的国际化涉及更为复杂的价格博弈，而目前中国各相关价格管理体制对此并不适应，国内企业也缺乏国际资源市场价格博弈的知识和经验，因此在国际市场资源性产品价格形成过程中缺乏应有的话语权，其结果是，中国卖什么、什么就跌价，中国买什么、什么就涨价。例如在石油、铁矿石、期铜等大宗交易中，中国在定价上一直处于被动地位，付出了巨大代价。

总之，资源稀缺性定价机制与资源类产品价格形成机制存在的扭曲问题，必然反映到市场价格体系上，导致比价关系扭曲，进而对资源供求关系发挥逆向调节，其结果是资源替代机制的失效。因此，缓解资源约束的一个基本问题是要"让价格起作用"。② 要做到这一点，首先要加快资源价格机制的改革。按照市场化的方向，资源价格能够由市场决定的，要尽可能地由市场形成。在存在大宗、长期资源交易的情况下，如电力企业与煤炭企业之间的电煤交易、铁矿石企业与钢铁企业之间的矿石交易，应鼓励企业通过参股、联营、订立长期合约等方式，形成长期稳定的供货关系。对不能或不能完全由市场决定其价格的某些垄断性、基础性的资源产品，政府的价格管制要反映各相关者的利益，并能够及时灵活调整，形成透明度高的机制，尽可能地反映资源稀缺程度，减少或防止资源价格扭曲。

2. 汇率机制

随着中国经济全球化程度的加深，跨国的资源空间替代活动日益活跃，规模日益扩大，特别是石油、天然气、铁矿石、氧化铝等战略性资源，由于其贸易性较高，国际贸易规模巨大，而国内对这些资源的国际依赖度也在不断提高，并将稳定在较高的水平。在这种情况下，汇率机制在资源替代中的作用十分突出。目前中国经济外贸

① 参见张平主编：《资源价格改革》，中国市场出版社2006年版。

② 同上。

依存度已较高，商品进出口占整个经济的比重已超过60%，但能源的自给率却超过80%。一方面，中国能源十分稀缺，能源价格又偏低，因此廉价商品特别是资源性产品大量出口的背后，实际上意味着能源等稀缺性战略资源的低价出口；另一方面，由于人民币汇率低估，中国进口石油等资源却要接受较高的国际能源价格。较低的国内资源价格与低估的汇率并存，形成了一种“双重剪刀差”（见图7-2），即汇率杠杆在价格扭曲的基础上，进一步产生了倍加的扭曲效应，导致一些重要战略资源在进口与出口上形成了双重的损失。这既抑制了能源等国内稀缺性资源的进口，又刺激了高耗能产品的出口，加剧了能源供求的失衡。

近年来，某些资源对中国经济持续增长形成瓶颈制约，其中，以电力和石油最为突出，对经济发展和人民生活水平的提高产生了负面影响。面对这种局面，中国人民银行对人民币与美元的汇价采取了小步升值的调整，这具有调节内外均衡的二重意义。在外汇储备充足的条件下，内需的增长需要大量的资源支持，本币升值可以促进资源、资源产品的进口，满足国内需求，从而有利于促进经济持续增长。因此，有学者建议，国家有关当局应制定相应的鼓励政策和监管政策，促进相关部门和企业进口资源密集型产品和高能耗产品，尤其是进口石油及高耗电产品，以缓解目前经济发展的资源约束；在人民币汇率形成机制尚未出现本质的改变之前，应该将汇率作为中国经济宏观调控的重要变量，根据中国宏观经济运行条件的变化对人民币汇率做出适时适当调整。[①] 为保证内部可持续增长、外部收支平衡，国家货币金融当局应密切关注人民币升值后的经济动向，及时掌握相关的经济数据，将汇率进一步调整到对内外均衡都有利的水平上。

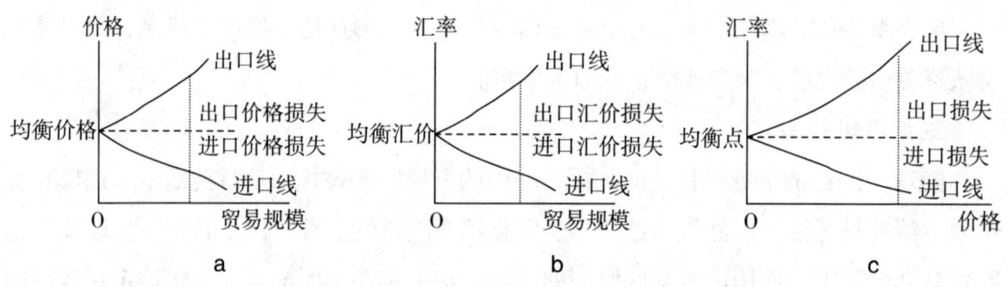

图7-2　价格扭曲与汇率扭曲形成“双重剪刀差”

① 刘巍：《资源瓶颈条件下人民币升值的经济学分析》，载《国际经贸探索》2005年第6期。

3. 利率机制

利率在经济发展资源支撑中的重要作用主要体现在两个方面，一是资源供求的温控效应，二是资源的基础替代效应。

所谓温控效应，就是对经济发展的“温度”进行调节。由于经济增长的加速会增加资源的需求，一方面，提高利率属于紧缩政策，具有防止经济过热的作用，可以为资源约束减压；另一方面，降低利率属于扩张政策，具有防止经济过冷的作用。中国宏观调控在利率政策的利用上，主要通过其温控效应解决经济过热或经济过冷的问题，从而调节资源需求量。

利率在资源基础替代中也能发挥重要作用。据有关研究，即使考虑到中国经济发展的需要，从全球范围看，石油供求在今后二三十年的时间内是基本平衡的；铁矿石供给价格从20世纪70年代后一直下滑，需求低迷，近几年由于中国等国家和地区的需求增加而有所回升。[①] 国际铁矿石价格上升，缺的不是铁矿石资源，而是现有的生产能力不足，需要新的投资。其他矿产资源也有类似情况。一些国家由于能源危机而大大促进了节能技术和节能产品的开发。因此，在利率上采取低息、贴息等灵活的政策组合，引导资金进入资源开发、资源高效利用以及新资源研发等领域，对金融资源的产业配置产生直接影响，从而加速资源基础替代效应，对支撑整个国民经济发展的资源及其结构都会产生重大作用。中国在对资源开发的金融支持方面，需要借鉴美国、欧洲、日本的经验。

4. 资源市场体系

资源市场体系，是促使资源及资源性产品保持充分的价格弹性与充分的贸易流动性的平台，是构建资源市场化调节机制的重要基础。只有以资源的稀缺程度为基础形成合理的资源比价关系，各种资源之间的有效替代才能形成，替代过程才能持续，资源支撑风险才能得以有效防范和控制。

中国资源市场体系目前存在着许多不足，需要解决五个方面的问题：

一是国内市场体系不完善的问题，商品市场、资本市场、国土资源市场、人才市场发展不平衡，其中，资本市场、国土资源市场等发展相对滞后，特别是公平性与开放性不足，限制了资金进入资源开发活动的空间。

二是市场功能不够完善的问题，如产权市场、期货市场、大宗商品交易市场、招

① 参见张平主编：《资源价格改革》，中国市场出版社2006年版。

标拍卖市场的功能远远满足不了资源替代的需要，不利于多品种、多层次资源替代的高效顺畅进行，同时也不利于防范和控制资源开发、交易与利用等方面的风险。

三是市场规则与监管不完善的问题，在市场进入、交易程序、信息发布、监管执法等方面，要么严重缺失，要么漏洞较多，增加了资源替代与综合利用的成本。

四是资源市场组织结构失衡的问题，包括石油、天然气、电力、土地、淡水以及金融等资源市场，大多呈现出高度垄断的市场组织结构，少数大企业特别是大型国有企业所占的市场份额过大，导致有关资源产业发展的竞争力不足，不能与经济社会的和谐发展形成良性互动。

五是国内资源市场与国际资源市场尚未实现有效对接的问题，包括市场制度的对接、交易规则的对接、操作技术的对接、物流与信息方面的对接等，都面临着不少问题。

四、以资源产权为核心，建立促进资源持续替代的激励机制

资源替代活动效率的高低，取决于资源市场调节机制的作用是否得到充分发挥，而资源产权作为激励机制的核心之一，是市场机制发挥作用的基础。

一方面，只有资源产权真正清晰了，才能实现资源的时间价值，改变“有水快流”导致资源过度开发的现状。《中华人民共和国宪法》第九条规定：“矿藏、水流、森林、山岭、草原、荒地、滩涂等自然资源，都属于国家所有；由法律规定属于集体所有的森林和山岭、草原、荒地、滩涂除外。”第十条规定：“城市的土地属于国家所有。农村和城市郊区的土地，除由法律规定属于国家所有的以外，属于集体所有，宅基地和自留地、自留山，也属于集体所有。”这从根本上规定了中国的自然资源产权包括国有制和集体所有制两种形式。在资源公有制条件下，资源管理权是由国家或集体所选择的代理人来行使的。我国的自然资源管理模式表现在管理权上，存在着地方、部门、行业三大系列，从中央到地方自上而下地设立相应的机构。由于历史的原因，各类机构的设立基本上是出于行政管理的方便和需要，而不是根据市场的要求设置的。自然资源存在巨大的地区差异性，随着资源利用的广度和深度不断拓展，管理的复杂程度越来越高，对此，在现行管理方式下一般是依靠增加管理者来应对的，结果导致相应机构日益庞大臃肿，而且各机构间不可避免地出现权限的重叠交错，无形中增加了交易成本，降低了效率。①

① 陈屹松：《中国产权制度对资源利用影响的研究》，载《资源科学》1999年第5期

资源产权的问题，还表现为自然资源无价、资源产品低价，这必然导致资源需求过度膨胀，资源浪费严重，环境污染加剧。[①] 自然资源产权的市场化是解决这一问题的关键，也是我国经济发展的必然趋势。

另一方面，具有突破意义的新的替代资源的科技开发，一般都是投入巨大、风险巨大的工程，其一旦成功，扩散效果明显，会产生正面的经济社会效应（外部效应）。如果对资源科技新成果的产权保护不力，除了正常的"搭便车"之外，还会助长恶意侵权行为，加大资源研发的风险，抑制资源替代的积极性与创造性。

为了促进资源综合替代，中国亟待创新性地建立资源产权体系。这一产权体系应包括：①资源的所有权，其中自然资源归国家所有，对其稀缺性收取极差收入；②资源的发现权，对资源勘探或研发而形成的替代资源，要进行严厉的产权保护，使用者必须付费；③资源的开发权，对已探明自然资源的开发收取费用，对开发难度较大的资源在开发投资上给予支持；④资源的使用权，对稀缺度高的资源消耗，收取较高的使用费或消费税。同时，对资源替代进行全方位的激励，建立鼓励资源勘探、研发、创新可持续发展的产权制度，创建资源替代避险机制，完善资源产权市场，为资源替代成果的市场定价和产权交易创造条件，以提高资源替代的收益、降低资源替代的风险。

五、构建并不断完善政府引导资源替代的政策体系

完善的市场机制是促进资源替代的基础。中国目前面临的资源市场环境，无论是国内资源市场还是国际资源市场，都早已不再具备完全自由竞争性的组织结构；在资源的博弈中，政府不能只是博弈规则的制定者，也不能只充当裁判与调停人，还应该在必要的时候成为资源博弈的促进者与参与者。因此，在新的形势下，政府在改进资源替代活动绩效方面负有重要的责任，要制定和实施科学的国家资源战略，促进资源经济政策体系的科学化和规范化，实现资源替代活动的持续、协调、有序进行，以提升资源支撑经济发展的能力。

1. 制定国家资源战略，提高资源经济发展的科学化水平

制定科学的国家资源战略，包括对资源经济形势的科学分析、要实现的战略目标、拟采取的政策与措施等。中国经济社会发展处于转型时期，资源支撑矛盾十分突

① 余方镇：《自然资源估价及其在国民经济发展中的作用》，载《资源开发与市场》2004年第5期。

出，有关战略性资源的博弈异常复杂，资源替代活动充满了种种不确定性风险。一个科学、明晰、具有长远眼光的国家资源战略，应该能够促使资源博弈的众多参与者建立合理的理性预期，大大降低资源替代的交易成本，促进资源经济各利益主体的良性互动，有助于提升资源对国家经济发展支撑的能力。

2. 构建资源经济政策体系，实现资源经济管理的规范化

要深化改革，消除制约资源替代的体制性、机制性障碍，以充分发挥市场机制的决定性作用。制定资源产业政策，有效运用价格、税收、财政、金融等经济杠杆，实现调控手段的规范化，以促进资源科学创新、资源勘探开发、资源节约和高效利用。

资源价格政策：对新的替代资源，如新能源、新材料等实行较高的生产价格，以激励资源开发；对淡水、石油等稀缺性战略资源，制定较高的使用价格，以促进节约利用。

资源财税政策：为鼓励开发新能源、新材料等，对其给予税收减免；对“走出去”开发矿产资源给予风险补贴，对其资源产品的进口给予关税减免；对于垄断性的稀缺资源，加大资源税的征收，调节资源的过度开发。

资源金融政策：逐步推进资源证券化进程，创新资源替代的金融产品，通过资本市场的功能，充分发挥金融基础替代的作用，对其他各类资源替代给予支持，如对新能源开发给予优惠贷款等;建立资源开发基金，对新资源开发给予资金扶植。

资源贸易政策：促进新资源的商业化利用，对受产业政策支持的资源特别是新资源，在市场推广上，通过政府购买等方式给予支持，在产品定价上给予扶持。

资源投资政策：鼓励对资源科技、勘探等方面的投资；加大对水土等基础性战略资源，电力、石油、天然气等战略能源，以及交通运输等领域基础设施的投资，为资源替代提供物质基础。

资源科技政策：对资源基础理论研究、新资源开发、对资源高效与循环利用技术、资源管理创新等，给予相应的政策扶持。

3. 完善资源开发利用的法律体系，为资源替代活动提供法律保障

学习借鉴世界各国促进资源开发利用方面的立法与执法经验，对国内行之有效的政策措施通过立法固定下来，使资源替代的各种法律政策形成相对稳定、不断成熟的制度体系。

第三节　资源监测预警机制的重构

做好经济发展与经济运行过程中资源支撑状态的适时监测和预警，对提高各经济主体的资源决策能力，防止和控制经济发展资源支撑风险，具有重要意义。因此有必要对重要战略性资源的稀缺态势做出适时的跟踪和监测，对经济发展中资源支撑的状况与变化趋势做出判断和评估。

资源支撑监测预警机制，是资源支撑信息收集、评估、发布与后评价全过程的总称，包括资源监测数据的采集与分析、资源信息发布、资源预警指标体系、资源预警机制、警后跟踪与反馈等环节。中国作为一个经济快速发展和加速转型的巨大经济体，要提高资源支撑能力，离不开对资源支撑状态及其相关重要信息进行全面收集、透彻分析、有效发布、适时引导。

一、中国建立资源监测预警机制的目标与紧迫性

重要战略性资源的市场一般都有较强的垄断性，而资源勘探开发、资源科技研究、资源生产与消费、资源市场运行等方面，又存在极其严重的信息不对称性的问题。因此，谁能够更及时、更充分地掌握资源信息，谁就能制定、实施更加科学有效的资源战略，就能在资源市场的博弈中取得更大的主动权。中国资源市场化改革目前仍相对滞后，价格机制不完善导致价格信号的作用时常失真。因此，资源信息问题在资源决策和资源管理中十分突出。

现阶段中国经济发展面临的资源、环境问题空前突出，加上中国未曾经历能源危机等风险状况的洗礼，经济发展方式与经济管理方式对资源制约的适应性较低，除行政手段外，在通过法律手段、经济手段处理资源制约问题上，缺少实践经验，更缺乏适合中国国情的成熟理论来指导，因此在法律政策上存在着许多不足之处。特别是在经济全球化、资源市场化及经济社会全面转型条件下，对重要资源支撑的危机管理，中国既无理论准备，也缺少实战经验。

可以说，中国在资源经济领域面临的各种潜在的和现实的风险，大多都与资源信息问题有关。凡事预则立，不预则废。面对资源领域日益复杂的国内国际形势，解决资源制约问题，防范和管理资源潜在的和现实的风险，都需要进一步提高国家资源战略决策、政策措施及具体操作手段的科学水平，实现对重要战略资源的全过程管理。因此，做好资源支撑的监测预警是一件十分基础又非常紧迫的任务。

做好资源的监测与预警，不能采取头痛医头、脚痛医脚的临时性方式，必须建立和形成有效的运作与管理机制。其目标是：对重要战略性资源的稀缺性、稀缺度的状态与变化趋势，战略性资源勘查开发、重要资源替代活动、各利益相关者的资源战略、资源科技进步、资源产业链等的现状与变动趋势，以及重要战略资源在国民经济发展支撑中可能的与现实的风险，等等，进行全过程的监测，对重要资源支撑状况的变化情况及时预警；做到预先有谋划，事前有警示，事中有应对，过程有跟踪，事后有总结。

二、构建资源监测预警系统的基本框架与思路

支撑经济发展的资源系统，包括人口资源、水土资源、矿产资源、金融资源、生态资源及其多层次的子系统，因此，资源监测预警系统自然就是一个庞大的系统工程，其核心是要形成监测预测预警的机制，其框架如图 7-3 所示。

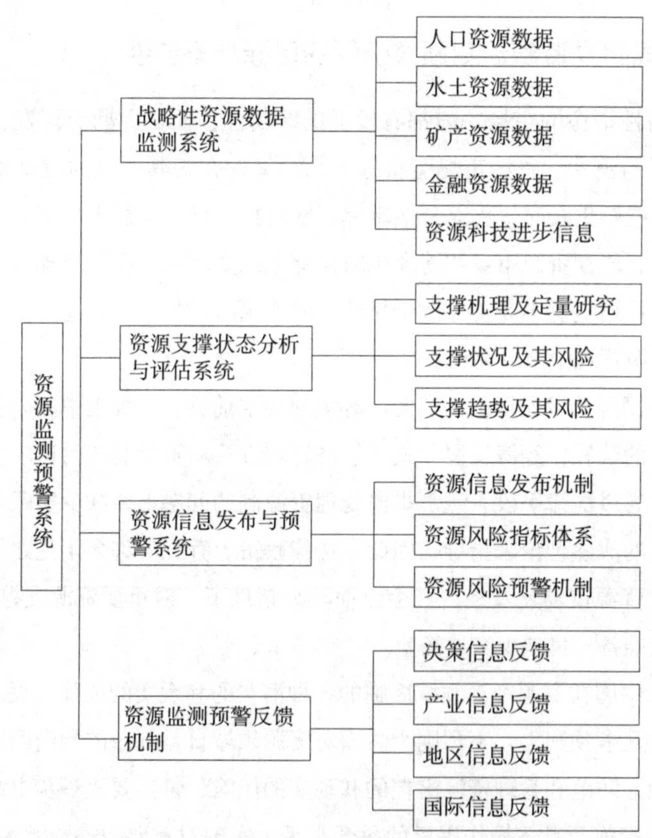

图 7-3 中国资源支撑状况监测预警机制的基本框架

首先，资源监测预警机制是一种有关资源支撑状态的监测活动，包括对所有资源子系统动态数据的收集与监测。资源动态数据监测的科学性事关整个工作的质量，直接决定着整个资源监测预警的效果。

第二，资源监测预警是一种动态的分析研究活动。经济发展资源支撑的预警研究，不仅是一种技术性预测分析，更是以监测预测数据为基础的科学研究。一方面，需要正确评价不同资源对国民经济发展的贡献度，这就需要对经济发展过程中的资源勘探、开发、生产、储备、运输、消耗、回收与再利用等大量历史信息进行研究分析，科学评价不同种类的资源在经济发展中所起的作用，包括供求总量、产业结构、变化趋势、风险类型与影响程度等；另一方面，要根据未来10~40年中国经济发展日益全球化的时空特点，预测经济发展对不同资源的依赖强度及其发展变动趋势，为重要战略性资源开发利用的发展战略、规划、进出口政策提供支持，为工业化过程中的产业结构调整、城市化过程中的生产力合理布局提供依据。

第三，资源监测预警是一种经济管理活动。资源的监测预警，一方面是为了提高有关重要资源决策的科学性，提升资源战略与政策的效力；另一方面，及时预报和发布资源支撑方面可能出现风险的信息，对资源经济活动进行超前引导，以及对不正常状态加以调整，对可能出现的风险与危机进行控制，使经济发展及其资源支撑保持在正常运行轨道之中。

三、解决信息不对称问题是资源监测预警的关键环节

构建资源监测预警机制，关键是充分、及时、全面收集和占有资源经济方面的信息。解决资源信息失实、滞后、不充分等问题，可以避免或减少政府及各相关经济主体在资源决策方面的战略误判，增进资源替代的效率，降低资源替代的成本与风险，提高资源价格、汇率与利率等市场杠杆的调节作用。目前，中国在资源支撑监测预警方面的工作十分薄弱，许多方面仍是空白，概括地讲，主要有以下问题：

1. 现有的各类资源基础数据缺乏权威性，权威性的资源基础数据依靠国外

在经济日益全球化的资源替代博弈中，资源信息在赢得市场竞争中已成为一个决定性的因素。而中国自己监测到的一手资源数据十分缺乏，已有数据的可靠性也无充分的保障。人口、水土等贸易性较弱的资源数据相对较权威，而对经济发展支撑风险度较高、贸易性较强的战略性资源（如石油、天然气的储量数据，金融资源数据等），一手数据的权威性较低、空白点较多。比如，有关油气资源的储量信息，主要依靠国

际能源组织（IEA）、英国石油（BP）等国际机构或跨国公司的数据，甚至国内一些重要资源的储量信息都要引用国际上的数据。重要资源的基础数据不足，严重影响企业乃至国家政府部门在经济管理与资源利用决策上的科学性。

2. 资源监测预警方面缺少成熟的科学理论支撑，系统观、全球观、动态观不够，分析预测的方法过于传统

资源监测预警理论与方法上的缺失，导致预测数据千差万别，它们又都与实际结果相差巨大，这进一步导致资源开发利用规划总是跟不上实际变化。例如，有关中国未来能源需求总量，存在着各种各样的预测数据（见表 7–9）。对我国 2020 年一次能源的需求，人们较为认可的预测数最先为 25 亿吨标准煤，中国能源“十一五”规划中预计 2010 年就达到 27 亿吨标准煤。前些年提高到大约 30（即 28~33）亿吨标准煤，但这一数据已经被随后几年重化工业加速发展所打破。

表 7–9　　2020 年中国一次能源消费总量到底多少

预测单位及专家		一次能源10^8tce
原能源部（1995）	高方案	26.84
	低方案	23.78
中国工程院（1998）基础方案		26.79
科技部（2000）	基础方案	27.48
	生态方案	26.11
石油地质研究所（1991）		25.64
能源研究所周凤起（1998）		25.00
张抗、周总瑛（2000）		24.60
张抗（2000）		24.00
国际能源署（1998）		30.00
国际能源署（2002）		30.46
能源研究所周凤起、周大地（1999）		31.13
美国能源部DOE/EIA（2002）		30.40

资料来源：朱成章：《能源是经济的首要问题》，载《节能与环保》2003年第10期。

资源数据误差，不仅表现在能源需求总量的预测，在电力、石油等重要能源产品需求的预测上，情况更为突出。中国石油与天然气需求扩张的速度，似乎总是快于各种预测数据的变化。比如，大多数的预测曾认为，2010 年中国石油需求量不会超过 3 亿吨，但这个一度被认为是足够巨大的需求量，却提前了 6 年（2004 年）就达到了；

而2020年石油需求总量又会怎样？2000年以前，许多人的预测认为不会超过4亿吨，而中国工程院关于中国可持续发展油气资源战略的课题研究认为，2020年，中国对石油的需求将达到4.5亿吨，但从近几年的情况看，这一数据可能也是偏低的。

再如，以石油、天然气资源为对象的能源安全研究，涉及对中国能源安全的基本评价、未来发展趋势预测以及相应的国家能源政策，还要从地缘政治角度分析世界能源价格波动和潜在的危机。[①] 这对探讨我国面向世界石油市场的石油开采投资和战略储备政策，具有重大意义。但这方面的研究目前多为对策性研究，而在能源资源安全的机理及调控过程方面尚缺乏较为成熟的研究成果，更缺乏能源安全方面的评价指标体系。

3. 资源信息的透明度低，导致资源开发利用的信息不对称性问题十分突出，资源信息发布机制尚待建立和完善

美英等主要发达国家，在资源信息方面不仅形成了权威的调查研究机构，而且建立了资源信息的定期发布机制。以能源为例，美国能源信息署、英国BP公司、国际能源机构等，不仅每年都公开发布系统详细的能源信息，还公开发布各自的研究报告，对整个能源市场产生重大影响。中国无论是政府部门，还是中石油、中石化等大公司，都没有这方面的职能，而中立的研究机构既不具权威又没有实力。在人力资源、水土资源、矿产资源、金融资源等方面，有关情况也大体如此。总之，目前中国的企业和研究机构获得的资源信息支离破碎，并且获得这些信息的成本高昂，这对资源替代创新活动、对成熟的资源市场体系的形成、对资源风险管理都是极为不利的。

四、建立有分有合的资源（分类）监测预警体系

为解决资源信息缺失问题，建议国家尽快建立资源监测预警体系，包括资源信息监测系统、科学的资源分析系统、适度开放的资源信息共享机制。

1. 建立重要战略性资源的监测预警指标体系

根据资源稀缺性及其风险的理论分析，在资源监测预警指标体系的设计上，中国可考虑以①储量信息指标，②价格信息指标，③依赖度信息指标，④产能与供应链信息指标，以及可能出现的，⑤其他风险信息指标为基础，对5类8种战略性资源进行重点监测。由于不同资源具有不同的特点，因此，不同的战略性资源，在监测预警指

① 姚予龙、谷树忠：《资源安全机理及其经济学解释》，载《资源科学》2002年第5期。

标的选取与分析上可以有所侧重（见表 7–10）。

表 7–10　　中国现阶段战略性资源监测预警指标体系的设想

指标选择 战略资源	储量信息指标	价格信息指标	依赖度信息指标	产能与供应链信息指标	其他风险信息指标
淡水	★★	★★	★★	★★	★★
土地	★★	★★	★★	★★	★★
石油	★★★	★★★	★★★	★★★	★★★
电力	★★	★	★★★	★★★	★★
资金	★★★	★	★★★	★★★	★★★
铁矿、铝矿	★★★	★★★	★★	★★★	★
制度安排	★★	★★	★★	★★	★

注：★为一般关注；★★为中度关注；★★★高度关注，

2. 对资源勘查、资源监测等信息收集活动，在规范管理的基础上要给予政策支持

资源勘查与信息收集是一项成本高、技术性强的活动，国家应在法律、资金、知识产权等层面给予全面系统支持。以矿产资源调查评价和勘查为例，国家为了实现矿产资源的安全供应和可持续利用，确保矿产资源合理规划，增加矿产资源后备基础，必须加强矿产资源的调查评价和勘查工作。世界很多国家，将矿产资源的调查评价，作为一项基础性的工作，由政府出资、组织、实施完成。但是，矿产的勘查在世界多数地方属商业活动，其参与的主体有多种，资金来源也有多种成分。为了鼓励矿产勘查活动，世界各国制订了许多政策措施，主要包括：①保证勘查者得到旨在降低勘查风险的信息；②保证尽可能多的土地面积供勘查者使用；③保证社会资金顺畅地进入矿产勘查领域；④矿业税收制度应惠及勘查活动；⑤对“关键”和“战略矿产”的勘查给予一定的财政补贴：⑥鼓励科技创新、技术进步及环境保护；⑦确保探矿者得到采矿的权利：⑧培育探矿权市场；⑨勘查国外矿产资源如同国内勘查一样得到支持。①.

3. 建立统分结合的资源信息收集与交换的共享机制

中国的国土资源、水利、金融、财政以及统计等部门，在收集有关资源的信息上，做了不少工作，有关资源信息数据不少。但目前分部门的资源信息数据，主要为

① 葛振华：《国外矿产政策概览及其对我国的启示》，载《国土资源》2002年第6期。

各自部门的行政管理服务，不能满足资源经济监测预警的需要。因此，除了建立相应的指标体系、提高数据的科学性与系统性外，建议通过统分结合的方式，尽快建立面向全社会的资源信息收集与交换的共享机制：

其一，要破除资源信息数据部门所有的状况，对一些具有公共普遍性质的资源经济信息应定期公开发布，对不能或不便公开发布的资源信息，则应尽可能降低数据交换成本。

其二，为了提高重要战略资源监测预警的专业水平，在能源等资源领域，国家应建立专业化的信息机构。可以借鉴和学习"美国能源信息署"① 的做法。

其三，通过法律手段、行政手段、经济手段相结合的办法，充分利用现代信息技术成果，促进资源信息的有效交换与共享。

4. 成立高层次的资源决策咨询机构——"国家资源委员会"

为了做好对重要战略性资源的监测与预警，建议组建高层次的资源决策咨询机构——国家资源委员会。

国家资源委员会基本职能是：①建立国家资源信息数据库；②专题调查和系统评估重要资源特别是战略资源对经济社会发展支撑的状况与变动趋势；③跟踪并评估重要战略资源的勘探、开发利用与科技进步等相关信息；④定期不定期地发布资源经济信息，引导资源经济活动；⑤对各类资源风险进行预警；⑥就国家经济发展资源保障等方面的问题提供决策与咨询意见；⑦为各市场主体提供资源决策咨询；⑧代表国家参与资

① 据国家发改委网站http://nyj.ndrc.gov.cn/gjdt/t20061215_100628.htm：能源信息署(EIA)是美国国会设立的能源统计机构，创建于1977年，隶属美国能源部。总部设在华盛顿特区，下属工作人员370人，该部2006年财政年度的经费预算为8500万美元。

能源信息署的宗旨是通过提供有关能源政策的信息及能源预测和分析，提升决策理性和市场成效，促进能源与经济、环境之间的协调发展，提升社会公众对能源政策的认知程度。

EIA是美国的能源数据及其分析预测的主要信息来源。根据法律规定，EIA进行独立的信息报道，不受政府的影响。

EIA发布周、月、年度报告，包括能源的生产、储备、需求、进出口和价格等各个方面。同时对上述各项内容提出分析意见并对当前关注的各种问题作专题报告。每周报告包括石油、天然气和煤炭生产、消费与市场，天然气储备及最新报告。每月报告包括短期能源展望、天然气月报、电力月报、能源每月评论等。年度报告包括国际能源展望、能源评论年度报告、天然气年度报告、煤炭年度报告、美国温室气体排放年度报告等。专题报告包括能源价格、北极区石油和天然气生产、国家电力概况及区域性分析概要等。

IA向公众提供的信息包括能源数据资料、分析、预测、及信息产品说明。

能源数据资料。大多数能源数据资料由EIA工作人员收集。通过统计调查表向能源生产商、信息使用者、运输者以及其他一些企业收集能源数据资料。公司和用户则直接向EIA提供报告。有些数据来源于商贸协会和其他政府部门等。

信息分析。EIA信息分析产品有技术性报告和有关能源问题的分析文章，包括经济、技术、能源生产、价格、分销、储备、消费和环境影响等各个方面。

信息预测。EIA的信息预测涵盖各种能源类型。预测内容包括供应、消费、价格和其他重要因素。短期预测的时间范围在6～8个季度，中期预测可延伸到未来20年。

源经济信息与风险管理方面的国际交流活动，等等。

第四节 风险管理与应急机制的重构

对资源支撑状况进行监测预警的目的，一方面是为了促进资源替代、调控资源市场、保障资源科学决策特别是制定和实施科学的资源战略；另一方面则是针对资源支撑可能出现的各种风险，有效地进行资源经济风险管理，保障资源安全。

一、保障国家资源安全是资源风险管理的核心任务

资源安全概念产生的背景是，人类经济社会快速发展对资源承载能力构成巨大压力。[①] 中国经济发展目前处于资源矛盾十分突出的阶段，如果不能科学预见并及时处置资源供给与需求的矛盾，就会出现资源供应不安全的问题，甚至严重影响国民经济发展的可持续性和人民群众的正常生活。什么是资源安全？有专家认为，资源安全是资源供给与需求相互均衡的状态。[②] 资源安全既要保障资源稳定地供给，又要足量地满足资源需求，它是资源供给与需求相互作用的结果。从供给方看，在特定的时间和技术经济水平条件下，如果资源开发不能保障国家、地区或城市生存与发展的需求，就会导致资源供给不安全；同样地，从需求方看，如果国民经济和社会发展对资源使用与消耗的需求，出现了不稳定的极度异常状态，就可能对经济运行与发展构成一定的损害，就会导致资源需求不安全。

因此，所谓资源风险管理，其目的就是要不断对资源不安全的情况亦即资源风险进行管理和控制，以提高资源安全的保障能力；而当这种风险一旦出现时，能够通过一定的机制对其做出及时、有效的应对，从而控制和减轻有关风险的损失程度。

二、构建资源风险管理与应急机制的基本框架与思路

根据中国经济发展资源支撑的实际情况，借鉴国际经验，构建一个完善的资源风险管理机制（见图 7–4），至少要包括风险决策系统、风险防范系统、风险控制系统三大系统。其中，最核心的内容则是调控应急机制，包括针对不同的风险类型与风险状

① 姚予龙、谷树忠：《资源安全机理及其经济学解释》，载《资源科学》2002年第5期。

② 沈镭、成升魁：《论国家资源安全及其保障战略》，载《自然资源学报》2002年第4期。

态所准备的调控手段、调控措施、应急处理预案及其实施程序等。同时，应该加大对资源经济利益主体的资源风险教育，不断增强全民资源忧患意识，采取行之有效的风险应对措施，提高应变能力。

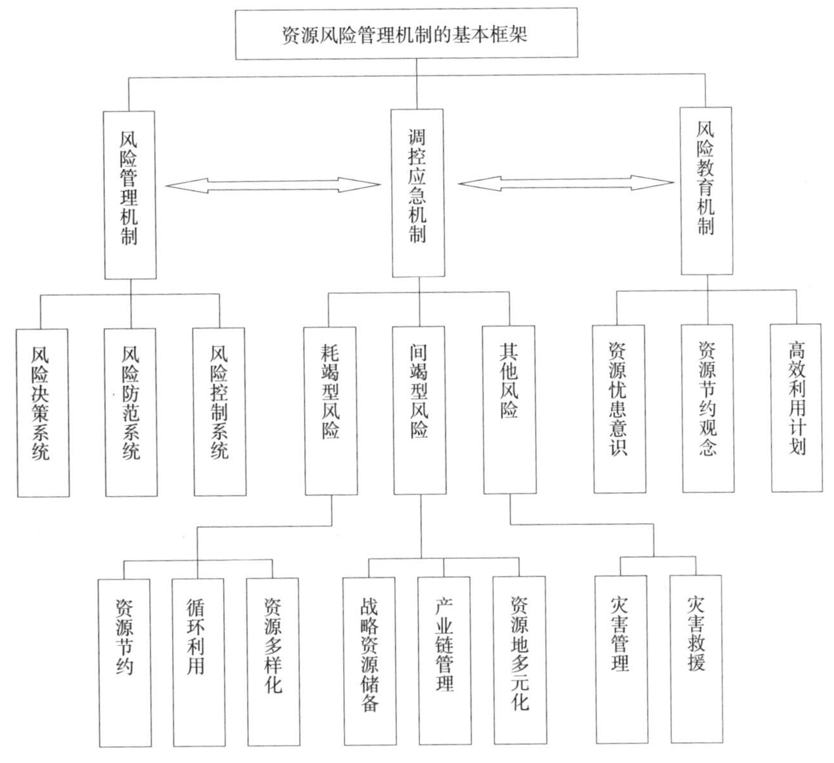

图 7–4 中国资源风险管理机制的基本框架

三、加强资源风险管理与应急处理能力建设

为防范和控制资源支撑方面可能出现的耗竭型风险、间竭型风险及其他风险，必须做到防微杜渐，加强风险管理与应急能力建设，重点有以下几个方面。

1. 建立具有预见性的资源经济法律制度，完善资源经济风险管理的宏观调控，提高资源风险决策的科学化水平

资源支撑风险的产生，主要有耗竭型稀缺性与间竭型稀缺性两大诱因，它们在经济发展过程中由潜在、积累到显露和暴发，都与一定的经济体制、经济发展模式和经济运行机制有着高度的相关性。对于中国而言，某些资源风险目前已经进入显露甚至局部暴发的状态（见表 7–11）。

表 7-11　　中国可能出现的资源风险状况

风险类型	风险状态	风险诱因	风险可能出现的领域、区域及其表现
耗竭型	枯竭	体制、机制与规划不当	经济发展对煤炭、石油、金属与非金属矿产，以及耕地、森林、草原、淡水等过度依赖的区域或城市，可能出现资源危机
间竭型	中断	体制、机制不当	资源经济制度导致资源供求紧张，如断水、断油、断电等
		市场不完善	石油、电力等重要资源的垄断，加剧市场供应的不稳定
		价格异常波动	国内外石油市场价格的大幅波动，导致经济发展出现问题
		产业结构失衡	资源产业、资源高消耗产业及其市场的失调，导致发展危机
		供应链断裂	煤炭、石油运输，电网输送电等出现中断
		突发自然灾害	暴风雨（雪）、地震等导致资源开采、生产与供给出现中断
		信息不对称性	恐慌性信息、不当的预期加剧资源供求失衡
		金融秩序失控	金融秩序的失控与混乱，导致各种资源风险的叠加与扩散

在工业化和城市化过程中，耗竭型稀缺性导致一些资源型城市的经济发展面临巨大风险。中国资源型城市面临的资源耗竭型风险的问题，已经十分突出。以资源富集的中国东北地区为例，黑龙江省的鸡西、鹤岗、七台河、双鸭山四大煤城，辽宁省的抚顺、阜新两大煤城，都陷入"矿竭城衰"的危机，而本属于可再生性资源的大小兴安岭各大林场，也因过度采伐而进入不可持续的困局。

在快速迈向市场化与国际化的过程中，中国经济发展面临的资源间竭型稀缺性风险的问题，更是空前复杂、异常尖锐。体制不完善、国内外市场价格异常波动的连锁反应、产业结构失衡、物流供应链断裂、突发自然灾害、信息不对称、金融秩序失控等因素，都可能导致资源供应的中断，进而导致经济社会发展出现局部甚至全面的危机。

因此，应尽快将资源风险管理纳入宏观调控体系之中。除了从法律制度、体制机制方面对资源经济关系做出规范外，还要针对资源经济中短期运行过程中的风险问题，做好应对准备，适时进行调控。

2. 建立重要资源战略储备体系

建立重要资源的战略储备，是防范和控制间竭型资源经济风险的重要物质手段。世界上大多数国家都对重要资源采取了有效的战略储备措施。

国际上较为成熟的做法是，美国、日本、欧盟等发达市场经济国家建立了石油战略储备（见表 7–12）。中国经济对外依存度在快速提高，受国际市场供求与价格剧烈波动的影响，经济发展面临的安全隐患不断增加。国家战略层面上对这一问题已开始有所认识，能源发展“十一五”规划指出，“最近几年，国际石油价格大幅震荡、不断攀升，给我国经济社会发展带来多方面的影响。我国战略石油储备体系建设刚刚起步，应对供应中断能力较弱；影响天然气电力安全供应的因素趋多；煤矿安全生产形势不容乐观，维护能源安全任务艰巨”。因此，“建立应急体系，提高安全保障加快政府石油储备建设，适时建立企业义务储备，鼓励发展商业石油储备，逐步完善石油储备体系。以应对大规模电网事故和石油天然气供应中断为核心，建立完善能源安全预警制度和应急机制”。

表 7–12　　一些国家石油储备的基本情况

国家或地区	储备体系	储备目标及实际储备量	有关法律	储备布局	主管部门
美国	政府储备	7.5×10^8桶。1997年实际储备量5.64×10^8桶（相当于67天进口量）	能源政策和节能法，综合预算调节法，内政部和相关机构拨款法	6大储备基地，分布在墨西哥湾沿岸	能源部
日本	政府和民间联合储备	政府：90天进口量；民间：70天进口量。1997总储备能力为167天	基本石油法，石油储备法，日本石油公司法	10天储备基地	通产省资源能源厅
德国	政府、EBV（德国石油储备协会）和石油公司	政府：17天；EBV：80天（原油32天）；炼油厂：15天	能源安全保障法，石油储备法	储备基地建在沿河和沿海地区	经济部
法国	储备机构和石油公司	90天进口量（原油30%，汽煤柴58%，重油12）	新石油法	均匀分布在全国的6个地区	油气管理局
国际能源机构（IEA）	—	90天进口量	—	—	—
欧盟	—	90天消费量	—	—	—

资料来源：国土资源部信息中心：《“走出去”开发利用国外矿产资源》，中国大地出版社2001年版。

除石油外，其他重要战略资源也应该有一定的资源储备。战略性矿产资源的战略储备对保障国家经济的发展已越来越重要，其主要支撑作用是防止供应中断、抵御价格剧烈波动冲击、抗御金融风险。例如，美国建立有完善的战略储备体系，仅矿产品储备共有 63 类 93 种之多，储备品种包括：石油、铀、铝、锑、石棉、铍、铋、镉、铬、钴、铌、工业金刚石、萤石、锗、黄金、石墨、氦、铟、碘、蓝晶石类矿物、铅、锰、汞、片状云母、镍、铂族金属、石英晶体、稀土金属、金红石、银、锶、滑石、叶腊石、钽、钍、锡、钛氧化物、钨、钒、锌、锆和铪。①

中国急需建立战略性矿产资源的储备制度，而如何合理确定储备资源品种、储备方式与储备量，都是需要研究的重要问题。战略性矿产资源的储备一般可分为专项储备、周转储备和战略储备，其中专项储备是基础。②

有专业人士建议，中国国家物资储备在优先做好紧缺的战略物资储备的同时，要不失时机地对自己的优势资源进行有效的保护性储备。③中国开采强度过大的优势矿产资源，主要有稀土、菱镁矿、锑、铅、重晶石、锡、钨等七种矿产资源。由于出口量过大，这些资源储量不断下降，需要及时采取对策加以保护，应将其作为当前着力保护的重点优势矿产资源储备品种。④可以通过储备资源的投放和收储两种手段，调控产量、进出口量和交易价格等，使之在合理的范围内波动，以维护国家经济利益，保持国家矿产资源产业的健康发展。

中国建立和完善重要资源的战略储备体系，有许多问题需要进一步研究，更有大量的工作要尽快启动。其基础性的工作主要有，制定和实施重要战略性资源的储备法律，研究和确定重要战略性资源的储备品种，明确资源储备的目标、手段与操作程序。在具体储备方式上，应将资源的国内经济可采储量（例如将新近发现的油田作为我国战略石油储备的一部分）、国家战略储备、有关企业等民间的商业储备等多种储备相结合，达到降低成本、提高防控资源中断风险、有效调控市场供求的目的。

3. 加强资源经济领域的产业结构引导与供应链风险管理

保持资源产业与其上下游产业之间的协调发展，是提升资源支撑能力，防范和控制资源风险的基本物质前提。具体包括资源产业链与资源供应链两个方面。中国所面临的任务都十分艰巨。

在资源开发利用产业体系中，资源产业链，反映了战略性资源上下游各产业之间的协调关系。即使资源禀赋较高、可采储量丰富，如果产业结构失调，同样会出现资源支撑方面的风险。因此，形成比例关系协调、生产运输能力相匹配的完整的资源产

① 程绪平，余振国：《我国若干战略性矿产对外依存趋势及对应策略》，载《中国软科学》2001年第7期。

② 孙永波、汪云甲：《中国战略性矿产资源专项储备量的确定》，载《资源科学》2005年第5期。

③ 郑宏凯：《国家物资储备要在保护我国优势资源中发挥作用》，国家发改委网http://cbj.ndrc.gov.cn/cbyj/t20050718_37201.htm。

④ 杨子健：《我国优势矿产资源储备品种研究》，国家发改委网http://cbj.ndrc.gov.cn/cbyj/t20061019_89042.htm。

业结构，是提高资源支撑能力、防控和减少资源风险的基础。

资源供应链管理，是对资源开发、加工、运输直到利用和消费全过程，进行质量匹配、数量充足的连续的无缝衔接与控制。战略性资源供应链出现任何不协调甚至断裂，都会造成一定程度、一定范围的资源供应中断，导致生产消费过程的紊乱，甚至影响到经济发展的全局。中国经济处于快速发展、快速工业化和加速城市化与全球化的过程中，资源供应链潜伏着脆弱性风险。以能源为例，油气等战略性能源的安全，直接涉及其基础设施和供应链的安全，由于生产、加工、运输等环节众多、衔接复杂，全球化的石油供应链具有极大的脆弱性。这种脆弱性并非只出在油气资源供应上，各种管道、炼油设施以及重要的电力设施同样具有脆弱性。全球油气每天有约4000万桶石油经油轮在海上运输，未来将增加到7000万桶，通过海上运输的液化天然气将增加2倍。并且，世界海上运输存在几个重要的阻塞点：全球20%的石油供应要通过霍尔木兹海峡，日本和韩国80%、中国50%的石油供应要通过马六甲海峡。[①]加强石油、天然气和电力等资源的供应链管理，对于中国防范控制资源领域的风险，应急处理各种不测因素导致资源供给中断的冲击，是最具现实意义的课题。

4. 资源多样化

中国在实现资源多样化上主要有以下路径可供选择：

第一，逐步减轻对少数资源的过度依赖，通过替代资源的利用，防范资源单一化导致的风险。例如，在能源上通过加大对水电、风电、核电及其他新能源的投资开发，减轻对煤炭的过度依赖；通过对生物质能源的开发利用，降低对石油需求的压力。

第二，防止区域或大中城市在经济发展上对一种或者少数几种资源的过度依赖，通过资源多样化的开发利用，控制资源支撑可能出现的风险，促进区域经济发展的协调可持续性。这一情况在煤炭、石油及金属、非金属矿业城市的经济发展中已经非常紧迫。

第三，一方面要通过产业集群，提高规模经济效益；另一方面，要防止将一种或少数几种资源高消耗的产业过度集中地布局在某一城市或区域，导致资源支撑难以为继。从中国一些大城市面临水资源、生态资源的危机来看，这一情况已经较为突出。

第四，转变经济发展方式，逐步改变经济发展过度依赖资源高消耗的第二产业的格局，通过促进国民经济产业结构升级、增进产业结构的协调性，加强对优势资源的

① 丹尼尔·尤金：《“能源安全”的真正含义》，国家发改委网http://nyj.ndrc.gov.cn/dcyyj/t20060915_84549.htm。

深度开发与循环利用，加快服务业的发展，从而减少对稀缺性资源的压力，从整体上实现资源利用的多样化水平。

5. 资源地多元化

中国正在实施“走出去”战略，在开发利用国际资源过程中，应该借鉴美国的经验，通过资源地的多元化，防范国家经济发展对少数国家或地区资源过度依赖可能导致的各种风险。在这方面，可开发非洲、南美以及俄罗斯等地区或国家的油气资源，减轻对中东石油的过度依赖等等。

6. 加强应急能力建设

应该将任何可能出现的资源支撑风险，都纳入到国家管理之中，做到有人负责，决策高效;有应急预案，行之有效;有补救措施，务求实效。

第五节　战略合作互动机制的重构

在资源支撑方面构建战略合作互动机制，就是要通过制定和实施科学的资源战略，创新有关制度安排，缓和与化解资源博弈可能出现的冲突与矛盾，促进各利益相关者之间走向合作式互动，实现多元多层的资源战略均衡。为此，一方面，国家资源战略的设计与政策安排，要充分考虑并从机制上保障资源博弈各利益相关者的战略利益；另一方面，国家资源战略必须具有战略思维，引导并促进各利益相关者尽可能形成广泛的共识。

一、建立战略合作互动机制的基本框架

中国现阶段经济发展所面临的资源支撑难题，与其说是资源稀缺与供求关系紧张的问题，不如说是资源与生态之间，与经济社会之间，与国际之间存在着一系列利益上的战略冲突，油气、矿产等重要资源更表现出“破局博弈”的格局。因此，资源支撑所面临的诸多问题具有一定的国际性，涉及国内国际各层级各类型的经济组织，以及广大生产者和广大消费者之间的非合作竞争。要解决这样复杂的问题，没有简单的路径可行，更不能指望一蹴而就，需要通过体制机制的重构，促使经济、政治、社会等方方面面实现战略均衡。只有各利益攸关方认识到在资源支撑上利益同在，建立起互信的基础，形成合作式互动，才能使经济发展与资源支撑之间走向和谐，在战略上

实现“共赢”。

资源领域战略合作互动机制的重构，是一个系统工程，涉及的内容十分广泛，其基本框架如图 7–5 所示。中国在向市场经济体制转型、经济走向全球化的过程中，在这方面已经积累了一定的经验。在科学发展观的指导下，在继续强调“统筹城乡发展、区域发展、经济社会发展、人与自然和谐发展、国内发展和对外开放”五个统筹的同时，中共十七大进一步提出“统筹中央和地方关系，统筹个人利益和集体利益、局部利益和整体利益、当前利益和长远利益”和“统筹国内国际两个大局”等内容，这对资源领域战略互动机制的重构具有重要意义。

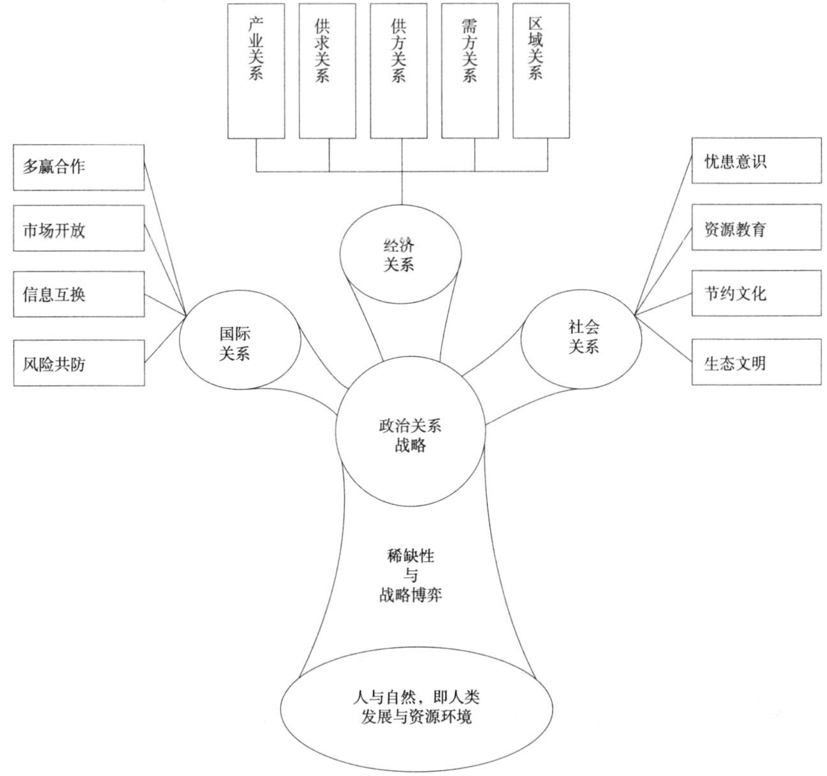

图 7–5　建立资源战略合作关系结构图

二、促进战略合作，核心是要处理好主要利益关系

通过建立战略合作互动机制提升资源支撑能力，需要做的工作很多，其核心是通过体制重构与政策安排促进利益协调，这就需要处理好重要战略资源的供给方之间、

需求方之间、供求之间、地区甚至国际之间的利益关系。

在资源供给方之间的战略关系上，为促进各供给方在稀缺性战略资源博弈中走向合作，中国要加大资源产权与产业准入方面的改革，打破能源、重要矿产资源、金融等重要战略资源的过度垄断，促进资源开发与资源性产品的生产、供给方之间形成有效竞争的市场结构；以利益均衡为基础调节资源产业链与供应链各环节的关系，促进资源产业体系的协调发展；强化资源供给方在经济社会发展方面的责任，提高资源供给能力与风险防范能力。

在资源需求方战略关系上，为了改变中国企业在油气、金属矿产、大宗农产品等战略资源国际市场上缺乏话语权的被动局面，应避免为争夺战略性资源在国际市场的恶性竞争，通过加强国内外各资源需求方的联合，实现从战略竞争向战略合作的转化，以争取博弈主动权，达到需求方的互利共赢。

在资源供求双方的战略互动关系上，要通过市场、经济、法律等手段，促进资源供求之间在重组与联合中实现资源利益的公平共享，从而建立起较为稳定的资源供求联系。

在城市间、区域间乃至国际资源战略合作关系上，中西部资源富集地区与东部资源利用地区之间要建立公平分享资源利益的机制；在国际上，以平等、互利、共赢为原则，争取广泛开发利用国外资源。

三、构建资源战略合作互动机制，关键要有战略思维

中国面临的资源支撑问题，具有长期性、全局性与复杂性、风险性。解决这一问题的关键是，资源战略及其政策安排要真正具有战略思维。所谓战略思维，就是认识到资源问题的长远性与复杂性，树立全局的和长远的意识。以能源为例，联系到经济发展所处的战略机遇期及所面临的国内国际条件，制定和实施新的能源战略，在战略高度、战略深度、战略宽度、战略长度上都要有新的思路。

1. 提升资源战略高度

提高资源战略的高度，就是要提升资源战略在国家总体战略中的层级，强化资源战略效力。

中国在经济发展各个阶段都实施了不同的能源战略，例如，1977~1985年的“石油换外汇”战略。《“十五”计划能源发展重点专项规划》提出“十五”时期能源发展战略：在保障能源安全的前提下，把优化能源结构作为能源工作的重中之重，努力提

高能源效率、保护生态环境，加快西部开发。《“十一五”规划建议》提出的新时期能源目标：2010年单位GDP能源消耗比“十五”末期降低20%左右。《“十一五”规划纲要》进一步将其明确为“十一五”时期我国经济社会发展的一项约束性指标。应该说，国家已经把能源的合理利用问题提到了前所未有的高度。

但是，提出指标是一回事，完成指标则是另一回事。提出指标只是有了奋斗目标，而要完成这一目标需要有一系列战略举措，并具体落实为行之有效的配套政策。并且，能源问题并不只是“十一五”的情况，应该有比五年更长远的战略安排，为了保持政策的连续性和一贯性，需要制定一个类似于“计划生育”国策级的能源战略。只有这样，才能使能源开发、输送和利用重大项目建设特别是新能源的RD&C，不受经济发展周期波动等短期因素的影响，保证能源战略具有长期可持续的效力。

2. 深化资源战略深度

深化资源战略的深度，就是要使能源战略与民众的切身利益直接相联，做到政府有行动、全民能互动。

以能源为例，由于长期受计划经济及能源开发高度国家垄断的影响，到目前为止，我国的能源政策大都带有政府主导、供给主导的特点。这种政策背后的思维模式已不能适应今天市场经济与城市化快速发展的新形势。能否真正转变经济发展方式，建立资源节约型、环境友好型社会，主要取决于企业和民众行为模式的变化。因此，要提高全社会的资源忧患意识，但更重要的是，要以科学的能源战略为指导，通过深化改革形成相应的价格、税费等配套政策，使能源政策的目标扎根到企业发展、民众生活之中，使能源战略深化为全社会的自觉行动。

3. 扩大资源战略宽度

扩展资源战略宽度，就是资源战略及其制度安排要立足国内，放眼全球。

中国的经济已成为全球经济的重要组成部分，国内油气等战略性能源的发展难以自给自足，必须充分利用好国内外两种资源、两个市场。一方面，要进一步加强资源勘探，开发利用好煤炭、水电等优势资源，探索开发替代能源，立足国内能源发展经济；另一方面，同样重要的是，要加强国际能源开发与合作，防范可能出现的各种风险，促进能源战略从“自我平衡”向国际化转变，从全球的角度全面提高我国经济发展能源资源支撑的能力。

4. 拓展资源战略长度

拓展资源战略的长度，就是要做好资源战略的近期目标与长远目标的协调和衔接，从政策的时间效应上看，既要确保眼前，又要照顾长远。

以美国能源发展为例，美国之所以超越英国，建立了自己的世界经济霸权，主要得益于其创新性地发明了性能优良的能源新载体——电力；与此同时，还发现了可以大规模开采、加工和利用的石油。以这两大能源为基础，美国创新性地重建了具有巨大竞争优势的工业体系，塑造了美国以资源高消耗为基础的生产方式和生活方式。

美国的能源发展经验给我们的启示是，提高能源支撑能力，一方面要保证眼前与近期经济发展的能源需求，通过建立多层次的能源战略储备与技术储备，防范各种不确定性风险；另一方面，还要着眼于未来，通过鼓励能源开发的理论创新、技术创新、产品创新与产业推广，寻找具有长远竞争力的替代能源，树立国家竞争力的新优势，真正促进经济长期可持续发展。

第八章

国家城市化及其资源支撑

人类用了5000年的时间，才对城市的本质与演变过程获得了一个局部的认识，也许要用更长的时间才能完全弄清它那些尚未被认识的潜在特性。[①]

——［美］刘易斯·芒福德

城市的兴起，在人类发展的漫长岁月中至少已有几千年的历史。

今天，世界各国特别是经济发达国家，现代城市已经成为人们最基本的生产平台，城市生活也是最基本的生活方式。因此，现代社会的经济发展在资源支撑上面临的各种各样的矛盾与问题，在城市发展中表现得最为集中、最为突出。对于新兴经济体来说，随着工业化与现代化进程的不断推进，人口加速向城市集中，新兴城市不断兴起与壮大，城市化水平快速提升，国家现代化由此进入转型升级的关键阶段。城市化由此对资源市场的供求与公共资源配置的格局产生剧烈而深远的影响，城市发展的资源支撑问题成为国家经济发展的重大课题。

但是，需要特别注意的是，国家面临的资源支撑问题与城市面临的资源支撑问题，本质上有着很大的不同。一方面，在经济发展资源支撑上，国家与城市分别属于两个不同的层级。纵观世界各国，除了一些城市型国家（都是小国）以外，绝大多数国家都包含有大大小小的众多城市，这些城市的发展形态及其资源支撑的方式千差万别、各有特色。因此，国家经济发展与城市经济发展在资源的配置方式与面临的风险、资源的政策与制度设计尤其是资源战略等方面，都有着很大的不同。可以说，国家资源是城市发展的依托，城市发展又成为国家整合资源促进经济发展的重要平台。

① ［美］刘易斯·芒福德：《城市发展史》，中国建筑工业出版社2005年版，第2页。

另一方面，从国家现代化的历史进程来看，处于工业化、城市化等不同发展阶段的国家，或同一国家处在工业化、城市化等不同的发展阶段，其资源支撑的方式都存在着很大的差异。

本章基于“稀缺→替代→战略”的分析框架，对城市发展尤其是国家城市化过程中的资源支撑问题进行分析。

第一节　城市发展路径概述

什么是城市？

城市为什么会产生？又是如何发展起来的？

城市发展的过程是否存在产生、兴盛、衰退、消亡的规律性？其内在机理是什么？

现代城市与历史上的城市有何不同？为什么会出现全球范围的城市化？

……

一、城市及其起源

什么是城市？到目前为止，学界似乎还没有形成一个真正统一的定义。由于人们对城市的内涵有着不同的理解，有关城市的定义不下几十种。[①] 因此，从不同学科的视角出发，就会给出城市不同的定义。例如，在人口学家眼里，城市是人口高度聚集的地区，人口规模和密度是判断城市规模与影响的标准；在地理学家眼里，城市是建筑物和基础设施密集地区，是一种完全不同于农村的空间聚落；在社会学家眼里，城市是一种特有的生活方式，即城市性（urbanism）；在经济学家眼里，城市是产业（工业、服务业等）经济活动高度聚集的结果，是市场交换的中心。英国经济学家K.J.巴顿认为，城市是一个坐落在有限空间内的各种经济市场（住房、劳动力、土地、运输等）相互交织在一起的网状系统。

城市的产生与发展经历了漫长的历史过程，最早的城市产生于原始社会向奴隶社会过渡时期。城市为什么会产生？专家们的解释莫衷一是、见仁见智，由此形成了不同的城市起源学说，主要有防御说、集市说、地利说、宗教说、社会分工说、私有制

① 尤建新：《城市定义的发展》，载《上海管理科学》2006年第3期。

说、发展阶段说，等等。[①]

可以说，每一个城市的产生与发展，都有着自己特定的原因、精彩的历史和动人的故事，正因为如此，人们可以对古代城市的产生做出异彩纷呈的解释。但是当代城市作为一种特殊的社会经济存在，它的大量产生与快速发展却存在着某种共同的规律性。

对于人类城市发展的历史，西方历史学家和地理学家将其划分为古代城市、中世纪城市、近代城市和现代城市四个阶段。也有人将世界城市发展的历史大体分为城市产生及其早期发展阶段，中世纪阶段即前工业化社会时期，工业化时期，工业化后的城市化时期。但是，从资源支撑方式的视角来进一步概括，我们可以将人类城市发展的历史大体划分为三大阶段：一是工业化之前的“传统城市”发展阶段，二是工业化、城市化过程中的“近现代城市”（以下简称为现代城市）发展阶段，三是城市化完成之后的“后城市化城市”发展阶段。

之所以这样划分，因为现代城市与古代城市有着根本的不同。与传统城市相比，现代城市发展的动力模式出现了革命性变化，生产力与竞争力决定着现代城市产生、发展乃至衰败的整个过程。经济发展成为城市发展的重要目的，同时又是推动城市发展的决定性因素，因此，经济学的理论与方法，可以帮助我们对现代城市的产生与发展乃至对世界各国城市化过程给予较为普遍合理的理解。而对于传统城市的发展，情况则较为复杂，单纯的经济学理论并不能做出普遍有效的说明。

例如，古希腊城市是早期城市的典型，在一定程度在代表了传统城市的情况。古希腊城市具有以下几个特点：一是大多数城市坐落在有利于农业、防御和贸易的地方；二是大都有城墙环绕，这种“城”的存在有其内在的功能作用；三是宗教在城市的布局和社会功能上占主导地位；四是大都有中心广场，广场四周是宗教和政府的建筑物；五是以广场为中心放射出宽阔的林荫道，林荫道两侧居住着富人，富人住宅的周围一直延伸到城墙的地带则是其他人口居住的地方；六是商人和工匠们居住在他们工作的地区，这里称为“市”，满足着城市生活的物质供应；七是城市统治着其周围的农业土地，从农民那里取得粮食；八是作为一种回报，城市保护其周围的农民不受侵犯。

可见，古希腊城市的核心更偏重于“城”，“城”是社会生活的中心，而“市”则为“城”提供物资保障，从而构成对“城”进行资源支撑的一种方式。

① 朱铁臻：《城市发展学》，河北教育出版社2010年版，第3页。

二、城市发展路径的变迁

城市是如何产生的呢？一般认为，城市是“城”与“市”的结合，有些城市起源于“城”，有些城市则起源于“市”。城，是一群建筑的聚集，其功能或者是一种防御设施，或者是一种政治活动的中心，或者是一种宗教社会活动场所，或者是前述各种功能兼而有之；而市，则是商品聚集并进行交易的行为与场所。可以说，在国家现代化之前，由“城”发展为城市和由“市”发展成城市，是传统城市发展的两种基本路径。

早期因城而兴起的城市，具有明显的防御性，这样的功能定位决定了传统城市具有较强的封闭性，导致那时的城市在地域上具有较强的局限性，在资源支撑上必然存在着有限性与不可持续性，这对当时城市的规模及其可持续发展都构成严重制约。而早期因市而兴起的城市，其发展也受到市场经济不发达、商品交换的规模与质量都不高等因素的严重束缚。因此，从城市产生到工业革命之前，无论是在东方还是在西方，由于人类社会的生产方式与生活方式普遍以自给自足的农牧经济和分散的乡村聚落为基调，城市的兴衰起伏十分剧烈、极不稳定。在这成千上万年的漫长岁月中，城市的发展无法成为、事实上也没有成为推进人类社会经济发展的持续的主导的方式。因此，历史上许多城市的停滞不前甚至走向衰败，都与其当时特定的发展方式及其资源支撑方式所固有的问题密切相关。

工业革命之后，现代城市最先在英国兴起并在欧洲、北美各国得到快速发展。工业化成为欧洲、北美开启城市化的原始推动力量，进而促使城市化成为全球经济社会发展的一种普遍趋势。现代城市由工业革命而兴，城市化则是与工业化、经济全球化等重大转型与世界趋势相伴生并同步成长的重要社会经济现象，也成为各国现代化的基本内容。因此，除了传统的“因城而兴”与“因市而兴”两种城市发展路径之外，出现了“因产而兴”这一新的城市发展路径。在世界各国的现代化进程中，城市化与工业化、市场化及全球化之间，之所以形成互动共进的局面与趋势，其根本原因是城市的发展更加符合现代社会经济发展及其资源支撑的规律。

其一，工业革命为现代城市的产生与发展提供了巨大的推动力。工业化是一种以现代资源（煤炭、石油、天然气、电力等高效能源，钢铁、铝、合金与化学材料等高强度原材料）高度密集为支撑的发展方式，大工厂、流水线、大交通、高耗能，需要大量产业工人，导致人口不断向厂矿及其周边地区聚集，推进了城市的兴起与建设、贸易的繁荣与发展。

其二，现代科技的蓬勃发展，促进了能源原材料等资源、交通通信系统、城市公共设施等的快速发展，在持续不断的创新性活动中，城市扮演着极为重要的角色，成为优化资源配置的一种基本平台。

其三，市场化与全球化大大拓展了城市发展在资源支撑上的区域边界，提升了城市在资源博弈中获取资源的能力，也促使全球资源支撑的方式成为可能。大城市发展在资源支撑空间上的不断拓展，不仅扩大了资源支撑的数量规模，而且还进一步促进了资源结构的不断优化，为国际大都市乃至世界城市的兴起、形成和发展提供了机遇。

其四，现代城市的兴起与发展，最根本的原因是城市成为各种资源聚集、交易与共享的资源配置新平台，能够创造出远远超乎于乡村、也远远超乎于传统城市的巨大生产力。

总之，因城而兴、因市而兴与因产而兴，不仅构成了人类城市发展的三种基本起源，而且也决定了具体城市进一步发展在资源集聚与资源支撑上的基本路径。

三、现代城市发展理论：城市发展动力机制的三个假设

现代城市为何能够生产？

为什么会出现全球性的城市化？

支撑现代城市产生与发展的内在动力机制是什么？

从学理上解答这些问题很不容易，其涉及面非常广泛，个中缘由十分复杂。但从具象上回应，则可以罗列出众多的、各种各样的答案，这样的研究并不少，形成了许多似是而非的理论，比如生产力与生产关系说、工业化说、规模经济等效率说、城市性说、创新动力说、人性说等等。应该说，这些研究关注了城市发展问题的某些侧面，具有一定的研究意义，但没有真正从本质上揭示出现代城市生成与发展的内在机理。

以《比较城市化——20世纪的不同道路》一书为例，其作者布赖恩·贝利在该书中指出："伴随着生产力的不断发展，劳动分工和专业化程度日益增加，必然成为城市人口聚集的驱动力。随着人口的这种转移，经济就业结构也会发生变化。日益增加的劳动分工、市场不断扩大、城市化加速等均需要或产生了以下结果：过去从事农业以及那些原始生产中的非熟练工人，转向了技术型的白领职业或高层次的职业，这些职业绝大部分在城市集聚区。旧的体制从根本上受到震动，新的体制开始建立起来，在

金融和市场体制方面更是如此，从而引发了社会、经济因素在城市的高度集聚，使得更高效率的生产力成为可能，现代体制变得更为有效。因此，最初还有其他因素产生了集聚。这些因素是什么呢？韦伯证明最早开始于英国的工业革命和美国的铁路时代，是影响人口重新分布的最为重要的因素……”①

布赖恩·贝利进一步指出：“著名学者西蒙·库兹涅茨的分析证实了韦伯的假设。库氏认为19世纪西方最为显著的特征是：伴随着人口的实质性增长（每10年的增长率超过10%），人均产量增长加快（每10年增长率从15%递增到30%）。这意味着伴随总产值的高速增长和自然资源的高消耗，不同的经济和社会团体的差异性扩大。统治者很大程度上缘于生产技术的改善，仅有很小部分是由于劳动力、资本和自然资源的投入，人均产值增加额的1/5是来自于每个工人的劳动时间的增加和体力的消耗。增长首先缘于投入要素质量的提高，有用知识的增加、工业组织的改进、体制安排的完善，这些都带来了更为高效的增长效率……”

可以说，布赖恩·贝利的研究，更多是从经济效率的提高即从生产力发展的侧面对城市进行了分析。到目前为止，这仍是一种得到较普遍认可的经典解释，我们可以称其为经典城市发展理论或传统城市发展理论。

但是，如果进一步追问：城市为什么会有更高的生产力？只要是城市，就一定会提高生产力吗？为什么同等规模的城市会有不同的生产力？为什么不同国家的城市会有不同的生产力？什么样的城市才能真正提高经济效益？如果所有城市都一定能提高生产力，对于中国、印度等城市化水平与经济发展水平仍然不高的发展中国家，通过人为地大规模地进行造城，这样的城市还能形成预期的生产力吗？

因此，回答上述问题，需要做出更具学理、更合逻辑因此也更为专业、更为深入的研究，其核心与关键可以归纳为一个问题，即现代城市的性质到底是什么？因为，只有真正从理论上厘清现代城市的本质属性，才能找到现代城市在当今世界生成与发展的内在逻辑。

必须承认的是，对这一学术性极高的问题进行求解，不是本书的任务，本书也无法完成这样的任务。但是，由于这个问题与城市发展及城市化资源支撑问题的关系重大，本书又无法回避或绕行，因此尝试性地提出些许核心观点，作为进一步研究的假设。为了与传统城市发展理论相区别，不妨将其称为“现代城市发展理论”。

① 参见［美］布赖恩·贝利：《比较城市化——20世纪的不同道路》，商务印书馆2010年版。

对现代城市根本性质的把握，离不开人、生产力、生产关系三个维度。以此为基础，可以在理论上导出三个假设。

1. 假设之一：从人的维度来分析，现代城市是对传统乡村的一种替代

传统乡村是具有宗族特征的自然而分散的农牧经济社会形态，现代城市则是以现代契约关系为基础的集聚性的经济社会形态，后者对前者的替代，本质上是因为以契约为基础的开放性的人类存在方式，能够更好地满足人的需求与发展。

现代城市对传统乡村的替代，并不是城市的发展不需要乡村，更不是乡村的灭失，其本质是由于城市可以实现以人为核心或以人为本的社会效用最大化，与其伴随的另一结果是乡村的现代化再造。因此，真正成熟的城市化社会（城市化完成之后的“后城市化城市”发展阶段），在人的维度上分析，必然也必须是城乡发展的一体化。

2. 假设之二：从生产力的维度来分析，城市是对企业的一种替代

企业是现代经济的细胞，是现代经济发展的动力之源。问题是，有了现代企业这一生产力发展的现代组织形态，为什么还需要现代城市呢？答案是，城市是对企业的一种替代。

对企业的替代，并不意味着有了城市就可以不要企业；相反，现代企业的发展离不开现代城市这样的平台。在没有城市的情况下，企业生产经营所需要的一切资源保障都不得不由企业自身来完成。城市产生和发展之后，通过资源集聚，不断实现资源优化配置，能够为企业发展提供更好的物质基础。这样，城市对企业在资源保障上的部分功能进行了替代，不仅有利于降低成本，还可以规避资源支撑方面的部分风险，从而促进了生产力的发展。

城市对企业部分功能的替代，本质上又形成对企业资源配置部分功能的互补。因此，资源集聚这种城市化发展方式，能够促进资源配置的最优化。其结果是，现代城市需要企业，企业发展也离不开城市。

3. 假设之三：从生产关系的维度来分析，城市是对市场的一种替代

市场是资源（产品）交换的场所，更是平等开放地建立和实现交换关系（契约关系）的机制。城市对市场的替代，并不意味着有了城市就不需要市场；相反，现代市场的发展不仅离不开城市这样的平台，城市所提供的空间条件与信息交换，特别是一系列不断创新的制度安排，可以降低市场交易成本，从而提高企业与城市本身的竞争力。

城市对市场的替代，本质上是城市可以不断提供创新性的制度供给，其核心是交

易成本最小化。

社会效用最大化、资源配置最优化与交易成本最小化，是现代市场经济条件下城市能够产生与发展的根本原因与内在动力，也是推动国家乃至全球城市化的动力机制。正是基于这样一种机制，现代城市成为世界各国实现现代化的一种崭新的发展方式。

城市及城市体系发展的基本特征就是资源集聚，可以说，现代城市的发展过程就是一种为谋求资源集聚而不断进行资源博弈的过程。透过现代城市的兴起与发展，透过各国乃至全球城市化的历史经验与教训，我们可以研究城市发展与城市化过程中资源支撑的规律性，包括资源支撑的方式与特点，可能产生的问题与风险，以及解决资源支撑问题的路径与战略，等等。

第二节　城市化:过程、因素与规律

一、城市化是人类现代化的必然进程

城市化一词来源于英文 Urbanization，又称为城镇化。城市化的概念最早由西班牙工程师塞尔门（A. Serda）于 1867 年提出。

什么是城市化？经济学家较为一致的看法是，城市化是农村人口转移为城镇人口的过程，是农业人口转变为非农业人口、农业活动向非农业活动的转型过程，是生产关系的转变过程。有人认为，城市化是经济工业化、人口城市化、社会生活方式城市化所引起的人口不断聚集、城市不断扩大、城乡差别不断缩小的发展过程。[①]

因此，城市化最直观的表现就是乡下人大规模进城并变为城里人，即乡村人口的减少、城镇人口的增加。城市化率，即一定时期城市人口规模在一个国家或某个地区总人口中所占的比重，是反映一个国家、一定区域乃至全球城市化程度的重要衡量指标。从城市化率变化的历史来看，世界城市化的过程已经历了三个发展阶段。[②]1760~1850 年是城市化的兴起阶段。18 世纪中叶的英国工业革命，启动了英国同时也开启了整个人类城市化的历史。从公元 1 世纪到 18 世纪的 1700 多年中，世界城市人口达到 2930 万人，仅占世界人口总量的 3.2%；到工业革命后仅仅 100 年的

① 朱铁臻：《城市发展学》，河北教育出版社2010年版，第81页。

② 同上，第87～91页。

1850年，世界城市人口占总人口的比重上升到6.4%，而英国城市人口占其总人口比重则超过50%，成为世界第一个城市人口超过农村人口即城市化率超过50%的国家。伦敦、巴黎、维也纳、莫斯科、圣彼得堡、加尔各答、东京、芝加哥、费城、纽约等十个城市的人口都超过了100万。世界主要大都市的雏形开始出现。

1850~1950年为欧洲、北美发达国家快速城市化阶段。经过这100年的加速发展，欧洲、北美地区的主要国家基本实现城市化。1850年，欧洲、北美主要国家的城市人口约4000万，1950年增加到4.49亿，100年中整整增加了10倍。一些国家的城市化率超过了50%，如法国为52.9%，德国为71%，瑞典为56.3%，西班牙为60.5%，等等。

1950年之后，全球进入城市化加快发展的新阶段。1950年世界城市人口7.34亿，城市化率为29.2%；而到1980年，城市人口增长为17.34亿，城市化率为39.6%；2000年，城市人口达到29.26亿，城市化率大约上升到47.52%。据联合国资料，2008年，全世界的城市居民人数有史以来首次超过农村居民，即全球城市化率首次超过50%，地球村一半以上的人口变成了城里人。

目前，全球城市化仍处于快速进行之中，尽管欧美等发达地区已经完成了城市化进程，但亚洲和非洲的许多发展中国家仍处于加速城市化的过程之中。因为，今天世界城市化进程在许多发展中国家仍在加速，据联合国相关机构预测，到2050年，全球城市化率将达到70%，即70%的世界人口可能成为城市居民①。这意味着，2007~2050年的40多年间，城市居民人数预计将从33亿增至64亿，净增31亿，而世界人口将增加25亿，两者之间的差额代表了农村向城市的净迁移人口，其原因，要么是农村人直接进城，要么是一些农村地区变为城市。

从结构上看（见图8-1），未来世界城市人口的增长主要集中在发展中国家，其城市人口增加额预计将达29亿，即从2007年的24亿增加至2050年的53亿，而发达国家城镇人口也将可能从2007年的9亿增至2050年的11亿。其结果是，2007~2050年期间，发展中国家城市化率预计将从44%增至67%，而发达国家将可能从74%进一步提高到86%。②

① 节选自E/CN.9/2009/6《世界人口趋势》。

② E/CN.9/2009/6《世界人口趋势》http://www.un.org/zh/development/population/urbanization.shtml。

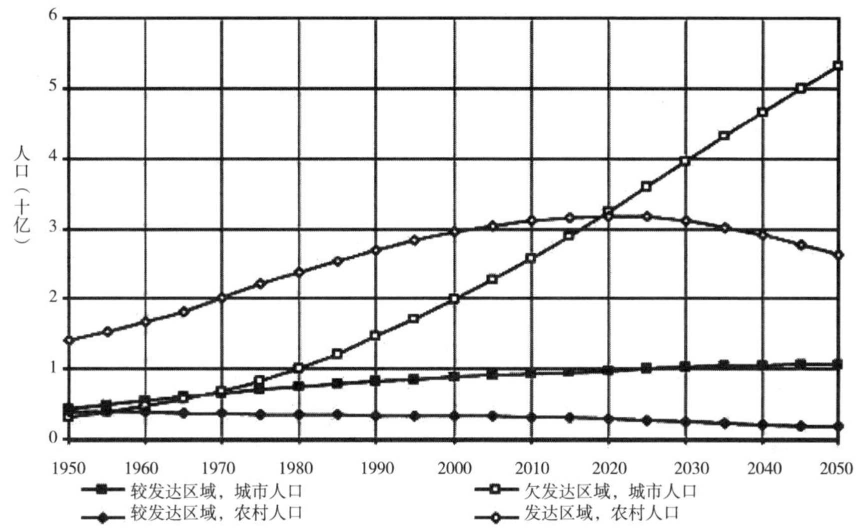

图 8–1　按发展集团分 1950 ~ 2050 年城市和农村人口分布情况

资料来源：《世界城市化前景：2007年修订版，摘要》

从地区上分析，2007 年，城市化程度最低的两个区域是非洲和亚洲，其城市化率分别为 39% 和 41%。2007 年拉丁美洲和加勒比地区的城市化率高达 78%，超过了欧洲的 72%。因此，预计非洲和亚洲将快速城市化，由此增加的城市人口将占发展中国家城市人口增加数的 80%。即使如此，2050 年非洲和亚洲的城市化水平仍将大大落后于其他主要区域。

从绝对量来看，目前世界城市人口高度集中在少数几个国家。2007 年，25 个国家的城市居民占全世界城市人口的 75%，城市人口数量从南非的 2900 万至中国的 5.61 亿不等。在这 25 个国家中，大多数国家都已经高度城市化，但仍有 7 个国家的城市化水平较低，大约在 27%~50% 之间，它们正处于城市化加速发展的中期阶段。这 7 个国家包含有中国，此外还包括孟加拉、印度、印度尼西亚、尼日利亚和巴基斯坦等人口大国。因此，从某种意义上说，在未来的 20~50 年里，这 7 个国家的城市化进程就基本上代表了全球的城市化。

从上述全球城市化的历史过程及未来预测的相关数据（见表 8–1）中，我们可以就城市化在现代化中的作用得出以下结论：

其一，先期进行工业化的国家，其城市化也先期启动并得到同步发展；

其二，经济发展水平较高的国家，其城市化水平也相对较高；

其三，工业化起步较晚的国家和地区，城市化启动较晚，但随着工业化与现代化的加速，城市化水平亦快速提高；

其四，在近200多年的人类历史中，随着世界各地不断从传统社会向现代社会的转型，全球城市化水平一直处于不断上升之中，这一过程目前仍在继续。

由此可见，国家的城市化水平是紧随其现代化的过程而不断提高的，或者说，城市化本身既是现代化的重要部分，也是现代化程度的一个主要标志和重要特征。

表 8-1　世界城市化水平比较

国家	人均国民生产总值（美元）1983年	劳动力构成（%）						城市人口			
		农业		工业		服务业		占总人口（%）		年均增长率（%）	
		1965年	1980年	1965年	1981年	1965年	1981年	1965年	1983年	1965～73年	1973～83年
低收入国家（印度、中国）	260	77	73	9	13	14	15	17	22	4.4	4.5
	260	74	71	11	13	15	16	18	24	4.0	4.2
	300	—	74	—	13	—	13	18	21	—	—
中等收入国家	1310	57	44	16	22	27	35	36	48	4.5	3.9
上中等收入国家（巴西、阿根廷、墨西哥）	2050	45	30	21	28	34	42	49	64	4.9	3.0
	1880	49	30	17	24	34	46	51	71	4.5	4.1
	2073	18	13	34	18	48	59	76	84	2.1	2.1
	2240	50	36	21	26	29	38	55	69	4.8	4.1
市场经济工业国（英国、日本、法国、美国）	11060	14	6	39	38	48	56	71	77	1.7	1.0
	9200	3	2	46	42	51	56	87	91	0.7	0.3
	10120	26	12	32	39	42	49	67	76	2.4	1.3
	10500	18	8	48	39	42	53	67	80	2.0	1.2
	14110	5	2	36	32	59	66	72	74	1.6	1.2
东欧非市场经济国家（匈牙利、苏联）		35	19	34	44	32	39	51	64	4.8	2.2
	2150	32	21	39	43	29	36	43	55	2.2	1.4
		33	14	33	45	34	41	52	65	5.9	3.4

资料来源:联合国《1950–2050城市、农村及城市人口的估计与规划》。

本书引自朱铁臻：《城市发展学》，河北教育出版社2010年版，第90页。

二、影响城市化的主要因素：以美国为例

表 8–2　　美国城市化发展的历史进程

年份	5000人口以上城市个数	全国总人口（百万）	城市人口比例（%）
1790	12	3.9	3.4
1800	21	5.3	5.2
1850	147	23.2	13.9
1900	905	75.9	35.9
1930	1803	122.7	52.3
1950	2449	150.7	54.5
1970	4140	203.2	61.7
1990	5831	248.7	71.2
2000	—	—	79.1
2010	—	—	82.3

资料来源：朱铁臻：《城市发展学》，河北教育出版社2010年版。

现代工业的发展导致现代城市的产生，工业化是推动现代城市产生与扩张的重要力量。那么，在国家城市化的过程中，具体有哪些因素会对其产生巨大影响呢？如果说工业化是城市化的启动器，那么，科技创新则是城市化过程的发动机，国家可用资源的数量与质量是支撑城市化进程的底盘，科学的治理尤其是政府政策及整个社会的制度创新则是城市化的方向盘与润滑剂。

以美国为例，在过去 200~300 年（见表 8–2），美国的城市化过程大体经历了发生、发展、成熟等阶段，呈现出大集中和小分散两种态势相并存的模式。正是在这一过程中，美国从一个英国的殖民地变成一个全球超级大国，从东部 13 州发展成为具有 50 州、人口达 3 亿多、国土面积达 900 多万平方公里的现代超级强国。

从城市人口的变化上看，美国的城市化大致经历了三个阶段。1850 年以前，是其城市化缓慢发展的起始阶段，全国人口的总量、城市数量及城市化率都较低；1850~1970 年的 100 多年，是美国城市化快速发展的中期阶段，城市化率达到 60% 以上；之后，美国进入城市人口相对缓慢增长的城市化后期阶段。

值得注意的是，在美国的城市化过程中，其官方统计数据中出现的三个“50%”

具有划时代的意义：1920 年，美国城市人口占其总人口的比例达 50%，美国成为一个城市化国家；1940 年，美国大都市区（Metropolitan Areas）人口接近全国总人口的 50%，美国进入“大都市区时代”；随后人口进一步向大城市集中，到 1990 年，美国 50% 以上的人口居住在百万人口以上的大都市区，大都市区向大型化、连绵化发展。[①]在美国人口不断向城市、大都市区、大型大都市区集聚的过程中，大都市区内的人口则向郊区和大都市区周边乡镇不断扩散。因此，人口空间分布上的“大集中，小分散”，成为美国城市化后期或城市化新阶段的重要特征。

美国城市化这一模式的形成，受到哪些重要因素的影响呢？1999 年末，150 名美国城市问题专家总结了 1950~2000 年影响美国城市发展的十大因素，同时预测了 2000~2050 年可能对美国城市产生影响的十大因素。这十大因素又可以进一步归结为 5 大类，包括政策因素、经济因素、社会因素、技术因素和规划因素（见表 8-3）。

1950~2000 年，影响美国城市化历史进程的十大因素中，政策因素占 4 个，经济因素 3 个，社会因素、技术因素和规划因素各 1 个。其中，最重要的教训是城市政策具有超乎预料的重要影响。因此，美国学者张庭伟认为，当今美国城市发展中出现的几乎所有问题，包括经济、社会、环境、能源、城市交通等，都和过去城市政策的失误有着直接的关系。[②]对于历史上城市发展可能出现的一些问题，例如发展小汽车交通的代价、城市更新的错误、种族问题的严重性等，当时的一些城市专家们都曾提出过警告。

而对于 2000~2050 年可能影响美国城市发展的十大因素中，政策因素 1 个，经济因素 1 个，社会因素则上升为 5 个，技术因素 1 个，规划因素 2 个。与 1950~2000 年的十大影响因素相比，一个重要的变化是，政策因素大为减少，社会因素则大为增加。张庭伟（2010）分析认为，政策因素减少并非意味着城市政策不重要，因为政策只有在问题出现以后才会制定和实施，所以专家们无法提前预知未来的政策。而未来经济、社会、技术等因素则格外重要，因为正是它们的需求决定着未来的城市政策。归根结底，城市发展总会出现一些现实问题，需要政策提供解决办法。[③]

① 陈熳莎：《当前美国大城市连绵区规划研究的新动向》，载《国际城市规划》2007 Vol.22，No.5。

② ［美］张庭伟：《1950—2050 年美国城市变化的因素分析及借鉴》，载《城市规划》2010年第8期。张庭伟为美国伊利诺斯大学（芝加哥）大城市研究所亚洲和中国研究中心主任。

③ ［美］张庭伟：《1950—2050 年美国城市变化的因素分析及借鉴》，载《城市规划》2010年第9期。

表 8-3　　　　1950 ~ 2050 年影响美国城市发展的十大因素

	政策因素	经济因素	社会因素	技术因素	规划因素
1950 ~ 2000年影响美国城市发展的十大因素	①高速公路法案；②住房贷款政策；③1949年的“公共住宅法案”；④以上法案的结果：郊区扩张和城市蔓延	①大城市去工业化；②以工业化方式进行郊区住宅建设；③郊区购物中心的风靡	种族隔离和骚乱	空调技术的普及	城市更新、超级选区的规划手法
预测2000 ~ 2050年可能影响美国城市发展的十大因素	“TEA-21法案”引发远郊边缘城市的增加	结构性的贫富分化	①“郊区精英领导城市”；②“底层阶级”集中在中心城；③老龄化社会到来；④家庭平均人口减少；⑤多元文化社区出现	互联网的普及	①“精明增长”的规划措施限制了城市蔓延；②早期建造的近郊城镇出现衰退

资料来源：[美]张庭伟：《1950—2050 年美国城市变化的因素分析及借鉴》，载《城市规划》2010年第8期、第9期。

从美国城市化影响因素的分析中，我们可以进一步得出如下结论：

第一，城市化过程中，政策因素始终是最为重要的因素之一。在城市发展过程中，政策因素是一种调节器或方向盘。政策大多着眼于解决城市发展中的现实难题，却难以预料地导致城市未来发展出现新的难题。因此，城市发展的政策是柄“双刃剑”，既解决问题、又制造问题，其影响十分深远。政策因素本身来源于一种制度体系（见表 8-4），有全国性的政策，有区域性的政策，也有每个城市自身的政策。在城市化过程中，这种针对城市发展的制度体系，对于一个国家、一个地区或一个城市，本身就是一种城市发展的战略。

第二，在城市化过程中，经济因素是最为重要的推动力量。经济因素的基础，是资源的聚集与配置，以及以此为依托的产业发展与商业活动的模式。影响城市化进程的经济因素，最明显的特征是，城市之间必然存在一定程度的资源博弈，一方面，它反映出城市发展集聚所需资源的能力；另一方面，它又是城市发展过程中对资源进行再配置的能力。因此，经济因素决定着城市发展所能形成的规模、所能达到的水平，以及能否持续的未来。一言以蔽之，经济因素代表了一个城市发展的竞争力，决定着城市在国家城市体系甚至世界城市体系中所占据的高度、在空间布局中产生影响的广度、在时间坐标上所能持续繁荣的长度。

表 8-4　　美国大都市城市增长管理公共政策

分类	政策内容	政府实施层面
土地的公共征收	建立公共性公园、休闲区域、森林、野生动物庇护区、荒野、生态敏感区、绿廊等	地方、区域、州、联邦政府
法规程序	开发延期补偿、间歇性开发法规	地方政府
	增长控制比例、增长阶段法规	地方政府
	充足公共设施条例	地方、州政府
	提升用途分区、小地块分区、最低密度分区	地方政府
	绿带	地方政府、区域
	城市增长边界	地方、区域、州政府
	城市服务边界	地方、区域
	规划指令	区域、州政府
激励政策	开发影响费	地方政府
	开发影响税、房地产转让税	地方政府
	填充与再开发奖励	地方、州政府
	分级物业税	地方政府
	棕地再开发	地方、州、联邦政府
	区位效益贷款	地方政府
	历史复兴税收信托	州、联邦政府

资料来源：沈山、秦萧：《国外城市服务边界研究进展及启示》，载《城市区域规划研究》2012年第2期。

第三，社会因素对城市发展的影响，会随着城市化的加深而日渐突出。社会因素，也就是人与人之间、人群与人群之间互相关系的或积极或消极、或正面或负面、或和谐或冲突的某种社会状态。人口聚集的结果是人口数量的增长，而人口规模越大，就越会导致人与人之间的分化，并由此派生出种种社会难题。因此，城市规模越大、城市化水平越高，社会因素的作用也会越来越大。社会因素还必然与经济因素、政策因素相互作用，产生出越来越大的影响。

第四，科技因素特别是颠覆性的创新活动，对城市的发展具有特别重要的意义。需要注意的是，对于单个城市的发展来说，科学技术对城市的发展有时会产生难以预知的影响。这种影响可能是极其正面的，也可能是极其消极、极为负面的，更大的可能则是积极性与消极性兼而有之。例如，重大科技变革，会意想不到地引爆产业革命，导致经济结构的重大调整，一些城市因此兴起，另一些城市则受到冲击甚至由此衰败。

第五，在美国城市化的十大影响因素中，城市规划可以看作是城市发展的一种具体政策因素，也可以部分地看作是创新活动。这两个看起来相互矛盾的方面，在影响城市的发展中既可能协同推进，亦可能在掣肘中相互抵消。

总之，影响城市化进程的因素多种多样，最根本的表现是，在城市化过程的资源博弈中，资源流动的方向、资源集聚的程度及其资源如何配置。这些都是城市发展的资源支撑问题。

三、城市化过程的五大规律

1. 城市化是资源集聚度不断提高的过程

集聚发展是城市化的第一规律。

整个城市化过程，都是围绕着资源不断集聚进行的。伴随着人口资源不断进入城市，矿产、能源等自然资源和资金、科技等要素资源也不断向城市集聚。具体表现如下：

其一，从城市化早期与中期人口流动的方向来看，一是从农村向城市集聚，二是从小城市向中型、大型城市集聚，三是从中型、大型城市向特大城市集聚。

其二，从人口集聚过程及其结果来看，通常情况下，当城市化率达到 20%~30% 时，国家城市化进程进入快车道，随后几十年城市化率将会达到甚至超过 70%。但这并不意味着城市化过程的终结，先期城市化国家的历史经验表明，国家城市化率达到 70% 属于较高水平，但仍会继续提高，最终甚至高达 90%。在这一阶段里，大城市、特大城市占国家总人口的比重不断上升，并形成城市群；而乡村人口的比重趋于下降，中小城市人口比重则趋于稳定或有所下降。

其三，大城市、特大城市在资源博弈中处于更加有利的地位。城市圈、城市群、城市带等成为全国经济社会发展的重要支撑平台。国家经济社会活动，一方面越来越以大城市、特大城市为轴心，另一方面中小城市的发展要以大城市与特大城市所具备的完善的基础设施为依托，越来越成为特大城市的附庸或“卫星城市”，成为特大城市辐射下的城市家族的成员。因此，城市群成为参与全国、国际乃至全球资源博弈的一种新的平台或新的实体。

其四，在城市化进入中后期特别是进入较为成熟的阶段后，大城市大多进入战略调整的扩散期。以美国的经验来看，大都市通过向周边蔓延而出现一种所谓“小分散”的趋势，大都市中心区的资源密度因此有所下降，甚至会出现城市空心化的现象。如何看待这种趋势，有分析认为，这是所谓的“逆城市化”阶段。但以资源配置的视角来看，这是大都市资源集聚与资源配置的一种空间替代方式，因此“小分散”应属于城市化进入新阶段后的一种结构调整。

集聚发展之所以是城市化的第一规律，从理论上分析，是城市所具有的社会效用最大化、资源配置最优化与交易成本最小化内在机制综合作用的结果。它表现为一种城市聚集效应，具体包括由于人口集中和产业集中导致的消费品市场、投入品市场和要素市场容量的扩大和运输成本的节约，对土地的更有效利用，产业配套能力的增强，基础设施和生产、金融、信息、技术服务条件的完善，以及技术、知识、信息传递、人力资本贡献等方面的溢出效应。① 这些因素使得大城市具有更高的生产率。而在市场机制的作用下，这会导致对资本、劳动力和人力资本的更高回报，从而吸引人口并诱发其他生产要素向大城市集中，实现资源的优化配置。实证研究证明，这种集聚效应能够在一定的城市规模与区间里，抵消人口和产业集中对交通、居住和环境带来的负面外部效应，使其具有正的净规模收益。

因此，没有人口与资源的集聚，就没有城市的产生与发展，也就没有国家城市化的过程；而人口向城市集聚的本质，则是经济活动与社会生活的集聚。人口迁移作为城市化过程中的一个标志，其背后是城市之间为实现经济活动集聚而进行资源要素的竞争与博弈。这种经济活动的集聚，内容丰富、影响深远，其主要表现：一是要素的集聚，无论是人力资本还是物质资本，都会不断地聚集于城市；二是产业的集聚，首先表现为第二产业的集聚，之后深化为第三产业的集聚；三是交换活动的集聚，因为城市不仅能为人们的交换提供功能完备的市场体系和交换所需的各种中介服务，而且还能提供交换所需的便利的交通运输条件和灵通的信息条件，降低了交易成本；四是消费能力与消费活动的集聚，人口集中、产业集聚和交换集聚，必然带来消费活动的集聚，这既扩大市场规模，又为城市的进一步发展提供了能量。②

2. 诺瑟姆 S 型曲线：国家城市化的阶段性规律

发展过程呈现出一定的阶段性，是城市化的第二规律。

尽管地区之间、国家之间在城市化模式、城市化程度上存在较大差异，但从各国城市化过程的历史轨迹来看，不仅具有相同的趋势，而且表现出极其相似的阶段性，对这种现象的归纳与解释，形成了以 S 型曲线为代表的“城市化三段论”。

欧洲、北美先期城市化地区，其城市化都经历上百年甚至更长的历史过程。这一过程又呈现出从缓慢发展、到加速发展、再到平稳发展的阶段性规律。1979 年，美国城市地理学家诺瑟姆（Ray M. Northam）在总结欧美城市化发展历程的基础上，提出了国家城市化的 S 型曲线（见图 8-2）。在这条 S 曲线上，城市化进程分为三个阶段：

① 王小鲁：《中国城市化路径与城市规模的经济学分析》，载《经济研究》，2010 年第10 期。

② 姜斌、李雪铭：《世界城市化模式及其对中国的启示》，载《世界地理研究》2007年第3期。

第一是城市化起步阶段或前期阶段，这一时期城市化水平较低，发展速度也较慢，农业仍占主导地位；第二是城市化加速发展的中期阶段，这一时期工业化进程的加速，导致城市吸纳人口的能力明显增强，这吸引了大量乡村人口快速向城市集中；第三是城市化稳定发展的成熟阶段或后期阶段，由于农村剩余劳动力基本被城市所吸纳，这一时期的城市化主要依赖城市自身的发展，城市人口增长势头大为减缓。

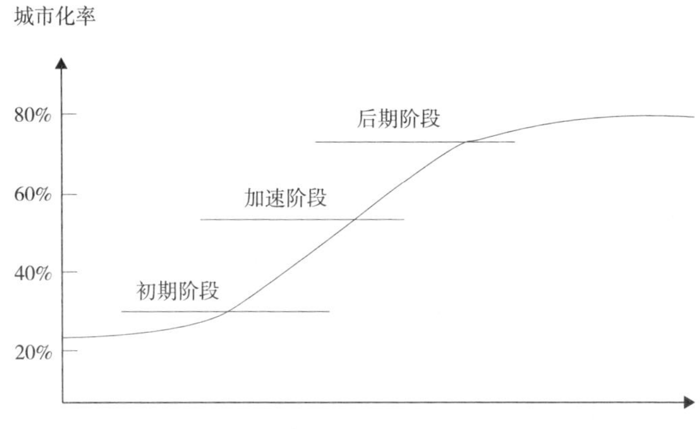

图 8–2　国家城市化过程的 S 型曲线

以美国为例，美国的城市化有着 200 年的发展历程，图 8–2 大体代表了美国城市化过程的 S 型曲线。1840 年美国城市化水平为 11.6%，以后进入加速发展的中期阶段，1970 年城市化水平达到 74.0%，共历经了 130 年，年均城市化率为 0.48%。此后城市化进入稳定发展的后期阶段。值得注意的是，1930 年和 1940 年的城市化率分别为 56.1% 和 56.4%，美国城市化水平似乎没有显著变化，这可能与美国 20 世纪 30 年代发生的经济大萧条有关，经济大危机干扰并延缓了美国城市化的进程。[①]

根据欧美发达国家城市化的历史经验，在完成城市化的起步、中期和成熟三个阶段后，现代城市就真正成为这些国家经济社会发展占主导地位的生产方式与生活方式。问题是，此后城市化是否已经结束？或者说城市化会出现什么样的变化呢？本人认为，在完成“城市化三段论”之后，国家城市化进程将进入城市化的第四阶段，即后城市化阶段。

所谓后城市化阶段，是指国家城市化水平达到 80% 之后的新阶段。进入这一阶段后，由于依靠资源集聚支撑城市化前三个阶段的动力趋于减弱甚至出现衰竭，许多城市的发展面临着种种新的问题，其中较为突出、较为普遍的问题是，城市在发展的

① 谈明洪、李秀彬：《20世纪美国城市体系的演变及其对中国的启示》，载《地理学报》2010年12号。

可持续性与公平性上将遭遇严峻挑战，一些重要城市的经济因发展乏力而停滞不前，城市社会问题突出，甚至出现城市衰败。总体上看，这些问题都与资源支撑紧密关联。因此，为了应对后城市化阶段的新挑战，一些城市在发展的产业方向及其所赖以支撑的资源等方面，都不得不重新进行战略再定位。

因此，诺瑟姆S型曲线所解释的三段论的城市化，在理论上属于经典或传统城市化，而此后的城市化将进入第四阶段，其主要特征是，资源集聚虽然仍在进行，但资源集聚的方式、速度与质量都会发生巨大变革，这一阶段的城市化可以称为再城市化或新型城市化。

3. 城市发展从吸纳到辐射、从集聚到扩散的规律。

“从吸纳到辐射、从集聚到扩散”是城市化的第三规律。

尽管资源集聚是城市化最主要的特征，但从城市与周边区域之间的资源交换关系上看，城市从小到大的发展过程表现为先集聚、吸收，再到辐射与扩散，并具有一定的阶段性。一个现代化大都市决不是不断吸取能量的“黑洞”，伴随着资源的集聚，城市在规模扩张中又对周边地区、对全国乃至全球输出能量，对国家经济发展产生积极影响。

其一，在城市化早期阶段，大中小城市竞相发展，通过人口聚集不断地吸纳各种资源。这一阶段，城市之间资源博弈的特征十分显著。此时，尽管能增加就业，但在吸收乡村人口（劳动力）的同时，城市发展要占用大量的土地，并吸走资金等重要资源。伴随着青壮年劳动力资源的流失，乡村人口老龄化加剧，农田荒弃，乡村的经济结构与社会结构遭到重大冲击。因此，乡村对城市提供了资源支撑，城市对乡村地区的发展却贡献不大，甚至还具有一定程度的负面影响。

其二，进入城市化中期后，随着城市的发展壮大，城市一方面仍然吸纳资源，另一方面通过城市边界的外扩、产业的外迁等方式，对周边地区逐步产生辐射作用，带动其经济发展。

其三，城市化进入中后期，大城市、特大城市资源集聚功能更加强大，其影响力进一步从辐射演化为扩散，其重要表现是，大都市根据自身进一步发展的需要，通过建设“卫星城”、产业新区等方式，将其集聚的资源整体性地向周边甚至向更大的区域扩散，从而形成以大都市为核心、以中小城市及现代化的小城镇为依托的城市体系。

在国家城市化上百年的历史进程中，城市通过从吸纳到辐射、从集聚到扩散的作用，促使传统以农牧为主导的生产方式和以乡村为主体的生活方式，演变为以制造业和服务业为主导的生产方式和以城市为主体的生活方式。因此，城市化的过程，是一种以城市生产与生活为主导的城乡一体化过程，本质上是对经济社会结构的一种革命性转型。

4. 城市化与经济发展水平（工业化、市场化、现代化）相互适应的规律

城市化水平与经济发展水平相互适应，是城市化的第四规律。

从理论上分析，经济发展水平（一般以人均 GDP 来衡量）与城市化水平之间存在着四种组合关系：一是经济发展水平与城市化水平都较高；二是经济发展水平较低，城市化水平却较高；三是经济发展水平与城市化水平都较低；四是经济发展水平较高，而城市化水平却较低。

可以说，这四种情况分别代表了当今世界经济发展与城市化相互关系的四种类型的国家，其中第一种被称为“高水平同步城市化”类型，主要是欧美等地区的发达国家，如美国、英国、法国、意大利、德国、加拿大，以及亚洲的日本、韩国等。第二种被称为“过度城市化”类型或过度城市化模式，以拉美等地区的一些国家最具代表性，如阿根廷、委内瑞拉、巴西、哥伦比亚、墨西哥等，马来西亚、菲律宾、阿尔及利亚、土耳其、南非等也可归为这一类型。第三种被称为“低水平同步城市化”类型，主要是亚非地区的一些发展中国家，如中国、印度、印度尼西亚、泰国、巴基斯坦、孟加拉国、斯里兰卡、埃及、苏丹、尼日利亚、加纳等。第四种类型被称为“滞后城市化”类型，这种类型的国家和地区很少，只有若干小国。①

在这四种类型中，第四种类型不具代表性，前三种类型则值得深入分析。通常认为，第一种类型是较为理想的发展模式；而第二种类型说明，一些发展中国家的城市化超越甚至脱离其经济发展水平而过度发展，这些国家大多在“中等收入陷阱”中徘徊，其经济社会发展面临着许多问题。第三种类型国家的经济发展与城市化都处在加速发展的关键时期，需要从第一种类型与第二种类型中汲取经验教训，其中最重要的启示是，城市化与工业化程度、与经济发展水平应当相互适应。

正常的情况下，经济发展水平与城市化水平具有高度的相关性，一方面，经济发展越快对城市化的需求也越大，会推动城市化发展。国家产业结构与产业布局，对城市的结构与布局具有决定性作用；并且经济发展规模与水平，决定着城市化的质量与

① 国务院发展研究中心“中国特色城镇化的战略和政策研究”课题组：《城市化道路的国际比较及启示》，课题负责人：侯云春、韩俊。

水平;另一方面，城市化速度过于超前或过于滞后，对经济发展都会产生不利影响。

但值得警惕的是，“过度城市化”类型国家的发展教训告诉我们：城市化与经济发展之间未必存在相互促进的因果关系。在拉美一些过度城市化国家（如巴西），城市“贫民窟”大量存在，这些国家大城市过度的人口集聚并没有带来真正意义上的资源集聚，相反会消耗城市有限的资源，并不能促进城市乃至整个国家的经济发展。因此，无论从经济发展还是从社会发展的意义上看，这种超越其经济发展水平那一部分的城市化就成为“过度”的城市化，是一种无效甚至负效用的城市化。对拉美与欧美国家进行跨期比较，部分拉美国家“过度”城市化的程度，大约高达 20 多个百分点。

5. 城市化与社会发展、生态环境相互适应的规律。

与社会发展和生态环境相互适应，是城市化的第五规律。

这一规律的作用，严格地说会表现在整个国家城市化的全过程之中。之所以将其作为第五规律，主要是在发达国家城市化过程的中后期阶段表现得更加明显，但这并不意味着它不重要。人口与资源的集聚，与生态环境、收入分配、公共设施建设等有关公共利益领域的发展存在一定矛盾，因此城市病的问题必然产生，有时甚至表现得十分复杂而剧烈。在城市化的中期阶段，工业化会导致生态环境问题异常突出，而进入后城市化阶段，解决社会问题的重要性将突显出来。因此，对正在城市化或将要完成城市化的国家来说，其城市化的战略安排与发展规划等顶层设计中，应将城市化与社会发展、与生态环境的相互适应，提升到首要的战略地位。

四、国家城市体系形成与城乡一体化

城市化的最终实现，是一个国家从传统社会转型为现代社会的重要标志。从先期城市化国家的历史经验看，完成国家城市化有以下几个指标：

第一，人口城市化达到较高水平。城市化率超过 70%。

第二，形成较完美的国家城市体系。城市功能结构、层次结构、空间结构与经济发展及其资源支撑相适应，城市群、都市圈、大中小城市及小城镇等形态多样、结构协调，城市空间布局均衡合理。

第三，实现城乡一体化。公共基础设施网络广泛覆盖、支撑有力；社会公共服务优质高效、公正合理;城乡互补、协调共进，生活方式与生活水平基本实现同质化。

第四，城市新型资源关系基本建立。以人口集聚为核心的非合作博弈方式基本终结，城市资源支撑从增量集聚为主向存量优化为主转变，城市资源博弈形成新型战略均衡。

第五，新型城市治理体系基本形成。城镇管理的科学化与人本化相得益彰，制度体系与运行机制高效有序；社区的自治水平大大提高。

第六，城市可持续发展能力较强。可持续发展成为城市首要共识，特色型、创新型的可持续发展模式成为大中小城镇发展的主流。

第三节　城市发展资源支撑分析

经济发展资源支撑研究需要以资源集为基础，研究城市发展与城市化过程的经济发展资源支撑问题，同样要以资源集为基础。只有对城市经济社会发展赖以支撑的资源集进行科学分析，对其性质与内在结构矛盾进行深入理解，才能对城市、城市群、城市体系的发展以及国家城市化过程中的资源支撑问题，进行全面系统把握，并给出科学的答案。

一、城市：高密度资源集、集聚型经济空间

从城市发展及其资源支撑之间相互关系的维度，可以对城市做出新的认识：城市是一种资源集、一种经济空间、一种经济社会发展平台。

1. 现代城市是一种高密度的资源集

用经济学的语言表述，城市是经济社会发展的各种要素亦即资源在一定空间范围内的高度集聚。因此，从拥有资源的数量与质量来分析，现代城市首先是一种高密度、具有特殊结构特点的资源集。在资源集聚的方式与资源高密度方面，现代城市超过了历史上任何一种组织形态。

作为资源集的城市，具有一些共同的结构性特点，主要体现在三个方面，一是其外在形态上必须存在由自然资源高度密集而建造的城，这包括区位空间、土地、交通通讯及能源等基础设施，以及房屋建筑与公共设施；二是产业高度密集并由此支撑商品、服务等进行集中交换的市；三是以前两者为支撑，城市人口高度密集，并在数量上达到一定规模。由于人口集聚不仅可以领引其他资源的集聚，同时还会决定着资源的消耗与需求，因此人口数量也就成为衡量城市大小，乃至在一定程度上衡量资源密度的一个最显著、最重要的标尺。

2. 现代城市是一种集约发展的经济空间

一个持续发展的现代城市，是各类资源不断聚集、相互适应与不断优化的组合，其结果是，城市超越于资源集的形态，成为新的生产力不断产生与发展、物质财富与精神财富不断创造与积累、生产活动与消费活动不断良性循环的集合体，从而构成一种能够有序高效运行的经济空间。

作为经济空间的城市，需要具有强大的资源集，为其发展提供强有力的物质支撑；但更重要的是，以这一资源集为基础，能够不断优化资源配置，促使城市提高生产力的效应得到不断实现。只有这样，才能不断提升城市在进一步集聚资源上的竞争力，才能形成城市经济社会发展的体制机制，促进城市进入良性发展的轨道。

由此可见，城市作为经济空间，其发展的主要方式与主要任务，就是提高自身的竞争力。为此，对资源特别是稀缺的资源进行博弈，构成城市发展的天然属性。

二、城市发展的资源及其分类

1. 城市发展资源

城市资源，通常是指在一定范围、一定社会历史条件下、能够被城市开发利用的自然资源和由人类劳动创造的财富与各种资产要素的总和。[①] 各国城市发展的经验表明，资源品类过于单调难以保障城市正常发展的需求，因此，支撑城市发展的资源必须是一个内容广泛、构造复杂的系统，是一种资源种类齐全、结构合理的资源集。可以说，每个城市的发展都受到特定资源集的支撑，资源集上的差异在很大程度上决定了不同城市发展的特色与路径。

2. 城市发展资源的分类

那么，支撑城市发展的资源集包含哪些种类的资源呢？

现代资源经济学根据资源的性质与作用，将资源分为三类：自然资源、社会资源、人文资源。自然资源主要包括淡水、土地、能源和矿产资源等；社会资源包括资本资源、人力资源、科技资源等；人文资源包括信息资源、知识资源、文化资源和政治资源等。[②]

城市是一种特殊的经济社会形态，除经济学普遍意义上的资源外，支撑城市发展的资源具有其特殊性。尽管内容广泛、种类繁多、结构复杂，但据其在城市发展中

① 赵维良、柳中权：《城市发展资源差异研究》，载《统计与决策》2008年第7期。

② 同上。

的功能与作用，可以将城市发展资源集所包含的资源归纳划分为 4 大类 11 种（见图 8–3）。

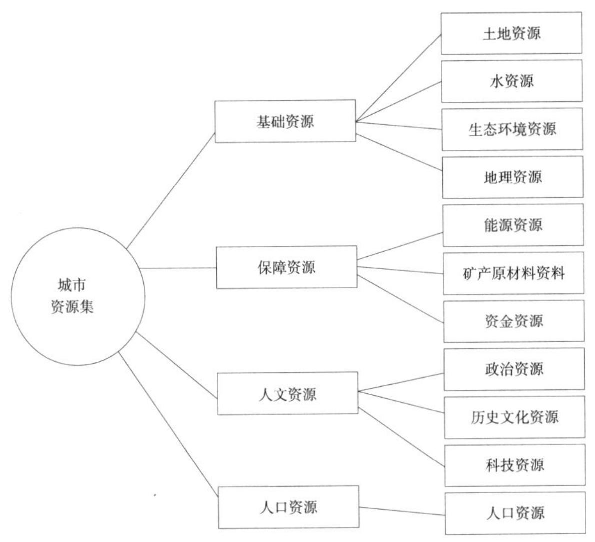

图 8–3　城市发展资源集示意图

概括地说，任何城市不论大小，支撑其发展的资源集都必须具备以下四大类资源：

一是基础性资源，是对城市各行各业的发展起基础性作用的自然资源，概括地说就是土地、阳光和水，包括土地、淡水、生态环境、地理区位与空间条件等。基础性资源，是城市产生与发展所必需的赖以依托的基础条件，因此理论上又称其为承载力资源。由于这类资源在地理空间上不可移动或者可移动性很弱，又可称其为“不动资源”。这类资源最大的特征是，数量上基本恒定，具有弱移动性，因此可得性也较弱，在城市快速发展阶段稀缺性较强。由于这些特点的存在，可以说，基础性资源的禀赋条件从根本上决定着一个城市发展的功能定位、产业布局与总体规模。

二是保障性资源，包括能源、矿产原材料、资金等。保障性资源是城市生产生活得以正常运行所必需的物质资源与财政金融资源，由于这些资源通常可以在不同的地理空间之间进行运输与转移，并可以通过交换即市场贸易获得，因此其稀缺性并不完全取决于城市自身的资源禀赋。这类资源在城市发展中的稀缺性，不仅要看城市自身的资源禀赋条件与产业保障能力，更取决于城市周边地区乃至整个国家相关资源的禀赋条件、产业技术水平与供应保障能力。

三是人文资源，包括历史文化、科技教育及政治资源等。人文资源可以是一种历史文化的沉积，也可以是一种政治安排的能力，对城市的功能定位与长远发展具有长远的决定性作用。

四是人口资源，包括人口的数量、人口的质量、流动人口所占的比重等等。

对上述四类城市资源，据其对城市发展的支撑作用与风险性质等，还可以进一步细分。大体上可以分为 11 种：

第一，城市土地资源：以中国为例，从广义上讲，城市的土地资源是城市行政区内陆地、水域及其他地上、地下的空间总称。对城市土地范围的界定，存在着三种不同层次的理解，一是城市市区，即城市建成区土地；二是城市规划区土地，包含了一部分规划中要变更为城市建设用地的农民集体所有土地；三是城市行政区土地，包括城市及其所管辖的广大农村。可见，城市的土地资源具有一定的动态性，会随着经济技术条件的变化而改变，也可能随着行政区划的调整而变化，其中，城市建设用地的多寡受到土地制度与政策变化的影响。尽管如此，一方面，土地数量的变化尤其是城市边界的变化，会面临诸多困难、受到种种复杂因素的制约；另一方面，城市内不同土地之间的差异性（级差）非常巨大，导致土地使用的任何改变都需付出高昂的成本。总之，城市土地的有限性，城市土地利用的机会成本、交易成本以及土地再利用需要负担的沉没成本都很高。这些因素交互作用，决定了城市土地是一种有限的、稀缺的资源。①

第二，城市水资源：是指能被城市利用的具有经济价值的所有自然水体。包括雨水、地表水、地下水、海水和可再生利用水。自古以来，人类大都择水而居，许多城市临水而建，足见水资源和土地资源一样，对城市的生存与发展具有极其重要的作用。由于受制于地理区位、水土流域与气候环境的自然作用，任何城市水资源的可用量都是有限的，而远距离跨流域调水（如南水北调工程）、大规模海水淡化等工程化取水，都会受到客观条件的限制，还要在经济、社会与环境等方面付出高昂的成本。因此，在城市发展的过程中，水资源是一种越来越稀缺的基础性资源，对许多城市来说已经成为制约其发展的战略性资源。

第三，城市生态环境资源：人们对生态环境资源的认识，主要是出于人类生存和可持续发展的需要，强调保护生态环境的重要性，这种认识太过狭窄。其实，生态环

① 朱铁臻：《城市发展学》，河北教育出版社2010年版，第223～224页。

境资源包括生态资源、环境资源及大气或气候资源三个方面。在影响城市发展的生态环境资源中，森林是陆地生态系统的主体，因为森林是自然界最丰富、最稳定和最完善的碳储库、基因库、资源库、蓄水库和能源库，具有调节气候、涵养水源、保护水土、防风固沙、改良土壤、减少污染等多种功能，对改善生态环境、维持生态平衡有着决定性的不可替代的作用，因此森林覆盖率是城市生态环境资源的重要指标。在城市化过程中，生态环境资源对城市发展的支撑作用，其侧重点应该主要不是直接对树木森林的开发利用，而应更突出地表现在提升城市资源博弈的总体竞争力上。由于城市化本质上是人口的城市化，生态环境对城市发展的影响，在很大程度上体现为良好的生态环境能够吸引更多的优质人才，并带动其他资源向城市聚集，在扩张城市资源集的规模、提升资源的品质的同时，还有利于优化资源集的结构，从而促进城市的可持续发展。

第四，城市地理资源：是城市地理区位与空间条件的总称。现代城市不再是一个封闭的系统，开放性是城市发展的基础。城市的开放性首先就是资源集必须具有开放性，而地理区位与空间条件是否优越（如交通便利、基础设施完备等）在相当程度上成为城市开放性的自然基础。交通枢纽更有机会成为经济中心城市，海边城市更有机会成为世界性城市。因此，地理资源直接决定着城市资源集的规模与质量，影响城市在一定区域、在全国乃至全球产业布局中的地位与竞争力，对城市的发展具有决定性的影响。

第五，能源资源：主要有石油、天然气、煤炭、电力（包括火电、水电、核电等）及其他新能源。在工业化与城市化过程中，城市各项事业的发展、产业经济运行、人们的日常生活，一刻也离不开作为热量与动力来源的能源资源，因此获得及时、足量、经济、优质、高效的能源供应，是城市发展必不可少的。

第六，矿产原材料资源：矿产资源种类繁多，包括金属矿产资源与非金属矿产资源两大类。城市建设与产业发展，缺少相应的矿产资源支撑，就会面临“巧妇难为无米之炊”的风险。

第七，资金或资本资源：资金是现代经济运行的“血液”，城市的发展，与其说表现为人口等资源的聚集，不如说是以人口为基础的资金资源的聚集。城市资源的集聚及其结构的改进，需要不断地进行资源替代、不断地实施资源战略，这都需要以资金资源为支撑；城市发展需要进行大规模的基础设施、公共设施的建设，都需要大量资金的投入。因此，持续足量、风险可控的经费保障，是城市建设及其产业发展的前提与条件。

一个城市金融资源的多寡，可以其金融环境、金融产业与融资能力等方面来体现。

第八，政治资源：在现代国家治理体制下，每个城市在国家经济社会发展中所起的地位与作用，在相当程度上取决于城市在全国经济社会体系中的政治地位，以及在全国城市体系中的层级地位。城市的这种地位决定着城市政治资源的禀赋程度。政治资源之所以重要，是因为它直接决定着一个城市在城市群乃至全国城市体系中展开资源博弈的位势，直接影响到城市的功能定位、资源集的结构状态以及城市发展的前景。在城市化过程中，城市政治资源的重要性，一方面，表现为城市在全国资源配置中的地位，尤其是与其他同等层级城市进行资源博弈的话语权；另一方面，则体现为城市在资源博弈中进行制度创新所具备的权力、能力与效果。

第九，历史文化资源：文化资源最能体现出城市独有的“城市性”，是城市长期历史积淀所形成的内在的气质、魅力与魄力。文化资源有形无形、多种多样，它们时时刻刻、若隐若现地影响着城市的发展进程。城市历史文化资源的开发利用，应当体现传承与创新的兼顾与融合，其中具有市场价值的内容，包括教育资源、文化传统、人文景观、饮食习俗等等。

第十，科技资源：科学技术是第一生产力。科技资源包括科研院所、各类研发机构及其创新活动。科技资源对城市发展的推动力，突出表现为提高城市人力资源普遍的科技素质、创新精神与创业能力，对城市建设与经济发展起到可持续的支撑作用；科技资源的影响具体表现为理论创新、技术创新、产品创新、商业模式创新与管理创新等一系列的创新活动，这些活动所形成的知识与产品，对新兴产品与业态的形成、对带动城市开发区的建设、对推动城市产业持续升级、对促进就业和提升城市财政能力，都起到持续的带动作用。

第十一，人口资源：人口资源包括人口总量、人口结构、人口质量、人力资本、流动人口情况等。人口资源是促进城市发展的基础性的流动资源。可以说，没有人口的聚集，就没有资源的集聚，也就没有城市的产生与发展；对于一些城市来说，城市人口资源的流失，是城市由盛转衰的重要信号，而城市人口的大量流失，则是城市衰败的重要标志。

三、城市资源集及其特征

资源集，在支撑城市发展中所表现出的特点，与支撑国家经济发展相比较，具有许多的一致性，又存在着较大的差异性。特别是在国家城市化的过程中，随着传统的经济社会发展模式快速转换为城市集聚型的发展方式，各大城市的资源集进入资源规模快速扩张、资源结构剧烈重构的时期，资源集聚面临着巨大的竞争压力；各类资源的数量与质量，与城市发展对资源需求之间的矛盾较为突出。因此，城市资源集有着很强的独特性，主要表现在以下八个方面。

1. 有界性

无论是从经济社会意义上讲还是从政治法律意义上讲，城市发展不可能无限扩张，因为每一个城市都是有界的。有界性从根本上决定了城市资源的有限性。

从经济学上分析，城市发展在资源支撑上之所以存在有界性，主要原因是任何城市的基础性资源存在着有限性，特别是对于大城市来说，地理空间、土地淡水等不动资源更是有着很强的稀缺性。因此，任何城市的承载力资源都是有限的。

城市的有界性，最直观的表征是，每一个城市作为行政实体，其管辖和治理的地域是存在边界的，这种边界在历史传统、地形地貌、法律法规上都受到严格限定，通常很难逾越。

2. 集聚性

城市发展所依靠的是集聚型发展模式，没有资源的集聚，或者说资源在一定地理空间内不能达到较高的密度，就没有城市的产生与发展。

资源的集聚，从经济学上分析，是因为能够更好地实现经济社会发展的规模效应。资源的集聚，首先是资源数量的扩张与集中，只有当其人口及其带动的其他资源达到一定的数量规模时，城市才称其为城市。资源的集聚，会形成一种集聚性的资源结构，即多种资源在集聚中通过相互吸引、交互作用而结成一种协调共存的组合关系，进而促使城市形成与其资源集相匹配的具有独特结构的经济社会发展平台。例如，能源、矿产、资金、政治、文化等资源的集聚，通常与人口的集聚相辅相成。

3. 开放性

开放性是现代城市有别于传统城市的重要特征。

打开城门吸引全国乃至全球的资源，是城市资源集聚必需的观念与态度。现代城市的开放性，以全国统一市场、经济全球化为基础，通过公平竞争与等价交换的体制机制，保障城市根据其功能定位与发展战略，从全国乃至全球吸纳资源、聚集资源，以促进城市的发展。

因此，开放性是城市进行资源集聚的重要前提与条件，也是解决城市发展资源约束问题的重要路径。

4. 外部性

有界性和集聚性相并存，必然导致较强的外部性。城市资源聚集的外部性，分为正外部性与负外部性两种。

正外部性包括，人口聚集，可以提高城市交通、通信、能源、供水等基础设施以及教育文化、医疗卫生、科学技术、社会治安等公共设施与公共服务的综合效率；产业集聚，可提高产业布局与产品生产的配套、集成能力，降低企业生产经营成本与交易成本、提高企业和产品的竞争力；在国家城市化过程中，正外部性可以提高城市在资源博弈中的竞争力，并形成辐射与扩散效应，带动周边区域的经济社会发展。

资源过度或不当的集聚又会导致负外部性，这是城市发展和城市化过程中必然产生的一种普遍现象，并且随着城市规模的扩大而愈加明显。最直接、最普遍的负外部性，是各种各样的城市病，如交通拥堵、环境污染、治安恶化、贫民窟产生与扩大等等。

正外部性，是加强资源集聚、促进城市扩张的力量；而负外部性，则是对资源集聚和城市扩张的一种制约。

5. 独特性（或差异性）

每一个城市的发展之所以有不同的定位和特色，其根本原因是每个城市的资源集都具有一定的独特性。资源集的独特性，决定着城市功能定位上的差异性，由此又决定着城市发展的层级差异、产业差异与文化差异。

世界上的城市千千万万，可以归纳为不同的类型，但没有两个一模一样的城市。因此，独特性，其表所展现的是城市外在之美，其里所蕴涵的则是支撑城市发展的内在之魂。

6. 不对称性

资源集在城市发展资源支撑上的不对称性，是因为任何城市自身的资源禀赋总小于城市发展对资源的需求，由此必然对外部资源有着一定程度的依赖性。因此，不对称性是相对于城市之间资源集相互关系而言的。

城市发展资源支撑的不对称性，一方面，任何城市的发展，都必然要从城市之外吸纳资源，导致城市发展在一些资源上的对外依赖；另一方面，这种不对称性又导致每个城市发展的资源集呈现出较大的差异性，并形成自己的特色，由此进一步强化城市之间形成不同的功能定位与发展模式。

不对称性，是城市资源支撑的重要特点。严重的不对称性可能导致城市发展出现一定程度的资源支撑风险，而解决资源不对称性风险的路径，一是开放城市自身的资源集，二是通过资源集聚来吸收外部资源，三是加强城市之间的资源合作，促进城市之间进行资源互享与共赢。

7. 博弈性

在国家城市化过程中，各城市的产生与发展都面临着对稀缺资源的竞争，因此城市发展在资源支撑上具有强烈的博弈性。

城市资源支撑上的博弈性，在保障性资源的竞争上十分突出，尤其集中在对能源、矿产资源、金融资源、科技资源、人口资源（人才资源）等流动性资源的争夺上。

城市资源的博弈在基础性资源上的表现同样十分明显，水土、交通、环境等城市发展的基础性资源，在流动性资源的集聚过程中必然面临越来越大的压力，这是剧烈博弈的一种结果。例如，人口过度集中、产业过度密集，会致使土地、交通、环境等出现巨大压力，导致两者之间的供求关系严重失衡，并引发种种经济社会问题。

城市之间为获取稀缺的流动资源而不断进行竞争和博弈，城市内部为某些不动资源而出现的愈演愈烈的竞争与博弈，这种两种情况相互交织、相互并存，会伴随着国家城市化的全过程，由此必然会导致种种矛盾与困难。对于这一点，无论是国家还是具体的城市，在制定城市发展资源战略中都必须给予充分认识。

8. 风险性

城市资源集与城市发展对资源的需求之间，总在一定程度上存在或潜在着不相协调、不可持续的问题，导致城市发展出现非正常或脱离正常路径的风险状态，并导致一定程度的损失。这就是城市发展资源支撑的不确定性的风险，它是城市资源集的一个重要特征。

城市在资源支撑上可能出现的风险，同国家经济发展资源支撑风险一样，包括资源耗竭型风险、资源间竭型（中断型）风险、衍生型风险及风险叠加等类型与状态。

上述八个特征，说明了城市化与城市发展在资源支撑上，必然要面对、必须处理好有界性与开放性、不动性与流动性这样两对既对立又统一的矛盾。特别是，对城市资源集的有界性与集聚性、博弈性与风险性，必须有深入的理解与深刻的认识。

城市的有界性说明，每个城市自身拥有的发展资源是有限的、稀缺的，而要解决这个问题，纵然存在着各种各样的具体办法，但基本之道是打开城门，摆脱城市有界性的限制，尽可能地吸引城外的资源，使各种资源特别是符合城市发展需要的战略性资源向城市聚集，因此，开放性是现代城市不可或缺的重要特征。城市资源的有界性，又规定了城市的基础性资源具有很强的不动性，与此相对应，从城外吸收进城的资源则具有较强的流动性，而流动性资源越多越快地向城市聚集，必然会导致城市固有的不动资源变得越来越稀缺；相反，如果流动性资源集聚乏力甚至出现了流失，会造成基础性资源的浪费、荒弃与低效，必然导致土地等资源的贬值。这些都会诱发或加剧城市发展的资源支撑风险。

四、城市资源的性质及其潜在风险

在资源集功能结构及其对城市发展的支撑中，不同的资源有着不同的地位，发挥着不同的作用，并在稀缺性与可得性上呈现出不同的状态，因此也就不同程度地潜伏着的某种资源支撑风险。

1. 城市资源的三大性质

根据城市发展及其资源支撑之间的关系，可以从不同的维度对所有城市资源进行归纳与分析，其中三个“二分法”，对分析和研究城市资源在支撑城市发展中的性质，对城市资源集的扩充和改进，对城市经济发展资源支撑风险的管理，都具有十分重要的意义。这三个“二分法”，一是将城市资源集内的全部资源按不动资源与流动资源来划分；二是将全部资源按战略资源与非战略资源来划分，三是将全部资源按再生资源与非再生资源来划分。

第一，不动资源与流动资源。

哪些资源属于不动资源？哪些资源属于流动资源？可以从资源是否具有空间上的移动性与经济上的可得性两个方面加以界定。

面对城市发展的资源需求，凡是在物质形态上不能或难以从一个城市向另一城市移动的资源、在经济上难以通过商品交换即贸易的方式获得的资源，属于不动资源。土地及与土地紧密相联的建筑等不动产，是最典型的不动资源。在城市发展必需的各种资源中，基础性资源大多属于不动资源。

与不动资源相对应，通过市场交易能获得并且物质形态上可以在城市之间移动的资源，则属于流动资源。在城市资源集中，保障性资源和人口资源基本上属于流动资源。

值得注意的是，在城市资源集中，人文资源的性质较为特殊。由于需要一定的历史积淀来形成，承载着城市历史文化的物质或非物质文化遗产，大多属于不动资源；但其中的教育、科技等资源，因可以通过合作、引进等方式来加以改善，从而具有一定的流动性。

在城市化过程中，就具体城市面临的资源支撑风险管理而言，在不动资源的开发利用上，重点要防范和控制资源耗竭型风险，而对流动资源则重点要防控资源间竭型风险。

第二，战略资源与非战略资源。

对城市发展具有决定性意义，即决定城市功能地位、产业方向、发展现状与未来前景的资源，属于战略资源。战略资源之外的其他资源则属于非战略资源。

战略资源通常表现为两种极端的类型，一类是城市在自身资源禀赋中所拥有的优势资源，这种资源是许多城市的兴盛之本；另一类是城市发展必需但自身又十分稀缺的劣势资源，这种资源对城市发展具有较强的制约作用，因此可称其为“瓶颈”资源。

许多城市的产生，都与其优势资源的开发利用有着直接的关系，比如资源城市、旅游城市、商贸城市等。但是，如果城市对自身战略资源的性质认识有误导致开发利用不当，优势资源与劣势资源对城市经济发展的支撑作用就会出现转化。一般来说，城市因优势资源而兴，受瓶颈资源之困；但是，如果城市的生存与发展过度依赖其所谓的优势资源，而这种资源又属于不可持续的资源，这本身就构成资源支撑的战略失误，其后果是城市因优势资源的耗竭而衰落。因此，每个城市能否实现科学发展，一个十分关键的因素就是对自身资源集尤其是战略资源的认识及其开发利用的方式。总体上说，对任何资源的过度依赖对城市发展都构成一种风险，因此对战略资源的认识要有前瞻性、全局性的战略思维。

第三，再生资源与非再生资源。

不可再生资源或非再生资源，是指被城市开发利用后，在相当长的时间里不可自然形成或产生的资源，包括自然界的各种金属矿物、非金属矿物、油气燃料等。再生资源则是指被城市开发利用之后，在一定时间周期里通过自然过程或人工活动可以循环地生成、生长、繁衍，有的还可不断增加储量的物质资源，包括地表水、土壤、植物、生物、森林、草原、空气、阳光、气候资源和海洋资源等等。

所谓再生或非再生，都是相对于一定时间可言的。相对于人类城市只有几十年、几百年，最长不过上千年的历史来说，矿产资源的生长周期需要千百万年，因此都属于不可再生资源；相对于城市发展目标的时间定义域（一般短则三年、五年，长则十年、二十年）来说，生态环境资源自然生长或修复的周期可能需要更长的时间，而动物、植物、水生物、微生物的生长和繁衍还受到人类活动的制约，因此也可能属于不可再生资源。例如，地下水本属于可再生资源，但对于地理空间有限的城市来说，因被过度开采或遭到污染，地下水很快就可能变为非再生的资源；在人文资源中，历史建筑、人文景观、传统习俗等资源本属于可再生资源，但在城市发展中如开发不当、利用过度、保护不力，很可能变成非再生资源。

由此可见，资源是否可以再生，与其说受到自然规律的制约，不如说更多地受到人类自身行为的制约，对于城市发展来说，更受到开发利用的方式方法即发展方式的制约。

从发展的可持续性来说，再生资源与非再生资源又可以称为可持续性资源与不可持续性资源。因此，在城市发展中，这两类资源的禀赋及其开发利用的方式与强度，决定着城市发展所面临的资源风险类型、状态以及城市发展的前景。

2. 各类资源在城市发展中的潜在风险

城市经济发展所面临的资源支撑风险，与国家经济发展资源支撑风险一样，主要有资源耗竭型、资源间竭型（中断型）、衍生型风险三大类，以及伴随这些风险而产生的风险转移与风险叠加等状态。

每个城市的发展，都需要 4 大类 11 种资源，因此每个种类的资源在城市发展中都在一定程度上具有不可或缺、难以替代的功能与作用。这种不可或缺、难以替代的作用，与资源的不动性、战略性与不可持续性相交集，对于城市发展来说就意味着存在不同类型、不同程度的潜在风险（见表 8–5）。因此，对城市资源的研究，在深化认识资源的功能作用的同时，对其潜在的风险也要给予高度重视。

表 8–5　　城市资源的性质及其潜在的风险

资源性质 / 城市资源	是否可动		是否战略性		是否可持续		可能的资源风险类型与状态
	不动资源	流动资源	战略资源	非战略资源	再生资源	非再生资源	①耗竭型风险；②间竭型风险；③衍生风险；④风险叠加；⑤其他风险（自然灾害、管理失误）
土地资源	★★★	—	★★	★★	★★★	★	①、③、④、⑤
水资源	★★	★	★★	★★	★★★	★	①、②、③、④、⑤
生态环境资源	★★★	—	★★	★★	★★	★★	①、②、③、④、⑤
地理资源	★★★	—	★★	★	★★★	★	③、⑤
能源资源	—	★★★	★★	★	★	★★★	①、②、③、④、⑤
矿产资源	—	★★★	★	★	★	★★★	①、②、③、⑤
资金资源	—	★★★	★★★	—	★★★	—	①、②、③、④、⑤

续表

资源性质 / 城市资源	是否可动		是否战略性		是否可持续		可能的资源风险类型与状态
	不动资源	流动资源	战略资源	非战略资源	再生资源	非再生资源	①耗竭型风险；②间竭型风险；③衍生风险；④风险叠加；⑤其他风险（自然灾害、管理失误）
政治资源	★★	★	★★	★★	★★	★	③、⑤
历史文化资源	★★★	—	★★	★	★★	★	①、③、⑤
科技资源	★★	★	★★	★★	★★	—	②、③、④、⑤
人口资源	—	★★★	★★	★★	★★★	—	②、③、④、⑤

注：高度：★★★；中度：★★；低度：★。

城市之间所拥有资源的数量与质量都不一样，三种性质的资源在城市发展中的支撑状态与支撑程度也就各不相同。三种性质的资源在城市发展中存在各种交叉关系，比如，一些重要资源（如水资源、生态环境资源），可能在某些城市或城市发展的某一阶段同时具有不动性、战略性与不可持续性，因此对城市发展的影响就很巨大，其潜在的耗竭型风险也就较大、风险损失也会较高；另一些资源（如能源资源、资金资源），对某些城市或城市发展的某一阶段，因为同时具有较强的流动性、战略性与可持续性，这会导致城市之间对这类资源展开异常剧烈的博弈，其潜在的间竭型风险演变成现实损失的可能性也就很大。

当然，不同性质的资源所包含的潜在风险，只有具备一定条件才会变成现实的问题。这些条件存在于资源集的内在结构之中，存在于城市的产生与发展、城市体系的产生与形成之中，存在于国家城市化的过程之中，更重要的是存在于国家城市化战略失误或城市发展战略失误之中。总之，由于城市化属于集聚型的发展模式，城市发展在资源支撑上面临的风险概率与可能的损失将大于区域经济发展或国家经济发展。

第四节　城市化及其资源支撑风险

在国家城市化过程中，伴随着资源不断向城市高度集聚，城市经济快速发展进入以资源大规模、高强度消耗为特征的膨胀期，各种资源支撑风险亦随之而至。

一、城市资源支撑风险概述

城市的产生和发展，时刻都离不开资源集聚和资源消耗，市场、价格、税收等经济机制对资源的一般稀缺问题都在自然而然地进行着适时调节，国家、地区、城市也会通过有关政策进行适时引导。但是，除了资源的一般稀缺性问题之外，城市发展还会出现某种资源绝对稀缺的问题，这会导致不同程度的资源支撑风险。城市经济发展的资源支撑研究提醒我们，在城市发展的制度创新及政策安排上，一个最为突出、最为紧迫的重大课题，就是要研究城市经济社会发展过程中可能出现的资源绝对稀缺问题，以便防范、管理和控制因资源支撑问题可能导致城市发展受到严重损失、国家城市化遭遇严重挫折的风险。

1. 资源绝对稀缺:城市发展面临资源支撑风险的缘由

所谓城市资源支撑风险，即城市经济社会发展在某些资源的支撑上，存在着市场调节难以缓解的绝对稀缺，当这种潜在的风险成为现实时，会导致城市发展偏离其正常的目标与路径，甚至出现停滞、衰退的可能，从而导致城市经济社会发展出现重大损失。

城市资源支撑风险的外在表现形式多种多样，具体的诱发因素也多种多样，其根源在于城市经济社会发展的资源需求与支撑其发展的资源集之间，总存在着程度不同、方式各异的不匹配、不协调、不适应的失衡状态。如果市场机制对这种失衡状态无法进行适时有效矫正时，资源支撑风险就可能爆发。概括分析，导致失衡的因素主要有以下几个方面：

其一，城市资源集固有的内部结构性矛盾，是导致城市发展面临资源绝对稀缺，并一定条件下引发资源支撑风险的根本因素。

如上所述，城市发展资源集包含 4 类 11 种资源。在城市发展过程中，每一种资源的集聚与消耗在一定程度上都具有导致某种资源风险的潜质。较突出也较普遍的情况是，不动资源与流动资源之间的矛盾，在城市快速扩张时期异常突出。随着城市规模的扩大，人口大量向城市聚集，水土、环境、交通设施等不动资源的承载力因此面临越来越大的压力，各种资源之间比例关系的过度失调就会导致超出预期的风险。

其次，城市化过程中激烈的资源博弈，是导致一些城市在某些资源的支撑上面临绝对稀缺，并诱发资源支撑风险的重要因素。

在国家城市化过程的早期与中期阶段，各个层次、各种类型的城市都在追求集聚式发展，资金、能源、矿产以及特殊人才等流动资源异常紧缺，城市之间的博弈异常激烈，一些城市是赢者，另一些城市则可能是输家。能源矿产等资源在市场上即使并不绝对稀缺，但如果出现恶性竞争等非合作性博弈，就会引起资源市场价格或者出现短期大幅波动，或者出现中期的单边上涨或下跌。其结果是，一些城市或因财力不济、或因其企业无力承受过高的资源价格，不能适时、足量地获得这些资源，从而打破城市资源集内各种资源之间的结构关系，严重时会诱发一定程度的资源短缺。流动资源的市场博弈状况，直接影响着市场供求关系，当供求均衡一旦被打破并进入失衡周期时，会进入一种“破局博弈”态势，引发资源各参与者之间的战略失衡。这种市场格局的出现与趋势的持续，意味着相关资源市场乃至资源产业的深度调整，对一些城市的发展产生十分不利的影响，会冲击甚至中断一些城市既有的发展进程。

其三，城市发展的战略失误，导致城市在资源支撑上对某些资源形成过度依赖，当这些资源的禀赋状况出现重大变化或者资源市场供求关系出现剧烈波动时，城市发展就会遭遇某种资源绝对稀缺的风险。

许多城市因其拥有和开发利用某种优势战略资源而产生、而成长、而繁荣，有些城市在自觉或不自觉中形成一种“靠山吃山、靠水吃水”的优势资源发展战略。长此以往，这类城市在发展战略上会形成对优势资源开发的路径依赖。当某些资源及其相关产业在城市经济总量中所占比重越来越大时，这些城市对其所谓的优势战略资源的依赖度也越来越高。这种影响不光表现在对经济、产业以及财税的依赖上，而且在就业、人口结构、基础设施等方面也会对优势战略资源及其相关产业患上很强的“依赖症”。更重要的是，在国家城市体系构造的层面上，这类城市不自觉地戴上某种资源城市的桂冠，从而强化了这类城市依赖其优势资源而发展的特色定位。一旦资源开始枯竭或被其他更具优势的资源替代，这类城市的发展就会面临极其严重的资源支撑风险。不幸的是，这类城市要摆脱资源依赖的困境，进行战略调整的任务都异常艰难。

其四，产业链与供应链问题，是导致城市资源出现绝对稀缺风险的又一个重要原因。

现代城市资源的集聚及其供求关系的形成，有赖于完善而强大的产业链与供应链。供油供气供水管道、供电线路、一些重要资源的储运、交通运输线路与运载工具等的正常运行，具有高度的组织性和复杂性，这方面如果出现任何问题，都会导致资源供应的中断，对城市生产生活与经济发展造成损失。

最后，重大灾害会导致城市资源供应出现困难，甚至引发一定时间、一定程度、一定范围的资源危机。除水灾、火灾、地震等灾害外，城市环境污染也是一个重要的影响因素，较严重的案例是生活水源遭到污染，会导致城市用水出现局部或全面的危机。

2. 城市资源支撑风险的主要类型

按照第三章稀缺性与资源支撑风险的理论分析，城市经济社会发展面临的资源支撑风险主要有四种类型。

资源耗竭型风险：即当城市发展赖以支撑的资源出现枯竭而又难以找到有效替代的资源时，会导致城市经济社会发展遭受损失的风险。

依靠少数优势资源或单一战略性资源支撑的资源城市，尤其要有超前的战略思维，尽早防控和管理资源耗竭型风险。对于不可再生的耗竭性自然资源与某些人文资源来说，出现这种风险的可能较大。在城市资源集 4 大类 11 种资源中，以石油、天然气和煤炭为代表的能源资源，以黑色金属、有色金属、稀土等为代表的矿产资源，由于其地质储量是有限的，因此具有天然的耗竭型风险的潜质。而土地、淡水、生态环境（尤其是森林资源）等基础性资源，资金资源及部分人文资源，相对于城市发展的资源需求来说具有难以有效替代的性质（弱替代性），如果疏于保护或开发利用不当，就可能出现不可修复、难以为继的耗竭型风险。例如，一个城市的发展如果长期严重依赖土地资金，而一旦无地可卖时，就可能会遭遇土地用完后的耗竭型风险。水资源与生态环境资源，如果遭到严重污染而短期不能有效修复，对城市正常发展会产生十分不利的影响，也属于耗竭型风险。

资源间竭型风险：即当城市发展主要依靠流动资源支撑，而资源流量因某种原因一旦不能正常有效供应甚至出现中断时，就会导致城市发展遭受损失进而影响城市正常发展的风险。

在城市资源集中，水资源、能源资源、矿产资源、生态环境资源、部分科技资源，特别是资金资源和人口资源，由于资源开发、资源产品的产业链与供应链、市场供求剧烈波动、管理失误等人为因素，以及自然灾害等客观原因，在一定条件下，其供应可能出现较大缺口甚至中断的状态，因此存在着较大的间竭型风险。

衍生型风险：即一种资源支撑风险的出现进而引发其他资源风险发生的风险状态。在城市发展资源支撑进入某种风险状态时，所谓的“祸不单行”往往成为一种大概率的事件。

衍生型风险会表现为风险派生、转移、转换及扩散等形式。在城市资源集中，几乎所有的资源都不同程度地具有衍生型风险的特点。其中，当资金资源出现耗竭或间竭等风险时，都会通过产业链、供应链以及市场、债务等连锁关系，转换为其他资源供应的减少甚至中断。

风险叠加：即一种资源风险引发多种资源、多种类型风险同时并发，会导致城市发展进入资源支撑的危机状态。

在各类资源中，人口资源的流失是城市处于风险叠加状态的重要征兆。城市的兴起与繁荣，表现为人口集聚带动其他资源的集聚；同理，城市的衰败，也表现为城市人口的大量流失导致其他资源的溃散。对于依靠人口快速集聚发展起来的城市来说，人口资源对城市发展的支撑，可谓“成也萧何，败也萧何。”

二、城市发展资源风险的典型案例

在城市发展过程中，资源风险的产生方式与表现形式多种多样，国际国内城市发展的历史为我们提供了许多可供研究、可资借鉴的教训，稍加整理，大体可归为以下典型形态。

1. 资源枯竭型

每个城市的兴起与发展，都与其独特优势资源的支撑有关。因此，在资源支撑与城市发展相互关系的分析中，资源依赖或资源依附一直作为失败城市的一种最为普遍、最为典型的样本形态。对这类城市资源支撑风险的研究，具有重要的理论价值和现实意义。但是，城市对优势资源的依赖，会否必然导致资源支撑风险呢？这取决于资源是否具有耗竭型或间竭型绝对稀缺的性质，取决于城市发展对资源的依赖度，取决于城市发展及其资源开发利用所处的阶段，取决于城市发展战略能否通过资源替代有效地推进资源支撑的转型与城市发展的升级。

每一个资源型城市尤其是矿业城市，一旦其战略性优势资源的开发利用进入中后期阶段，耗竭型资源风险就会成为影响甚至制约城市发展越来越严重的问题。这种情况较普遍地存在于诸如煤矿城市、石油城市及其他金属矿业城市，由于严重依赖这些可耗竭的矿物资源，当其开采进入中后期时，可采资源量的减少直至枯竭必然导致开采量下降，而开采成本却可能上升，人口就业问题、政府财政问题、环境治理问题也会日益突出，城市发展因为失去资源经济的支撑大都陷入资源耗竭的困境。这样的例子，全世界比比皆是。

案例

美国钢铁城市匹兹堡的衰败[①]

该市曾经是美国的钢铁基地，因为拥有储量丰富的烟煤，铁矿石又可以很方便地从大湖区运来，加上熔剂石灰岩也很丰富，为其发展钢铁工业提供了有利条件。20 世纪 70 年代，匹兹堡地区因资源枯竭出现了严重衰退，企业倒闭，工人失业，社会问题丛生，市区人口大量下降，成为当时美国衰退最严重的大城市之一。

2. 产业单一型

产业单一型城市，是指城市的经济社会发展高度依赖于少数产业甚至某一产业的发展，因此，少数或单一的支柱产业及其关联产业在城市经济（GDP）中占有很大比重。这类城市的兴衰，与其少数支柱产业的兴衰必然高度相关。

资源型城市是产业单一型城市的一种，但产业单一型城市不一定只是资源型城市。产业单一型城市也可能是单一的加工制造业城市，多半与资源依赖密切相关。它们要么是资源的供给者即资源型城市，要么是资源吸纳城市，即因为产业单一而成为某种资源的主要需求者。因此，这类城市发展到一定阶段，都会遭受资源支撑风险的困扰。

案例

美国汽车城底特律的破产[②]

20 世纪初，“汽车大王”福特在底特律创建了汽车工厂，这座城市也由此快速发展，逐步成为全美乃至全球汽车工业中心。通用、福特、克莱斯勒三大汽车公司的总部均坐落于此。巅峰时期，汽车业在底特律经济结构中占比高达 87%。该市基本没有发展信息技术、生物、金融等新兴产业。20 世纪 80 年代以后，随着美国在全球和国内的市场份额不断被日欧汽车瓜分，美国汽车企业一方面不断裁员，另一方面为提高竞争力将新的汽车工厂布局到传统工业基地以外的地区。2009 年，在金融危机的冲击下，克莱斯勒和通用相继宣布破产，该市经济状况激剧恶化，逐渐沦为空城。严重依赖汽车产业导致财政收入来源单一，在汽车制造业处于衰退的过程中，底特律的财政赤字不断攀升。2005 年，该市的财

① 石秀华：《国外资源型城市成功转型的案例分析与比较》，载《科技创业月刊》2006年第12期。

② 孙海泳：《底特律何以陷入破产窘境？》，载《国际融资》2014年第2期。

政赤字高达 1.55 亿美元，2006 年上升到 1.73 亿美元，2008 年达到 2.19 亿美元，2009 年增至 3.31 亿美元。由于财政入不敷出，底特律市政府负债总额累计高达 185 亿美元。2013 年 7 月，底特律市政府不得不提出破产申请。

3. 市场扰动型

一些资源产品市场供求关系的剧烈波动，与一些城市或城市某一阶段的发展状态息息相关。这些城市所依赖的资源虽然没有出现耗竭型的风险，也没有严格意义上的间竭型风险，但资源供给与需求之间的博弈及其价格波动，会直接影响城市经济社会发展的现状与前景，严重时甚至会干扰国家城市化的方向与进程。

市场的剧烈波动严重影响城市发展赖以支撑的资源产业，最具代表性的莫过于以土地资源为基础的房地产业（不动产业）。房地产在城市发展与城市化过程中，扮演着多重角色。其一，房地产业与经济景气周期之间的关联度很高，因此房地产作为消费品属于周期性产业，而房地产市场则是周期性市场，因此其风险影响具有周期性的特点；其二，作为投资品，房地产与金融市场的关联度也很高，因此有风险衍生及风险转移的特点；其三，作为实体经济部门，房地产的产业链很长，与土地开发、建筑、建材、金融等众多产业高度关联，因此其风险影响具有叠加与扩散的特点；其四，房地产的发展状态与城市化进程之间的关联度较高，因此其风险影响在国家城市化过程中具有阶段性与战略性的特点；其五，房地产及其涉及的产业群与产业链价值量很高，因此其风险影响具有宏观性与全局性的特点。

案例　**美国“两房”危机与华尔街金融风暴**[①]

房地产开发与经济增长和城市繁荣密切相关。2008 年美国华尔街金融危机由雷曼兄弟的破产而引爆，其背后的真正原因则是“两房”（房利美与房地美）次贷泡沫的破灭。

2001 年网络经济泡沫破灭，为了促进经济增长，美联储连续 13 次降息，住房成为拉动经济增长的亮点。宽松的货币政策导致住房和金融市场流动性过剩，“两房”放松了对信用风险的评估和管理，涉足次级贷款等高风险产品，在贷款利率持续下降和房价不断上涨的刺激下，不计后果地申请次级抵押贷款。

① 王伟、李晨飞、王硕：《美国“两房”体制演进及对中国的启示》，载《金融理论与实践》2012年第11期。

2001～2005年，美国30年期抵押贷款利率从7.07%下降到5.58%，房价上涨年均12%;1995～2005年，“两房”贷款年均增长20%。

2004～2006年，美国货币政策转向，美联储连续17次升息，联邦基准利率从1%升到5.25%，大大增加了还款压力，房价不断下行。原本并不富裕的次级贷款抵押者违约率逐渐攀升，相关证券迅速贬值，“两房”住房抵押贷款的所谓公允价值不断缩水，股价节节下挫，2008年“两房”损失超过500亿美元。

房地产泡沫的破灭，通过失控的美国金融体系的迅速传导，形成70多年来美国乃至全球最大的经济危机。

4. 产业链断裂型

一些城市的产生与发展，与某种产业链或供应链之间存在高度的关联性。这类城市，对产业链与供应链的繁荣与变迁具有高度的敏感性。较为典型的是交通运输线上的枢纽城市，如港口城市、空港城市、商贸中心城市等。这类城市如果对产业链与供应链的依赖度过高，一旦供应链出现不利的变化时，城市发展就会受到严重冲击。目前，全球对于运输线依赖性最强的城市当属新加坡，因其地处东亚通往西亚及欧洲的太平洋与印度洋海上运输线必经之地的马六甲海峡入口，东亚的繁荣与发展刺激了新加坡海运转口业务的快速发展，支撑了金融服务等行业的大发展。

案例

英国制造中心利物浦的衰落①

利物浦是英国西北部著名的港口城市，曾经是英国制造业的中心。19世纪50年代和60年代，利物浦由于煤炭开采、水泥制造、面粉磨制和港口等的繁荣而蓬勃发展。但19世纪70年代开始，利物浦的传统制造业和港口都急剧衰落，使得利物浦变成了一个失业之都，并导致无数的暴动和矿工罢工。

5. 财政危机型

城市快速发展过程中，公共设施、公共事业以及社会保障等方面需要进行大量投资，对资金资源产生强烈的需求。而支撑这一需求的资金来源，主要靠政府的税收收入。在城市早期，人口的快速集聚和产业的快速扩张，对市政建设有着强烈需求，产

① 《新经济导刊》，2013年11月第11期。

业发展比较繁荣，税收及其他资产性收入增长也较快，城市政府通过发债可以满足融资的需求。随着城市的进一步发展，劳动力成本上升，城市部分产业投资收益率趋于下降，这会引起资本外流，导致城市产业外移和税收增长乏力，而城市供养人口与公共支出并不会相应减少，长此以往政府财政无力支撑。这样，城市政府所发行的债券，可能面临着违约的风险，从而诱发城市财政危机。

财政危机，不论城市大小，只要是无力偿债都可能发生。从短期来看，这是一种资源间竭型风险，只要上级政府给予财政支持，或许是有可能解决的；但是，如果这是城市发展面临的结构性、战略性问题所致，则一时的缓解并不能治本，长期来看不仅难以真正解决问题，而且还有可能包袱越来越大，因此就具有资源耗竭型风险的特点，对城市的正常运行与可持续发展都会产生严重影响。

案例

美国纽约债务危机①

1975 年 10 月 17 日，纽约市到期的票据和其他开销，共需要 4.77 亿美元，但市政府的银行账户上仅剩 3400 万美元，出现巨大财政亏空，无力支付。美国最富庶、最强盛的城市，世界金融之都，在几年的预算失衡和借贷失控的煎熬下已无力支付其发行的债券和票据，下一步就是不得不宣布破产。

纽约早在 30 年代就埋下了危机的种子。罗斯福总统实施新政，想把城市从萧条的泥淖里拯救出来，从短期看是成功的。纽约市在二战中崛起，并进入经济兴盛期。但从长期看，市政府不能支撑其承担的大量项目，尤其是其庞大的劳动力大军。1958 年，10 万城市雇员参加工会并获得集体谈判的权力，这不仅使纽约劳动力成本提高，而且也使城市雇员医疗和社会福利以及退休金增加。庞大的开支和拮据的财政收入，迫使纽约市不得不从 1960 ~ 1961 财政年度开始，通过长期借贷或短期借贷的方式来平衡财政收支，财政赤字愈演愈烈，债务水平节节攀高。长期借贷是指发行债券（bonding），属于资本借贷，主要用于城市基础建设项目，如建造学校，修建公共建筑、道路、上下水设施等。1975 年 6 月 1 日，纽约市大约有 94 亿美元长期贷款，占全国长期贷款总额的 6%。短期借贷为季节性借贷则是发放票据（notes），以换取现金，用于政府日常开销。短期债务票据和赤字的存在意味着纽约必须每个月都借款，几乎没有余款用于基本的公共服

① 王旭：《1975年纽约市财政危机》，载《华中师范大学学报（人文社会科学版）》2011 年第4期。

务。正是这种借贷不当，使纽约逐步陷于财政危机不能自拔。不断地寅吃卯粮导致借债规模越来越大，形成恶性循环，直到发生债务危机。

6. 城市病型

城市病是城市发展的一种困境，包括交通拥堵、环境污染、社会矛盾激化等，这些都与资源结构失衡与资源配置失当有着直接关系。尤其是一些拉美国家在城市化过程中出现了政策失误，导致城市贫民窟的大量产生，成为制约城市乃至整个国家经济发展的一个难以解决的城市病。

案例

巴西城市贫民窟

尽管世界各国在一定程度上都有城市贫民窟的现象，但贫民窟泛滥则是巴西城市化过程中形成并不断积累的一个沉重的负资产。近 20 年来，巴西城市人口增长了 24 %，贫民窟人口增长了 118%。巴西目前居住在城市贫民窟的人口高达 3500 万人，大约占全国城市人口的 1/4 。

人口城市化领先于经济城市化是巴西贫民窟产生的重要原因。1996 年，巴西城市化水平达到 78.4%，2000 年进一步提高为 81.4%，远远超过同期 46% 的世界平均水平。根据李瑞林、王春艳《巴西城市化的问题及其对中国的启示》，从 1950 ~ 1980 年，巴西用短短的 30 年时间，将人口城市化的水平从 36.2% 提高到 67.6%，这一进程比达到相同水平的西方国家快了大约 20 年，其代价是贫民窟的大量产生。

在现代化过程中，强迫工业化与强迫城市化等战略失误，是导致巴西城市贫民窟的另一个原因。根据黄亚生教授的文章，在 1964 ~ 1988 年巴西军政府执政期间，巴西进入经济增长奇迹时代，同时也是强迫工业化与强迫城市化的时代。1968 ~ 1974 年，巴西每年 GDP 增长 11.4%。政府实行高税收政策，将资金投向工业园区、基本设施建设等经济领域；同时，政府施行“强迫工业化”，用行政手段征收土地，造成大批赤贫而素质低下的劳动人口进城。经济奇迹时大城市的扩张尚能容纳源源不断进入的人口，使城市化处于失控的状态，随后的经济停滞则加剧了贫富分化，城市贫民难以安居乐业，贫民窟随之而膨胀。1987 年，巴西全国约有 2500 万人居住在贫民窟。1991 年，贫民窟有 3188 个，2000 年增加到 3905 个，几乎遍及巴西所有的大城市，并蔓延到中等城市。人口增加最快的城市也是贫民窟最大的城市，1950 ~ 1980 年，第一大城市圣保罗由 250 万人上升到 1350 万人，第二大城市里约热内卢由 290 万人增加到 1070 万人。1987 年，圣保罗州是贫民窟最多的州，有 1548 个；里约热内卢市城区人口 550 万人，其中 150 多万人住在贫民窟里。

三、城市生命周期及其资源支撑风险

在国家城市化过程中，城市发展处于不同的生命周期，会面临着不同资源的支撑问题，其中有些问题会导致城市经济发展遭遇阶段性的资源支撑风险。

对于城市发展生命周期的问题，目前的研究存在着不同取向，大体上有两个维度。

一是偏向于形而上地从城市哲学的角度，对人类文明史与人类城市发展史两者之间的变迁进行比较研究，以洞察城市的本质，探寻城市产生、发展与衰落的原因。例如，芒福德认为，城市发展经历了人类文明早期的圣神城市、中世纪后期的商人城市、近代的工业城市、现代的官僚制大都市等几个阶段①。另一是偏向于形而下地从现代城市发展的角度，对工业革命以来现代城市的产生、发展、衰落等变迁进行研究，以了解当代城市产生、发展等规律。

透过城市生命周期来研究城市发展可能遭遇资源支撑风险的问题，则基本上属于后者。

1. 城市发展的生命周期

国家城市化过程存在着阶段性或周期性的规律，那么城市群（城市圈、城市带）或者单一城市的发展过程，是否也存在某种周期性或阶段性的规律呢?

对于当代城市的生命周期，有学者对大都市带、中小城市与开发区的情况分别进行了研究。

所谓大都市，法国著名城市地理学家戈特曼（Jean Gottmann）1957 年借用古希腊 Megalopolis 一词首先为大都市带定名，用以描述美国东北部大西洋沿岸从新罕布什尔州南部到弗吉尼亚州北部的城市化地区，认为大都市带是城市街区大片地连在一起，消灭了城市与乡村明显的景观差别的地区。一个大都市带至少应居住 2500 万城市人

① 陈忠：《再论城市生命周期与城市可持续繁荣，一种城市批评史的视角》，载《江汉论坛》2012年第1期。

口，过着现代城市方式的生活。

根据发达国家大都市区人口增长与变动的周期性，一些学者提出了城市化进程的空间周期理论。这一理论认为，大都市区的生命周期由向心城市化、城郊化、逆城市化和再城市化四个连续的阶段构成。在这方面，国内学者在论述城市发展周期方面引用得最多的当属英国城市学家霍尔（Peter Hall）的城市发展阶段模型，该模型将城市化分为城市化、郊区化、逆城市化和再城市化四个阶段。

对于独立于大都市区之外的单一城市发展阶段，有关研究也有不少，一般认为中小城市作为大都市的构成部分，也存在着一种成长和衰退的循环，其生命周期与技术进步存在着较大关系。另外，关于城市开发区发展的生命周期，有学者认为取决于开发区与老城区之间投资回报率的变化。①

本书认为，不论城市是大是小，是集群还是单一，它们的发展都表现出一定的生命周期现象。所谓城市发展生命周期，是指如同生命的成长过程具有周期性与阶段性一样，城市发展也具有产生、成长、成熟、衰退甚至衰败等阶段。但需要指出的是，现代城市发展的生命周期，在相当长的时间里不一定都严格地表现为“产生—发展—死亡”这种单调趋势的完整曲线，在生与死之间存在着“衰退—复兴—再衰退—再复兴……”这种反复交替的周期过程。如何解释这种现象？简单地说，这主要是因为影响城市发展周期的因素出现了多样化，资源支撑（尤其是人口流动）、产业变迁、科技变革、城市治理创新等四大因素都发挥了重大作用。可以说，这些因素的交互作用与共同影响，决定着现代城市兴衰的方式与生命的长短，从而决定了城市生命周期的波动方式与发展趋势。

2. 城市成长生命周期及其资源消耗

从城市成长生命周期与其资源支撑的相互关系来看，处在不同发展阶段的城市对资源支撑有着不同的需求，并在资源的种类、质量、数量规模及其结构关系，在资源消耗的强度与风险程度等方面，表现出一些共同的特征，具有一定的规律性。因此，从城市发展生命周期的角度来分析资源支撑与资源风险，具有重要的理论价值和实践意义。

第一，城市发展的不同阶段，对不动资源与流动资源具有不同的依赖度。

在城市的生成阶段，某种优势资源吸引人口聚集而形成集市或小城镇。这些城市的坯胎能否长成真正的城市，会成长为什么样的城市，取决于在与其他城镇的资源博

① 吴兵、王铮：《城市生命周期及其理论模型》，载《地理与地理信息科学》2003年第1期。

弈中能否胜出，主要决定因素就是流动资源集聚的规模与速度。因此，在这一阶段，流动资源的数量与质量对城市的生长具有决定性作用。

在成长阶段，城市功能定位的雏形逐渐出现，人口快速集聚带动更多的资源向城市聚集，城市街道、建筑设施等不动资源面临的需求压力逐步升高，由此带来土地与房地产价格不断攀升，这又进一步刺激了城市的扩张，为城市发展提供了强大动力。因此，在这一阶段，不动资源的支撑作用十分明显。

进入成熟阶段后，城市初始的功能定位基本完成，大规模的人口聚集与产业布局，导致不动资源市场价格攀升到高位，城市不动资源的承载量趋于饱和，城市病问题日益突出，一些城市对流动资源吸引力开始盛极而衰，发展的阶段性拐点开始显露。由于生产成本与生活成本均高位运行，城市建成区尤其是中心市区的产业投资回报率开始下降，资本、人口等流动资源开始从城区向外转移，城市繁荣达到阶段性高点。因此，在这一阶段，不动资源支撑状况的恶化及城市病的困扰，会削弱城市在资源博弈中的竞争力。

当进入衰退阶段，流动资源出现越来越明显的净流出，部分不动资源使用率下降甚至出现荒废，失业日盛、财政债务负担过重等问题随之而至，并越来越突出，城市发展资源支撑乏力、支柱产业发展停顿，社会问题随之而来，城市发展陷入阶段性困境。

第二，战略性资源的战略性替代，决定着城市发展生命周期的阶段形态。

战略性资源是对城市发展具有决定性作用的资源。所谓决定性作用，既可能是城市具有优势地位的支撑性资源，也可能是并无优势甚至存在相对劣势却是城市发展不可或缺的重要资源，因此是一种约束性与限制性资源。一个城市的战略性资源如果是其优势资源，这种资源又具有可持续的性质，那么这个城市的发展就能得到较有力、较长久的资源支撑；相反，如果一个城市的战略性资源是其劣势的制约性的资源，城市的发展将受到一定程度的限制，就会遭遇更多、更大的资源风险。

从城市发展的生命周期来看，任何城市赖以支撑的某种战略性资源都具有阶段性的特点，优势资源的支撑作用不是也不可能是一成不变的。矿产资源可能枯竭，资源开发成本与资源产品的市场价格会出现不利的变化，资源领域的科技创新会导致资源之间出现某种方式、某种程度的替代，产业革命促进产业升级，会对资源支撑提出新的需求，这些因素对战略性资源的内容与地位都会产生重大影响。城市发展所赖以支撑的战略性资源如果遭遇颠覆性的替代，就会对城市的发展路径与发展方式形成颠覆性的破坏，导致城市经济发展与社会生活出现大的波动，甚至陷入严重衰退。

面对这种资源支撑的风险，城市不得不进行产业振兴与资源集重构，其主要任务就是产业结构再造并寻找新的战略性资源。新的替代性的战略资源如果能够支撑城市走出衰退，城市就会复兴与繁荣；如果不能有效地找到新的战略性资源，城市就可能处于持续的衰退之中。因此，在一定历史条件下，战略性资源的替代决定着城市发展生命周期的轨迹，从而决定着城市发展生命周期的形态与走向。

第三，可持续资源特别是科技资源的作用日益突出，决定着城市资源博弈的竞争力与发展的可持续性。

在现代城市发展的生命周期中，“科技是第一生产力”的规律得到更加充分的体现。城市的持续繁荣取决于可持续资源的支撑力度，并表现为一种资源需求与资源集聚互动互适的过程。可持续资源需要得到有效保护和科学利用，不可持续资源必须得到适时有效替代，这些都离不开科技创新。因此，科技资源的支撑作用十分关键。

正如一些学者所认为的：“不管是以什么为线索具体标示世界文明，科技与生产方式都是文明变迁、城市演变的核心内容与主要动力。科技与生产方式的变迁周期在根本上决定了城市发展的生命周期。能否与一个时代的科技与生产方式的创新、变迁同步，是决定一个城市是否具有活力的重要原因。当一个城市能够在科技与生产方式的创新与传播中处于引领、领先地位时，这个城市往往会成为那个历史时期的先进城市、繁荣城市。反之，当一个城市丧失了其科技与生产方式的创新、聚集、传播的中心地位时，这个城市也往往会走向衰落。”①

第四，城市战略对城市发展具有决定性意义。

从资源视角对现代城市发展的研究，面临着一个较普遍的问题：为什么资源条件大体相当的城市，会出现不同的发展结果，并表现出不同的生命周期？有人认为，城市生命周期决定于能否成为政治、宗教或防卫中心，但越来越多的学者则认为，城市生命周期，城市的兴起与衰落是政治、经济、文化、科技、生态等综合因素的结果②。美国学者科特金（Joel Kotkin）认为，一个城市的兴起特别是繁荣决定于这个城市能否同时具备繁荣、安全、意义三个要素，缺少其中任何一个要素，城市都会走向衰落。

---

① 陈忠：《再论城市生命周期与城市可持续繁荣，一种城市批评史的视角》，载《江汉论坛》2012年第1期。

② 同上。

其实，城市发展的生命周期，除了与资源支撑、与科技创新和产业变化等因素高度相关之外，还有一个重要的变量就是城市文化，其核心则是发展战略。城市发展战略，不是或不只是城市发展的短期或中期规划，而是借助于政府有形之手与深存于城市内部的无形之力所形成的一种城市发展力量，在城市发展早期的定位中就已开始形成，并贯穿于城市发展的各个阶段。城市发展战略中，最为重要的内容是城市发展目标或定位的选择、城市资源集及资源集聚方式的选择，以及以前两种选择为依据的城市治理制度与治理方式的选择。因此，城市发展战略不只是政府对城市发展的具体规划与政策，而是面对困难与选择时，城市内各利益相关方在城市发展与城市治理上的一种创新的精神、一种互利的共识、一种前进的力量。城市能否具有这种战略的智慧与力量，是城市不断突破阶段性发展瓶颈、创造出持续繁荣的关键因素。

3. 城市成长生命周期资源支撑风险

基于以上分析，从资源支撑风险的角度来看，在其生成、成长、成熟、衰退乃至衰败等一个完整的生命周期中，城市经济社会发展在不同发展阶段对不同性质的资源有着不同的依赖度，并面临着不同的资源支撑风险（见表 8–6）。

表 8–6　　城市生命周期与资源依赖度 / 风险度的关系

资源性质 / 周期阶段	是否可动		是否战略性		是否可持续	
	不动资源	流动资源	战略资源	非战略资源	再生资源	非再生资源
生成阶段	★★	★★★/☆☆☆	★★★	★★	★	★★
成长阶段	★★★/☆☆	★★★	★★★	★★	★	★★
成熟阶段	★★/☆☆☆	★/☆☆	★★/☆☆	★★	★★	★★
衰退阶段	★★	★★/☆☆	★★/☆☆☆	★★	★★★	★
衰败阶段	—	★★★/☆☆☆	★/☆☆☆	★★	★★★	★

注：依赖度：高度★★★，中度★★，低度★；　风险度：高度☆☆☆，中度☆☆，低度☆。

总体来说，城市在经济社会发展中遭遇资源支撑风险方面具有一定的规律性，但不同城市之间又存在着较大的差异性。当不动资源同时具有战略性与可持续性时，其对流动资源的吸附与集聚能力就更强大、更持续，因此风险度较低、抗拒风险的能力也较强。特别是，如果支撑城市发展的不动资源与支撑国家经济发展的不动资源之间具有较高的重合度，而这种资源又具有战略性与可持续性时，城市的发展会得到强有力的资源支撑，这样的城市就具备了发展为大都市的资源支撑条件。

四、城市化过程及其资源支撑风险

与城市发展生命周期的资源支撑问题相类似，国家城市化过程进入不同阶段，会面临不同的资源支撑问题。其中有些问题，会导致部分城市的发展面临某些资源支撑风险;有些问题，则会导致整个国家经济发展遭遇资源支撑风险。

1. 国家城市化过程及其资源消耗

按照城市化S曲线型规律，国家城市化过程会经历缓慢发展、加速发展、平稳发展、最后进入后城市化几个阶段。与此相对应，各个阶段的国家经济发展存在着与其相适应的资源支撑方式，呈现出不同的资源消耗强度与消耗结构及可能的资源风险。

首先，国家城市化过程中的资源消耗，面临着资源总量的问题。城市化过程的经济发展方式，在资源支撑上的突出特点是资源集聚与资源博弈。所谓集聚，乃流动资源向城市集中；所谓博弈，乃众多大小不等的城市对流动资源的竞争。相对于城市不动资源面临较大压力而言，国家层面会面临流动资源支撑能力的考验。因此，城市化的规模与速度受到全国流动资源（品种、质量及其规模）的总量制约。这种制约在人口、资金、能源资源、矿产资源等流动资源的支撑上都有不同的体现。

其二，国家城市化过程的资源消耗，面临着资源结构问题。对国家城市化来说，不动资源的结构决定着城市体系的总体布局，流动资源的规模与结构决定着城市化的速度与水平。而国家城市化战略与政策，不仅决定着政治、文化与科技资源的投入，还决定着互通互联的基础设施体系的建设与发展。因此，国家城市化的水平与质量，都受到资源结构的约束。

第三，国家城市化过程的资源消耗，面临着阶段转换与资源转型的问题。国家城市化的阶段性升级，既体现人口城市化的进度与水平，更伴随着产业发展的优化与升级。因此，与国家城市化阶段转换相适应，资源支撑方式将面临因产业升级而不断转型的问题。

第四，国家城市化过程的资源消耗，要求在战略上重视资源支撑风险，在策略上做好资源风险的管理。资源支撑总量上的制约、结构上的失衡、阶段性升级的阻滞，都会对国家城市化过程经济发展带来风险，甚至造成损失。

2. 国家城市化过程资源支撑阶段性升级

国家城市化过程资源消耗的阶段性特点，需要从城市化阶段、城市化水平、产业调整与资源支撑之间的相互关系来进行分析，并从阶段性转型与结构升级中把握可能出现的资源支撑风险。

表 8–7　　国家城市化过程中产业发展与资源支撑的阶段性升级

城市化阶段	起步阶段	中期阶段	中后期阶段	成熟阶段	后城市化阶段
城市化水平	10%～30%	25%～55%	50%～75%	65%～90%	80%～90%
主导产业	农业 初级加工业	制造业 交通运输业	高级制造业 服务业	服务业 科技产业	智能产业 人文产业
主导资源组合	农产品 初级能源与矿产 资金 劳动力	化石能源 矿物原料 资金 劳动力	优质化石能源 新材料 技术人员 资金	高效绿色能源 科研教育 科技人员 资金	科技创新 生态环境 可持续人口 资金

首先，城市化水平的高低是城市化所处的阶段的主要指标，与城市化从起步到成熟的阶段相对应，领引国家经济与城市发展的主导产业也不相同，并呈现出逐步升级的特征（见表 8–7）。在城市化的早期阶段，以农副产品加工、日用品加工、初步矿产品加工为主的初级加工业得到快速发展；城市化处于快速发展的中期阶段，国家工业化也加速进行，重化工业、制造业及交通运输业成为主导产业；城市化进入中后期阶段后，城市社会占据主导地位，城市消费能力全面提升，服务业成为推动国家经济与城市发展的主导产业；随着国家城市化的成熟，科技产业、科技服务业、以人的发展为目标的智能产业与人文产业的作用日益突出。

其次，与城市化的阶段与产业升级相适应，资源结构与规模也需要作出相应的调整，其主导资源的结构呈现出从初级到高级、从粗放高耗到优质高效、从高耗到绿色、从简单加工到智能人文等不断升级的特征。

最后，城市化过程中的资源支撑风险，主要表现为城市化阶段演进的迟滞与资源支撑结构演进的迟滞两个方面。阶段演进的迟滞使城市化过程难以定型，导致城市化发展停滞不前，会消耗过多的资源；而资源结构演进的迟滞影响城市化阶段性升级，同样也导致国家城市化消耗过多的资源。

3.“不定态城市化”及其资源支撑风险

在国家城市化过程中，当经济发展与城市化过程出现严重不协调时，就会形成人口城市化小于或大于经济城市化的“不定态城市化”问题。“不定态城市化”在国家城市化过程中的表现主要有两个方面，一是人口城市化水平的不稳定状态，另一是城市化发展阶段的迟滞状态。

“不定态城市化”常常出现在城市化的早期阶段，大量处于流动之中的漂浮人口，持续处于非城非乡的焦灼状态。这种状态会随着城市化阶段性演进而消化。

在世界各国城市化实践中，“不定态城市化”有几种典型情况，如以巴西为代表的拉美城市化模式存在的“过度城市化”问题，中国半城市化或滞后城市化的问题。

“不定态城市化”，会导致国家经济与城市发展遭遇许多不确定性风险。不定态会造成资源的无效消耗，影响国家现代化的进程；大量流动资源的漂浮，会导致经济社会发展面临资金、人口等资源的间竭型风险，使经济发展陷入“中等收入陷阱”；不定态还会加大资源环境压力，导致社会分化、加深社会矛盾，使经济社会发展进入战略失衡的局面；不定态不仅无助于城市发展进行有效的资源集聚，还会直接导致或加剧各种城市病。

第五节 “三角结构定律”及资源支撑路径与战略

综上所述，在国家城市化过程中，经济发展资源支撑的问题可以概括为三个方面：一是从微观意义上的每个城市（城市群或单一城市）来看，其产生与发展的资源支撑问题；二是从中观意义上的城市体系来看，其形成与发展的资源支撑问题；三是从宏观意义上的国家现代化来看，就是整个国家经济社会发展的资源支撑问题。这三个问题紧密关联，在资源集的层级上虽不相同，却互为依托，因此可以复合成一个问题，即在国家城市化阶段性演进的过程中，国家与城市的经济发展在资源支撑上需要具备什么样的条件？

一、城市发展资源支撑的“三角结构定律”

1. 城市发展资源支撑的“三角结构”

现代城市的产生与发展是资源集聚的结果，从资源支撑方式上分析，城市实现持续发展的必要条件，就是能否较稳定较连续地形成规模庞大、结构合理的资源集。在这种资源集里，对城市发展具有决定意义的当属战略性资源。可以说，战略性资源的质量、规模与结构是决定城市发展方式与发展趋势的关键因素。据其在资源集内的功能作用，可以将这些战略性资源分为天资源、地资源、人资源三大类型。

天资源：对于城市所拥有的维系其持续繁荣和发展的战略性资源，可统称为城市发展的天资源。天资源包括决定城市战略定位的区位优势资源、政治资源、科教资源、文化资源以及城市精神，它们构成城市可持续繁荣的发展力。

地资源：对于城市所拥有的具有战略意义的不动资源，可统称为城市发展的地资源。地资源包括土地、淡水、生态环境、地理环境与社会环境等，它们是构成资源集聚与城市发展的承载力。

人资源：对于城市所拥有的具有战略意义的流动资源，可统称为人资源。人资源主要包括人口、资金与能源等，它们决定着城市发展的生机与活力，在相当大的程度上代表一个城市在资源博弈中所体现出的竞争力。

任何城市的产生与发展，都离不开这三类资源的有力支撑。三类资源在规模与结构上的协调性，取决于三者之间形成较高程度的战略互补关系，从而决定着城市、城市群乃至整个国家城市体系发展的承载力、竞争力。因此，由天资源、地资源和人资源共同构成的具有战略互补的结构关系，即是城市发展产生与发展在资源支撑上的必要条件，可称之为城市资源支撑的“三角结构”（见图 8–4）。

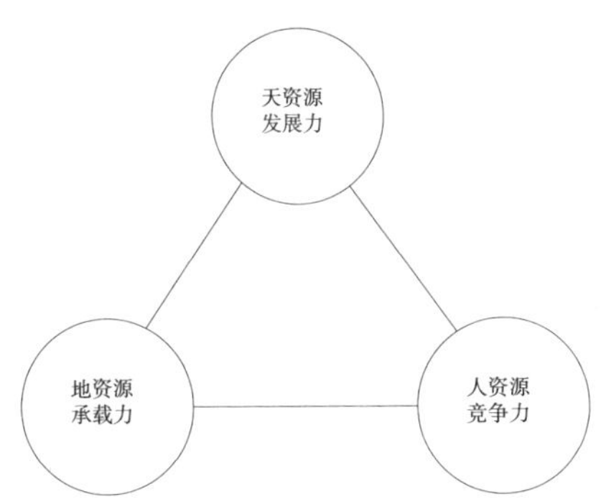

图 8–4　城市资源集的三角结构关系

之所以说资源“三角结构”是城市发展资源支撑的必要条件，因为无论对于单一城市还是城市群来说，其发展尽管都是资源集聚达到一定规模的结果，但这种资源规模对城市产生、发展的支撑力，取决于资源结构是否合理，当一定规模的资源达到且必须满足战略互补的“三角结构”时，城市才有可能具备产生和发展的资源支撑条件。因此，对于城市发展来说，由天资源、地资源与人资源构成的合理的“资源三角结构”，是城市资源集形成支撑力的一种稳定均衡。

2. 城市发展与资源结构优化

将支撑城市发展的资源划分为天资源、地资源与人资源三大类型，除了三者之间在功能上必须构成相互依存的结构关系之外，它们在资源集聚的博弈方式上还存在较大的差异，表现出不同的特点。

如果将城市的产生与发展比作一个生命的诞生与成长，那么天资源是城市的智力资源，地资源则是一个城市的体力资源，这两类资源的禀赋似乎依赖天赋或政治性配置，其形成的因素复杂而奇特，正如美国著名城市学家刘易斯·芒福德在其《城市发展史》中指出："城市文明是创造与控制的奇异综合，是扬与抑、张与弛的奇异综合，……城市从其起源时代开始便是一种特殊的构造，它专门用来贮存并流传人类文明的成果；这种构造致密而紧凑，足以用最小的空间容纳最多的设施；同时又能扩大自身的结构，以适应不断变化的需求和社会发展更加繁复的形式，从而保存不断积累起来的社会遗产。"[①]

与天资源与地资源相比，人资源则是展现城市的实力资源，其形成方式主要依靠资源集聚，一方面需要高效有序的市场交换来配置，另一方面高度依赖天资源的牵引与地资源的承载。因此，在城市资源博弈的竞争中，人资源是最直接的部分、最外在的表现。

在国家城市化过程中，城市之间的资源博弈十分激烈；而在城市化快速发展的中期阶段，以人口聚集为牵引的人资源流动得最为活跃、最为频繁，资源博弈最为激烈。城市之间为尽可能多、尽可能快地集聚人资源的资源博弈，对资源"三角结构"的稳定均衡形成强烈冲击，从而对城市、城市群甚至整个国家城市体系的发展产生巨大影响。

由此可见，所谓的资源"三角结构"稳定均衡，是基于一定时点上的静态分析。在现实的资源博弈过程中，资源"三角结构"总呈现出不断变化的组合。这会影响到城市发展资源支撑上的稳定性，并导致不同类型、不同程度的风险。由此导出了城市化可持续发展面临的资源支撑与资源风险的问题。在理论上分析，城市可持续的发展力，取决于资源支撑"三角结构"的动态化。

解决资源"三角结构"动态均衡的问题，需要分别从天资源、地资源与人资源的内部结构关系中寻找答案。无论是天资源、地资源还是人资源，它们都由许多具体

① ［美］刘易斯·芒福德：《城市发展史》，中国建筑工业出版社2005年版，第32～33页。

的资源构成，并形成某种组合关系，不仅直接决定着城市发展的协调性与风险度，而且也决定着城市发展的连续性与风险度。因此，任何城市要实现稳定协调的可持续发展，在资源支撑上除满足资源“三角结构”这一必要条件外，还要具备一个充分条件，即三大类资源内部的各种资源之间，保持较连续、较平滑的替代关系。只有这样，城市发展在资源支撑上才具有可持续的不断优化的资源集。

之所以说资源之间形成连续、平滑的替代关系，是城市实现可持续发展的充分条件，是因为对于城市、城市群乃至国家城市体系来说，决定其发展力与风险度的主要是最为短缺的资源。某些资源出现短缺时，如果无法足量、经济地实现资源替代，不仅会导致资源支撑风险，还会破坏资源支撑“三角结构”的稳定均衡，导致城市发展在资源支撑上难以为继。因此，资源结构上的连续、平滑的动态替代关系，就成为城市实现可持续发展在资源支撑上的充分条件。在现实中，资源连续平滑的替代关系，在资源博弈中形成、在动态变化中调整，因此是一种资源结构的优化的过程，是资源风险的规避与消化的过程，也是城市活力形成与实现的过程，它决定着城市的发展力。

3. 资源支撑“三角结构定律”

总之，城市的产生与发展，取决于资源支撑的状态。尽管城市发展都能形成某种资源支撑的“三角结构”，但不同城市所赖以支撑的资源“三角结构”有着各不相同的组合，并在资源博弈的冲击下处于动态变化之中。由此，可以推出城市生产与发展的充分必要条件，即对于任何一个城市或城市化群，其赖以支撑的资源集只要趋于形成持续动态均衡的资源“三角结构”关系，就能形成城市发展的承载力、竞争力与发展力。这种动态均衡的资源结构关系，可以称为城市资源支撑的“三角结构定律”。

资源支撑“三角结构定律”，对城市化过程资源支撑的性质，对国家城市化过程的理解，对城市产生与发展的影响因素，对城市资源替代方式的选择，对城市发展资源战略的性质、取向与内容，对新型城市化路径的选择与优化，都提供了一种重要的分析坐标。

二、资源替代：增强资源的替代能力，促进资源供求动态均衡

1. 资源替代是解决城市发展资源稀缺约束的基本方式

资源替代是资源配置的基本方式，更是解决经济发展资源支撑问题的基本方式。

在城市化过程中，资源替代也是解决城市发展资源瓶颈制约、防范和控制各种资源支撑风险的基本路径。

从理论上讲，资源替代是以市场为基础的博弈活动。城市的发展，不仅是资源博弈的结果，也为资源更便利、更经济、更有效地替代提供了条件，因此，城市发展过程的资源集聚本质上与资源替代能够相向而动；但另一方面，基于城市发展生命周期及其特殊资源结构的约束，城市的资源替代活动往往面临较高的沉没成本与产业结构刚性的阻碍。因此，资源替代并不是一件很容易的事情。

从资源替代的动力机制来分析，城市资源替代亦表现为稀缺强制型、效率诱致型与综合效应型三种类型。因此资源替代，一方面能够提供经济有效的可持续性资源，增加战略性资源的规模，缓解资源特别是战略性资源的稀缺性压力；另一方面连续不断地促进资源结构的调整和优化，改善和增强城市经济发展在资源支撑“三角结构”上的连续性与协调性。

2. 城市发展资源替代方式的选择

根据城市发展资源支撑“三角结构定律”，资源集聚在不断扩大城市资源的数量规模的同时，还要促使天资源、地资源和人资源不断形成稳定均衡的结构，而资源替代则是促进这三类资源之间以及各类资源内部动态高效地形成连续稳定均衡结构的基本路径。资源替代有直接替代与间接替代、供给替代与需求替代、基础替代与综合替代等多种方式。根据资源本身的特点及城市发展对资源支撑的需求，可以选择不同的资源替代方式。

“天资源”的替代：天资源是推动持续发展的战略性资源，是体现城市战略地位、机会选择与风险处置的智力资源，主要有政治资源、科研资源、教育资源与文化资源等。城市化过程是资源博弈即资源的再配置过程，一个城市要持续提升其天资源的优势，持续保持并发挥天资源在城市发展中的引领作用，最为重要的是维持天资源的资金投入，以保持并不断增强在天资源上的集聚能力。因此，这是一种基础替代。

“地资源”的替代：地资源除了土地外，还包括淡水、生态环境与地理区位等，它是城市发展的承载与依托，其特点是数量有限、大多不可移动。因此，解决地资源的稀缺与风险，主要有两种替代方式：一是提高资源的利用效率，让最有效率的使用者利用最稀缺的土地，这是一种需求侧的间接替代；二是开发新区、建设卫星城，以分流对旧城区的压力，这是一种资源的直接供给替代。

“人资源”的替代：人资源除人口外，包括资金及能源、矿产等受人口牵引的各种流动资源，其替代方式是根据城市发展的需要，进行大量的吸纳式聚集，这是典型的供给替代。

3. 替代方式的转型与新型城市化

在国家城市化过程中，资源替代的方式也要进行阶段性升级与转型（见表 8–8）。

在城市化的早期与中期阶段，借助于资源的快速大规模聚集，基础替代、供给替代与需求替代是城市发展资源替代的三种重要方式。

在城市化进入成熟阶段及后城市化时期，基础替代、需求替代与供给替代仍是城市改进资源结构的三种重要的方式。但是，由于需求替代作用的显著提升，资源综合利用在资源替代中的作用将日益重要，因此对综合替代的依赖度大为提高。

表 8–8　　城市三大资源替代方式的选择

资源类型 / 替代方式	天资源	地资源	人资源
基础替代：作用/举例	★★★/加大资金投入支撑城市的优势地位	★★★/加大水土开发与生态环保投资	★★/加大科技教育与文化投资
供给替代：作用/举例	★★/吸引优质科技教育资源	★★/开发新区，建设新城	★★★/资源聚集吸引人口及其他资源
需求替代：作用/举例	★★/创新城市精神与城市文化	★★★/通过价格调节城区水土需求	★★★/淘汰落后的产业，提倡资源循环利用
空间替代：作用/举例	★/向高端城市借力与合作	★★/基于城市群的区域合作	★★/基于城市群一体化发展的产业外迁
综合替代：作用/举例	★★★/不断提高城市战略优势	★★/城市水土资源综合利用	★★★/提高资源综合利用水平

注：作用：高度依赖★★★，中度依赖★★，低度依赖★。

因此，在城市化的后期阶段，单纯的供给替代与需求替代在改进城市资源结构中的作用趋弱，而以供给替代与需求替代为基础，促进直接替代与间接替代相结合，通过充分发挥基础替代与空间替代的效能，广泛提升资源综合替代的作用，实现资源综合利用更为有效、更为经济、更为环保、更可持续的资源支撑。这正是新型城市化的重要内容。

三、资源战略：增强资源互补性，促进城市资源战略均衡

连续不断的资源替代，促进资源结构实现连续稳定的均衡。从动力机制上分析，

资源替代活动高度依赖于以市场为基础的资源集聚机制，是资源博弈的结果。决定资源博弈目标取向与行为方向的，则是资源战略。因此，资源战略是资源博弈各行为主体的行为规则的集合。在这一战略集合中，国家或城市的资源战略扮演着基础的、领引的与调节的角色，包括城市定位与发展目标，以及在资源支撑上采取的或明或暗的战略与策略。

如果说资源替代是为了增强城市发展的活力与持续动力，资源战略则主要是增强城市发展资源替代的方向感，从而提升资源支撑的稳定性；如果说资源替代的侧重点是促进资源供求均衡，资源战略的侧重点则是资源集聚与资源配置背后的规则导向，从而提升资源支撑的战略均衡。资源替代与资源战略的逻辑关系，决定了两者之间既相互促进又相互制约，通常情况下资源战略对资源替代具有决定作用。因此，对一个城市的可持续发展来说，资源战略具有更重要的意义。

一个好的城市资源战略，其基本理念是尽可能增进资源互补，促进战略均衡。其基本要义有以下几个方面。

其一，城市资源战略，首先是资源集聚的战略，因此城市资源战略是一种提高对外资源博弈能力的策略，其目标是最大化地促进资源向城市集聚，为资源替代提供可能。

其二，城市资源战略，也是优化城市内部资源配置的战略，因此城市资源战略是一种对内博弈的策略，其目标是促进城市资源形成优势互补的优化结构，从而提高城市发展资源支撑的均衡性与稳定性。

其三，城市资源战略，又是一种长短兼顾的战略，其目标是促进城市发展长短相济、在资源支撑上实现可持续发展。

其四，城市资源战略，还是一个规避风险的战略，其目标是促使风险概率与风险损失最小化，其核心任务是防范和控制城市发展可能遭遇的资源支撑风险。

其五，城市资源战略，还应该是一个均衡协调的战略，其目标是实现互利共赢，其核心任务是促进资源博弈各利益攸关方形成合作竞争结构，引导战略合作与相向互动。

四、阶段转型、战略升级与新型城市化

综上所述，基于城市发展资源支撑“三角结构定律”，将城市化的阶段演进与资源替代、资源战略综合起来，就可以对国家城市化阶段转型与战略升级等重大问题，有更加深入、更为清晰的理解。整个国家城市化的发展过程，是以人口聚集为龙头的

资源集聚的过程，是资源重新配置与资源结构重构的过程；从资源支撑的内在机理上看，城市化的阶段性演进与城市的产生与成长，就是在资源替代与资源战略升级之间的互动中实现的。具体包括资源替代、产业升级与战略替代三个层面，以及风险防控与路径创新。

第一，资源替代，是城市化过程中资源支撑最基本的路径。

资源替代从最初以供给替代为主、需求替代为辅，逐步向供给替代与需求替代相辅相成演进；随着空间替代对城市化进程的有力推动，城市形态不断创新、规模不断扩大，城市群应运而生并不断发展；城市化进入成熟阶段后，以资源综合作用为标志的资源综合替代，成为各大城市乃至国家城市体系资源支撑的重要方式。

在资源替代中，基础替代即资金的支撑作用，贯穿所有替代形式、贯穿替代活动的始终。因此，没有资金的支撑，资源替代也就无从谈起。

第二，产业升级，是城市主导产业的一种替代，是推动城市化阶段性演进的重要力量和重要依托，也是重要标志。

产业结构的优化与升级，其重要表现是主导产业的替代。从第一产业为主，升级为制造业等第二产业，再进一步升级为以服务业为主的第三产业，这种不断升级的过程，是经济社会发展的重要支撑，为城市化提供了重要动力。因此，主导产业的产业替代是产业升级的重要方式。这种替代主导产业的交替变迁，会促进产业品类的多样化与产业结构的合理化。在国家城市化过程中，城市的发展借助于产业替代，一方面会导致城市经济功能的定位与再定位，另一方面还会促进城市产业的多样化，从而实现可持续发展。

第三，资源风险，是在资源替代与产业升级过程中，城市发展在资源支撑上面临种种不确定性，导致资源支撑风险。风险管理是实现城市化阶段转型需要解决的重大课题。

国家城市化与城市发展的阶段转型，常常需要打破经济发展的阶段性困局，通过克服产业升级资源替代风险来实现。无论是资源型城市，还是工商型城市，都会面临发展的周期与阶段问题，在转型与升级过程中，风险管理是资源战略的一个不可或缺的重要内容。

第四，战略升级，是为了满足资源替代与产业升级的需要，资源博弈规则的不断替代。

战略升级产生的条件主要有两个，一是有利于促进资源替代与产业升级，使资源支撑能力最大化；另一是管控资源替代、产业升级与阶段转型中可能出现的资源支撑风险，使风险损失最小化。

城市发展的阶段转型与产业结构的优化升级，为寻求资源支撑的过程中必然诱发的新的资源集聚与资源博弈，旧的资源战略均衡被打破，风险损失随之而来。打破战略困局必将导致资源战略的重整与重构，并形成新的战略均衡，由此实现资源战略升级。

第五，资源替代、产业替代与战略替代的创新与新型城市化。

总之，国家城市化的演进与城市的可持续发展，是资源替代、产业替代与战略替代相互作用的结果。资源替代、产业替代与战略替代，不只创造了多样化的产业结构与城市形态，还创造了资源支撑动态连续稳定的“三角结构”，支撑着国家城市化的阶段性发展，支撑着城市发展的转型与可持续发展。

因此，研究新型城市化及其资源支撑问题，可以从资源替代、产业替代或产业升级、战略替代或战略升级之间的相互关系中找到内在动力与逻辑。

五、城市化形态的嬗变与新型城市化实践

从城市化与城市发展的维度研究经济发展资源支撑，与从资源支撑维度研究城市化与城市发展的性质，可以得到相当一致的观点，两者可以说殊途同归。这一观点就是，城市化本质上是人口向城镇聚集从而带动资源集聚的一种经济社会发展方式。

但是，从城市形态与资源支撑之间的关系看，城市是否越大越好、资源是否越密集越好呢？现有的研究大多从四个角度来观察，一是国家城市体系的形态，二是城市群、城市圈或城市带等形态，三是单一城市的形态，四是城市与乡村相互关系的形态。这四种角度的研究结论基本属于静态分析，而从国家城市化阶段性演进的动态过程来考察，城市形态并非一成不变。

有研究认为，美国城市的发展了经历两大阶段。从殖民地时期到 1920 年为第一阶段，人口由农村向城市集中，城市空间结构的主要形式是集中型发展，郊区发展缓慢，这一阶段是传统城市化阶段；1920 年以后进入第二阶段，郊区化成为城市发展的主导力量，因此开始了新城市化，以多中心、分散化、城市与郊区统筹发展为主要特征的大都市区成为一种重要的城市形态。[①]

① 王旭：《芝加哥：从传统城市化典型到新型城市化典型》，载《史学集刊》2009年第6期。

学术界一般认为，传统城市化最有代表性的是工业化城市芝加哥，而新型城市化最有代表性的是以服务业见长的洛杉矶。[①] 由此出现了城市布局理论的芝加哥学派（Chicago School）和洛杉矶学派（L. A. School）。芝加哥学派产生于20世纪20年代初，认为城市呈集中型发展，由密集的核心区向周边地区扩展，密度渐次降低，在此过程中，核心区主导着边缘地带的发展。但是，令芝加哥学派始料不及的是，芝加哥后来的发展与芝加哥学派的理论模式渐行渐远；而后来居上的洛杉矶却以相对分散而开阔的发展空间受到推崇，20世纪90年代，洛杉矶学派应运而生。但洛杉矶因其人口密度过低、发展失控也遭受诟病，其人口密度也不断上升；而芝加哥人口密度近50年来快速下降，出现了向新城市化的蜕变。芝加哥与洛杉矶城市发展形态的变化，折射出传统城市向新型城市过渡的一些特征，实践了新型城市化是城市发展的必然走向。

还有学者从世界城市化进程的经验中研究新型城市化，认为必须慎重把握新型城市化的两大基本转折：

第一个转折，是在财富分布空间相对平衡的区域内，逐步形成大小不等的点状分布（亦可视为不同尺度的区域增长极），并产生了急剧的人口集聚能力、经济密度集聚能力、二三产业集聚能力和资本集聚能力的中心即大中小城市，在农村支持城市、农业支持工业的基本格局下，使得城乡差距扩大，因此“以农补工”占据主导地位。这一阶段的城市化进程，主要是“传统城市化”的标志。

第二个转折，是在财富分布空间已经相当不平衡的区域内，城市化进入中期，工业化程度较高，城市化战略必将转移到城市支持农村、工业支持农业、统筹城乡协调发展和实施城乡经济一体化。因此，在不降低城市生产力的前提下，加大城市对农村全方位的反哺。这一阶段的城市化，应当看作是“新型城市化”的本质表现。[②]

以上基于城市化形态嬗变的新型城市化研究，为新型城市化的研究提供了一定的理论坐标，比主要基于政策需求的新型城市化研究，更加具有学术价值。尽管新型城市化成为研究热点，但到目前为止，无论是理论研究还是对策研究，都未构筑出公认的具有普遍理论指导意义与现实操作意义的模型。

总之，“三角结构定律”的城市发展资源支撑理论，资源替代、产业替代与战略替代的城市化阶段演进理论，以及社会效用最大化、资源配置最优化与交易成本最小化的城市发展动力机制理论，或将为新型城市化问题的研究打开新的空间。可以说，

① 王旭：《芝加哥：从传统城市化典型到新型城市化典型》，载《史学集刊》2009年第6期。

② 牛文元：《中国新型城市化战略的设计要点》，载《战略与决策研究》2009年第2期。

以此为坐标的新型城市化，是对传统城市化的战略替代，是国家城市化的新阶段（对于已经城市化的国家来说即是后城市化阶段），既是全新的城市化综合战略，更是全新的城市化路径。因此，除城市形态变化之外，新型城市化更包括资源集聚方式（资源替代与产业替代）的变化、资源战略与资源博弈方式的变化。

第九章

中国城市化资源支撑与战略转型

“影响21世纪人类社会进程两件最深刻的事情，第一是以美国为首的新技术革命，第二是中国的城市化。”①

——斯蒂格利茨（美国经济学家、诺贝尔经济学奖获得者）

第一节　中国城市化：历史、现状与未来

一、中国城市化的历史过程

中国是世界上最早的城市发源地之一。总体来说，中国早期城市的发展模式是，以江河两岸为中心向其他地区推进，以帝王的都城带动其他城市的发展。②从秦王朝至清代鸦片战争时期，中国城市发展有着自己独特的历史。秦汉时代城市分布较广，名都（秦时咸阳、汉代长安、燕之涿蓟、赵之邯郸等）大多集中在当时处于政治中心与经济中心的中原和北方。公元2世纪以后，北方民族频繁南下，中国居民大量南迁江淮以南，江南得到开发，城市重心也随之南移。隋唐以后，形成了军事中心在北方，经济文化中心在南方的格局，并一直延续到宋、元、明、清。后来城市的发展，在一定程度上受到这种历史格局的影响。

除历史的因素之外，中国近代城市的产生与发展还受到半封建、半殖民地的影响，出现了三种城市形态：一是与帝国主义的侵略与控制有关的城市，如根据不平等条约直接开放开辟的商埠城市，有广州、厦门、福州、上海、宁波、汉口、九江、青

① 于猛、宋家宁：《我国城镇化模式研究综述》，载《中国土地》2013年第3期。

② 朱铁臻：《城市发展学》，河北教育出版社2010年版，第69页。

岛等；二是伴随着外国资本及官僚资本主义和民族资本主义工商业的发展而兴起的城市，如北京、西安、成都、兰州、南昌等，还包括一批矿业城市，如鞍山、本溪、抚顺、唐山、大冶、萍乡、玉门等；三是伴随着铁路、水路、公路的发展而在交通线上形成的城市，如石家庄、郑州、蚌埠等。①

新中国成立后，中国城市的发展大体经历了四个发展阶段（见图 9–1）：

1949~1958 年为城市发展的起步阶段。10 年间城市化率从 10.64% 上升到 16.25%。这一时期，国家进行了以工业化为目标、156 个项目为主要标志的大规模的经济建设，工业化推动了经济发展，城市人口增长较快，带动了城市的发展。

1959~1978 年为城市发展的停滞阶段。20 年间，城市化率在 17%~19.8% 之间徘徊不前，1959 年为 18.41%，1978 年却只有 17.92%。

1979~1998 年为城市化再次启动后的稳步发展阶段。20 年间，城市化水平由 1979 年的 19.99% 逐步上升到 1998 年的 30.4%，年均城市化水平提高 0.5 百分点。1998 年，中国城市化率首次突破 30%，达到了诺瑟姆城市化 S 曲线所描述的城市化快速上升阶段（中期阶段）的起点。

1999 年至今为快速城市化阶段。15 年间，中国城市化水平由 30% 上升到 2013 年的 53.73%（其中，户籍人口城镇化率只有 36% 左右），年均城市化水平提高超过了 1 百分点。

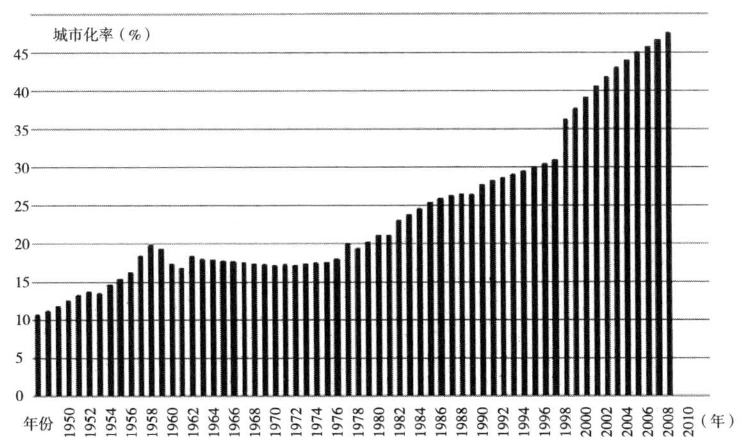

图 9–1　中国城市化水平的变化（1949 ~ 2010）

资料来源：《中国统计年鉴2013》。

① 朱铁臻：《城市发展学》，河北教育出版社2010年版，第70 ~ 71页。

从全国人口城乡分布与人口城市化水平（见表 9–1）来看，2013 年末全国（大陆）总人口为 136072 万人，其中城镇常住人口为 73111 万人，占总人口的比重为 53.73%，比 2012 年末提高 1.16 个百分点。全国人户分离的人口为 2.89 亿人，其中流动人口为 2.45 亿人。[①]

表 9–1　　2013 年末中国人口数量及其城乡结构万人

指标	年末数	比重（%）
全国总人口	136072	100.0
其中：城镇	73111	53.73
乡村	62961	46.27

资料来源: 国家统计局：《2013年国民经济和社会发展统计公报》。

总体上看，改革开放以来的 30 多年，伴随着工业化进程的加速，我国城镇化经历了一个起点低、速度快的发展过程（见表 9–2）。[②]1978~2013 年，城镇常住人口从 1.7 亿增加到 7.3 亿，城镇化率从 17.9% 提升到 53.7%，年均提高约 1.02 个百分点；城市数量从 193 个增加到 660 多个，建制镇数量从 2173 个增加到 20113 个。京津冀、长江三角洲、珠江三角洲等三大城市群已经初步形成，它们以 2.8% 的国土面积集聚了 18% 的人口，创造了 36% 的国内生产总值，成为带动我国经济快速增长和参与国际经济合作与竞争的主要平台。城市水、电、路、气、信息网络等基础设施显著改善，教育、医疗、文化体育、社会保障等公共服务水平明显提高，人均住宅、公园绿地面积大幅增加。城镇化的快速推进，吸纳了大量农村劳动力转移就业，提高了城乡生产要素配置效率，推动了国民经济持续快速发展。

表 9–2　　中国城市（镇）数量和规模变化情况　　单位:个

		1978年	2010年
城市		193	658
	1000万以上人口城市	0	6
	500万～1000万人口城市	2	10
	300万～500万人口城市	2	21
	100万～300万人口城市	25	103
	50万～100万人口城市	35	138
	50万以下人口城市	129	380
建制镇		2173	19410

资料来源：《国家新型城镇化规划（2014–2020）》。

注：2010年数据根据第六次全国人口普查数据整理。

① 国家统计局：《2013年国民经济和社会发展统计公报》。

②《国家新型城镇化规划（2014—2020年）》。

二、有关中国城市化前景的若干预测

对于中国城市化的进程及其发展前景的问题，有关研究机构与有关学者一直给予高度关注。总体上看，这方面的研究，形成了趋势大同、数据小异的结论。

早在 1988 年，国土规划研究中心方磊、刘宏等人预测（见表 9–3），中国城市化率 2020 年可达 50%，2050 年达到 65%。显然，中国的城市化实际进程比这一预测大约快了十年。[①]

表 9–3　　　　　　　　　　中国城市化发展预测

<table>
<tr><th>年份</th><th>1985</th><th colspan="2">2000</th><th colspan="2">2020</th><th>2050</th></tr>
<tr><td>总人口（亿）</td><td>10.5</td><td colspan="2">12.5</td><td colspan="2">14.0</td><td>15.0</td></tr>
<tr><td>城市人口总数（亿）</td><td>2.1</td><td colspan="2">4.0</td><td colspan="2">7.0</td><td>10.0</td></tr>
<tr><td>城市人口所占比重（%）</td><td>20.6</td><td colspan="2">30.0</td><td colspan="2">50.0</td><td>65.0</td></tr>
<tr><td>城市人口年均递增速度（%）</td><td colspan="2">4.7</td><td colspan="2">2.8</td><td colspan="2">1.2</td></tr>
</table>

资料来源：方磊、刘宏：《我国城市分类和城市发展问题的初步研究》，载《地理学报》1988年第1期。

进入新世纪后，有关中国城市化及其对中国经济发展影响的研究更趋活跃。

例如，有学者研究认为，用时间序列分析法和其他模型的预测结果相比较可以发现，多种预测相互印证表明：2020 年我国城市化发展水平达到 50% 是比较乐观的，多数预测值在 52%~55% 之间波动。考虑到我国户籍改革，土地产权改革和其他不可知因素的影响，可以预测三个数值作为政策制定时的参考：最低值 52%，期望值 55%，乐观值 60%。[②]

更有研究对 2050 年前中国人口城市化的目标作了预测（见表 9–4），届时中国城市化将超过 70%。

① 方磊、刘宏：《我国城市分类和城市发展问题的初步研究》，载《地理学报》1988年第1期。

② 张佰瑞：《城市化水平预测模型的比较研究》，载《理论界》2007年第4期。

表 9-4　　中国 2003 ~ 2050 年城市化目标预期

年份	总人口（万人）	人口自然增长率（‰）	理想目标		保守目标		跳跃目标	
			城市化率（%）	城镇新增人口（万人）	城市化率（%）	城镇新增人口（万人）	城市化率（%）	城镇新增人口（万人）
2003	129227	6.00	40.53	—	40.53	—	40.53	—
2004	130002	5.66	41.73	1874	41.53	1614	41.93	2134
2005	130738	5.34	42.93	1876	42.53	1613	43.33	2139
2006	131437	5.04	44.13	1877	43.53	1611	44.73	2143
2007	132100	4.76	45.33	1878	44.53	1610	46.13	2146
2008	132729	4.49	46.53	1878	45.53	1607	47.53	2148
2009	133325	4.24	47.73	1877	46.53	1605	48.93	2150
2010	133890	4.00	48.93	1876	47.53	1602	50.33	2151
2011	134425	3.73	50.13	1875	48.53	1599	51.53	1883
2012	134927	3.48	51.33	1871	49.53	1593	52.73	1878
2013	135397	3.25	52.43	1731	50.53	1587	53.93	1873
2014	135837	3.03	53.53	1725	51.43	1445	55.13	1867
2015	136249	2.83	54.63	1719	52.33	1438	56.33	1862
2016	136634	2.64	55.73	1714	53.23	1431	57.53	1857
2017	136995	2.46	56.83	1708	54.13	1425	58.73	1851
2018	137332	2.30	57.93	1702	55.03	1419	59.93	1846
2019	137647	2.14	59.03	1697	55.93	1412	61.13	1841
2020	137942	2.00	60.13	1692	56.83	1407	62.03	1822
2021	138218	1.74	61.23	1686	57.73	1401	62.93	1415
2022	138459	1.52	61.93	1117	58.63	1385	63.83	1398
2023	138669	1.32	62.63	1101	59.53	1371	64.73	1382
2024	138852	1.15	63.33	1087	60.43	1359	65.63	1368
2025	139011	1.00	64.03	1074	61.33	1347	66.53	1356
2026	139150	0.87	64.73	1063	61.83	781	67.43	1345
2027	139271	0.76	65.43	1053	62.33	771	68.33	1335
2028	139377	0.66	66.13	1045	62.83	763	69.23	1327
2029	139469	0.57	66.83	1037	63.33	755	70.13	1319
2030	139549	0.50	67.53	1030	63.83	748	71.03	1312

续表

年份	总人口（万人）	人口自然增长率（‰）	理想目标		保守目标		跳跃目标	
			城市化率（%）	城镇新增人口（万人）	城市化率（%）	城镇新增人口（万人）	城市化率（%）	城镇新增人口（万人）
2031	139619	0.44	68.23	1024	64.33	743	71.23	329
2032	139680	0.39	68.93	1020	64.83	738	71.43	323
2033	139735	0.34	69.63	1016	65.33	734	71.63	318
2034	139783	0.30	70.33	1012	65.83	730	71.83	314
2035	139825	0.27	71.03	1009	66.33	727	72.03	310
2036	139862	0.24	71.23	306	66.83	724	72.23	307
2037	139895	0.21	71.43	303	67.33	722	72.43	304
2038	139925	0.18	71.63	301	67.83	719	72.63	301
2039	139950	0.16	71.83	298	68.33	717	72.83	299
2040	139973	0.14	72.03	296	68.83	715	73.03	296
2041	139993	0.11	72.23	294	69.33	714	73.23	295
2042	140009	0.09	72.43	291	69.83	711	73.43	292
2043	140021	0.07	72.63	289	70.33	709	73.63	289
2044	140031	0.06	72.83	287	70.83	707	73.83	287
2045	140039	0.05	73.03	286	71.03	286	74.03	286
2046	140046	0.04	73.23	285	71.23	285	74.23	285
2047	140051	0.03	73.43	284	71.43	284	74.43	284
2048	140055	0.02	73.63	283	71.63	283	74.63	283
2049	140058	0.02	73.83	282	71.83	282	74.83	282
2050	140060	0.01	74.03	282	72.03	282	75.03	282

资料来源：陈甬军、景普秋：《中国新型城市化道路的理论及发展目标预测》，载《经济学动态》2009年第9期。

麦肯锡全球研究院预测，按照目前的发展趋势，中国的城市人口将由2007年的5.93亿增加至2025年的9.26亿。新增3.3亿多城市居民，相当于美国的全国人口。到2030年，中国的城市人口有望达到10亿。

再如，中国建投投资研究院、社会科学文献出版社发布的《投资蓝皮书：中国投资发展报告（2013）》认为，未来20年是中国城乡变动最剧烈的时期，城镇化已经成为决定我国经济增长的关键性因素，2030年中国城镇化率将达70%。届时居住在城市和城镇的人口将超过10亿。这意味着，未来20年大约有3亿人进入城镇，中国农村人口将减少1/3以上。实践表明，我国的城镇化率每增加1%，可拉动当年GDP增长1%~2%。中国社会科学院城市发展与环境研究所副所长魏后凯表示，目前我国城镇化水平为52.6%左右，达到世界平均水平，预计在2033年前后达到70%。而70%的城镇化率是一个重要拐点，城镇化会从快速推进阶段转为稳定发展的阶段，因此，我国经济保持稳定增长仍然是可以预期的。魏后凯还提醒，我国城镇化推进速度必须适度，应当与经济发展水平、工业化阶段、城市服务能力、人口吸纳能力、资源环境的承载能力相适应，不能追求过高的速度。城镇化水平也不是越高越好，85%左右是一个峰值。预计到2050年，中国城镇化基本完成，城镇化水平将超过80%。

总之，大量的类似研究尽管对中国城市化进程的时间与速度存在差异，但在发展趋势上是高度一致的，即中国目前正处于城市化快速发展的中期阶段，这个阶段大致还有30年左右的时间，之后，中国城市化将进入稳定发展阶段。

三、中国城市化进入转型发展的新阶段

2014年3月，中国公布了《国家新型城镇化规划（2014—2020年）》。

规划对我国城市化的发展现状做出如下总结：改革开放以来，伴随着工业化进程加速，我国城镇化经历了一个起点低、速度快的发展过程。1978~2013年，城镇常住人口从1.7亿人增加到7.3亿人，城镇化率从17.9%提升到53.7%，年均提高1.02个百分点；城市数量从193个增加到658个，建制镇数量从2173个增加到20113个。京津冀、长江三角洲、珠江三角洲三大城市群，以2.8%的国土面积集聚了18%的人口，创造了36%的国内生产总值，成为带动我国经济快速增长和参与国际经济合作与竞争的主要平台。城市水、电、路、气、信息网络等基础设施显著改善，教育、医疗、文化体育、社会保障等公共服务水平明显提高，人均住宅、公园绿地面积大幅增加。城镇化的快速推进，吸纳了大量农村劳动力转移就业，提高了城乡生产要素配置效率，推动了国民经济持续快速发展，带来了社会结构深刻变革，促进了城乡居民生活水平全面提升，取得的成就举世瞩目。①

特别值得注意的是，对中国城市化中存在的突出矛盾和问题，该规划疏理和归纳为六个方面：大量农业转移人口难以融入城市社会，市民化进程滞后；“土地城镇化”

① 参见《国家新型城镇化规划（2014—2020年）》第二章。

快于人口城镇化，建设用地粗放低效；城镇空间分布和规模结构不合理，与资源环境承载能力不匹配；城市管理服务水平不高，“城市病”问题日益突出；自然历史文化遗产保护不力，城乡建设缺乏特色;体制机制不健全，阻碍了城镇化健康发展。[①]

对于中国城市化所处的发展进程，该规划指出，根据世界城镇化发展普遍规律，中国仍处于城镇化率30%~70%的快速发展城市化中期阶段。根据这一规划，2020年前中国城镇化水平和质量稳步提升的目标是：城镇化健康有序发展，常住人口城镇化率达到60%左右，户籍人口城镇化率达到45%左右，户籍人口城镇化率与常住人口城镇化率差距缩小2个百分点左右，努力实现1亿左右农业转移人口和其他常住人口在城镇落户。同时，规划还指出，延续过去传统粗放的城镇化模式，会带来产业升级缓慢、资源环境恶化、社会矛盾增多等诸多风险，可能使国家经济发展落入“中等收入陷阱”，进而影响现代化进程。因此，随着内外部环境和条件的深刻变化，中国城镇化必须进入以提升质量为主的转型发展新阶段。

第二节　资源博弈与十大挑战

中国正处于城市化快速发展中期阶段，如何真正科学有效地利用资源，平稳有序地跨过这一重要阶段，对于顺利完成国家城市化、最终实现国家现代化具有重大意义。显然，未来一二十年是最为关键的时期。如何理解这样一种判断?

从经济发展资源支撑的维度分析，中国现阶段快速城市化的过程及城市发展的现实，面临一系列十分突出的问题，可以归纳为十大挑战。而在这些挑战的背后，则是过去长期积累、现在与未来必须认真应对的各种矛盾，其焦点就是，中国以城市化为动力的经济升级与社会转型，必须处理好错综复杂的资源博弈。

历史经验表明，任何国家在城市化中都会遭遇各种挑战。但是，与经济发达国家工业化与城市化大体同步的情况不同，中国现阶段城市化最大的特征是，城市化长期滞后于工业化，由此导致现代化又滞后于城市化，中国正在深化市场起决定作用的改革开放，这样，处于加速进行中的城市化与工业化、市场化、全球化相重合。多重转型的交叉重叠，加剧了资源博弈的激烈程度，加大了城市乃至整个国家经济发展遭遇

① 参见《国家新型城镇化规划（2014—2020年）》第二章。

资源环境风险的严重程度，由此引起的矛盾甚至摩擦纷繁复杂，达到了无处不在、无时不有的地步。初步疏理，突出表现为五大问题、十大挑战。

一、战略资源的支撑问题

国家城市化，是以人口流动与聚集为牵引的资源高度密集与大规模集中消耗的过程。工业化阶段资源支撑的特点是大量消耗矿产资源，中国在工业化中后期阶段才迎来城市化中期阶段，在制造业大量消耗能源矿产资源的基础上，又要进行大规模的城市建设，这两大因素的共同作用，导致资源消耗持续高速增长。这种情况，进入新世纪后的10多年里表现得十分突出。中国人口众多，城市化水平较低，人口向城市快速聚集，流动人口数量庞大，而工业化的任务又未真正完成，因此，城市发展所必需的不动资源与流动资源都面临空前巨大的压力。

挑战之一:不动资源支撑进入高压期。

不动资源是支撑城市发展的承载力资源的总和，主要包括土地资源、水资源、生态环境资源等。中国城市化中不动资源正面临着越来越大的压力。而缺乏理性的"圈地造城"与日益严重的"超载窒息"问题，是中国现阶段城市化过程中不动资源支撑遭遇挑战的集中反映。

大规模、普遍存在的圈地造城（即土地的城市化），是中国城市化快速发展阶段不动资源进入高压状态的一个病态特征。从大都市到小城镇，全国各地市政建设与新区新城开发都在大干快上。据新华社报道，国家发展改革委员会城市和小城镇改革发展中心课题组2013年对12个省区的156个地级市和161个县级市进行的调查表明，90%以上的地级市正在规划建设新城新区。其中，12个省会城市共规划建设55个新城新区，有一个省会城市甚至要新建13个城区。不仅如此，部分新城新区规划面积逐年增加。某西部省会城市提出建3个新区、5个新城，总面积是现有建成区面积的7.8倍。又如，郑州市建成区面积132平方公里，已规划的郑东新区却达150平方公里。并且，"新城热"正从省会城市向地级市、县级市逐渐下移，县域新城建设也在升温。圈地造城占用并浪费了大量土地资源，积累了巨大金融风险，大量资源的耗费不能产生预期的经济社会效益，可能累积成大量的沉没成本。

随着人口资源向城市大量集聚，"超载窒息"的城市病愈演愈烈。城市尤其是大都市公共设施，包括交通运输、医疗卫生、旅游资源等超负荷运行，对环境资源、水资源、气候资源及土地资源产生空前巨大的压力，出现了令人窒息的局面。2013年初开始出现的严重雾霾等异常气候最为典型。据报道，2013 年 1 月中旬，雾霾对中东部地区造成严重的空气污染。中国环境监测总站全国城市空气质量实时发布平台显示，1 月 12 日，北京、河北、山东等多地空气严重污染，PM2.5 指数直逼最大值。截至 13 日零时，在 74 个监测城市中，有 33 个城市的空气质量达到了严重污染，北京城区 PM2.5 值一度逼近 1000。中央气象台 13 日 6 时继续发布大雾黄色预警：京津地区、河北中南部、河南东北部、江苏中北部、四川盆地、重庆西部、湖南中南部、贵州南部、云南东南部、广西中北部等地有能见度不足 1000 米的雾，部分地区能见度不足 200 米。13 日 10 时 35 分发布北京气象史上首个霾橙色预警，北京平原地区出现能见度小于 2000 米的霾，空气污浊。大范围雾霾天气诱发了一系列"连锁反应"，交通受限、航班延误、病患增加……

挑战之二：流动资源支撑进入高耗期。

工业化资源高消耗与城市化人口高集聚的重叠，导致劳动力、资金、能源、矿产等流动资源的需求持续高速增长，中国城市化进入流动资源的高耗时期，

农村人口通过劳动力（农民工）的资源形态向城市快速流动，是支撑中国城镇快速发展的第一大流动资源。伴随着人口大规模流动的是，大量资金资源向城市聚集，进一步推动了城市的快速发展。但与此同时，人口红利却正在快速消失，劳动力成本快速提高，一些产业、一些城镇面临着成本上升与竞争力下降的压力，经济的持续发展面临重大挑战。

值得注意的是，城市人口在资源消耗上远高于乡村人口，以能源为例，一个城市人口工作和生活中的能耗相当于一个农村人口的数倍甚至数十倍。随着人口城市化水平的快速提升，中国城市运行与经济发展所需要的能源矿产资源，特别是石油、天然气、电力等优质能源的需求进入高速增长阶段。稀缺性流动资源的高速增长与大规模的集中消耗，对城市资源支撑能力形成巨大压力，更对整个国家的资源供求格局带来重大挑战，与此相关联的产业体系（产业链与供应链）也面临着严峻的考验。流动资源支撑上的耗竭型风险与间竭型风险，在一些城市、一些地区、一些产业逐步显露并趋于加剧，两者之间的交互作用与相互影响可能产生衍生与叠加效应，成为国家城市化与城市发展中重大的隐患。

二、城市间资源博弈关系紧绷问题

形形色色、或明或暗的资源博弈伴随着城市化的全过程。对于城市化处于加速

阶段、经济体制处于深化改革、经济体系日益开放的中国来说，这种博弈关系更为焦灼、更为剧烈。突出表现是，城市之间为提升自己功能定位的竞争十分激烈，与此相联系，各城市对重要产业布局的竞争、城市群或城市圈内资源配置的竞争，以及与此相联系的交通通信、能源管网等重大战略资源的竞争，将变得异常复杂。

挑战之三:城市之间（特别是大城市之间）资源博弈进入剧烈期。

在现行体制之下，中国城市之间的资源博弈，集中体现在层级大体相同的城市之间对自身政治地位及其在全国城市体系中功能定位的竞争，其结果直接决定着各大城市在国家经济社会发展中扮演的角色。

这种博弈是一种高层次的游戏，当前的参与者包括现有的600多个大中小城市，其主角则是31个省会城市以及副省级大中城市，尽管它们都是中国城市体系中的脊梁（见表9–5），其功能定位总体上大局已定，但这些城市以及新的后来者之间仍不断地奋勇争先，这场博弈远未结束。近30多年来，新直辖市的设立（如重庆市），经济特区的崛起（如深圳市、上海浦东新区、天津滨海新区），东部沿海城市的兴起，取得了在全国乃至全球资源集聚与资源配置中的优势地位。事实证明，这种竞争不仅仅是决定一个城市生死攸关的问题，在很大程度上更决定着一个城市群、一个区域的生存与发展。可以说，大城市之间的资源博弈，表现为城市群之间的资源博弈，却代表着区域之间的资源博弈。正因如此，类似的竞争一直在进行，未来也不会停息，而在城市化快速发展的中期阶段则更为激烈。

长期以来，在大城市功能定位的博弈战中，一直存在着两个重要话题。

一个重要话题是大家都想争当世界城市或国际大都市。有媒体报道，中国有183个城市曾提出要建成国际城市。①

另一个重要话题则是谁能争当下一个直辖市。可以说，眼下的30来个副省级城市都有竞争直辖市的天然冲动，因为“直辖市”意味着巨大的经济、政治资源和无形的影响力与竞争力。

在城市化过程中，众多城市争当国际城市，说明越来越多的城市在发展思路上开始具有国际思维与世界眼光，这是一个积极的变化，但梦想成真不能只靠想象力，更要靠实力、要靠科学的发展战略与有力的资源支撑；对于争当第五个直辖市，其难度远远高于成为一个国际城市，这主要取决于国家总体战略及其区域发展取向，也取决

① 参见新华社：《东方瞭望周刊》2010年第25期。

于大城市特别是同一区域相比邻的大城市之间非合作博弈的程度与影响，重庆之所以成为第四个直辖市，就是一个很生动的样本。

表 9–5　　　　2012 年 36 城市主要经济指标

城市名称	年末总人口	地区生产总值（当年价格）	第一产业		第二产业		第三产业	
	（万人）	（亿元）	（亿元）	（%）	（亿元）	（%）	（亿元）	（%）
北京	1297	17879.4	150.2	0.84	4059.3	22.69	13669.9	76.46
天津	993	12893.9	171.6	1.33	6663.8	51.68	6058.5	46.99
石家庄	1005	4500.2	452.2	10.05	2240.7	49.79	1807.4	40.16
太原	366	2311.4	36.0	1.56	1035.6	44.8	1239.8	53.64
呼和浩特	230	2475.6	120.5	4.87	902.3	35.45	1452.8	58.68
沈阳	725	6602.6	315.2	4.77	3383.2	51.24	2904.2	43.99
大连	590	7002.8	451.4	6.44	3634.8	51.9	2916.7	41.65
长春	757	4456.6	317.1	7.12	2291.9	51.43	1847.7	41.46
哈尔滨	994	4550.2	506.8	11.14	1638.9	36.02	2404.6	52.85
上海	1427	20181.7	127.8	0.63	7854.8	38.92	12199.2	60.45
南京	638	7201.6	185.1	2.57	3170.8	43.94	3845.7	53.40
杭州	701	7802.0	255.1	3.27	3572.6	45.79	3974.3	50.94
宁波	578	6582.2	268.5	4.08	3516.8	53.43	2796.9	42.49
合肥	711	4164.3	229.1	5.5	2303.9	55.33	1631.4	39.18
福州	655	4218.3	367.6	8.71	1917.0	45.44	1933.7	45.84
厦门	191	2817.1	25.2	0.9	1374.0	48.77	1417.9	50.33
南昌	508	3000.5	147.2	4.91	1693.6	56.44	1159.7	38.65
济南	609	4803.7	252.9	5.26	1938.1	40.35	2612.6	54.39
青岛	770	7302.1	324.4	4.44	3402.2	46.59	3575.5	48.97
郑州	1073	5549.8	142.4	2.57	3132.9	56.45	2274.5	40.98
武汉	822	8003.8	301.2	3.76	3869.6	48.35	3833.1	47.89
长沙	661	6399.9	272.3	4.25	3592.5	56.13	2535.1	39.61
广州	822	13551.2	213.8	1.58	4720.7	34.84	8616.8	63.59
深圳	288	12950.1	6.3	0.05	5737.6	44.31	7206.1	55.64
南宁	714	2503.2	323.0	12.9	960.7	38.35	1219.5	48.70

续表

城市名称	年末总人口	地区生产总值（当年价格）	第一产业		第二产业		第三产业	
	（万人）	（亿元）	（亿元）	（%）	（亿元）	（%）	（亿元）	（%）
海口	162	818.8	55.9	6.83	201.7	24.63	561.2	68.54
重庆	3343	11409.6	940.0	8.24	5975.2	52.21	4494.4	39.39
成都	1173	8138.9	348.1	4.28	3765.6	46.26	4025.2	49.46
贵阳	375	1700.3	72.3	4.25	717.3	42.18	910.7	53.53
昆明	543	3011.1	159.2	5.28	1378.5	45.77	1473.5	48.92
拉萨	50	260.1	10.8	4.15	90.7	34.87	158.7	61.01
西安	796	4366.1	195.6	44.8	1881.8	43.1	2288.8	52.42
兰州	322	1563.8	44.6	2.85	744.7	47.62	774.6	49.53
西宁	198	851.1	31.2	3.67	439.5	51.9	380.4	44.65
银川	167	1150.9	51.0	5.99	619.1	53.83	480.9	41.83
乌鲁木齐	258	2004.1	25.0	1.25	829.0	41.37	1150.0	57.39
总计	25510	214979	7897	3.67	95251	44.31	111832	52.02

资料来源：根据《中国统计年鉴2013》数据整理。

注：36城市包括省会城市及计划单列市，数据包括市辖县。

挑战之四：城市群内部资源关系重构处于困难期。

目前，中国城市体系的主体框架与基本结构已具雏形，包括长三角、珠三角和京津冀三个超大城市群，以及其他大型、中型或小型的城市群。在城市化快速发展的中期阶段，城市群之间的资源博弈十分激烈，城市群内部各城市之间资源关系的整合与重构更是困难重重。资源配置领域广泛而深刻存在的非合作性博弈，成为困扰城市群内部资源整合的突出障碍，争夺资源成为城市群内城市之间相互竞争的首要目标。这导致不同层级城市之间的资源关系异常复杂，区域合作貌合神离、步调不一，其结果是，城市群内各城市之间在资源利用上互补性不强、协调性不高，甚至出现了重复建设、资源浪费、效率低下以及苦乐不均的种种失衡现象。

以北方超大的城市群京津冀为例，其一体化协同发展的程度一直都不尽如人意，北京一城独大，天津特别是河北各市发展滞后。

2014 年 2 月，习近平对京津冀协同发展提出了新的要求，这大大提升了北京周边地区对接北京产业转移的期待，河北省为此新建了一批产业园区，保定市更成为热点，其市区及安新、涿州、高碑店、涞水、涞源等县（市）一度新划了17个产业园区。

其实，京津冀协同发展并不是一个新话题，早在十年前，中央政府与三省市相关部门签署有《廊坊共识》，明确了若干合作原则。但是京津冀都市圈区域规划一直未能出台，辗转至今改名为“首都经济圈一体化发展的相关规划”，其症结正是各方难以协调的利益关系。

与长三角、珠三角的一体化进展相比，京津冀的表现确实相对滞后。各种优质资源过度集中，城市间发展差距悬殊，港口竞争激烈，产业体系不完整。与之形成鲜明对比的是珠三角致力于推动同城化、加强与港澳和东盟的合作，已经在周边更大范围产生了“泛珠”效应；长三角适应高铁时代的到来，开始尝试通过资本纽带，推进跨省市的相关建设。事实上，长三角与珠三角的一体化进程也并非顺利，行政割据是亟待突破的共性障碍。而京津冀的一体化合作模式要想取得成功，对行政性的利益割据进行突破性改革，已经在所难免。[①]

三、战略失误导致资源重大损失问题

城市化是生产方式与生活方式的一场深刻变革。中国城市化过程不可能一帆风顺，曲折与错乱穿插其间。波折前行之中，是对城市发展战略与政策失误的校正，是对资源利用低质低效的校正，更是对城市化路径及其经验教训的精炼。城市化的战略缺失与战略失衡，突出表现为人口管理、土地利用、资金使用等重大资源战略上的顾此失彼，其结果是国家城市化水平较低、质量不高，却在资源消耗上付出了过高的代价，积累了大量的沉没成本，可能演变为较为严重的资源支撑风险。

挑战之五：人口城市化进入不确定性的躁动期。

城市化滞后于工业化的一个严重后果是，消耗了大量资源却没能形成以现代城市为主体的生产方式与生活方式，还造就了大批非城非乡的人口。这种所谓的“半城市化”，是中国城市化过程中长期积累、广受争议的一个重要问题，也是导致当下资源环境负荷加重、资源利用上低效高耗等突出问题的重要因素。

半城市化是中国城市化过程中特有的现象。农村人口大规模快速地向城市流动，是各国城市化过程的正常状态。但是，与国外的城市化不同，中国乡村人口在向城市流动中，由于遭遇户籍制度的桎梏，大量流动人口无法把家真正安到城市。农民工作

---

① 李杨：《中国经济导报》2014年4月22日A1版。

为劳动力，尽管成为支撑城市发展的重要资源，但作为现代社会的人却不能成为法律意义上的真正市民，他们的家仍在遥远的乡下。这样，作为自然形态的人和社会形态的家就分离了，这就是所谓的“半城市化”现象。据统计，2013年中国常住人口城镇化率已达到53.7%，户籍人口城镇化率却只有36%左右，两者相差16个多百分点。① 其结果是:大量农业转移人口难以融入城市社会，市民化进程滞后。② 目前农民工已成为我国产业工人的主体，受城乡分割的户籍制度影响，被统计为城镇人口的2.34亿农民工及其随迁家属，未能在教育、就业、医疗、养老、保障性住房等方面享受城镇居民的基本公共服务，产城融合不紧密，产业集聚与人口集聚不同步，城镇化滞后于工业化。这不仅导致城镇内部出现新的二元结构矛盾，而且农村留守儿童、妇女和老人问题日益凸显，给经济社会发展埋下了诸多风险和隐患。

半城市化问题的大规模存在，是城市化战略、制度与政策长期失误的结果，这不仅导致城市化质量不高，更成为未来城市化进程的不确定因素。由于城市特别是东部城市群只是许多农民工打工挣钱之所，每逢节假日就会出现大量非城非乡人口在城乡之间进行候鸟式迁徙的情况，而一旦经济发展进入不景气时期（如2008年末~2009年美国金融危机时期），他们就会大量返回农村。这种不确定性的半城市化，还扭曲了社会需求，加剧了资源的低效高耗，是城乡发展不协调的一个重要标志。

挑战之六:城市化过程进入学费集中支付期。

历经30多年的工业化与城市化之后，中国经济社会发展在收获人口红利、改革红利与城市化红利的同时，也因经验不足、城市化政策失误等因素积累了规模庞大的负资产，已经形成数量庞大的沉没成本。这对于进一步的城市化来说，是一笔已经支出而且还要继续付出的巨额学费。

这方面的例子比比皆是。遍及全国各地的“鬼城现象”是一个典型的缩影。此外，在大中小城市，普遍存在着质量不高的建筑与住宅；在不断蔓延的城郊与遍地开花的农村城镇，因缺少规划指导与标准约束而形成的各类劣质建筑，不仅消耗了大量宝贵的资源，占用毁坏了大量珍贵的耕地，还污染或破坏了生态环境；由于财政金融体制存在严重缺陷，农村金融体系严重缺位，在农村人口流向城市、青壮年劳力大量流失的过程中，还从乡村带走了大量金融资源，广大农村从经济发展资源支撑上看只剩下干涸的土地。

① 参见《国家新型城镇化规划（2014—2020年）》。

② 同上。

四、城市可持续发展遭遇资源支撑新困惑的问题

城市发展出现资源支撑乏力的新困惑，是城市化进入中后期阶段开始出现的一个新问题。在如火如荼的人口城市化中，一些城市却出现了“未老先衰”情况。除资源型城市面临转型发展的困局之外，大批以工业特别是以加工制造业为支柱产业的城市，出现了经济社会发展乏力的问题，大城市、特大城市则普遍患上了日益严重的城市病。

挑战之七：城市产业发展进入阶段性的艰难转型期。

新兴城市的产业定位与传统城市的产业转型，是当下中国城市化需要解决的重大课题。

资源型城市面临资源耗竭风险与产业转型困局，是城市化过程中必然出现的一个难题。中国资源型城市数量庞大，情况复杂，它们为国家经济发展在资源支撑上做出了巨大的牺牲，但普遍存在资源型产业“一业独大”、城市可持续发展缺乏可持续的产业支撑等问题。根据有关部门对 262 个资源型城市的统计，这些城市对其优势资源的依赖度很高，矿产资源开发的增加值占城市全部工业增加值的比重达 25% 左右，比全国的平均水平高一倍以上。一个重要原因是，这类城市在发展理念与发展战略上存在着对优势战略资源的路径依赖，“一矿独大”与“一业独大”的产业格局影响了其他产业的发展，许多城市的资源开发接近枯竭，而替代产业的发展严重滞后，面临着“矿竭城衰”的困局。

需要警惕的是，以制造业为主的一些城市，特别是一些以出口为导向、两头在外的制造业城镇，由于廉价劳动力等人口红利的消失，人力与土地等要素成本的快速上升大大超过了劳动生产力提高的速度，加工制造业的竞争优势快速消失，“产业飘移”（制造业向其他低成本地区甚至向国外迁移）的问题，导致城市发展遭遇产业转型的难题。

因此，城市再定位及其产业再造，成为城市化快速发展阶段许多城市发展的新挑战。

挑战之八：城市病进入集中爆发期。

伴随着人口的大量流入和资源集聚式快速发展，全国各大城市特别是特大城市的城市病问题日益突出。

例如，北京、上海等特大城市尽管一直在控制人口规模，但实际人口数量远远大于城市规划的控制人数，规模失控的问题一直没有解决良方；严重的交通拥堵，成为

影响中国各大城市发展的另一难题，特大城市纷纷对小汽车采取限购限行等措施，一些城市甚至考虑采用收取拥堵费的办法；城市环境污染、大气质量恶化等问题愈演愈烈，教育、医疗等公共资源满足不了城市人口的快速增长，房价飞涨、就业机会不公加剧了城市人际关系的冷漠、矛盾甚至冲突。

全国城市体系如何科学构建并不断创新与完善？特大城市发展的生命周期如何从单向的资源集聚阶段过渡到辐射与扩散阶段？大城市如何与小城镇协同发展？解决这些城市可持续的转型发展问题，日益现实而紧迫。

五、政府治理严重滞后问题

如何做好经济发展资源支撑与资源配置的规制与治理，是快速城市化阶段具有战略意义的重大课题。中国在过去几十年的城市化过程中，政府治理方面的战略失误与制度创新的严重滞后，普遍表现在缺位、越位、错位等各个方面。比如，国家城市化发展战略长期没有形成明确有力的顶层设计，全国城市体系建设缺少科学有力的规划；城市发展规划特别是中小城市与城镇的发展规划严重缺失或科学性不强，满足不了城市化发展进程的需要；与城市发展资源支撑直接相关的重大政策（如户籍与流动人口管理、土地、金融）存在着理念落后、战略缺失与政策偏差，导致急功近利的资源博弈盛行；对城市发展资源支撑风险缺少认识，认知不足、防控缺位与应对不力，导致城市发展风险频发，成为许多城市发展的短板。

挑战之九：城市发展渐入资源风险多发期。

中国城市化过程中，经济发展资源支撑风险在宏观、中观和微观三个层面都不同程度地广泛存在，通过长期不断地积累，逐步进入多发时期。

从宏观层面看，支撑城市发展的四大类 11 种重要资源的供求关系，在增长趋势上大多开始进入阶段性的拐点，但在消耗的总量规模上远未达到峰值。过去严重依靠大规模资源投入、资金投入与人口迁移为支撑的经济增长方式已难以为继，经济发展速度不得不从高速向中速换挡。在这种“新常态”之下，中国城市化与城市发展的动力模式面临着调整与转型，在资源支撑上将从过去以增量支撑为主，转向以存量整合为主、增量支撑为辅的新阶段。

从中观层面看，许多城市特别是中小城市产业发展的动力正在减弱，一些城市甚至出现了进退两难的尴尬局面；许多传统产业特别是煤炭、钢铁等资源行业，已经告别了发展的鼎盛时期，产业调整的压力十分沉重。以产业再造为核心的城市再定位，对于许多城市来说是一种阶段性的艰难阵痛，对整个国家的城市化来说则是一个十分现实的重大考验。

从微观层面来看，人口、土地、资金等重要战略资源的市场供求面临重大调整，支撑城市发展的重要城市产业（如房地产业），遭受市场调整与价格波动的风险日益频繁，对许多城市的发展产生较为严重的不确定性影响。

在风险因素越来越多的形势下，城市公共资源的配置与管理问题日益突出，治理体制与管理方式的弊端凸显。地面交通管理失当，地下管网支撑系统严重不足，公共资源配置不公，城市环境污染问题成为严重困扰，城市运行中的各种风险开始显露，这些问题对国家城市化的顺利推进、对城市的高效有序运行，都是不小的考验。

挑战之十:城市化资源支撑治理遭遇多重战略失衡期。

国家经济发展资源支撑的治理体系与治理能力，包括对资源配置具有决定意义的国家经济社会发展战略、体制与政策（如区域发展战略与政策），特别是经济发展资源战略、资源管理体制与政策体系，以及战略决策的制定、实施与执行能力。资源支撑治理的水平，对城市化过程的质量与进程具有极大影响，主要表现在资源集聚的方向、集中度与均衡性等方面。

改革开放30多年来，中国实行的经济发展战略与区域发展政策带有强烈的非均衡的特点，包括东中西部梯度开发、沿海沿边优先开放开发、特区新区示范带动、设市门槛较高等。加上财税金融政策体系存在严重缺陷与资源配置市场化程度不断提高，各种非均衡发展政策的综合作用，城市化过程的资源博弈特点日益突出，尤其是加剧了非合作性博弈的性质，造成了各种失衡的状态。

从横向来看，资源大量向沿海流动特别是向沿海三个超大城市群（京津冀、长三角、珠三角）集聚，其结果是，对区域均衡发展具有战略意义的新兴特大城市群在中西部未能形成，全国城市体系的失衡加大了地区之间的发展差距。

从纵向来看，资源不断地从农村向城镇、从小城市向大城市流动和集聚，中小城市的发展严重滞后。大中小城市之间协调均衡发展的生态难以形成。

从动态过程来看，城市发展的横向失衡与纵向失衡，使城市化各阶段自然成长的连续过程被扭曲，城市发展生命周期的连续性面临考验，激烈的资源博弈助长了过度的短期行为，导致城市发展持续与资源支撑接续之间的均衡演进机制难以形成。

从城乡关系来看，中小城镇是连接现代城市体系与传统乡村体系的重要结点，在资源加速向大中城市集聚的城市化过程中，由于资源支撑乏力甚至失血，县城特别是县以下中小城镇建设力不从心、发展严重滞后，加剧了城乡发展的脱节与失衡。

进入快速城市化阶段后，上述四大失衡的问题日益突出，对中国进一步城市化将产生制约作用，这不仅会影响到进一步城市化的质量，还会严重影响整个国家的城市化进程。从根本上来说，上述四大失衡本质上是一种战略失衡，是城市化过程中经济发展资源支撑的战略失误与治理体系改革和创新严重滞后的结果。因此，战略与治理的改革与重构，是处理四大失衡的必然选择。

总之，目前中国人口城市化水平并不高，人口快速城市化与市场化改革的提速，有利于经济发展潜力的进一步释放。因此，现阶段的城市化对中国经济发展来说仍是战略机遇期，但同时更是矛盾凸显期。在长达 30 多年的高速增长之后，中国人均年收入大约 7000 美元，已经达到世界中等收入水平，10% 以上的经济增长难以持续，7% 左右的经济发展成为一种“新常态”，经济发展方式面临深刻的调整，防控“中等收入陷阱”的种种风险，成为日益紧迫的任务。

第三节　“两耗模式”及资源支撑风险

今天，全球城市率已经超过 50%，世界城市化进入后半程，人类在城市化的路径与模式上已积累了充分的经验与教训。站在这一历史时点上，对于任何国家或地区城市化过程经济发展的资源支撑、资源消耗水平及其可能出现的资源支撑风险，都可以用四个视角来进行观察：一是正常或常规的城市化资源消耗，即与一定发展阶段的科技与产业水平相适应，国家或区域城市化经济发展必需的、不可缺少的资源消耗量（流量与总量）；二是由于城市化超前或滞后于工业化导致资源消耗超过常规的城市化资源消耗，这是由于经济发展不协调额外付出的城市化资源成本；三是人口城市化超前或滞后于经济城市化导致资源消耗超过常规的城市化资源消耗，这是由于社会发展不协调额外付出的城市化资源成本；四是充分利用工业化、信息化与城市化的后发优势，促使城市化进程的资源消耗低于常规的城市化资源消耗，这是由于经济社会协调发展而降低了城市化资源消耗，从而节省了城市化资源成本。

一、中国城市化的“两耗模式”

以这四种视角来分析，中国现阶段城市化之所以面临十大挑战，是由于过去几十年中国在实现现代化的过程中，过分强调工业化与经济城市化，导致工业化、经济城市化与人口城市化未能实现同步融合发展。因此，在资源支撑上支付了超过正常城市化的资源消耗成本。资源支撑上不仅普遍存在着过度消耗与无效消耗的问题，而且还形成了一种中国特有的城市化及其资源支撑的方式，即中国城市化资源支撑的“两耗模式”。

1.“两耗模式”

根据第八章城市化资源集的分析，支撑国家城市化及各类城市发展的4大类11种资源，可以归纳为不动资源与流动资源两大类。因此，中国城市化资源支撑的方式可以从这两大类资源的消耗来加以分析。概括地说，中国城市化资源支撑的“两耗模式”，即迄今仍在加速进行的中国城市化过程，在不动资源的支撑上，存在着城市消耗与乡村消耗相并存的“双耗”；在流动资源的支撑上，则出现了资源过度向特大城市集中的“聚耗”。

不动资源“城乡双重消耗”与流动资源“城市过度聚耗”，是中国城市化资源耗费的严酷现实，而造成并长期支持这种“双重消耗”与“过度聚耗”的主要因素，则是中国式的城市化路径及其资源战略与制度体系。因此，对中国城市化资源支撑的“两耗模式”，应该从两个方面来把握，一是资源的消耗问题，另一是资源战略及其制度体系问题。

可以说，不动资源“双耗”与流动资源“聚耗”的并行，是过去中国城市化资源支撑最基本的特征，也是今天乃至未来一定时期中国加速城市化需要面对的最基本的国情。

2. 不动资源双耗并存

不动资源双耗并存的问题，在土地资源、水资源与生态环境资源等的消耗上表现得十分突出。

以土地资源为例，在世界各国城市化的过程中，乡村人口向城镇转移和聚集，会加大城市土地资源的负载压力，从而提高城市土地资源的利用效率；与此同时，乡村人口的转移会逐步减轻乡村土地的负荷压力，从而促进农村土地的有效利用。但是，中国城市化过程出现的情况则与此不同，出现了乡村土地资源与城镇土地资源长期持续的双重消耗局面（见表9–6）。

表 9-6　　2004 年全国各地区城乡建设用地人口负载情况　　单位：平方米 / 人

区别	人均城乡用地	人均城镇用地	人均城镇工矿用地	人均农村居民点用地
东南沿海区	165.4	61.7	137.6	193.0
环渤海区	195.3	79.3	164.3	211.4
东北区	262.5	89.0	148.8	389.5
中部区	168.4	53.0	109.3	194.3
西南区	133.3	53.1	97.5	147.3
黄土高原区	199.8	63.0	141.0	227.6
西北区	375.2	140.9	266.8	445.6
青藏高原区	160.3	100.8	179.5	151.9
三直辖市	148.2	44.0	114.7	302.5

资料来源：郭琳、严金明：《中国人口发展与城乡建设用地利用关系及其地域分异特征研究》，载《兰州学刊》2007年第1期。

注：根据2004年各省土地变更调查数据和中国人口统计年鉴整理。

据中新网 2011 年 5 月 19 日报道，在国土资源部召开的严格规范土地管理视频会议上，时任国土资源部部长徐绍史指出：我国土地国情可以概括为两点：一是资源极度稀缺，二是利用严重浪费。一方面是“极稀缺”，另一方面是“大浪费”，土地利用正面临这一悖论。

国土资源部的数据显示，中国平均每年建设占用耕地，1997~2000 年为 270 多万亩，2001~2005 年增加至 328 万亩。进入新世纪后的 10 年间，各类建设滥占耕地呈愈演愈烈之势，冒进式城镇化导致城镇建设用地盲目扩张和无序蔓延，过度侵占了大量的优质耕地。国土资源部 2010 年全国“土地日”材料表明，我国城镇发展战略与城镇资源环境容量不相协调。很多地区脱离实际的大规划，不仅加速了土地占用，而且造成建设用地低效利用。统计显示，全国城市人均建设用地高达 133 平方米，大大超过发达国家人均 82.4 平方米和发展中国家人均 83.3 平方米的水平。由于建设用地缺乏明确的边界控制，城市建设蚕食耕地现象日趋严重。动辄数十甚至上百平方公里的征地，导致大量耕地被侵占和闲置浪费。与此同时，我国农村人均建设用地为 214 平方米，更是大大高于世界平均水平。

中国城市化过程中城乡土地资源的双耗并存现象，不仅表现在土地资源负载加重的数量上，更表现在土地资源的利用效率与质量变化上。城市主城区土地负荷日益沉重，而新区与开发区则遍地开花，其中许多没有如期实现目标功效，甚至出现了各种“鬼城”“废城”，造成了大量土地资源的低效无效消耗；“打工型”的劳动力转移未能减轻农村建设用地压力，人在城镇、家在农村，乡村土地资源用于住宅等建设的情况有增无减，而乡村青壮年劳动力的大量流失，撂荒的土地资源大量增加，水利灌溉设施与耕地的疏于管理，导致许多土地资源的质量趋于下降。

水资源的双耗并存问题与土地资源密切相关，生态环境资源的双耗问题同样与土地资源紧密相连，甚至形成了恶性循环的严峻现实。城市大气污染与环境恶化日益突出，乡村环境污染问题也日趋严重。在广大乡村，河流与农田遭遇小厂矿小企业污染物、重金属排放物、消费品包装废弃物等污染的情况十分遍布，乡村人居环境面临重大挑战。由于没有形成以法律为基础、以基础设施为支撑的排弃物回收与处理体系，农村白色污染不断积累，正在吞噬美丽的乡村。

3. 流动资源过度聚耗

人口向城市聚集导致各类流动资源向城市集聚，这是各国城市化的普遍规律。国家现代化与城市化的过程由人口聚散的足迹写成，人口流动促进国家城市体系不断形成与完善，逐步建立起以人口城市化为基本特征的现代城市社会。但中国城市化中，人口聚集牵引着各种流动资源持续不断地向城市特别是大城市过度集聚，却未能有效地促进人口城市化的阶段性演进，流动资源在少数城市群与大城市的过度聚耗，导致了大量流动资源的低效无效消耗，加剧了城市化过程的资源支撑风险。这一问题，在人口资源、资金资源、矿产资源等支撑城市发展的流动资源的消耗上，都较为普遍、较为突出。

以人口资源为例，在过去 20 多年里，人口向东部地区、沿海发达省份和三个超大城市群流动和集中的趋势越发明显。①

近四次人口普查数据显示，东部地区的人口比重呈稳步上升之势。2010 年东部地区占全国总人口的比重达到 37.98%，比 2000 年提高了 2.41 个百分点，是自 1982 年第三次人口普查以来上升速度最快的十年。中西部的人口比例持续下降，中部下降幅度最大，下降了 1.16 个百分点。全国第六次人口普查公报显示，2010 年，我国流动人口为 22143 万，比 2000 年（10175 万）增加了 11968 万，增长了 1.17 倍；流动人口占总人口的比例为 16.53%，比 2000 年（8.19%）提高了 8.34 个百分点。

① 邹湘江：《基于“六普”数据的我国人口流动与分布分析》，载《人口与经济》2011年第6期。

这么多的人口是怎么流动的？其流向如何呢？可以从跨省流动及城市人口变化来的加以分析。

在过去的20多年里，跨省流动人口规模，排在前五位的是广东、上海、北京、浙江和天津五个省市。其中，广东省从2000年的2105.41万增加2010年的3128.16万，净增1022.75万，是跨省流动人口增长最多的省份；增长速度最快则是天津，跨省流动人口从2000年的87.3万增加到2010年的299.17万，十年间增长2.43倍，其中滨海新区跨省流动人口总量达124.42万人，占天津市跨省流动人口总量的41.59%。

流动人口数据表明（见表9–7），进入新世纪后中国流动人口增长迅速。

从各省人口占全国总人口的比例来看，31个省区市中，有15个省份上升，16个省份下降。增幅排在前五位的是广东、上海、北京、浙江和天津。其中，广东省由2000年的6.83%上升到2010年的7.79%，提高了0.96个百分点，增加了1022.75万，占全国总人口的比例高达0.76%。占全国总人口比例下降幅度最大的五个省份是四川、湖北、重庆、河南和安徽，其中四川省下降幅度最大，下降了0.58个百分点。总之，占全国人口比例上升的省份都是流动人口吸纳的传统省份，而下降的省份都是流动人口流出的主要省份，因此，人口流动的加速对全国省际人口分布产生了重要影响。[①]

表9–7　　各省人口数量及其占全国比例　　单位：万人，%

地区	2000年人口数	2010年人口数	2000年占全国人口比重		2010年占全国人口比重		比重变化
			比重	排序	比重	排序	
广东省	8642	10430	6.83	3	7.79	1	0.96
上海市	1674	2302	1.32	25	1.72	24	0.40
北京市	1382	1961	1.09	26	1.46	26	0.37
浙江省	4677	5443	3.69	10	4.06	10	0.37
天津市	1001	1294	0.79	27	0.97	27	0.18
新疆	1925	2181	1.52	24	1.63	25	0.11
山西省	3297	3571	2.6	19	2.67	18	0.07
江西省	4140	4457	3.27	14	3.33	13	0.06
云南省	4288	4597	3.39	12	3.43	12	0.04
河北省	6744	7185	5.33	6	5.36	6	0.03
海南省	787	867	0.62	28	0.65	28	0.03

① 邹湘江：《基于“六普”数据的我国人口流动与分布分析》，载《人口与经济》2011年第6期。

续表

地区	2000年人口数	2010年人口数	2000年占全国人口比重		2010年占全国人口比重		比重变化
			比重	排序	比重	排序	
宁夏	562	630	0.44	29	0.47	29	0.03
青海省	518	563	0.41	30	0.42	30	0.01
西藏	262	300	0.21	31	0.22	31	0.01
福建省	3471	3689	2.74	18	2.75	17	0.01
江苏省	7438	7866	5.88	5	5.87	5	–0.01
山东省	9079	9579	7.17	2	7.15	2	–0.02
内蒙古	2376	2471	1.88	23	1.84	23	–0.04
黑龙江省	3689	3831	2.91	15	2.86	15	–0.05
陕西省	3605	3733	2.85	16	2.79	16	–0.06
辽宁省	4238	4375	3.35	13	3.27	14	–0.08
广西	4489	4603	3.55	11	3.44	11	–0.11
甘肃省	2562	2558	2.02	22	1.91	22	–0.11
吉林省	2728	2746	2.16	21	2.05	21	–0.11
湖南省	6440	6568	5.09	7	4.9	7	–0.19
贵州省	3525	3475	2.78	17	2.59	19	–0.19
河南省	9256	9402	7.31	1	7.02	3	–0.29
安徽省	5986	5950	4.73	9	4.44	8	–0.29
重庆市	3090	2885	2.44	20	2.15	20	–0.29
湖北省	6028	5724	4.76	8	4.27	9	–0.49
四川省	8329	8042	6.58	4	6	4	–0.58
全国合计	126478	133972	100	—	100	—	0

资料来源：2000年和2010年人口普查资料。

这些数据，验证了中国城市化过程以人口流动持续带动资源不断集中的集聚式发展路径，也验证了国家发展战略与资源战略失衡的影响。这种长期持续的人口跨区大规模流动，通过人口流动的牵引改写了流动资源区域配置格局。

以人口为牵引，流动资源不断向大城市、特大城市集中所形成的高度聚耗，在中国三个超大城市群的发展中得到更为突出的体现（见表 9–8）。

表 9-8　三个超大城市群人口分布变化情况　单位:万人，%

地区	四普数据		五普数据		六普数据	
	人口数	比重	人口数	比重	人口数	比重
全国人口	113368.25	—	126582.5	—	133972.49	——
长三角城市群	7354.05	6.49	8422.36	6.65	10272.03	7.67
上海	1334.19	18.14	1673.77	19.87	2301.91	22.41
江苏八市	3781	51.41	4228	50.20	4890.98	47.61
浙江六市	2238.86	30.44	2520.59	29.93	3079.14	29.98
珠三角城市群	2559.93	2.26	3768.62	2.98	5611.84	4.19
广州	629.99	24.61	994.3	26.38	1270.08	22.63
深圳	166.74	6.51	700.84	18.60	1035.79	18.46
广东其他七市	1763.1	68.88	2073.48	55.02	3305.97	58.91
京津冀城市群	6339.12	5.59	7107.3	5.61	8378.48	6.25
北京	1081.94	17.07	1356.9	19.09	1961.2	23.41
天津	878.54	13.86	1000.91	14.08	1293.82	15.44
河北八市	4378.64	69.07	4749.49	66.83	5123.46	61.15
三大城市群合计	16253.00	14.34	19298.28	15.25	24262.35	18.11

资料来源：邹湘江：《基于“六普”数据的我国人口流动与分布分析》，载《人口与经济》2011年第6期。

注：①长三角城市群划分依据《长江三角洲地区区域规划（2010）》，包括上海、江苏八市（南京、苏州、无锡、常州、镇江、扬州、泰州、南通）和浙江六市（杭州、宁波、湖州、嘉兴、绍兴、舟山、台州）；珠三角城市群划分依据《珠江三角洲地区改革发展规划纲要（2008-2020）》，包括广州、深圳和广东省其他七市（珠海、佛山、江门、东莞、中山、惠州、中山、肇庆）；京津冀城市群划分依据《京津冀都市圈区域规划研究报告》，包括北京、天津和河北八市（石家庄、保定、唐山、秦皇岛、廊坊、沧州、张家口、承德）。

②城市群比重为城市群占全国人口的比例；各市比重为各市占其所在城市群人口的比例。

长三角、珠三角和京津冀三大城市群都位于东部沿海地区，正是全国流动资源不断向这些区域聚集，使其成为我国经济最发达和竞争力最强的区域。“六普”数据显示，三个超大城市群占全国总人口的比例仍处于加速提高的过程中，2010 年达到 18.11%，比 2000 年大幅提高了 2.86 百分点。而在“五普”与“四普”期间，三个超大城市群人口占全国总人口的比例仅提高 0.91 百分点。这表明，进入新世纪后全国人口加速向大城市群流动。

在三个超大城市群中，珠三角占全国总人口的比例增长幅度最大，十年间提高了 1.21 个百分点；京津冀增长幅度最小，为 0.64 个百分点。从三个超大城市群内部人口结构来看，首位城市占其城市群人口比例最高的是北京市。北京市人口占京津冀城市群总人口的比重高达23.41%，同时也是近20多年来各城市群中人口增长最快的首位城市，与2000年相比，2010年北京人口占京津冀城市群的比例大幅提高了4.32个百分点，而上海和广州的人口在长三角城市群与珠三角城市群中分别提高2.54个百分点和1.21个百分点。这说明，京津冀城市群在以人口为代表的流动资源的高度集聚上比其他两个超大城市群更加失衡。在未来城市化中，流动人口仍将继续增加并向城市群集中，如何协调城市群内部各城市的发展，特别是如何减少超大城市群的首位城市人口增加的压力，更好地辐射其他城市的发展，促进城市群内部人口合理分布，是未来三个超大城市群发展所需面对的重大问题。①

在城市化过程中，资金、矿产等流动资源，在流动方向与聚集密度上，与人口资源之间存在着高度的正相关关系。这进一步强化了大城市在资源博弈上的竞争能力，如果国家在城市资源支撑战略上不进行调整，资源配置的失衡将会进一步增加特大城市流动资源的消耗强度。

4.“两耗模式”背后资源战略失衡

世界各国在城市化早期，都经历了人口最初流连于城乡之间最终落户城镇的阶段，在一定程度上都存在两耗问题。中国的特殊性是，“两耗”问题存在的时间不仅过长，而且成为一种模式，在一定意义上固化为一种制度安排，主导着各类社会经济主体在城市化过程中资源博弈的战略。

城市化资源支撑的“两耗模式”，对国家城市化的顺利推进、对国民经济的可持续发展、对社会和谐进步产生了越来越不利的影响。从资源支撑上分析，资源的过度消耗会导致经济发展质量不高、可持续性不强，还会形成越来越大的资源支撑风险；从国家现代化的视角分析，“两耗模式”会加剧城乡之间、区域之间、大小城市之间发展的失衡，这种失衡又会强化“两耗模式”的存在，其后果是城市化质量不高、现代城市体系建设迟缓、现代城市社会难以形成；从体制创新与社会治理的角度分析，以人户分离为基础的战略失衡既是制度创新严重滞后的结果，又进一步加大了治理的风险与难度。

因此，打破“两耗模式”与资源战略失衡之间的恶性循环、尽快告别这一模式的桎梏，成为中国城市化中期阶段提升经济发展资源支撑能力、防控资源支撑风险需要

① 邹湘江：《基于“六普”数据的我国人口流动与分布分析》，载《人口与经济》2011年第6期。

解决的最紧迫的重大问题。

二、“两耗模式”与资源支撑风险

在快速城市化阶段，以人口流动与集聚为引领的资源流动与集聚，加剧了城市之间的资源博弈，从而进一步加大资源消耗强度，中国以“两耗模式”为特征的城市化面临资源支撑风险的压力越来越大，这种压力对生态环境与气候变化、对新型资源战略关系的形成、对城市社会和谐都会产生不利影响。两耗模式长期运行的结果是，间竭型资源风险与耗竭型资源风险不断积累，部分重要资源出现资源风险导致风险叠加与风险转移的几率越来越高，局部风险转化为区域性风险与系统性风险的可能性也越来越大。

1. 间竭型资源风险成为中国城市化资源支撑问题的新常态

“两耗模式”在中国城市化中还会持续相当长的时间，这会加剧地区之间、城市之间的资源博弈。在这种背景下，资金、人口、土地及能源与矿产资源面临间竭型风险的问题不仅开始显露，而且正成为一种不得不应对的新常态。

资金支撑上，城市化的资金从哪里来？这几乎是所有城镇发展的一个现实难题，部分城市已经形成风险。在现行财税金融体制下，城镇发展普遍依赖土地资金、大中城市建设过度依赖债务融资，这是城市化过程中资金支撑可能出现间竭型风险的两大主因。

人口支撑上，人口红利的消失对国家经济发展产生不利影响，但这种影响对不同地区、不同城市来说有着极大的不对称性。人聚城兴与人走城衰这种此涨彼消的效应，不仅仅体现在城乡之间，更体现在东中西等地区之间，进而还体现在不同区域、不同规模的城市之间。一些城市因为人口减少或达不到预期规模而失去竞争力与发展力。

土地支撑上，城市发展依靠增量土地支撑的空间会越来越小，而存量土地的再利用与再配置又面临着高昂的经济成本（如地价上涨、拆迁费用高昂）与社会成本（如交易成本高昂、社会矛盾突出）的约束。

城市化的不断推进，煤炭、石油、天然气、电力及其他矿产资源对供应链与供应链的依赖度不断提高，因此受到市场供求关系及其价格波动的影响也更大，这些资源的支撑因此遭遇间竭型风险的可能性更高、损失会更大。

2. 耗竭型资源风险导致大批城镇陷入发展困局

耗竭型风险在资源型城市特别是矿业城镇的发展中最为典型、最为集中。

资源型城市是以本地区矿产、森林等自然资源开采、加工为主导产业的城市。目前，在全国658个城市中，作为资源型城市纳入《全国资源型城市可持续发展规划（2013—2020年）》规划的多达262个，其中成长型城市31个、成熟型城市141个、衰退型城市67个、再生型城市23个[①]。衰退型城市资源趋于枯竭，正面临着耗竭型风险，因此经济发展滞后，民生问题突出，生态环境压力大，历史遗留问题、失业矿工再就业、棚户区改造等问题以及废弃矿坑、沉陷区等地质灾害隐患都十分突出。

从城市发展面临耗竭型风险的资源类型来看，水资源的支撑问题较普遍，全国有400多个城市不同程度地缺水，尤其以华北地区、西北地区、沿海经济发达地区和大城市群较严重。生态环境资源支撑状况也不容乐观。

3. 区域性风险成为典型形态

随着城市化水平的提高以及城市集群式发展，城市群内的产业关联度与依赖度、城市群之间的市场关联度亦随之提升，无论是间竭型风险还是耗竭型风险，一旦发生，其转移、派生与叠加等效应会形成区域性影响。

4. 潜在的系统性风险是城市化过程的最大挑战

中国城市化资源支撑“两耗模式”的形成，主要原因是工业化、城市化与现代化未能同步推进导致的结构性失衡。

中国工业化已经进入中后期，而城市化则刚刚进入中期，这导致国家现代化处于较低水平，从而形成目前工业化＞城市化＞现代化的结构性失衡。通过三化程度的初步估计，其比例关系大体是，工业化：城市化：现代化=75%：50%：35%。其结果是，在工业化资源高消耗的基础上，需要进一步加大资源投入进行城市化；在经济发展动力减速的趋势下，需要追回投入实现现代化。这意味着，宏观结构性的战略转型包含了巨大困难，也潜藏着系统性风险。

5. 路径依赖风险阻碍新型城市化

资源“两耗模式”之所以存在，是因为城市化经济发展的各相关主体在资源博弈中对这一模式事实上形成了战略共识，认为这一模式短期内难以根本改变。也正因为如此，未来的城市化很容易对过去的发展方式形成路径依赖。

路径依赖会进一步导致城市化资源支撑上的战略失误，并对城市化新路径的形成、对资源支撑方式的变革与创新形成阻力，同时会进一步积累和强化“两耗模式”

① 《全国资源型城市可持续发展规划（2013-2020年）》，中央政府门户网站http://www.gov.cn/zwgk/2013-12/03/content_2540070.htm。

下的各种资源支撑风险。

三、走出“两耗模式”，促进路径创新与战略转型

中国如何顺利完成城市化过程？从资源视角来分析，就是要尊重国家城市化规律与城市化经济发展资源支撑规律，尽快打破资源支撑“两耗模式”的束缚，通过路径替代与战略替代，提升资源支撑能力，防控和化解资源支撑风险，实现中国城市化模式的转型。

1. 路径替代

所谓路径替代，就是要打破依靠“两耗模式”为支撑的传统的或既有的城市化方式，代之以资源支撑更加有效、更为高效、更可持续、更低风险的新的城市化方式。因此，要改变以不动资源高耗支撑流动资源聚耗、以城乡不动资源双耗支撑人口聚集“不定态城市化”的既有路径；与此同时，要以人口牵引流动资源的有效聚集与不动资源的经济、高效、综合利用相互适应为坐标，探索城市化资源支撑的新方式，创新城市化转型的新路径。

2. 战略替代

路径替代是否成功，在很大程度上取决于能否实现城市化资源战略的替代。

资源战略的替代，首先需要打破“两耗模式”背后的战略均衡，通过国家资源战略的调整，重新构建能够有力支撑新型城市化的资源战略均衡，从而实现资源战略的替代。在这一过程中，国家资源战略需要起到领引和主导作用。

3. 中国城市化模式转型

是否解决、多大程度上解决城市化资源支撑“两耗模式”的问题，是衡量中国城市化模式是否转型、转型是否成功的重要标志。中国城市化模式的转型不是简单的否定，而是对人类既有城市化道路的扬弃。这既是对成功经验的吸收，也是对失败教训的汲取。

第四节　中国城镇化的路径创新与战略转型

2014 年 3 月，《国家新型城镇化规划（2014—2020）》（以下简称为《规划》）正式发布。按照走中国特色新型城镇化道路、全面提高城镇化质量的新要求，《规划》明

确了未来城镇化的发展路径、主要目标和战略任务，统筹相关领域制度和政策创新，是指导全国城镇化健康发展的宏观性、战略性、基础性规划。[①]

如何理解和评价这部《规划》呢？不妨从资源支撑的视角做点概要解读。

一、路径创新与战略转型的总纲领

1.《规划》的制定历时三年

从2010年底开始，国家发展改革委会同财政部、国土资源部、住房城乡建设部等14个部门，启动了城镇化规划的编制工作。

2012年11月，中共十八大报告提出："坚持走中国特色新型工业化、信息化、城镇化、农业现代化道路"[②]。城镇化纳入"四化同步"之中，成为发展战略新取向的一个新坐标。随后的中央经济工作会议更明确指出，城镇化是中国现代化建设的历史任务，也是扩大内需的最大潜力所在，要积极引导城镇化健康发展。

如何选择城镇化道路？这是制定城镇化规划中的焦点。

2013年6月26日，国家发展改革委主任徐绍史在全国人大常委会作报告指出：要全面放开小城镇和小城市落户限制，有序放开中等城市落户限制，逐步放宽大城市落户条件，合理设定特大城市落户条件，逐步把符合条件的农业转移人口转为城镇居民。户籍改革的路线图清晰可见，成为最大"亮点"。与此同时，还提出要加快推进基本公共服务均等化，努力实现义务教育、就业服务、社会保障、基本医疗、保障性住房等覆盖城镇常住人口。对于最为敏感的土地问题，报告指出，要实施最严格的耕地保护制度和节约用地制度，按照管住总量、严控增量、盘活存量的原则，创新土地管理制度，优化土地利用结构，提高土地利用效率，合理满足城镇化用地需求。可以说，围绕城市化中人口等流动资源与土地等不动资源相互关系的问题，一种统筹解决的思路基本清晰。

2013年11月，中共十八届三中全会提出，"坚持走中国特色新型城镇化道路"[③],12月召开的中央城镇化工作会议再次强调，"走中国特色、科学发展的新型城镇化道路"[④]因此，从十八大到中央城镇化工作会议，"中国特色新型城镇化道路"的提法逐步成型。

尽管大的思路已经形成，但城镇化规划涉及许多重大问题，制定工作在调研、探

① 参见《国家新型城镇化规划（2014—2020）》。

② 参见《中国共产党第十八次全国代表大会文件汇编》，人民出版社2012年版，第19页。

③ 参见《人民日报》2013年11月16日内容。

④ 参见《人民日报》2013年12月15日内容。

讨与争议之中紧张地进行，未能像人们预期的那样于2013年公布，直到2014年3月，中共中央、国务院联合印发了《国家新型城镇化规划（2014—2020）》，共计8篇31章，约3万字。

2. 国家城市化的第一个顶层设计

回顾中国城市化过程，国家有关城市发展的政策并不少，有些提法甚至上升到“战略”高度，例如大家较熟悉的“小城镇大战略”等等。

早在改革开放初期，面对城市就业困难，邓小平提出要研究两个问题：城市结构问题、城市里开辟新的领域的问题。1980年10月全国城市规划工作会议确立了城镇发展基本方针：坚定不移控制大城市规模，合理发展中等城市，积极发展小城市。1984年1月，国务院颁发《城市规划条例》，成为新中国成立以来国家城市规划、建设和管理的第一部法规；1989年12月，第七届全国人民代表大会常务委员会第十一次会议通过《中华人民共和国城市规划法》，标志着城市建设进入法制化轨道。

随着乡镇企业的发展，20世纪80年代中后期直到整个90年代，小城镇建设上升到国家经济社会发展战略的高度。邓小平曾指出，“大量农业劳动力转到新兴的城镇和新兴的中小企业。这恐怕是必由之路”。[①]2000年6月，中共中央、国务院还专门印发《关于促进小城镇健康发展的若干意见》。

进入新世纪后，国家对城市发展的思想开始逐步调整，城镇化战略得到更广泛重视。2000年10月，中国共产党第十届中央委员会第五次全体会议通过的《“十五”计划建议》提出，“我国推进城镇化条件已渐成熟，要不失时机地实施城镇化战略”。[②]还提出了城镇化的路径与方向，“要从各地的实际情况出发推进城镇化，逐步形成合理的城镇体系。注意发展城市间的经济联系，发挥中小城市对小城镇发展的带动作用”，“走出一条符合我国国情、大中小城市和小城镇协调发展的城镇化道路”。

2006年3月全国人民代表大会通过的《“十一五”规划纲要》提出“要把城市群作为推进城镇化的主体形态”[③]，第十七届全国人民代表大会第一次将“形成辐射作用大的城市群”写进报告，并提出“走中国特色城镇化道路”。2007年12月，胡锦涛在新进中央委员、候补委员学习贯彻第十七届全国人民代表大会精神研讨班上，将“中国特色城镇化道路”作为构成“中国特色社会主义道路”这条“总道路”的诸多具体

① 《邓小平文选》第3卷，第213～214页。

② 参见《人民日报》2000年10月19日内容。

③ 参见《人民日报》2006年3月17日内容。

道路之一加以论述，充分表明其重要地位。[①]

从重点发展小城镇到大中小城市协调发展、从城市建设到城镇化、从具体的城市政策到城镇化战略，国家对城市化的战略认识经历了不断提升的过程。但总体上看，历史上的这些城市政策，要么是出于安排就业等促进经济增长的一种政策措施，要么是为了控制城市人口膨胀等促进社会稳定的一种政策措施，都属于较为被动的短期性的制度安排，没有真正将国家城市化上升到国家现代化的战略高度。从这个意义上说，中国城市化进行了几十年，但一直缺少真正的顶层设计。

因此，作为国家层面的战略设计，《规划》第一次就国家城市化进行了全面系统的战略安排，包括发展路径、主要目标、战略任务以及制度创新等内容，是真正意义的顶层设计。

3.《规划》的几大亮点

《规划》的内容十分丰富，亮点很多，概括起来，这一规划是中国城市化进行路径创新与战略转型的总纲领。

第一，“以人为中心”的新理念，抓住了城镇化的本质。

从本质来说，国家城市化是人的城市化，人的集聚规模与集聚方式，既决定着城市化的阶段性演进，也决定着城市发展的形态，还决定着城市能否可持续发展。

传统城市化理论，强调人口集聚、城市化水平的阶段性及其城市形态的变化；现代城市化理论，则以人的发展为基础，强调城市发展与市场功能、企业作用、乡村发展之间的融合关系，并从资源有效支撑来把握城市发展的规律。这两种理论虽有所差异，但在一点上是高度一致的，即离开了人的因素就谈不上城市化。

近些年来，无论是沿海还是内地，因为城市扩容而产生的征地、拆迁矛盾日渐突出，“贪多求大”的城镇建设导致了不少“空城”，无谓地消耗了大量宝贵的资源，对生态环境造成了恶劣影响。

《规划》回归“以人为本”这一理念，真正抓住了城市化的本质。这是对现实中重视城市建设而忽视人的发展的一种纠偏，也体现出对城市化认识的理论升华。

第二，新型城镇化成为国家城市化的新路径。

《规划》提出要“走以人为本、四化同步、优化布局、生态文明、文化传承的中国特色新型城镇化道路”。

① 何树平、戚义明：《中国特色新型城镇化道路的发展演变及内涵要求》，载《党的文献》2014年第3期。

在国家城市化处于中期阶段提出新型城市化，这在世界各国城市化中是一种大胆的战略设计。而“以人为本、四化同步、优化布局、生态文明、文化传承”的主线，借鉴和汲取了人类城市化的经验教训。这一城市化的新路径，是资源消耗最小化、资源配置最优化、资源支撑风险最小化、经济社会效应最大化的综合设计。

第三，明确了城市化的阶段性目标。

《规划》对2014~2020年中国城镇化提出了五大目标：

一是城镇化水平和质量稳步提升。常住人口城镇化率达到60%左右，户籍人口城镇化率达到45%左右，户籍人口城镇化率与常住人口城镇化率差距缩小2个百分点左右，努力实现1亿左右农业转移人口和其他常住人口在城镇落户。

二是城镇化格局更加优化。“两横三纵”为主体的城镇化战略格局基本形成，城市群集聚经济、人口能力明显增强，东部地区城市群一体化水平和国际竞争力明显提高，中西部地区城市群成为推动区域协调发展的新的重要增长极。城市规模结构更加完善，中心城市辐射带动作用更加突出，中小城市数量增加，小城镇服务功能增强。

三是城市发展模式科学合理。密度较高、功能混用和公交导向的集约紧凑型开发模式成为主导，人均城市建设用地严格控制在100平方米以内，建成区人口密度逐步提高。绿色生产、绿色消费成为城市经济生活的主流，节能节水产品、再生利用产品和绿色建筑比例大幅提高。城市地下管网覆盖率明显提高。

四是城市生活和谐宜人。稳步推进义务教育、就业服务、基本养老、基本医疗卫生、保障性住房等城镇基本公共服务覆盖全部常住人口，基础设施和公共服务设施更加完善，消费环境更加便利，生态环境明显改善，空气质量逐步好转，饮用水安全得到保障。自然景观和文化特色得到有效保护，城市发展个性化，城市管理人性化、智能化。

五是城镇化体制机制不断完善。户籍管理、土地管理、社会保障、财税金融、行政管理、生态环境等制度改革取得重大进展，阻碍城镇化健康发展的体制机制障碍基本消除。

这些目标是对新型城镇化的具体安排，内容全面而明确，具有较强的指导性与可操作性。

第四，通过体制机制的改革创新促进城市化的战略转型。

《规划》通过一篇共五章的篇幅，专门论述改革完善城镇化发展体制机制的问题，包括推进人口管理制度改革、深化土地管理制度改革、创新城镇化资金保障机制、健全城镇住房制度、强化生态环境保护制度，明确要求户籍管理、土地管理、社会保障、财税金融、行政管理、生态环境等制度改革取得重大进展，阻碍城镇化健康发展的体制机制障碍基本消除。这些都涉及城市化过程重大资源博弈规则的重构，对资源战略转型具有重要的导向作用。

第五，对城市化资源支撑问题的认识与安排

《规划》就城市化中的天、地、人等资源的支撑进行了战略安排。

人往哪里去？明确以“两横三纵”的城市群为主体形态，大中小城市和小城镇协调发展，以此构建吸纳农业转移人口的空间布局。

钱从哪里来？加快财税体制和投融资机制改革，建立多元化、可持续的城镇化资金保障机制。

土地怎么用？按照管住总量、严控增量、盘活存量的原则，创新土地管理制度，优化土地利用结构，提高土地利用效率。

第六，“城乡发展一体化”纳入《规划》意义重大。

和谐互补的城乡关系是各国城市化进入成熟阶段的重要标志，因此，将城乡发展的一体化列入规划，是一个重大贡献。

进入新世纪，我国对建设新型城乡关系的认识不断提升，胡锦涛指出，“我们推进的城镇化，是能够带动农村发展的城镇化；我们要建设的新农村，是城镇化进程中的新农村”①，两者“成为我国现代化进程的双轮驱动”②。推动城乡发展一体化是新型城镇化四大战略任务之一，其目标是让广大农民平等分享现代化成果。《规划》阐明，坚持工业反哺农业、城市支持农村和多予少取放活方针，完善城乡发展一体化体制机制，加快消除城乡二元结构的体制机制障碍，着力在城乡规划、基础设施、公共服务等方面推进一体化。

二、部分省份城镇化规划的简要比较

《国家新型城镇化规划》的公布，有力推动了各省市新型城镇化规划的制定与实施，目前山东、江苏、福建、吉林、河南、江西、山西、陕西、云南等省已公布本省新型城镇化规划。从发展水平、城市体系等方面对其进行简要比较，可以对东、中、西部的城镇化进程及其与资源支撑的关系进行分析。

---

①《十六大以来重要文献选编》（下），中央文献出版社2008年版，第297页。

②《十七大以来重要文献选编》（上），中央文献出版社2009年版，第78页。

1. 城市化目标比较

从城镇化水平、基本公共服务水平及城镇资源环境水平三个城镇化目标来看，《规划》确定的国家城镇化目标对各地区、各省份都具有引领作用。与 2012 年相比，2020 年各省目标更接近于国家拟定的目标值，这种趋同表明《规划》具有较大的引领作用。

进一步分析，一些指标具有明显的趋同，而另一些指标却也存在着明显的差异性（见表 9–9）。其中，具有趋同性的指标，主要有常住人口城市化率以及教育、医保、养老与保障房等保障水平；而差异性指标上，相对较大的主要是户籍人口城市化率。保障房覆盖率尽管都趋于全国确定的水平，但其 23% 的数值仍是较低的水平。

更进一步分析，综合常住人口城镇化率与户籍人口城镇化率来看，2020 年东中西等地区的不同省份，仍将十分明显地处于城市化的不同阶段。其中，江苏的城镇化水平最高，将从城市化的中期阶段提升为城市化的中后期水平，山东、福建两省则仍处于城市化的中期阶段；中部地区的河南与江西仍处城市化的早中期阶段；而西部的陕西与云南则分别处于城市化的中期与早期阶段。

值得关注的是，户籍人口城镇化率与常住人口城镇化率之间的差距总体上虽趋于改善，但较大的差距依然存在，并且中西部省份的情况更为突出。这意味着，未来几年城镇化资源支撑“两耗模式”的问题将长期存在，而中西部省份对农业转移人口市民化的户籍改革与战略转型似乎更加信心不足。国家要求对大中小城市实行差别化的户籍制度改革，中西部地区中小城市相对较多，农业转移人口市民化的条件本应更加宽松，更有利于缩小其常住人口城镇化率与户籍人口城镇化率之间的差距。而在这一点上，有关政策取向与规划目标之间似乎相差较远。

表 9–9　东中西若干省份新型城市化主要指标比较

区域 \ 指标		城镇化水平		基本公共服务水平					城市（城镇）资源环境水平				
		常住城镇化率	户籍城镇化率	义务教育率	培训覆盖率	养老覆盖率	医保覆盖率	保障房覆盖率	人均建设用地	再生能消费率	新建筑绿色率	城区绿化率	空气达标率
全国	2012	52.6	35.3	—	—	66.9	95	12.5	—	8.7	2	35.7	40.9
	2020	60	45	99	95	90	98	23	100	13	50	38.9	60
江苏	2012	63	56	99	—	96.07	96.94	12.6	130	—	—	35	—
	2020	72	67	100	100	98	98	23	100	—	—	38.9	—
山东	2013	53.75	42.97	80	—	95	95	20	—	8.5	10	37	30
	2020	62	52	99	95	95	97	25	100	15	50	39	60

续表

区域	指标	城镇化水平		基本公共服务水平					城市（城镇）资源环境水平				
		常住城镇化率	户籍城镇化率	义务教育率	培训覆盖率	养老覆盖率	医保覆盖率	保障房覆盖率	人均建设用地	再生能消费率	新建筑绿色率	城区绿化率	空气达标率
福建	2012	59.6	34.1	90.5	—	66.9	96	15.4	89.8	14.5	2	38.2	30
	2020	67	48	95	95	90	98	25	100	20	50	39	60
吉林	2013	54.2	47	100	21.2	69	93.8	28.7	120	1.9	7.2	33.9	80
	2020	60	54	100	95	90	98	37	115	13	50	38	90
河南	2012	42.4	23.1	99	—	92	55.7	12	—	15	5	32.32	—
	2020	56	40	99.5	95	100	100	23	100	30	50	36.5	60
江西	2012	47.51	26.96	95	—	74.06	95	13.1	116	8	—	42.74	—
	2020	60	40	99	95	90	98	23	100	13	50	47.3	60
陕西	2012	50.02	37.09	—	—	—	—	—	110.1	—	5.8	33.59	—
	2020	62	52	99	95	90	98	23	100	—	50	40	60
云南	2013	40.48	27.24	—	—	64	97.6	19.6	139.36	—	5	29.85	100
	2020	50	38	99	90	90	95	25	100	—	40	33	100

数据来源：《国家新型城镇化规划2014～2020》，各省新型城镇化规划（2014～2020）。

注：常住城镇化率为常住人口城镇化率（%）；户籍城镇化率为户籍人口城镇化率（%）；义务教育率为农民工随迁子女接受义务教育比例（%）；培训覆盖率为城镇失业人员、农民工、新成长劳动力免费接受基本职业技能培训覆盖率（%）；养老覆盖率为城镇常住人口基本养老保险覆盖率（%）；医保覆盖率为城镇常住人口基本医疗保险覆盖率（%）；保障房覆盖率为城镇常住人口保障性住房覆盖率（%）；人均建设用地为人均城市建设用地（平方米）；再生能消费率为城镇可再生能源消费比重（%）；新建筑绿色率为城镇绿色建筑占新建建筑比重（%）；城区绿化率为城市建成区绿化率（%）；空气达标率为地级以上城市空气质量达到国家标准的比例（%），其中福建空气达标率为设市城市空气质量达到国家标准的比例（%）。

2. 城市化布局、城市化形态的比较

《规划》将城市群作为全国新型城镇化的主体形态，对全国各省城镇化布局具有重大影响，通过对苏、鲁、闽、吉、豫、赣、陕、滇八省新型城镇化规划的比较（见表 9–10），可以形成如下观点。

一是城市群、城市带、城市轴等提法成为各省新型城市化布局与城市化形态的重要主题词。

二是《规划》提出的“两横三纵”城镇化战略格局，为各省城市化布局提供了宏观依据。

三是《规划》提出的三大城市群及培育成渝、中原、长江中游、哈长等城市群，对东中西部城市形态的形成具有导向作用，如山东半岛城市群考虑到与京津冀城市群及环渤海城市圈对接，江苏沿江城市群考虑了与长三角城市群的融合，江西鄱阳湖生态城市群注意到与长江中游城市化群（武汉城市圈、长株潭城市群）的融合发展，吉林中部城市群谋求与哈尔滨等市的互动发展，等等。

四是各省都将小城镇的发展纳入规划之中，特别是《江苏省新型城镇化与城乡一体化发展规划》将城乡一体化发展与新型城镇化相并列，标志着江苏将率先进入城市化成熟阶段，对全国的新型城镇化具有示范作用。

表 9-10　　东中西若干省份新型城市化布局和形态比较

	城市化布局	城市化形态
全国	构建以陆桥通道、沿长江通道为两条横轴，以沿海、京哈京广、包昆通道为三条纵轴，以轴线上城市群和节点城市为依托、其他城镇化地区为重要组成部分，大中小城市和小城镇协调发展的“两横三纵”城镇化战略格局	发展集聚效率高、辐射作用大、城镇体系优、功能互补强的城市群，使之成为支撑全国经济增长、促进区域协调发展、参与国际竞争合作的重要平台 优化提升东部地区城市群：京津冀、长三角和珠三角城市群，要以建设世界级城市群为目标 培育发展中西部地区城市群：培育成渝、中原、长江中游、哈长等城市群，使之成为推动国土空间均衡开发、引领区域经济发展的重要增长极
江苏	形成以沿江、沿东陇海线为横轴，以沿海、沿大运河为纵轴，以轴线上区域性中心城市为支撑，以周边中小城市和重点中心镇为组成部分，大中小城市和小城镇协调发展的“两横两纵”空间布局和城镇体系	沿江城市群：加强宁镇扬、锡常泰、（沪）苏通三大板块跨江融合发展，宁镇扬大都市区同城化、苏锡常都市圈一体化 沿海城镇轴：大港、临港产业园区和城镇“三位一体”协同发展 沿东陇海城镇轴：加快徐州都市圈建设；推进连云港国家东中西区域合作示范区建设 沿运河城镇轴：做强做优沿线节点城镇，推进淮安苏北重要中心城市建设
山东	构建“一群（山东半岛城市群）、一带（鲁南城镇发展带）、双核（济南、青岛两大中心城市）六区（六个城镇密集区）”的省域新型城镇化总体格局	山东半岛城市群：包括2个副省级城市（济南、青岛）和11个地级市（淄博、东营、烟台、潍坊、泰安、威海、日照、莱芜、德州、聊城、滨州），是全省城镇化发展的主要载体，与京津冀、辽中南共同构筑世界级的环渤海城市群 一带：即鲁南城镇发展带，由枣庄、济宁、日照、临沂、菏泽5个地级市构成 双核：济南、青岛两大中心城市 六区：以城镇密度高、经济联系密切的区域为基础，强化城镇联动发展，构建济淄泰莱德聊、青潍、烟威、东滨、济枣菏、临日六个城镇密集区

续表

	城市化布局	城市化形态
福建	构建以福建为主体的海峡西岸城市群，加快形成分工明确、布局合理、功能互补、错位发展的城市发展格局	做大做强福州、厦门、泉州三大中心城市，加快漳州、三明、莆田、南平、龙岩和宁德等区域中心城市发展及平潭综合实验区的开放开发
吉林	构建以“一群三组团”为主体、以“两轴一环”城镇轴带为骨架、以节点城市为支撑、以重点小城镇为补充的吉林省新型城镇化形态格局	以长吉大都市区为核心，以四平市、辽源市、松原市为支点的吉林中部城市群，与哈尔滨等城市互动发展，成为培育哈长城市群的核心支撑 打造以延（吉）龙（井）图（们）组合城市为核心的图们江区域城镇组团，以通化市和白山市双核构成通白城镇组团，以白城为核心的西部城镇组团
河南	构建以中原城市群为主体形态、放射状、网络化城镇空间格局	以郑州为核心城市、洛阳为副中心城市，发展中原城市群。打造大郑州都市地区，推动郑州与开封、新乡、焦作、许昌等毗邻城市融合发展，形成组合型城市地区，构建辐射带动中原城市群的核心区域。构建米字形城镇发展轴，提升陆桥通道和京广通道功能，构筑以郑州为中心、支撑中原城市群的米字形城镇发展轴
江西	以鄱阳湖生态经济区为依托，以沿沪昆线和京九线为主轴，优化城镇化空间布局和规模结构，构筑以“一群两带三区四组团”为主骨架的省域城镇体系 携手共建长江中游城市群，推进鄱阳湖生态城市群与武汉城市圈、长株潭城市群融合发展，与皖江城市带合作发展，努力将长江中游城市群建设成为中国特色城镇化的新引擎、长江经济带重要增长极、开放合作新高地、两型社会建设示范区	“一群”：以昌九一体化为重点，以景德镇、鹰潭、新余和抚州等区域性中心城市为支撑，形成鄱阳湖生态城市群 “两带”：即沿沪昆线、京九线的两大城镇发展带，前者包括上饶市、鹰潭市为核心的信江河谷城镇群，以新余市、宜春市、萍乡市为复合中心的新宜萍城镇群；后者包括九江市、南昌市、吉安市、赣州市等中心城市 “三区”：在“一群两带”格局的基础上，培育发展南昌都市区、九江都市区、赣州都市区 “四组团”：即景德镇城镇组团、抚州城镇组团、瑞金城镇组团、三南城镇组团
陕西	构建“一核两轴两带三走廊四极”为主体的城镇化格局，加快关中城市群建设，增强大西安辐射带动能力，扩大中间层级城市数量，促进大中小城市和小城镇形成城市群	建设西安-咸阳都市圈 宝鸡-杨凌-兴平城镇带，渭南-潼关城镇带，黄陵-延安-安塞城镇带，绥德-榆林-神木-府谷城镇带，榆林-横山-靖边-定边城镇带，商州-丹凤-商南城镇带，汉中盆地城镇带，月河川道城镇带，福银高速沿线城镇带，西禹高速沿线城镇带 关中西部特色城镇群

续表

	城市化布局	城市化形态
云南	遵循“强区、富带、兴群、促廊”的城镇空间发展战略，建设滇中城市集群区、沿边开放城镇带、五个区域性城镇群和七条对内对外开放经济走廊城镇带，形成以“一区一带五群七廊”即将1157为主体构架的点线面相结合的城镇化空间布局	把城镇群作为云南城镇化的主体形态 “一区”即滇中城市集聚区（滇中城市群） “一带”即沿边开放城镇带 “五群”即滇西城镇群、滇东南城镇群，滇东北城镇群、滇西南城镇群、滇西北城镇 “七廊”即四条对外经济走廊（昆明-皎漂、昆明-曼谷、昆明-河内、昆明-腾冲-密支那）和三条对内经济走廊（昆明-昭通-成渝-长三角、昆明-文山-广西北部湾-珠三角、昆明-丽江-香格里拉-西藏）形成的城镇带

资料来源：根据《国家新型城镇化规划（2014—2020）》及八省新型城镇化规划（2012—2020）整理。其中，江苏为《新型城镇化与城乡一体化发展规划》。

3. 融合度与契合度比较

基于上述简要比较，对于地方新型城镇化规划与国家新型城镇化规划的相互关系，可以进一步得出如下判断：

第一，国家新型城镇化规划，对于引领现阶段城市化路径创新与战略转型的作用十分明显。

第二，省级城镇化规划与国家城镇化规划之间具有较高的契合度，这不仅表现在规划文件的文字表述及其内容结构上，还表现在形势判断、指导思想与战略思路上，更表现在城镇化目标设定的具体指标上。因此，可以说省级新型城镇化规划与国家新型城镇化规划具有很高的契合度。同时，也说明现阶段的城镇化具有很强的自上而下的政府主导特色。

第三，在城镇化形态上，省级城镇化规划与国家城镇化规划之间，架构上的契合度较高，但内容上的融合度低于架构上的契合度。尤其是如何提高省级之间城镇化融合度，仍是个需要研究的重要课题。

三、基于资源支撑视角的简要评论

《国家新型城镇化规划（2014—2020）》通篇都对资源环境支撑问题给予了高度重视，这是向新型城镇化战略转型和路径创新的核心内容。

但是，从城市化资源支撑维度分析，这部《规划》也存在一些缺陷，概括地讲，仍存在一些不够清晰、一些不够到位、一些仍未涉及的问题。

首先，一些不够清晰的问题有待厘清。

不够清晰的问题，主要集中为新型城镇化或新型城市化的坐标是什么？新型城市化提法的理论依据不够明确，导致新型城镇化的坐标不够清晰，因此新型城镇化的定义不够清晰。

其次，一些不够到位的问题有待补足。

不够到位的问题，主要集中为城市化的本质是什么？由于对城市化本质的具体认识不到位，因此对资源支撑方式与资源支撑风险及其战略转型的认识也有一些不到位。例如，已经认识到城市化的本质是人的城镇化，这是基本到位的，但在解决这个问题力度上，却并不到位。因此，到 2020 年《规划》完成时，全国户籍人口城镇化率（45%）仍大大低于常住人口城镇化率（60%），两者相差 15 个百分点，因此大约 2 亿人口仍处于半城市化之中。除非进行更加有力的体制改革与制度创新，对常住人口与户籍人口在资源博弈上的意义作实质性的消除，否则中国城市化“两耗模式”的弊端仍将持续，新型城镇化的战略转型将大打折扣。

最后，一些仍未涉及的问题需要补上。

仍未涉及的问题较多，如新型城镇化与传统城镇化的本质区别在哪里？新型城镇化最突出的难点是什么？中央与地方在城镇化中应该扮演什么样的角色？中国实现新型城镇化需要多长时间？等等。就《规划》本身来说，最需补上的就是实现新型城镇化的时间定义域。无论是国家城镇化规划还是各省新型城镇化规划，目前只标出了 2014~2020 年的规划时间。短短的 7 年，对于一个大国进行新型城市化来说过于短暂，其结果是，要么规划无法完成，要么不顾资源支撑大干快上。因此，这一《规划》不是全过程的规划，而是一个阶段性的规划。

总之，从国家城市化阶段性演化及其资源支撑方式的战略升级来看，《国家新型城镇化规划》包含了补课城市化、传统城市化与新型城市化的诸多要素，是一种综合性的具有中国特色的城镇化规划。

第五节　新型城市化:理论坐标与现实选择

新型城市化已是一个广为传播并日益深入人心的概念。随着《国家新型城镇化规划》的出台，这一概念上升为国家城市化的战略。去除其口号式与概念化的传播意义，新型城镇化作为一个专业术语，需要从理论上加以界定与规范；而作为国家城市化的一种新路径，更需要在现实操作中得到实实在在的验证。

那么，如何理解新型城市化呢？与一般意义上的城市化相比，其新，新在何处？其型，又在哪里？这些新与型，在资源支撑上有何意义？回答这些问题，不能只是观点碎片的堆砌，而需要合乎逻辑的科学分析。

在城市化进入中期阶段的关键时期，中国选择新型城镇化进行路径创新与战略转型，其理论与实践所对应的坐标主要有两个，一是中国既有的城镇化方式，另一是世界各国特别是先期城市化国家的城市化道路。因此，无论从理论坐标还是现实路径来说，所谓新型城市化，其核心是对传统模式、对既有城市化路径的超越，是充分挖掘后发优势的城市化模式，也是城市化资源支撑方式的一种变革。

一、新型城市化之"新"：超越传统、超越过去

对于发达国家来说，其传统城市化的任务早已完成，新型城市化属于其城市化的第四阶段，即后城市化阶段。但是，对于城市化中期阶段的中国来说，选择新型城市化，意味着既不能完全重走别人的老路，也不能完全持续自己的老路，必须是既超越别人又超越自己的一种新路径。因此，这种新型城市化之"新"，是城市化方式的颠覆式超越，突出表现在五个方面。

1. 对城市化过程诺瑟姆 S 型曲线的某种超越

诺瑟姆 S 型曲线描述了城市化阶段演进的规律性，中国城市化也将不可避免地经历早期—中期—后期等阶段，因此整个过程仍呈现为 S 型走势。但是，这并不意味没有超越的机会。

以美国为例，1850 年美国开始了国家城市化，至今已有 160 多年的历史，其 S 型曲线如图 9-2。1910 年，美国的城市化水平为 49%，进入加速发展的中期阶段，这与中国目前的城市化水平非常接近。因此，中国进入城市化加速发展的中期阶段的后半段，恰好对应于1910~1970年的美国①。基于这一比较，中国的新型城市化，可以在以下几个方面有所超越。

① 谈明洪、李秀彬：《20世纪美国城市体系的演变及其对中国的启示》，载《地理学报》2010年12月。

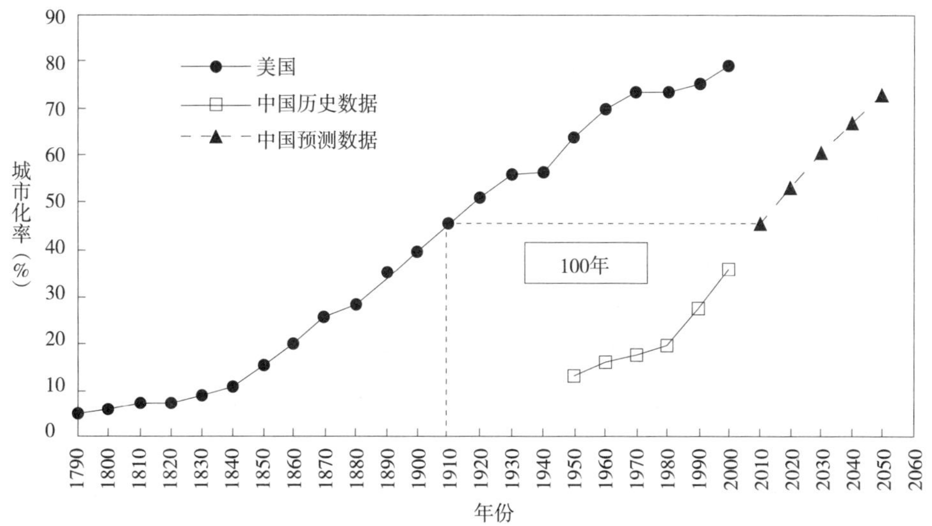

图 9–2　中美城市化的跨期比较

资料来源：谈明洪、李秀彬：《20世纪美国城市体系的演变及其对中国的启示》，载《地理学报》2010年12月。

一是时间上的超越。美国的城市化长达 150 多年，目前中国城市化相当于美国 100 年前的水平，中国的新型城镇化用不着 100 年。时间的缩短可以改变 S 型的形态，这是很有可能的。

二是形态上的超越。美国城市化过程中出现过曲折，例如 1930~1940 年出现了停顿，主要原因是当时出现了经济大危机。因此，中国应尽量控制经济发展大起大落的风险，从而使城镇化过程 S 型更为平顺。

三是空间上的超越。中国地区差异较大，在城市化上有所差别。东部特别是沿海发达地区城市化水平较高、进程较快，而西部地区城市化水平较低、进程稍慢。这种空间上的差异，使不同地区的城市化具有不同的 S 型曲线。

总之，如果不能通过超越来创造出自己的诺瑟姆 S 型曲线，就很难说是真正意义的新型城市化。

2. 对传统城市形态上的某种超越

城市布局与城市形态，直接关系到城市化资源支撑与城市可持续发展。中国城市化“两耗模式”下的资源博弈，导致城市布局与城市形态问题多多，主要表现是：“城镇空间分布和规模结构不合理，与资源环境承载能力不匹配。东部一些城镇密集地区资源环境约束趋紧，中西部资源环境承载能力较强地区的城镇化潜力有待挖掘；城市群布局不尽合理，城市群内部分工协作不够、集群效率不高；部分特大城市主城区人口压力偏大，与综合承载能力之间的矛盾加剧；中小城市集聚产业和人口不足，潜力没有得到充分发挥；小城镇数量多、规模小、服务功能弱，这些都增加了经济社会和生态环境成本。"[①]为了解决这些问题，要"发展集聚效率高、辐射作用大、城镇体系优、功能互补强的城市群，使之成为支撑全国经济增长、促进区域协调发展、参与国际竞争合作的重要平台。"[②]因此，"城市群"成为中国新型城镇化的主要形态。

在这方面，美国传统城市化代表性城市芝加哥与新型城市化代表性城市洛杉矶，为中国新型城镇化对传统城市形态的超越上提供了启示。从大城市群的布局，到大中城市形态"从密到疏"或"从疏到密"的走向，再到大中小城市的相互关系及其人口资源疏密度的具体形态，需要在规划的引导下形成体系，更要力免雷同、鼓励特色、提倡创新与多样化。

3. 对传统城市生命周期的某种超越

由于资源支撑上不可持续，许多传统城市的发展常常陷入生命周期的困境。因此，新型城镇化需要顺应城市发展资源支撑"三角结构定律"，使城市在天资源、地资源与人资源上形成持续稳定的有力支撑，避免出现人走城衰、矿竭城败的窘境。

因此，无论大中小城市，都不仅要有可持续发展的新起点，还要通过资源支撑、产业升级与战略转型的持续改进，真正构筑起可持续发展的新过程。

4. 对中国过去城市化道路的某种超越

新型城镇化作为一种新的发展战略，是对过去城市化路径的替代，因此，超越过去城市化道路，是城镇化转型发展的内涵所在。

中国过去的城市化路径严重依赖资源支撑的"两耗模式"。但是，"随着农业富余劳动力减少和人口老龄化程度提高，主要依靠劳动力廉价供给推动城镇化快速发展的模式不可持续；随着资源环境瓶颈制约日益加剧，主要依靠土地等资源粗放消耗推动城镇化快速发展的模式不可持续；随着户籍人口与外来人口公共服务差距造成的城市内部二元结构矛盾日益凸显，主要依靠非均等化基本公共服务压低成本推动城镇化快速发展的模式不可持续。工业化、信息化、城镇化和农业现代化发展不同步，导致农

① 参见《国家新型城镇化规划2014—2020》第三章。

② 参见《国家新型城镇化规划2014—2020》第四篇。

业根基不稳、城乡区域差距过大、产业结构不合理等突出问题。”[①]

因此，如果继续过去的城市化道路，不能真正实现由速度型向质量型的转型升级，就不是真正的新型城镇化。

5. 对资源博弈方式的某种超越

决定新型城镇化转型成败的关键因素，是资源博弈方式能否顺利转型。“两耗模式”下的资源博弈具有较强的非合作性质，如果城市发展方式不能从根本上改变这种激烈竞争的非合作资源博弈，不计后果地持续资源高耗的局面，新型城镇化将无从谈起。

因此，只有通过深化改革，构筑新的城镇化资源战略，改进城市化资源支撑的治理方式，才有可能形成城市化资源支撑的新路径与新秩序。

二、新型城市化之“新”：理念再创新

如果说新型城市化之新，在历史坐标上是对传统、对过去的超越；在理论坐标上则是在资源环境、科技水平、经济发展方式等约束条件下，对城市化内涵的挖掘与理念的创新。这种挖掘与创新，既是世界城市化历史演进逻辑的结果，也是中国城市化现实问题倒逼的结果。

1. 资源节约型

资源节约型，既是中国新型城市化基于资源约束的新理念，也是破解城镇化资源高耗压力的重要战略。

建设资源节约型社会作为科学发展的重要内容，在中国已经形成广泛共识。但是，目前中国每万元GDP资源消耗水平仍然很高，生产、流通、消费各环节，经济社会发展的各领域，资源利用的状况与资源节约型的要求相去甚远。在长期工业化与城市化过程中，中国形成了许多不利于资源节约利用的生产方式与生活方式，如新城新区开发中普遍存在的“先建城后引人”模式（导致许多空城），商品与服务在生产、供应各环节普遍存在的低标准模式（如房地产开发的毛坯房模式、消费品过度包装模式），资源开发与利用上脱离自然成本的定价模式，废弃物回收低水平的再利用模式，资源消耗与浪费上管制不力的法治模式，全社会漠视资源浪费现象的行为模式，等等。如果不解决这些问题，就会难以形成解决城市化资源支撑“两耗模式”问题的经济社会基础。

① 参见《国家新型城镇化规划2014—2020》第三章。

因此，资源节约型必须成为向新型城镇化转型的重要的社会价值取向。

2. 环境友好型

环境友好型，既是新型城市化中调节人与自然之关系的新理念，也是应对环境压力的重要策略。

建设环境友好型社会作为科学发展的内容，尽管已经引起广泛重视，但对于中国城镇化来说仍十分紧迫。环境是人口集聚的承载力资源，因此环境友好型与资源节约型两者相辅相成。环境友好型的核心目标，是城市化中人口集聚形成的生产和消费活动应规制在生态、大气、环境的承载力之内，全社会都要采取有利于保护环境的生产方式与生活方式，建立起人与环境良性互动的友好关系。

没有良好环境支撑的城镇化是不可持续的城市化，而缺乏环境支撑的城市则是没有前途的城市。

3. 发展包容型

发展包容型，是新型城市化中重构人与人之关系的新理念，更是构建城市社会新型和谐关系的体制基础。

包容型发展的核心，是让城市化所有的参与者都能公正地分享城市化经济社会发展的成果。在新型城市化中，老市民对新市民、老城市对新城市、大企业对小企业等应抱有平等与宽容的共生姿态，在教育、医疗、养老、社保及其他公共服务上享有同等的权利，在城市建设、城市发展中公正地分享发展的成果，弱势群体应得到重视和保护。为此，政府要做出明确有力的制度安排，形成包容型的城市文化。

在城市化进入中期阶段后，社会问题逐步成为制约城市可持续发展的重要因素。没有和谐的社会生态，城市发展就会陷入难以解决的病态之中。

4. 战略互补型

战略互补型，是新型城市化中重构城与城之关系的新理念，也是构建新型城市体系、创新城镇形态的理论基础。

在城市化中期阶段，城市与城市之间的资源博弈十分激烈。是形成战略合作还是持续非合作的恶性竞争，对国家城市体系的优化、对资源配置的优化、对国家经济社会的良性发展、对城市竞争力的提升，都关系重大。解决这一问题的有效路径是，城市与城市之间在支柱产业、公共基础设施、科技教育及城市特色上，尽可能形成战略互补的结构关系，在产业、交通、环境、科技、文化上实现城市之间的融合发展。

战略互补型的城市定位与城镇布局，是决定并不断提升城镇化质量的重要标志。

5. 智慧创新型

智慧创新型，既是将城市的持续发展动力引入新型城市化之中的新理念，也是传统城市再生与新兴城市崛起的根本途径。

智慧城市已经成为许多城市追求的新型城市形态。以信息技术为支撑，智慧城市是以数字化、智能化、网络化、互动化、协同化、融合化为主要特征，通过互联互通大幅优化城市运行效率、提升城市治理能力，实现生活更便捷、环境更友好、资源更节约的可持续发展的城市。

以“智慧”引领城市发展模式的变革，将“创新”作为城市转型、产业升级、资源集聚的不竭动力，逐步形成智慧创新型的城镇化发展理念和城市管理模式，是新型城镇化的应有之义。

6. 城乡一体型

城乡一体型，既是新型城市化中重构城乡关系的重要理念，又是后城市化阶段的重要标志，因此也是促进城市化进入成熟阶段的重要目标。

中国现代化面临的最大问题，是先进的城市与落后的乡村相并行的二元结构，破解二元结构问题不能等到后城市化阶段再解决。因此，城乡一体化作为一种理念、一个目标，是新型城镇化必不可少的。

总之，从资源支撑的角度分析，新型城镇化需要有创新性的城市化理论为支撑。相对于传统城市化理论，上述六大理念更有利于城市发展实现资源利用最优化、经济社会效用最大化、资源风险最小化，这完全合乎于现代城市理论对城市化本质与规律的创新性诠释。

三、新型城市化之“型”：宏观再布局

在新理念的基础之上，新型城镇化需要落实“型”的再造。对于有着14亿总人口、农村人口仍超过半数的转型大国来说，中国新型城镇化之“型”，既包含城市化的宏观之型，即全国城市体系的再造与全国城镇的空间布局；也包括城镇发展的微观之型，即应该发展什么样城镇形态。

根据城市化资源支撑“三角结构定律”，新型城市化的宏观之型直接决定着天资源、地资源的配置，进而直接影响人资源的流向，因此宏观之型在新型城市化中处于核心地位。

1. 国家城市体系再造

国家城市体系，是以大型城市为核心，各种不同规模、不同类型的城市在相互联系、相互作用中形成的城市群体的集合，具体呈现出不同等级的城市（包括城镇）在全国范围的空间布局。城市体系发育与完善的程度，取决于是否形成合理的城市结构，包括职能结构、规模结构和空间结构。因此，规模适度、结构合理的城市体系，是衡量一个国家城市化质量与现代化水平的重要标志。

从城市发展动力及城市层级变化来看，中国大中城市的发展具有很强的政府主导特色。过去长期坚持限制大城市、鼓励中小城市的政策，导致城市化滞后于工业化。进入新世纪后，国家提出“走符合我国国情、大中小城市和小城镇协调发展的多样化城镇化道路，逐步形成合理的城市体系。有重点地发展小城镇，积极发展中小城市，完善区域性中心城市功能，发挥大城市的辐射带动作用，引导城镇密集区有序发展”。① 城市体制的创新，对中国城市体系的发展和完善具有巨大作用。

《规划》将城市化群作为新型城镇化的主要形态，更大规模的资源集聚将为城市体系的发展提供动力，由此将会重新塑造新型城镇化的宏观之型。2014 年 11 月 20 日，国务院发布了《关于调整城市规模划分标准的通知》。与 1989 年《中国城市规划法》的规定相比（见表 9-11），不仅增设了特大城市（500 万 ~1000 万人口）与超大城市

表 9-11　　中国城市划分标准的创新

城市等级		城市规模划分标准（2014年）	城市划分要求（1989年）
超大城市		城区常住人口1000万以上的城市	—
特大城市		城区常住人口500万以上1000万以下的城市	—
大城市	Ⅱ型大城市	100万以上300万以下的城市	市区和近郊区非农业人口50万以上的城市
	Ⅰ型大城市	300万以上500万以下的城市	
中等城市		城区常住人口50万以上100万以下的城市	市区和近郊区非农业人口20万以上、不满50万的城市
小城市	Ⅱ型小城市	20万以上50万以下的城市	市区和近郊区非农业人口不满20万的城市
	Ⅰ型小城市	20万以下的城市	

注：中国城市规模划分标准（2014年）根据2014年11月20日国务院发布《关于调整城市规模划分标准的通知》，以城区常住人口为统计口径，将城市划分为五类七档。（以上包括本数，以下不包括本数）。城市划分要求（1989年）根据1989年通过的《中华人民共和国城市规划法》。

① 2001年3 月15 日第九届全国人民代表大会第四次会议批准通过的《国民经济和社会发展第十个五年规划纲要》。

（超过 1000 万人口），而且还提高了大、中、小城市的人口标准。据此，全国大部分城市将被降级，很多城市因城区人口不到500万，将不被定义为特大城市。数据显示，截至 2013 年，全国城区人口超过 1000 万的城市有 7 个，分别是北京、上海、天津、重庆、广州、深圳、武汉；城区人口达到 500 万 ~1000 万的城市有 11 个城市，分别是成都、南京、佛山、东莞、西安、沈阳、杭州、苏州、汕头、哈尔滨和香港。而众多人口在 50 万 ~100 万之间的城市将从大城市降为中等城市。

城市划分标准的提高，对新型城镇化过程中的国家城市体系的重构将产生一系列影响：一是可以扩大国家城市体系的人口容量，有利于人口进一步向大中城市转移；二是进一步提升了 7 个超大城市与 11 个特大城市在国家城市体系中的核心地位；三是有可能刺激人口接近 1000 万、500 万和 100 万的临界城市进一步扩大城市规模，从而使城市向规模化、大型化发展。

（2）城市空间布局

城市空间布局，是中国新型城镇化宏观之型中的重中之重。

长三角、珠三角与京津冀三个超大城市群，是目前国家城市体系中的一线城市群。在目前的城市化中，三个超大城市群在集聚式发展的资源博弈中仍有巨大优势，人口等资源进一步向三个超大城市群集中的动力仍然存在。这种持续非均衡的趋势，对全国城市体系的优化效应将逐步衰减。因此，这种情况应该有所改变。

未来二三十年，中国人口城市化水平将超过 70%。基于 10 亿人口的城市化需要巨大的空间容量，新型城镇化应以培育和推动中西部超大城市群发展为重点，优化城市区域结构，引领全国经济社会的均衡发展。

根据资源支撑条件，中国新型城镇化在未来城市体系及其空间布局的宏观之型大体为：以 5 个超大城市群为核心，以 6 个特大城市群、十几个都市圈为基础，以数以百计的具有发展活力的中小城市为支撑，以数以万计的建制镇为城乡一体化的纽带，形成能够容纳 10 亿城市人口，功能结构、空间结构和层级结构合理并不断优化的城市体系。

5 个超大城市群，即在长三角、珠三角、京津冀三个超大城市群的基础上，加快发展长江中游（汉长昌）、长江上游（成渝）两个超大城市群，每个城市群人口超过 5000 万，总人口超过 3 亿。

6 个特大城市群，包括中原特大城市群、哈长特大城市群、山东半岛（济青）特大城市群，辽东半岛（沈大）特大城市群、海西（福厦）特大城市群、关中（西安）

特大城市等，每个特大城市群常住城市化人口约2000万~3000万，6个特大城市群总人口近2亿。

十几个都市圈，例如呼包鄂（呼和浩特—包头—鄂尔多斯）、佳牡（佳木斯—牡丹江）、太原、乌鲁木齐、兰州、银川、西宁、合肥、徐州、昆明、南宁、贵阳、喀什等等，每个都市圈人口500万~1000万，共计1亿多人口。

其他数以百计的中小城市约2亿人口，数以万计的建制镇容纳2亿多人，共计约4亿城市人口。

3. 用国家规划引领城市体系的再造

以城市群为核心的国家城市体系及其空间布局，关系到全国人口、资源、环境、产业等经济发展的宏观全局，同时直接影响着区域关系的协调发展。因此，在新型城镇化的过程中，国家应该加强制定科学的规划、采取有力的政策，引导和推动城市体系的形成、完善与优化。

四、新型城市化之“型”：微观再落地

新型城镇化之“型”的另一重要内容，当属微观之型的城市形态。城市形态之新，《规划》提出以城市群为发展重点。除此之外，城市形态应以六大新理念为基础，鼓励个性化的城市创新，彰显多样化与特色化。

城市形态多种多样，从城市规模层级看，主要有五种形态，即大城市群、都市圈、中型城市、小城市与建制镇。中国新型城镇化，要以五种城市形态为基础进行创新，重点要抓好大城市群与小城镇两端的探索。

1. 发挥大城市群在城市形态创新中的引领作用

大城市群是在一定地域上许多城市集中分布的多核心、多层次的城市集团。中国的大城市群包括超大城市群与特大城市群，它们具有向超大城市带发展的趋势。按照超大或特大城市的标准，中国较成熟的长三角、珠三角和京津冀三个超大城市群，都是由两个以上大型城市为核心，由众多大中小城市所组成的城市集合体。在未来的城市化中，如果人口资源继续向东部沿海集聚，随着双高通道（高速铁路、高速公路）的规模化与体系化，东部三个超大城市群可能进一步发展成为东部两个超大城市带。一是京津冀城市群与山东半岛城市群、辽东半岛群相连接，形成环渤海超大城市带；另一是随着海峡西岸城市群的发展，长三角与珠三角两个超大城市群相连接，形成东南沿海超大城市带。

都市圈是城市群的另一种组织形态，一般是以一个大城市为核心，周边城镇共同参与而形成的一体化的城市集合体。都市圈在中国新型城镇化中的作用应得到进一步重视与挖掘。一方面，大型都市圈是未来大城市群的早期形态，如武汉都市圈、郑州都市圈、长株潭城市圈等，正在成长为大城市群。另一方面，由于中国省级行政区都是地理空间辽阔、人口众多的经济体，按照每个省区的新型城镇化规划，都可能形成以省会城市为核心的都市圈。这对改进和完善全国城市体系、优化城镇的空间结构，具有积极意义。

2. 发挥建制镇（特色镇）对城乡一体化的连接作用

在城市大型化的吸引之下，许多中小城市成为城市群与都市圈的成员。但更好地发挥小城市特别是数以万计的城镇在城市形态创新上的作用，对新型城镇化的意义十分重大。一方面，它是连接城乡一体化的重要关节；另一方面，又是进行城市形态创新的试验田。小城镇向个性化与特色化发展，可以使中国新型城镇化更具活力、更赋特色、更为多样化。因此，在城市群得到较大发展的背景下，国家在实施新型城镇化的战略中，应该重新认识“小城镇大战略”的意义。

小城镇的发展，要以区域生态环境、产业特色、交通条件、历史文化传统等资源支撑为基础，鼓励在小城镇形态上进行更大力度的创新，为城乡一体化发展提供源源不断的活力与动力。因此，在设镇政策上，不应全国一刀切，要汲取城市发展中“千城一面”的教训，避免出现“万镇一面”的情况。可广泛借鉴其他国家与地区在发展小城镇上的经验（见表 9–12），赋予地方更多的权限，中央与各省对小城镇的发展应给予更多的政策支持。

表 9–12　　　　海内外城镇设置标准比较

国家和城区	市	乡、镇
中国大陆地区	地级市：非农业人口；工农业总产值；国内生产总值；地方本级预算内财政收入 县级市：人口密度；工农业总产值；地方本级预算内财政收入；公共基础设施；其他（政治、军事、经济等因素）	镇的设立标准：乡政府驻地，非农业人口超过2000人；其他（政治、军事、经济等因素）
中国台湾地区	省级市：人口聚居125万人以上；在政治、经济、文化及都会区域发展上有特殊需要 县级市：人口聚居达50万人以上未满125万人；政治、经济及文化地位重要	乡镇没有规定设立标准 县辖市（乡镇市）的设立标准：乡、镇的人口聚居达15万人以上未满50万人，且工商发达、自治财源充裕、交通便利及公共设施完全之地区，得设县辖市

续表

国家和城区	市	乡、镇
日本	政令指定市：人口超过70万人 核心市：人口超过30 万人；面积100 平方公里以上，昼夜比大于100；如今，面积指标和昼夜比指标被取消 特别市：人口超过20 万人 普通市：人口规模在5万人以上；位于城市中心区域的建筑占城市全部建筑物的60%以上；从事非农产业的人口在60%以上	町（相当于我国的镇）：人口超过5000人；工商业人口超过60%
美国	"市"与"镇"的设置标准由各州地方法律自行规定，设置标准相对宽松，并没有硬性规定。市与镇之间的区别并非体现在面积规模和人口规模，而是更多体现在管理体制和管理形式方面	
德国	对"市"和"镇"并没有明确的区分，一般以人口来划分：小镇：500人以下；小城镇：5000万～2万人；中等城镇：2万～10万人；大城镇：10万人口以上；特大城镇：100万人以上	
俄罗斯	市：人口规模超过12000人；非农化水平要大于85%	镇：人口规模超过3000 人
泰国	市：人口超过5万人； 人口密度达到3000人/平方公里	镇：人口超过1万人；人口密度达到3000人/平方公里 乡：总收入达到500万泰铢；人口超过5000人；人口密度达到1500 人/平方公里
印度	市政局：人口规模20万人以上 市议会：人口规模；收入标准	镇委员会：人口规模较少，有的不足5000人

资料来源：熊竞：《国外市制模式的经验借鉴——兼论我国的设市制度》，载《江汉论坛》2014年第3期。

五、新型城市化的三大支撑点

中国新型城镇化的"新"与"型"，不只是一种理论或理念的创新，也不只是对城镇布局与形态的设想。与欧美国家上百年前的城市化相比，今天中国的新型城镇化，在科技、交通、资源、文化与制度上拥有许多很大的后发优势，成为有力的支撑点。

1. 高铁技术支撑城镇化向体系化发展

如果说美国的城市化是以汽车的发明与高速公路网络的建设为支撑，那么中国的新型城镇化则以高速度公路与高速铁路"双高通道"为支撑。特别是近几年来崛起的高速铁路与高铁动车技术，对新型城镇化提供了强有力的支撑。

高铁将大大改善和优化国家城市体系。交通网络与运输能力是决定城市体系形成与城市空间布局的重要因素。中国快速兴起的高铁正在改写中国经济地理格局，深度影响沿线地区产业、经济、社会的发展进程，使城市功能结构与空间结构沿着更紧密、更高效的方向发生变革，从而大大提升整个城镇体系的效能。

高铁为城市形态创新提供了更大的可能。以高铁为纽带，以站点城市为基点，整合周边区域产业，以高铁为纽带的城市群或成为新型城镇化的一种模式。

从资源支撑维度分析，高铁将使中国新型城镇化建立起新的资源支撑方式。根据城市化天资源、地资源和人资源支撑的“三角结构定律”，高铁正在改变空间观念，会大大软化地资源的硬约束，为地资源的空间替代提供了机遇；高铁正在改变时间观念，能大大降低时间成本，使沿线城市在资源博弈中更具优势；高铁正在改变生活方式，将影响人口流动的方式与速度，进而影响城市资源集聚的方式与效率；高铁正在改变成本与效率观念，从而改变运输成本与交易成本，提高整体经济效益；高铁会增进沿线城市之间的社会经济联系，促进资源合作与共享……

高铁使流动更便捷、更快速，各类资源的内部替代会更为顺畅、各种资源之间的综合替代更为便捷。因此，中国新型城镇化中，高铁为改善和提高资源支撑提供了机会、增强了能力。

2. 现代信息科技支撑城镇化向智慧创新型发展

现代信息科技对中国新型城镇化正在发挥越来越重大的作用。以互联互通为特点的信息技术，将改变城市发展的资源支撑方式，提高资源配置效率。

信息科技使智慧创新城市真正成为可能。物联网、云计算、大数据等新一代信息技术，既能让城市运行和发展赖以支撑的物质资源、信息资源和智力资源得到协调利用，又能提高城市规划、建设、运行和管理的智能化水平，从而促进城市经济社会发展深度融合。

以互联网为基础的信息技术，改变了信息的收集与传播方式，形成了相互依赖又相对独立的网络信息空间，物质生产、分配、交换、消费等领域的信息化和网络化，可以弥补资源支撑与市场支撑的实体空间局限，对产业与城市的空间布局产生重大影响，有利于改善和优化城市体系及其空间结构。

信息科技会导致城市形态进一步发生变革。以信息科技为支撑的城市规划，将对城市主城区与市郊区、老城与新城的功能进行重新定义与设计，生产区与生活区、交通运输与公共设施的布局都会发生改变。

信息科技是实现城乡一体化的重要抓手。移动互联网与电子商务的进一步发展可以促进资源与商品交易网络化，城乡购物活动都可以在网上完成，打破了传统以城市层级为基础的市场空间格局。同时，小城镇的特色资源与产品，可以借助网络与全国乃至国际市场直接对接，为小城镇经济发展增强活力。从这种意义上说，昔日的偏僻小镇，完全可能变成具有一定国际影响的明星小城。

3. 绿色科技支撑新型城镇化向节约环保型发展

从资源支撑方式转型的维度来认知中国新型城镇化，绿色科技的兴起与发展能够给予最直接的诠释。

绿色科技是以绿色发展理念为指导，以节约资源、降低消耗、减少污染为目标，促进经济发展与资源支撑、人类发展与自然环境之间协调互动的科学与技术。绿色科技是一个外延很广泛的概念，涉及从清洁生产开始，直到消费等末端无害化治理的全过程的科技变革。因此，绿色科技是以优质、低耗与低排为特点的新型资源支撑方式，是对以高耗高排为特点的传统资源支撑方式的综合替代。

绿色科技包括绿色产品、绿色材料、新能源的开发等具体技术，绿色生产工艺的设计与开发技术；也包括消费方式改进、废弃物循环利用的技术，以及生态实用技术与环境污染治理技术；还包括绿色法规、政策与监管等治理制度体系。因此，可以把范围广泛的绿色科技分为清洁生产技术、环境治理技术、生态环境持续利用技术、节能技术、新能源技术等，它们共同构成一种新型的科技支撑体系，推动传统城市化向节约环保型的新型城镇化转型。

例如，在中国新型城镇化过程中，过去以煤炭为主的能源支撑方式必须向能源多样化转变，页岩油气革命将大大提升天然气在能源市场的比例；水电、核电等优质能源的发展，将提升城镇发展的电力支撑能力；风能、太阳能、生物质能等新能源技术的成熟与商业化利用，使分散式能源在小城镇和边远村落的能源支撑中发挥越来越重要的作用。

六、新型城市化的战略支撑

尽管中国新型城镇化已万事具备，但其现实路径与发展结果最终取决于包括资源支撑战略在内的国家战略转型与重构。

1. 风险管理战略的重构

国家城市化中期阶段是诸多矛盾与风险集中的时期，因此，风险管理是顺利推进国家新型城镇化中的一个重大战略问题。

中国实施新型城镇化过程中面临不少的风险与挑战：

一是路径依赖风险。真正告别过去长期形成的以资源“两耗模式”为支撑的城市化路径并非易事，而真正走上高质低耗、包容和谐的新型城镇化更非易事。由于受到理念认识上的差异、宏观环境的变化与微观运行的困难等方方面面的约束，未来的城镇化很有可能在原有的路径上持续下去。

二是资源支撑风险。除资源型城市面临的资源耗竭型风险外，资源间竭型风险日益成为城市化中期阶段资源风险的新常态，包括以债务问题为主要特征的资金支撑风险，以污染和灾害威胁水土、物资等正常供应的间竭型风险，以市场大幅波动导致资源供求严重失衡的风险，等等。

三是战略失误风险。战略失误既包括宏观层面上国家城市体系的重构是否科学，也包括微观层面上以城市定位为基础的城市形态创新是否科学可行。这类风险往往要经过较长的时间周期才能暴露出来，但其负面影响十分长远、造成的损失非常巨大。例如，在全国超大或特大城市群的空间布局上，如果国家区域发展战略失误，可能加剧人口资源过于向东部沿海集聚，造成地区发展的严重失衡。再例如，东北曾是人口密度较低、城市化水平较高的地区，发展城市群的资源环境支撑条件较为优越。但近十年来人口流失的问题逐步显露，根据第六次全国人口普查数据，东北三省每年净流出的人口约 200 万人。虽然辽宁每年有大约 20 万的净流入，但远远比不上黑龙江和吉林人口的净流出，长此以往将会严重影响东北地区的可持续发展。出现这种情况是多种因素综合作用的结果，但在一定程度上证明，近十年来国家东北振兴老工业基地战略是存在一些缺失的。

四是“中等收入陷阱”风险。尽管城市化能够促进经济发展，但两者之间并不存在严格的正相关关系。相反，中国的经验是，经济发展拉动了城市化的进程，如果经济增长出现停顿或过度失速，城市化进程也会停顿甚至逆转。因此，在人均年收入大约 7000 美元的中等收入阶段，保持好城市化与经济增长之间的相向互动关系，是中国新型城镇化得以顺利进行的必要条件。否则，就会遭遇“中等收入陷阱”的风险。

因此，要以问题导向为抓手，高度重视对风险的监测、评估、防范和控制，形成国家风险管理战略。这不仅是新型城镇化战略的重要部分，也是国家中长期发展规划和国家资源战略的一项重要任务。

2. 资源博弈战略关系的重构

战略关系的重构，对新型城镇化具有决定性的影响。其核心是，要改变传统城市化过程中资源博弈的非合作性质。在这方面，中国新型城镇化最为紧迫的问题是，要打破行政区划壁垒，打通城市体系形成与城市形态创新的中梗阻。

现行的财税体制与行政区划格局，加剧了资源博弈的非合作性质，使国家城市体系的优化与城市形态的创新面临重重困难。这在京津冀超大城市群的内部整合中表现得十分突出，同样也是制约长江中游、长江上游和哈长等超大或特大城市群发展的关键因素。

资源博弈战略关系的重构，除实现区域之间的合作共赢外，还包括国家整体战略与各微观主体资源战略之间的博弈性质问题，只有两者之间相向而行并趋于形成合作共赢的关系，才能形成新型的战略均衡，对新型城镇化形成有力的战略支撑。

解决资源战略关系中存在的问题，需要持续不断地深化改革开放，通过持续不断的法治、规划与政策方面的制度创新，激发中央与地方、宏观与微观、政府与市场两个积极性，真正实现资源博弈新型战略关系的重构。

3. 战略升级与战略转型

中国完成城镇化还要持续至少 30 年时间，因此新型城镇化不可能一蹴而就。在这样一个长期的过程中，目前至 2020 年是中国城市化向新型城镇化转型的一个关键时期，《国家新型城镇化规划（2014—2020）》作为战略转型与升级的第一个新型城镇化方案，是这一关键时期国家城镇化战略的总体安排，但对于更长时期的新型城镇化来说，这只是一个起点。

作为向新型城镇化转型的发展中大国，中国要不断校正新型城镇化的变型，防止城市化的无序，正如布赖恩·贝利所指出的："第三世界绝大多数城市规划工作的特点是缺乏有效规划的决心，规划工作通常不过是政治的烟幕弹罢了。很多的城市化政策是无意识、片面、缺乏协调和负面的。"[①] 中国以新型城镇化推动国家现代化任重而道远，需要以问题为导向，对目标与路径进行修正与完善，以不断的战略升级持续推动并最终实现向新型城镇化的战略转型。

① ［美］布赖恩·贝利：《比较城市化——20世纪的不同道路》，商务印书馆2008年版，第120页。

参考文献

一、著作与年鉴

1 [英]大卫·李嘉图.政治经济学及赋税原理.北京:商务印书馆，1962

2 [英]亚当·斯密.国民财富的性质与原因研究.北京:商务印书馆，1972

3 [英]K.J.巴顿.城市经济学:理论和政策.北京:商务印书馆，1984

4 [英]朱迪·丽丝.自然资源:分配、经济学与政策.北京:商务印书馆，2002

5 [美]D.梅多斯等.增长的极限.北京:商务印书馆，1984

6 [美]R.科斯，A.阿尔钦、D.诺斯等.财产权利与制度变迁.上海:上海三联书店、上海人民出版社，1994

7 [美]丹尼尔·耶金.石油风云.上海:上海译文出版社，1997

8 [美]曼纽尔·卡斯泰尔.信息化城市.南京:江苏人民出版社，2001

9 [美]R.斯洛鲍，D.耶金.能源未来.北京:北京大学出版社，1983

10 [美]A.迈里克·弗里曼.环境与资源价值评估.北京:中国人民大学出版社，2002

11 [美]Edward S.Cassedy.可持续能源前景.北京:清华大学出版社，2002

12 [美]Arnulf Grubler.技术与全球性变化.北京:清华大学出版社，2003

13 [美]道格拉斯·C.诺思.时间历程中的经济绩效.制度变革的经验研究，北京:经济科学出版社，2003

14 [美]罗伯特·M.索洛.经济增长因素分析.北京:商务印书馆，2003

15 [美]杰瑞米·里夫金.氢经济.海口:海南出版社，2003

16 [美]查尔斯·P.金德尔伯格.世界经济霸权1500—1990.北京:商务印书馆，2003

17 [美]费景汉，G.拉尼斯.增长和发展:演进观点.北京:商务印书馆，2004

18 [美]刘易斯·芒福德.城市发展史——起源、演变和前景.北京:中国建筑工业出版社，2005

19 [美]乔科金特.全球城市史.北京:社会科学文献出版社，2006

20 [美]布赖恩·贝利.比较城市化——20世纪的不同道路.北京:商务印书馆，2010

21 [法]泰勒尔.产业组织理论.北京:中国人民大学出版社，1997

22 [意]L. 贝纳沃罗．世界城市史．北京:科学出版社，2000
23 [德]柯武刚，史漫飞．制度经济学：社会秩序与公共政策．北京：商务印书馆，2000
24 [加拿大]简·雅各布斯．美国大城市的生与死．南京:译林出版社，2006
25 [日]界屋太一．油断．北京:人民文学出版社，1976
26 国家发展计划委员会基础产业发展司．中国新能源与可再生能源（1999 白皮书）．北京:中国计划出版社，2000
27 国土资源部信息中心．“走出去”开发利用国外矿产资源．北京:中国大地出版社，2001
28 国家统计局工交司、国家发展改革委能源局．中国能源统计年鉴 2004. 北京：中国统计出版社，2005
29 国家统计局．2013 年国民经济与社会发展统计公报
30 国家统计局．中国统计年鉴—2013. 北京:中国统计出版社，2013
31 国家统计局．2014 年国民经济与社会发展统计公报
32 国务院新闻办公室．中国的矿产资源政策白皮书 2003
33 国家新型城镇化规划（2014—2020 年）
34 中国国土资源部．国土资源公报 2000
35 中国资源信息编撰委员编．中国资源信息．北京:中国环境科学出版社，2000
36 中国国家统计局．中国统计年鉴 2004. 北京:中国统计出版社，2004
37 中国能源年鉴编委会．中国能源年鉴 2004. 北京:中国石化出版社，2004
38 中国国土资源部．2004 年中国国土资源公报
39 中国国家统计局．中国统计年鉴 2006. 北京:中国统计出版社，2006
40 中国国土资源部．2014 年中国国土资源公报
41 中国国家统计局．中国统计年鉴 2014. 北京:中国统计出版社，2014
42 中国城市年鉴（2010、2011、2012、2013、2014）．中国城市年鉴社，2010，2011，2012，2013
43 现代国际关系研究院世界经济研究所．国际战略资源调查．北京：时事出版社，2005
44 联合国开发计划署、联合国环境规划署、世界银行、世界资源研究所．世界资源报告 2000—2001. 北京:中国环境科学出版社，2002

45 江苏省新型城镇化与城乡一体化发展规划（2014—2020年）
46 江西省新型城镇化规划（2014—2020年）
47 山东省新型城镇化规划（2014—2020年）
48 福建省新型城镇化规划（2014—2020年）
49 吉林省新型城镇化规划（2014—2020年）
50 云南省新型城镇化规划（2014—2020年）
51 河南省新型城镇化规划（2014—2020年）
52 陕西省新型城镇化规划（2014—2020年）
53 全国资源型城市可持续发展规划（2013-2020年）. 中央政府门户网站 .http://www.gov.cn/zwgk/2013-12/03/content_2540070.htm
54 英国石油公司 .BP 世界能源统计年鉴 2004 年 6 月 .bp.com/statisticalreview
55 英国石油公司 .BP 世界能源统计年鉴 2013 年 6 月 .bp.com/statisticalreview
56 英国石油公司 .BP 世界能源统计年鉴 2014 年 6 月 .bp.com/statisticalreview
57 外国经济学说研究会编 :《现代外国经济学论文选》(第十辑). 北京 : 商务印书馆，1986
58 《邓小平文选》(第二卷、第三卷) . 北京:人民出版社，1993
59 《马克思恩格斯选集》第 2 卷 . 北京:人民出版社，1995
60 朱军 . 经济增长支撑条件研究 . 北京:冶金工业出版社，2001
61 朱铁臻 . 城市现代化研究 . 北京:红旗出版社，2002
62 朱铁臻 . 城市魅力研究 . 北京:红旗出版社，2004
63 朱铁臻 . 城市发展学 . 石家庄:河北教育出版社，2010
64 曲福田 . 资源经济学 . 北京:中国农业出版社，2001
65 王梦奎主编 . 中国中长期发展的重要问题 2006—2020. 北京 : 中国发展出版社，2005
66 王子平，冯百侠，徐静珍等 . 资源论 . 石家庄:河北科学技术出版社，2001
67 王安建，王高尚等 . 矿产资源与国家经济发展 . 北京:地震出版社，2002
68 康平编 . 高级微观经济学 . 北京:清华大学出版社，2001
69 厉有为主编 . 城市现代化指标体系探索 . 北京:红旗出版社，2001
70 孙剑平 . 经济学:从浪漫到科学 . 北京:经济科学出版社，2002
71 张抗，周总瑛、周庆凡 . 中国石油天然气发展战略 . 北京 : 地质出版社，石油工业

出版社，中国石化出版社，2002
72 张维迎．博弈论与信息经济学．上海:上海三联书店，上海人民出版社，1996
73 张耀辉．消耗经济学．北京:经济管理出版社，2002
74 张雷．矿产资源开发与国家工业化》北京:商务印书馆，，2004
75 张平主编．资源价格改革．北京:中国市场出版社，2006
76 郎一环，王礼茂、李岱．全球资源态势与中国对策．湖北：湖北科学技术出版社，2000
77 程超泽．中国经济:增长的极限．南京:江苏文艺出版社，2002
78 郑羽，庞昌伟．俄罗斯能源外交与中俄油气合作．北京:世界知识出版社，2003
79 杨艳琳．资源经济发展．北京:科学出版社，2004
80 叶飞文．要素投入与中国经济增长．北京:北京大学出版社，2004
81 李志宁．我们还有多少时间——资源恐怖下的中国经济未来》北京：台海出版社，2004
82 李成勋主编．1996—2050年中国经济社会发展战略．北京:北京出版社，1997
83 施用海．世界都市圈与中国区域经济发展．北京:中国商务出版社，2006
84 周振华．崛起中的全球城市——理论框架及中国模式研究．上海:上海人民出版社，2008
85 傅崇兰，白晨曦等．中国城市发展史．北京:社会科学文献出版社，2009
86 顾朝林等．经济全球化与中国城市发展．北京:商务印书馆，2000
87 刘国光主编．21世纪中国城市发展．北京:红旗出版社，2000
88 成升魁，谷树忠等．2002中国资源报告．北京:商务印书馆，2003
89 卢现祥．西方新制度经济学．北京:中国发展出版社，2003
90 谭崇台．发展经济学．上海:上海人民出版社，1989
91 谭崇台．西方经济发展思想史．武汉:武汉大学出版社，1983

二、期刊论文

1 [美]张庭伟．1950—2050年美国城市变化的因素分析及借鉴．城市规划，2010(8)，2010(9)
2 国务院发展研究中心“中国特色城镇化的战略和政策研究”课题组（课题负责人：侯云春，韩俊）．城市化道路的国际比较及启示．http://wenku.baidu.com,

2010/08/10
3 中国驻美国使馆．美国能源部未来25年战略计划．中国外交部网站，2004/08/13
4 节能管理模式研究课题组．市场经济条件下政府节能管理模式研究报告．节能与环保，2003（11）
5 方磊，刘宏．我国城市分类和城市发展问题的初步研究．地理学报，1988（1）
6 杨小凯，张永生．新兴古典发展经济学导论．经济研究，1997（7）
7 王礼茂，郎一环，赵建安，郑燕伟．大力加强我国面向21世纪的全球资源战略研究．资源科学，1999（6）
8 王礼茂．世界主要大国的资源安全战略．资源科学，2002（3）
9 王礼茂．资源安全的影响因素与评估指标．自然资源学报，2002（4）
10 王晓东，刘亚铮，樊相如．刍议战略矿产资源的界定方法．中南大学学报(社会科学版)，2005（3）
11 王震，许娟．欧佩克遵循其配额吗——基于博弈论的分析．石油大学学报(社会科学版)，2005（4）
12 王骏，杨波，余子鹏．中国铁矿石供需战略分析．经济学家，2005（4）
13 王旭．芝加哥．从传统城市化典型到新型城市化典型．史学集刊，2009（6）
14 王旭．1975年纽约市财政危机．华中师范大学学报(人文社会科学版)，2011(4)
14 王青，刘敬智，顾晓薇，丁一．中国经济系统的物质消耗分析．资源科学,2005(9)
15 王建军，分工理论的演进与新发展．煤炭经济研究，2005（10）
16 王小鲁．中国城市化路径与城市规模的经济学分析．经济研究，2010（10）
17 王伟，李晨飞，王硕．美国“两房”体制演进及对中国的启示．金融理论与实践，2012（11）
18 郎一环，周萍，沈镭．中国矿产资源节约利用的潜力分析．资源科学，2005（6期
19 郎一环，王礼茂．短缺资源类型与供需趋势分析．自然资源学报，2000（4）
20 赵维良，柳中权．城市发展资源差异研究．统计与决策，2008（7）
21 赵鹏大，陈建平.21世纪矿产资源经济展望．自然资源学报，2000（3）
22 周国红．金融系统风险研究与控制的混沌理论探索．浙江大学学报（人文社会科学版)，2001（3）
23 陈念平．资源范式的证伪与重建．资源科学，2001（4）
24 陈熳莎．当前美国大城市连绵区规划研究的新动向．国际城市规划，2007（5）

25 傅泽强，蔡运龙，杨友孝，戴尔阜．中国粮食安全与耕地资源变化的相关分析．自然资源学报，2001（4）
26 李晓西．新世纪我国战略性资源的状况和对策．中国石油，2001（4）
27 李浩．美国城镇密集地区发展及其对我国的启示．规划师，2007（12）
28 江林茜．论国土资源管理的社会预警系统研究．国土资源科技管理，2001（5）
29 程绪平，余振国．我国若干战略性矿产对外依存趋势及对应策略．中国软科学，2001（7）
30 沈镭，成升魁．论国家资源安全及其保障战略．自然资源学报，2002（4）
31 沈山，秦萧．国外城市服务边界研究进展及启示．城市区域规划研究，2012（2）
32 姚予龙，谷树忠．资源安全机理及其经济学解释．资源科学，2002（5）
33 马慧敏，徐万华．论国家经济安全及其支撑系统．武汉理工大学学报•信息与管理工程版，2002（6）
34 吴兵，王铮．城市生命周期及其理论模型．地理与地理信息科学，2003（1）
35 刘益，李垣，杜旖丁．基于资源风险的战略联盟结构模式选择．管理科学学报，2003（4）
36 刘昌明，王红瑞．浅析水资源与人口，经济和社，会环境的关系．自然资源学报，2003（5）
37 孙雅静．矿业城市转型模式的国际比较．开放导报，2004（1）
38 周肇光．关于资源有限与需求无限假设的理性分析．经济问题，2004（2）
39 任柏强．论粮食安全问题．经济学家，2004（2）
40 崔大沪．中国外贸依存度的分析与思考．世界经济研究，2004（4）
41 关凤峻．自然资源对我国经济发展贡献的定量分析．资源科学，2004（4）
42 叶锦华，梅燕雄．我国战略性矿产未查明资源潜力与可供性．中国矿业，2004(6)
43 宣能啸．我国能源效率问题分析．煤炭经济研究，2004（9）
44 何文渊，魏彩云，中国油气资源发展现状面临的问题和对策．中国能源,2005（1）
45 何树平，戚义明．中国特色新型城镇化道路的发展演变及内涵要求．党的文献，2014（3）
46 马迎贤．资源依赖理论的发展和贡献评析．甘肃社会科学，2005（1）
47 戴自希．20世纪矿产勘查的重大发现．国土资源情报，2005（3）
48 杨丽花．分工、结构转型与经济转轨．社会经济体制比较，2005（3）

49 丁任重，经济增长：资源，环境和极限问题的理论争论与人类面临的选择．经济学家，2005（4）

50 谢高地，周海林，甄霖，鲁春霞，肖玉．中国水资源对发展的承载能力研究．资源科学，2005（4）

51 钱振为．单位 GDP 的能源消费与经济增长模式．中国能源，2005（5）

52 庄芮．我国重要原材料进口现状及其对经济安全的影响．经济学家，2005（5）

53 颜剑英．浅议布什政府的石油战略．石油大学学报（社会科学版），2005（6）

54 连长云，刘大文，邱瑞照，元春华．关于中国全球矿产资源战略的思考．地质通报，2005（9）

55 昝廷全．资源位定律及其应用．中国工业经济，2005（11）

56 曾文革，王海志．论构建我国资源安全保障的法律体系．生态环境，2006（1）

57 尤建新，城市定义的发展．上海管理科学，2006（3）

58 张凤荣，张晋科，张迪，吴初国，徐艳．1996—2004 年中国耕地的粮食生产能力变化研究．中国土地科学，2006（4）

59 张佰瑞．城市化水平预测模型的比较研究．理论界，2007（4）

60 张抗，张葵叶．美国页岩油气产量增长态势及其启示．石油科技论坛，2013（5）

61 郭琳严，金明．中国人口发展与城乡建设用地利用关系及其地域分异特征研究，兰州学刊，2007（1）

62 姜斌，李雪铭．世界城市化模式及其对中国的启示．世界地理研究，2007（3）

63 布赖恩•贝利．20 世纪不同国家和地区的城市化道路（Ⅰ，Ⅱ，Ⅲ）《城市与区域规划研究，2008

64 牛文元．中国新型城市化战略的设计要点．战略与决策研究，2009（2）

65 谈明洪，李秀彬．20 世纪美国城市体系的演变及其对中国的启示．地理学报，2010（12）

66 邹湘江．基于“六普”数据的我国人口流动与分布分析．人口与经济，2011（6）

67 陈忠．再论城市生命周期与城市可持续繁荣：一种城市批评史的视角．江汉论坛，2012（1）

68 耿慧志，陶松龄．政策影响城市空间形态的综述分析和研究对策——基于提升城市生活质量的思考．国际城市规划，2013（1）

三、相关网站

国家发展改革委门户网站 . http://www.sdpc.gov.cn/

国土资源部门户网站 . http://www.mlr.gov.cn/

国家统计局网站 . http://www.stats.gov.cn/

中央政府门户网站 . http://www.gov.cn

中国知网 . http://www.cnki.net/

中国城市发展网 . http://www.chinacity.org.cn/

中国经济导报网 . http://www.ceh.com.cn/

中国发展网 . http://www.chinadevelopment.com.cn/

新华网 . http://www.xinhuanet.com/

新浪网 . http://www.sina.com.cn/

百度搜索 . http://www.baidu.com/

英国石油公司网站 . http://www.bp.com/

商务部网站 . http://www.mofcom.gov.cn/

数据 / 世界银行 . http://data.worldbank.org.cn/

联合国网站 . http://www.un.org/zh/

《资源博弈》一书，从确立选题，到调查研究，再到写作出版，前前后后经历了10多年的时间。

书稿最初源于本人在北京交通大学的博士论文《经济发展资源支撑研究》。该论文是在博士导师曹玉书教授的悉心指导下完成的。曹玉书教授严谨的治学态度和科学的教学方法给了我极大的帮助，正是在他的鼓励和督促下，我在论文的选题、研究和写作过程中克服了重重困难，将原本看上去只是一个对策性研究的选题，做出了更具学术性与理论性，同时又兼具对策性与实用性的创新性研究成果。

经济发展资源支撑是个十分宏大而又异常复杂的问题，在调研与写作过程中，许多专家与朋友给予了帮助和指导。国家发展改革委能源研究所周大地研究员、国家发展改革委产业经济研究所王家诚研究员、北京交通大学经济管理学院荣朝和教授、中国科学院地理科学与资源研究所张雷研究员，对于论文的选题与研究提出了许多指导意见。中国投资协会林森木教授、国家发展改革委宏观经济研究院常修泽研究员、国家信息中心范建平研究员、国家发展改革委地区发展研究所肖金成研究员、国家发展改革委经济研究所曹建军研究员，北京交通大学经济管理学院李文兴教授、鞠颂东教授、张秋生教授，以及国家发展改革委直属机关党委常务副书记赵艾同志，对课题研究与论文写作给予了无私的指导，提出了许多具体的修改意见。借拙著付梓之机，对这些专家的教诲与关心，再次表示最真诚的感谢！

在博士论文及后来的进一步写作中，许多朋友都给予了关心与支持。周君、杨志梁等同学提出了许多很好的意见，特别是杨志梁同学对论文图表的处理给予了热情帮助。北京交通大学中国产业安全研究中心李孟刚教授及赵琳、李放、张洁懿等同学，对论文给予了无私的协助。

在资源支撑研究成果的基础上，最近几年本人结合中国的实践，对城市化过程中的资源支撑问题做了进一步疏理和研究，这是一件难度很大的事情。幸亏本人对城市发展问题的研究很早就有所涉猎。20年前，我离开国家计委政策研究室来到《中国经济导报》社，长期负责理论部的工作。我于1998年策划、组织了中国城市化问题的大型报道，2002年在《中国经济导报》开设了“都市三人谈”栏目，在当时都颇有影响。对城市发展问题的持续关注，使我有幸结识了刘国光、朱铁臻等城市经济方面的专家，并受邀为中国社会科学院中国城市发展研究会理事。在此，我要特别感谢朱铁臻老师，他总是热情地接受并指导我们的采访，还不断地赠送我们他新近出版的许多论著，他还经常邀请我参加研究会的一些学术研讨与实地调研活动，我从中受益良多。中国城市发展研究会连续10多年赠予我《中国城市发展年鉴》、《市长参考》、《智慧城市》等书刊，不仅为书稿的写作输送了营养，也使我心里更有底气。

东南大学出版社徐步政和孙惠玉两位老师，对本书增加城镇化方面的内容，提出了一些建设性意见，在此致谢！

我特别要感谢中国发展出版社社长包月阳先生，他对拙著的出版给予了极大的支持与无私的帮助，不仅选定了最强有力的编辑出版人员，而且还亲自终审了书稿。中国发展出版社范鹏宇主任，对书稿进行了认真细致的审核与斧正，对他无私的付出表达最真挚的感谢！

最后，要感谢自己的妻子姚黎女士！她的理解和支持，使我在长达六年多时间里坚持完成了博士学业，并在随后的六年多时间里最终完成了拙著的写作、修订与出版。

胡跃龙

2015年8月于北京莲花河胡同

1. 人口计生

《大国空巢》

人口研究领域最具争议的人物——易富贤先生的最新力作。本书对中国计划生育政策进行了彻底的反思和系统的批判，是不得不读的人口学经典。

《大国空巢·图文版》

2013年初，《大国空巢》在社会上引起广泛影响，计划生育问题再次站在了风口浪尖。本书是基于《大国空巢》理论基础之上的图文并茂版本，彩色印刷精美，旨在回馈读者，继续呼吁反思计划生育政策。

《人口危局》

本书从众多人们耳熟能详的人口问题入手，细致地分析了那些听起来有道理的论断是多么荒诞。

《中国计划生育政策史论》

这是一本有关中国计划生育制度的理论、起源与发展的历史著作。作者梁中堂作为亲历者，将为您揭示了几十年来因为制度不透明而笼罩在这一问题上的一系列谜团。

《马寅初考》

本书考证了所谓批判马寅初人口论的事件。作者通过严谨的考证和细致的分析，为我们揭示了“马寅初神话”的真实面目——马寅初和共产党中央高层一直保持着良好的关系，党和政府从来就没有批判过他。

《今天我们如何养老》

随着人口老龄化步伐的加快，如何养老成为社会各界热议的话题，同时也成为我国经济社会发展必须应对好的挑战。

2. 财经

《不作不死》

中国资本田野，强者持镰，众弱耕耘多年竭泽而渔，岁逾荒芜，羊者狼皮，狼者人皮金融小说家、《同业鸦片》作者顽石最新力作。

热销精品

《理财金典》

本书是天涯论坛风云人物叶立群老师（网名“长安射天郎”）结合自身20年投资理财经历所写就的心血力作，是一部最通俗、最系统、最实用、最值得珍藏的指导股票、期货、金银和外汇等方面投资的理财工具书。

《资本风口》

本书及时而系统全面地介绍了新三板发展前世今生的全景图、实务操作、投资陷阱案例库等，对于寻求在新三板发展壮大的中小企业、寻求投资机遇的投资机构、寻求促进民间投资发展经济的政府部门，都将是一个很好的指南针。

《资本的力量》

本书详尽地阐述了国内企业进行股权投资活动时，在“募、投、管、退”各个环节的实际操作模式，并对股权投资过程中可能涉及的相关问题作了详细分析和研究。

《天使投资》

本书是硅谷天使林富元集40年天使投资经验凝结而成，书中精选了他在天使投资领域的众多案例，既有成功的典范，也有失败的教训，力图为读者展现一幅天使投资的全景图。

《中国天使投资》

本书是国内第一部系统讲解分析中国天使投资理论与实践问题的著作旨在让更多的专家和学者关注天使投资，探索天使投资在中国发展的内在规律和最优模式，为实践者提供理论指导，也为政策制定者提供决策依据，推动中国天使投资规范健康发展。

《中国创投20年》

本书对中国创投行业20年来的起落沉浮做了全景式系统描述。李开复、沈南鹏、江南春、薛蛮子等众多创投行业“大佬”关注本书，纷纷推荐，为国内创投类图书少有现象。

《我是银行客户经理》

日剧《半泽直树》中提到：银行是“晴天发伞，雨天收伞”。而是事实上，银行到底是如何运行的？抱怨贷款难的中小企业的实际情况又是如何？本书将为您一一解答。

《你所不知道的冰冷经济真相》

本书从宏观经济政策解读入手，先后分析了GDP保8背后的就业压力，国进民退的结构性原因等众多经济社会问题，力图为读者展现一幅中国经济的宏观画卷。

3. 时政

《改革：中国做对的顺序》

中国的改革做对了供给新制度的顺序，使得改革红利得以发挥，改革危机得到控制。相信这应该成为现代“中国故事”的重要情节，为改革正名，为未来引路。

《蒋介石为什么失去大陆》

从抗战胜利到被赶出大陆，蒋介石溃败的速度几乎超出了所有人的预期，短短四年时间究竟发生了什么？本书引用史料丰富，很多史料皆首次披露，鲜为人知但非常震撼。作者一改传统堆砌史料的沉闷文风，行文深入浅出、生动风趣，读来令人耳目一新。

《2049 年的中国海上权力》

2049 年，中国完成“第二个百年目标”之时，中国将成为一个怎样的海洋强国，会超越美国吗？这是一部聚焦海洋战略，集战略规划、政策思考和战略预测于一体的著作,意在为您解答有关中国海洋强国的几乎所有重大问题。

《日本，一个危险的邻居》

日本是一个难以理喻的国度，自视“吾乃神国”；对周边国家人民，尤其中国人民，犯下了滔天罪行，却屡屡回避；时至今日，我们必须看清它，以保持足够警醒。

《海上新丝路》

本书在全面回顾中国古代不同时期海上丝绸之路兴衰历程的基础上，深入分析了中国海洋交通运输产业的发展现状，并立足全球海运未来走势，探讨了建设“21 世纪海上丝绸之路”的战略构想,提出了振兴海洋事业的政策建议。

《新媒体时代》

在这样一个变革剧烈的时代，我们如何看待新媒体，如何利用新媒体？几十位新媒体大 V 参与写作的《新媒体时代》将为您带来关于新媒体的思考和互动活动。

《中国不一样》

本书通过一种远距离观察中国的理论视角，将读者心目中非常熟悉的中国，变成了一个多少有些“不一样”却更加逼真的中国！

《这个国家会好吗》

本书从经济视角入手，力图解释中国崛起的原因，并回答“中国会好吗”这一世纪之问。本书涉猎内容甚广：贫富分化如何产生、市场有哪些缺陷、地方政府如何定位……

征稿启事

中国发展出版社直属于国务院发展研究中心，多年来致力于出版经济、管理、时政、励志、文化等方面的精品图书。我们一直关注、参与并影响着中国社会的发展。同时，我们也一直努力从文化产业角度立体地挖掘图书的社会与商业价值。如果您相信自己的作品经得起时代发展的沉淀，并认可我们的出版理念及能力，欢迎您投稿。

邮　箱：1034844972@qq.com

　　　　106016785@qq.com

电　话：010-68990646

我们的出版大门永远向您敞开！